한국연구재단 학술명저번역총서 동양편 339

중국어 명사와 동사 1
名词和动词

名词和动词
Copyright © 2016 by The Commercial Press, Ltd.
Korean Translation Copyright © 2025 by The National Research Foundation of Korea (NRF)
This translation is published by arrangement with The Commercial Press, Ltd.
All rights reserved.

이 책의 한국어판 저작권은 The Commercial Press, Ltd.와 독점 계약한
The National Research Foundation of Korea (NRF)에 있습니다.
저작권법에 의해 한국 내에서 보호를 받는 저작물이므로 무단 전재와 복제를 금합니다.

한국연구재단 학술명저번역총서 동양편 339

중국어
명사와 동사 1
名词和动词

선쟈쉬안(沈家煊) 지음
이선희(李善熙) 옮김

역락

无名天地之始, 有名万物之母.
이름이 없는 것은 모든 것의 근원이고, 이름이 있는 것은 만물의 어머니다.

『도덕경』 제1장

저자 머리말

2007년부터 필자는 명사와 동사의 관계에 대한 새로운 견해를 밝히는 일련의 글을 발표해 왔으며, 또 이로부터 다른 견해를 개진하는 등 모두 10여 편의 글을 발표하였다. 이들은 서로 다른 간행물에 분산 게재되어 있는데, 찾아보기도 불편하고 전반적으로 이해하기에도 어려움이 있던 터에 많은 독자들이 한 권의 책으로 엮어 논의하였으면 하는 건의를 하였다. 또한 이 문제에 대한 필자의 인식 역시 지속적으로 심화되어 가는 과정으로, 앞뒤 논의의 중점이 다르고, 심지어 이후의 생각이 기존의 견해 일부를 수정하는 등 논의의 내용을 체계화할 필요가 있었다. 상무인서관(商务印书馆)에 이미 초고를 예약했음에도 불구하고 2년 여의 기획과 집필을 거친 후에도 수정과 조정을 거듭한 것은 아무래도 수정과 개선이 필요하다는 생각이 가시지 않았기 때문이다. 이로 인해 원고 제출은 계속 미뤄지게 되었다. 그런데 다시 생각해보면, 이렇게 하다가는 끝이 없을 것이기에 속히 출판해서 독자들과 만나 각 분야의 의견을 좀 더 빨리 듣는 것이 좋을 것이다.

이러한 새로운 견해에 대해 필자는 지난 7~8년간 수많은 피드백을 받았다. 찬성하는 이도 있고 반대하는 이도 있으며, 이해하는 이도 있고 이해하지 못한 이도 있지만, 보내주신 의견들은 대부분 매우 유용하였다. 필자는 이를 통해 진일보한 사고와 반성을 하고, 논증의 중점과 기술방식에 대해서도 조정과 개진을 하였으며, 책에서도 청취한 비판 의견에 대해 응분의 대답을 하고자 하였다.

책 제목을 처음에는 『중국어 명사와 동사』로 하려다가 나중에는 그냥 『명사와 동사』로 정하였다. 왜냐하면 중국어의 명동관계에 대한 이 책 전체의 논술은 중국어 품사의 특성만 논하는 것이 아니라, 이를 새로운 참조점으로 하여 다른 언어도 관찰할 수 있기 때문이다.

과거에 발표되었던 관련 글은 마지막 참고문헌에 * 부호로 표기하고 책 안에서는 더 이상 일일이 인용하지 않았으며, 개별적으로 과거의 내용과 불일치하는 부분은 이 책을 기준으로 함을 밝힌다. 본서의 관점과 일치하여, 행문의 'de(的/地)'자는 예문과 인용문을 제외하면 일률적으로 모두 '的'로 적었다. 이는 글의 이해에 영향을 주지 않는다는 전제 하에 간혹 선택하기 어려운 고민으로부터 벗어나기 위해서이다.

저자

2014년10월21일 베이징 우소(寓所)에서

한국어판 저자 머리말

　중국의 언어 연구는 발달된 음운학, 훈고학, 문자학이 전통적으로 있지만, 문법학은 없다. 문법을 언어의 조직 운영 방법으로 이해하면 문법학이 없다고 해서 문법이 없는 것은 아니다. 서학동점 이래로 중국에서도 전문적인 문법학이 생겨났으며, 현재까지 백여 년의 역사를 가진다. 처음에는 인도유럽어 문법의 개념을 체계적으로 차용하였기 때문에 긍정적인 의미가 있었다. 하지만 그로 인한 부정적인 결과 역시 매우 심각하였다. 선입견의 영향력은 매우 커서 이미 형성된 전통적인 관념을 바꾸는 것은 결코 쉬운 일이 아니다. 뤼수샹(呂叔湘) 선생님은 일찍이 중국어 문법 연구를 획기적으로 발전시켜야 한다고 호소한 바 있다. 단어, 문장, 주어, 동사 등의 용어들은 나중에 다시 주워서 사용하더라도 우선은 모두 잠시 내려놓아야 한다. 이렇게 선입견을 조금만 내려놓으면 이들 명칭과 개념에 대한 우리의 인식은 이전과 크게 달라질 것이다. 이는 우리에게 중국어 문법체계를 재구성하는 과제를 제시했다. 이 책은 명사와 동사라는 한 쌍의 문법 범주에 대해 잠시 내려놓았다가 다시 주워 사용하는 '파기와 습득'의 작업이다. 현행 중국어 문법체계가 직면한 많은 난제와 곤경의 근본 원인은 모두 이 두 범주에 대한 우리의 인식과 중국어의 실제 상황 사이의 큰 편차에서 비롯되었다는 것이 필자의 생각이다. 중국어 문법체계를 재구성하기 위해서는 먼저 돌파구를 찾아야 하는데, 명사와 동사가 바로 필자가 찾은 돌파구이다. 필자는 『명사와 동사』의 후속작으로 『주술구조를 넘어서-중국어 대언문법과 대언격식』이라는 책을 집필하였다(역시 이선희 교수가 한국어로 번역해 주었음에 감사드린다). 주술구조를 넘어서기 위해서는 명사와 동사의 문제를 먼저 해결하고, 중국어에서 명사와 동사의 외연과 내포, 그리고 둘 사이의 관계를 새롭게 인식해야 한다. 명사와 동사의 문제는 그들이 가지는 근본성 때문에 하나를 건드리면 전체가 움직일 수밖에 없다. 이 책은 중국어 문법의 여러 측면과 언어유형론적인 특성, 그리고 방법론과 철학적 기초를 모두 고려하여 쓰여졌기 때문에 내용이 상당히 방대해졌다. 아무쪼록 이 문제에 관심이 있는 한국 동료들이 인내심을 가지고 읽은 후, 전후 내용을 참조하여 비판하기를 바라는 바이다.

2025년 5월 새벽에 베이징에서

沈家煊

• 차례 •

저자 머리말 　　　　　　　　　　　　　　　　　　　　　5
한국어판 저자 머리말 　　　　　　　　　　　　　　　　　7

서론　**파기와 습득 사이** ──────── 19

　　제1절 '명동포함 이론'의 요점 　　　　　　　　　　　21
　　제2절 간결성 원칙 　　　　　　　　　　　　　　　　26
　　제3절 인도유럽어 속박으로부터의 지속적인 탈피 　　32
　　제4절 언어유형론적 시각에서 본 중국어 　　　　　　37
　　제5절 '명동포함 이론'의 장점 　　　　　　　　　　　40

제1장　**출구 없는 후퇴** ──────── 43

　　제1절 인도유럽어의 속박에서 벗어나는 중요한 한 걸음 　　45
　　제2절 규명해야 할 문제들 　　　　　　　　　　　　54
　　　　2.1 동사가 주어·목적어가 되는 경우 　　　　　54
　　　　2.2 '구 중심'에 관하여 　　　　　　　　　　　67
　　　　2.3 '명사-동사' 연속체에 관하여 　　　　　　　72

제3절 형식류의 분리와 통합	75
3.1 동형병합 원칙	75
3.2 영어 'V-ing 형식'의 분리와 통합	80
3.3 중국어 '동명사'의 분리와 통합	86
제4절 새로운 '3단계'에 관하여	95
제5절 부정하기가 아닌 포괄하기	100

제2장 현존하는 문제에 대한 직시 ——— 103

제1절 명사의 정의 문제	105
제2절 명동사 문제	114
2.1 범위 확정의 어려움	114
2.2 체계의 불일치	120
제3절 '중심확장 원칙'과 '병렬조건'	124
3.1 중심확장 원칙의 위배	124
3.2 병렬조건의 위배	134
제4절 품사무용론 문제	142
제5절 겸류사 문제	149
제6절 기타 문제	156

제3장 '명동포함' 구조인 중국어 ——— 159

제1절 중국어와 인도·유럽어와 차이 ABC	161
제2절 명사와 동사의 비대칭 분포	170
제3절 두 가지 표지모델 '무표지'와 '미표지'	179

제4절 '불완전문 이론'에서 '명동포함 이론'으로 … 189
제5절 중첩과 '대명사(大名词)' … 198
제6절 '的₃'과 이란어의 EZ … 212
제7절 타갈로그어의 동사 … 219

제4장 '실현관계'와 '구성관계' — 233

제1절 초기 개념인 '지칭'과 '서술' … 235
제2절 '실현관계'와 '구성관계' … 238
   2.1 실현적 은유와 구성적 은유 … 238
   2.2 '실현적 / 구성적' 차이의 보편성 … 242
   2.3 '有'와 '是' … 246
제3절 중국어와 인도유럽어의 비교 … 248
   3.1 영어 noun과 중국어 '名词' … 248
   3.2 문장과 발화 … 253
   3.3 주어와 화제 … 257
   3.4 통사적 화제 … 265
   3.5 '중심확장 원칙' 재고 … 272
제4절 중국어의 문법과 화용법 … 274
   4.1 문법과 화용법의 종류 … 274
   4.2 문답의 문법과 화용법 … 283
   4.3 문법을 포함하는 화용법 … 286

제5장 명사와 동사의 비대칭 — 291

제1절 '명사의 동사적 활용'과 '동사의 명사적 활용' … 293

제2절 명사 동사 비대칭의 보편성 　　　　　　　　　　300
　　2.1 중국어와 다른 언어의 보편성　　　　　　　300
　　2.2 화용법에서 문법까지　　　　　　　　　　312
　　2.3 명사 술어의 특수성　　　　　　　　　　　317
제3절 문맥표현　　　　　　　　　　　　　　　　322
제4절 '명사 동사 비대칭'의 인지적 원인　　　　　330
제5절 일반과 특수의 구별　　　　　　　　　　　335
　　5.1 중국어는 '사전범주화형' 언어가 아니다　　335
　　5.2 명사는 '분류성 동사'가 아니다　　　　　　344
제6절 명사의 근원성　　　　　　　　　　　　　352

제6장　술어의 지칭성　　　　　　　　　　　　　357

제1절 직접 술어가 되는 명사　　　　　　　　　　359
제2절 판단동사 '是'　　　　　　　　　　　　　　367
　　2.1 '구조의 평행성' 원칙　　　　　　　　　　367
　　2.2 인도유럽어 관점1　　　　　　　　　　　374
　　2.3 인도유럽어 관점2　　　　　　　　　　　381
제3절 중국어 술어의 지칭성　　　　　　　　　　387
　　3.1 존현동사 '有'　　　　　　　　　　　　　387
　　3.2 '평언'은 다음 부분의 '화제'　　　　　　　404
　　3.3 '무종지문'의 병치성과 지칭성　　　　　　411
　　3.4 고대중국어 '명사而동사' 구조의 재조명　419
　　3.5 당시의 품사 대우　　　　　　　　　　　426
제4절 형식동사를 통해 본 술어의 지칭성　　　　443

제5절 영어 술어 재고	452
5.1 V-ing 형식은 '준지칭어'	452
5.2 V-ed 형식은 '잠재적 지칭어'	459
제6절 중국어는 '명사중심' 언어	464

참고문헌	473
Abstract	501
주제어 색인	507
언어(방언) 색인	513

· 차례 ·

중국어 명사와 동사 2

저자 머리말

한국어판 저자 머리말

제1장　보어 문제와 부사어 문제

제1절 보어 문제

　1.1 목적어 생략과 보어 생략

　1.2 보어 문제의 핵심

　1.3 2차술어와 후치부사어

제2절 보어 문제의 해결방안

제3절 부사어 문제

　3.1 바람직하지 않은 두 가지 방법

　3.2 준술어성 구조

제4절 부사어 문제의 해결방안

　4.1 동태적인 체언성 구조

　4.2 중국어의 부사어는 '동태관형어'

제5절 중국어 품사의 다기능에 대한 해석

제2장 '之'와 '都'의 개별 연구

제1절 '명사之동사'의 '之'
   1.1 기존 이론 검토
   1.2 식별도를 제고하는 '之'
제2절 '之'와 '的'의 공통점과 차이점
제3절 '都'의 양화 방향
   3.1 양화 방향의 문제
   3.2 통일된 '우방향 관할규칙'
제4절 중국어의 논리

제3장 중국어, 통가어, 라틴어

제1절 언어 간 품사 비교의 공통 기반
제2절 통가어의 명사와 동사 불구분 상황
제3절 '타입·토큰'형 언어와 '명사·동사'형 언어
   3.1 두 가지 유형의 품사체계
   3.2 지칭이 서술을 포함하는 통가어
제4절 중국어는 '타입·토큰 합일, 명동포함'형 언어
제5절 품사체계의 '문법화' 정도
제6절 품사 순환모델 가설

제4장 '是'와 '有'의 주요 구분

제1절 영어와 중국어 부정사의 분리와 통합
   1.1 '명사 부정'과 '동사 부정'을 중시하는 영어

1.2 '직설 부정'과 '비직설 부정'을 중시하는 중국어
　　　1.3 부정접사
　제2절 '有의 부정'과 '非有부정'
　제3절 세 개념의 분합 지도
　제4절 술어의 분류
　제5절 '是'와 '有'의 주요 구분
　　　5.1 포괄적인 '是'와 '有'의 구분
　　　5.2 '也'와 '矣'의 차이
　　　5.3 징포어의 '是', '有' 구분
　제6절 철학적 배경

제5장　'단쌍구분'의 지위와 역할

　제1절 '명동구분'보다 중요한 '단쌍구분'
　제2절 명사의 '허화'와 쌍음절화의 '충실'
　제3절 '단어-구 구분'보다 중요한 '단쌍조합'
　제4절 의미상의 '긴밀성 차이'가 근본
　제5절 '허실도상성' 원리
　　　5.1 허실도상성의 포괄성
　　　5.2 허실도상성의 상대성
　제6절 주류 문법이론에 대한 반성

제6장　'유표성 역전'과 포함구도

　제1절 국부적인 유표성 역전 현상

제2절 '명동포함'과 '유표성 역전'
제3절 관형어-중심어 구조의 유표성 역전
   3.1 형용사의 특수성
   3.2 형용사 관형어의 유표성 역전
제4절 형용사의 재분류
   4.1 상태묘사성을 강화시키는 쌍음절화
   4.2 형용사의 재분류
제5절 언어표현의 '주관성'

결론 문법연구의 파괴와 건립

제1절 '파기와 습득' 이후
제2절 중국어 대문법
제3절 범주의 '대립'과 '대응'
제4절 언어의 다양성 중시

부록

1. 영·일·중 아동의 명사와 동사 습득
2. 명사와 동사 뇌 영상의 영중 비교
3. 코스(Coase)이론의 '거래 원가'
4. '천하이론'의 '천하무외' 원칙
5. 양자물리학의 '불확정성 원리'

서론

파기와
습득 사이

제1절 '명동포함 이론'의 요점

이 책은 중국어의 명사와 동사의 성질, 그리고 그들 간의 관계가 모두 인도유럽어의 명사와 동사와는 다르다는 것을 논증하고자 한다.

먼저 명사와 동사의 성질이 다르다. 인도유럽어의 '명사'와 '동사'는 문법범주에 속하는데, 이는 화용범주인 '지칭어(指称语)'와 '서술어(述谓语)'와는 다르다. 하지만 중국어의 '명사'와 '동사'는 문법범주이면서 동시에 화용범주이다. 이는 곧 명사는 '지칭어'이고 동사는 '서술어'라는 것을 말한다. 그런데 중국어는 화용범주(지칭어, 서술어)가 문법범주(명사, 동사)를 포함한다. 이를 그림으로 나타내면 다음과 같다.

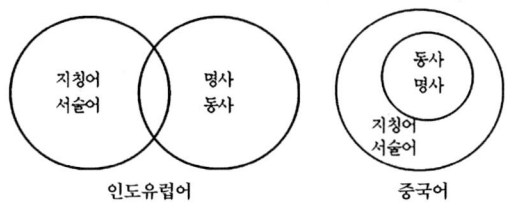

왼쪽 인도유럽어에서 두 범주가 겹치는 부분은 이른바 문법과 화용의 '공통 접면(interface)'인데, 중국어에는 이러한 공통 접면이 존재하지 않는다. 만약 문법을 언어 조직 구조의 몸체인 '체(体)'로 본다면, 중국어의 포함구조는 용법이 몸체를 포함하는 '용체포함(用体包含)' 구조라고 할 수 있다. 이러한 포함구조에서 명사는 지칭어이고, 동사는 서술어이다. 하지만 지칭어가 모두 명사는 아니며 서술어도 모두 동사는 아니다. 명사, 동사에서 지칭어, 서술어에 이르기까지 인도유럽어는 '실현'의 과정을 거친다. 하지만 중국어는 이러한 과정이 없으며, 명사와 동사가 그 자체로 지칭어와 서술어로 '구성'된다.

다음으로 명사와 동사의 관계가 다르다. 이는 인도유럽어의 명사와 동사는 '분립관계(分立关系)'인 반면, 중국어의 명사와 동사는 '포함관계(包含关系)'임을 의미한다. 전자의 경우에 명사는 명사이고, 동사는 동사이므로 명사와 동사는 서로 분립되어 있다. 하지만 후자의 경우에는 명사가 동사를 포함한다. 여기서 동사는 명사에 속함과 동시에 일종의 명사(동태명사)가 되지만, 또 한편으로 명사가 모두 동사인 것은 아니다. 논리적으로 말해서, '포함관계'는 '종속관계(类属关系)' 또는 '상하위관계(上下位关系)'이다. 인도유럽어와 중국어에서 명사와 동사의 관계는 다음과 같이 나타낼 수 있다.

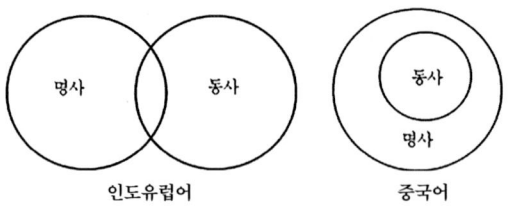

인도유럽어는 '명동분립(名动分立)' 구조이다. 명사와 동사의 관계는 '남자'와 '여자'의 관계와 유사하다. 일부 겹쳐진 부분인 명동 겸류(兼类)를 제외하고, 명사와 동사는 남자이면 여자가 아니고 여자이면 남자가 아닌 관계와 같다. 이와 달리 중국어는 '명동포함' 구조이다. 중국어 명사와 동사의 관계는 영어의 man(사람/남자)과 woman(여자)의 관계와 유사하다. woman은 man이기도 하지만, man이 모두 woman인 것은 아니다. 또 이는 중국어 '护士(간호사)'와 '男护士(남자간호사)'의 관계와도 유사하다. 남자 간호사도 역시 간호사이지만, 간호사는 일반적으로 여자가 대부분이다. 중국어에는 '명동겸류'가 존재하지 않는데, 그 이유는 동사가 모두 명사에 포함되기 때문이다. 이러한 포함구조는 '종속관계'이기 때문에 명사와 동사는 다르면서도 같은 '이이동(異而同)'의 관계이다. '다르면서도 같은 것은 속(属)이다'(단옥재(段玉裁)『설문해자주(说文解字注)』)라는 말은 '나누어지기도 하고, 나누어지지 않기도 하는' 관계를 말한다. 나누어지지 않는 것은 동사도 명사이기 때문이고, 나누어지는 것은 명사가 모두 동사는 아니기 때문이다. 중국어에 '동사'라는 품사가 있는가라는 질문에 대한 대답은, 있기도 하고 없기도 하다는 것이다. 없다고 말하는 것은 동사가 명사에 포함되기 때문에 하나의 독립된 동사범주는 없음을 의미한다. 또 있다고 말하는 것은 명사 내에 하나의 하위 부류에 해당하는 특수한 동태명사가 있음을 의미한다. 여기서 말하는 동태명사가 바로 중국어의 동사이다. 중국어에서 명사와 동사의 성질은 지칭어와 서술어이다. 따라서 '명동포함'은 사실 지칭어가 서술어를 포함한다는 '지술포함(指述包含)'을 뜻한다. 그런데 서술어는 지칭어가 되지만, 지칭어가 모두 서술어가 되는 것은 아니다. '명동포함' 구도에서 명사와 동사는 대부류와 소부류의 관계인 동시에 전체와 부분의 관계라는 것이 바로 '명동포함 이론'의 핵심 내용이다. 이에 대해서는 1권 제3장과 제4장에서 상세히 논증하기로 한다.

품사, 특히 명사와 동사의 구분이 보편성을 가지는지 여부는 논쟁이 있는 문제이다. 이에 대한 '생성문법'의 대답은 보편성을 가진다는 것이다. 즉, 명사는 [+N]의 자질을 가지고, 동사는 [+V]의 자질을 가진다는 것이다. 생성문법은 이것이 인류의 선천적인 언어 지식의 일부라고 가정한다. 한편, 이에 대한 언어유형론자들의 대답은 일치하지 않는다. 어떤 이는 보편성을 가진다고 보지만, 또 어떤 이는 이를 부정한다.(Vogel & Comrie 2000 참고) 이 책의 관점은 '명사와 동사는 구분되는가'와 '이를 어떻게 구분할 것인가'의 두 가지 문제로 나누어서 논의하는 것이다. 명사와 동사가 '구분이 된다'는 것은 인류 언어의 보편성으로 가정할 수 있다. 이는 인간이 '사물'과 '동작'의 두 개념을 인지적으로 구분한다는 점을 근거로 한다. 그런데 명사와 동사의 '구분 방식'은 언어에 따라 차이가 있다. 여기에는 적어도 인도유럽어의 '분립구조'와 중국어의 '포함구조'라는 두 가지 유형이 존재한다. 이 역시 인간이 사물과 동작의 관계를 바라볼 때 인식이나 경향성의 차이를 보인다는 점을 근거로 한다. 이때 구분 방식에 차이가 있다는 것은 구분 방식에 제한이 없다는 것과는 다르다. 이 책에서 말하는 명사와 동사의 '포함구조' 가설은 명사가 동사를 포함하는 유형만 존재하고, 동사가 명사를 포함하는 유형은 존재하지 않는다. 이 역시 사물과 동작은 인지적으로 대칭적이지 않다는 비대칭성에서 비롯된 것이다. 이에 대해서는 1권 제5장에서 다시 상세히 설명하기로 한다.

이와 관련하여 한 가지 오해가 있다. 그것은 '명동포함' 이론을 명사와 동사를 구분하지 않는다는 '명동불분(名动不分)'을 주장하는 것이라고 보는 생각이다. 즉, 명동포함 이론은 (전통적으로 말하는)명사도 동사이므로 서술성을 가진다고 보는 주장이라는 것이다. 하지만 오히려 이것이야말로 명동포함 이론이 반대하는 견해이다. 이러한 오해는 명사와 동사의 관계가 분립이나 합일 가운데 하나일 것이라는 생각에서 기인한다.

언어사실의 각종 증거들은 모두 한결같이 중국어는 '명동포함' 구조임을 뒷받침하고 있다. 명동포함 이론은 임시방편적인 처리 방식이 아니다. 그것은 중국어의 품사체계 및 전체 문법체계의 구성과도 관련이 있다. 이는 중국어 연구에 중요한 영향을 미칠 뿐만 아니라 다른 언어의 연구와 일반 언어 이론의 수립에도 상당한 의미를 가진다. 어떤 이는 중국어의 명사와 동사가 인도유럽어의 그것과 이렇게 차이가 크다면, 왜 중국어 명사와 동사에 별도의 명칭을 만들지 않느냐고 의문을 제기한다. 그 이유는 두 가지로 생각할 수 있다. 하나는 기존에 형성되어 굳어진 습관을 인정하자는 것이고, 또 하나는 다른 언어와의 비교 편의를 위해서 중국어의 품사를 세계의 언어라는 큰 배경 하에 놓고 고찰하기 위한 것이다. 혼동을 일으키기 쉬운 부분에서는 동사(즉, 동태명사(dynamic nouns, 动态名词))를 포함한 명사는 '대명사(super-nouns, 大名词)'라고 하고, 동태명사 이외의 명사는 '소명사(small nouns, 小名词)'나 '정태명사(static nouns, 静态名词)' 또는 '일반명사'라고 부르기로 한다. 대부분의 경우에는 상하 문맥을 근거로 하므로 오해를 일으키는 경우가 없을 것이며, 이로써 문장이 장황해지는 것도 피할 수 있을 것이다. 독자가 기억해야 할 것은 '정태명사'와 '동태명사'의 구분은 '명동포함'의 구조를 기반으로 한다는 것과 동태명사도 명사이며 '명동포함'의 실질은 곧 '지술포함'이라는 것이다.

제2절 간결성 원칙

품사 분류의 목적은 같은 종류의 단어를 함께 모아 놓음으로써 문법 설명에 편의를 제공하기 위함이다. 한 언어의 품사체계를 확정한 이후에는, 그 체계가 문법을 설명하는 데 편리한지의 여부로써 그 체계의 우열을 평가할 수 있다. 평가의 기준은 주로 자기일관성(자기조화)과 간결성의 두 가지가 있다. 자기일관성은 자기모순이 되어서는 안 되고, 순환논증을 해서도 안 된다는 것을 말한다. 간결성은 지나치게 복잡하지 않고, 가능한 한 단순해야 한다는 것을 말한다. 자기일관성을 평가의 기준으로 삼는 것은 학자들의 이견이 없으므로, 이에 대해서는 더 이상 설명하지 않기로 한다. 반면, 간결성을 평가기준으로 삼는 것에 대해서는 아직 학자들마다 인식의 차이가 있는 듯하다. 간결성 기준에 대해 잘 이해하지 못하는 사람은, 문법이 하나의 전체이기 때문에 어느 한 부분이 간단해지면 다른 부분이 복잡해진다고 주장한다. 예를 들어, 통사 부분이 간단해지면 어휘 부분이 복잡해진다는 것이다. 하지만 이는 간결성 원칙에 대한 오해이자 곡해이다. 그것은 마치 말을 장황하게 하는 사람이 이 부분에서는 다소 복잡하게 말했는데 다른 부분에서는 간단하게 말할 것이라는 자기변명과도 같다. 간결함의 반대는 군더더기가 있어서 불필요하게 복잡한 것이다. 또 어떤 이는 간결한지 여부를 어떻게 판단할 수 있는지 묻는다. 다시 말해, 언외지의(言外之意)는 간결함을 가늠하기가 어렵다는 것이다. 이는 마치 말이 장황한 사람이 비판을 받은 후에 무엇을 근거로 자기가 장황하다고 하느냐고 반문하는 것과 같다. 간결함을 가늠하기는 쉽다. 동일한 양의 언어 사실을 설명하는데, 하나의 범주로 설명이 충분하다면 두 개의 범주가 불필요하고, 하나의 규칙으로 충분하다면 두 개의 규칙을 설정할 필요가 없다. 하나의 가설로 충분하면 두 개의 가설이 불필요하고, 하나의 단계로 충분하면 두 개의 단계를 설정할 필요가 없다.

자기일관성과 간결성 외에, 평가의 기준으로 또 '치밀성'을 추가해야 한다고 주장하는 사람들도 있다. 그들은 간결성과 치밀성을 대립되는 것으로 본다. 그래서 치밀성을 추구하면 간결하지 않고, 간결성을 추구하면 치밀하지 않다고 말한다. 그런데 이 역시도 아무런 이유 없는 복잡함을 옹호하는 것이다. 치밀한 것도 충분히 간결할 수가 있다. 동일한 양의 사실을 설명하기 위해서는 상대적으로 간결한 체계가 더 좋다. 왜냐하면 그것이 더 치밀하기 때문이다. 물론, 간결함을 위해 의도적으로 일부 언어 사실을 회피하는 것은 간결성을 준수하는 것이 아니라 이를 남용하는 것이다. 자기모순과 복잡함은 마치 나쁜 쌍둥이 형제와 같다. 자기모순은 복잡함을 필수적으로 동반하고, 복잡함은 종종 자기모순을 내포하고 있다.

천재 물리학자들은 이론을 수립할 때 '간결함(elegance)'[01]을 최고의 원칙으로 삼는 경우가 많다. 예를 들어, '반물질'의 발견은 간결함을 최고 원칙으로 삼은 결과이다. 이를 설명하기 위해서는 디랙(Paul Drac)[02]과 그의 상대론적 양자역학에서부터 출발해야 할 것이다. 20세기 가장 위대한 물리

---

01 저자주: 『Oxford English Dictionary』는 elegance에 대해 ingenious simplicity로 해석하고 있는데, 이는 중국어로 '简雅' 혹은 '雅洁'로 번역할 수 있다. 이 두 글자는 함께 사용되는데, 중국전통미학은 '简、雅混为一体(간결함과 우아함이 혼연일체가 된다)'라고 하였다. (우리푸(伍蠡甫) 1986: 368).

02 역자주: 폴 디랙(Paul Drac, 1902-1984) 영국의 이론물리학자. 비가환非可換대수학을 기초로 하여 별도의 양자역학 이론체계를 건설했으며, 양자역학 연구의 업적으로 1933년 E. 슈뢰딩거(Ervin Schrödinger, 1887~1961)와 함께 노벨물리학상을 받았다. 출처: 인터넷 두산백과.

학자 가운데 한 명인 폴 디랙의 물리에 대한 통찰력은 동시대 많은 천재들의 자탄을 불러일으켰다. 그가 창립한 디랙 방정식은 물리학에서 상당히 중요한 위치를 차지할 뿐만 아니라, 화학과 광범위하게 응용된 많은 신기술에도 헤아릴 수 없는 영향을 미쳤다. 양전닝(杨振宁)[03]은 디랙 방정식에 대해서, "천지를 뒤흔드는 성과이자 시대의 한 획을 긋는 이정표"라고 높이 평가하였다. 자신의 유명한 방정식을 전자에 적용했을 때, 디랙은 놀라운 사실을 발견하게 된다. 그것은 방정식의 해석 안에 전자의 특성을 정확하게 설명하는 풀이가 포함되어 있으며, 또한 음 에너지 상태에 대응하는 설명도 존재한다는 것이었다.

우리는 모두 현실 세계에서는 양 에너지만 존재한다고 알고 있다. 이와 유사한 상황에 직면하면, 평범한 물리학자들은 방정식 자체에 오류가 있다고 의심하거나 이러한 음 에너지를 단지 하나의 순 수학적인 비(非) 물리 용액(physical solution)이라고 보고, 거기에는 주의를 기울이지 않는다. 하지만 디랙은 일반적인 물리학자가 아니었다. 하나의 물리 이론이 정확한지 여부를 판단하는 기준에 대해서, 그는 아인슈타인과 마찬가지로 이론의 '간결함'을 최고의 원칙으로 삼았다. 아인슈타인에 따르면, 이론은 "가능한 한 간단해야 하며, 더 이상 줄일 수 없을 정도까지 간단해야 한다". 디랙 방정식은 아주 간결하다. 따라서 그는 그 정확성에 대해서 확신이 있었다. 동시에 그는 음에너지 해석에도 나름의 심오한 의미가 있다고 믿었다. 치밀한 사고를 통해서, 그는 1931년에 음 에너지 해석과 대응되는 것은 사실 전자와 상반되는 입자로, 현실 세계에서 보면 이는 곧 양 에너지

---

03 역자주: 양전닝(杨振宁, 1922-) 미국의 저명한 중국계 이론물리학자. 1957년 노벨 물리학상을 수상함.

의 반입자, 즉 양전하를 가지는 반전자(나중에 양전자로 명칭을 변경)라고 단언하였다. 그의 이러한 대담한 예언은 즉각 물리학계에 큰 반향을 불러일으켰다. 많은 사람들은 의심쩍은 태도를 보였고, 심지어 반입자 이론을 조소와 멸시의 대상으로 삼은 이도 있었다. 하지만 모든 사람들의 예상을 뒤엎고, 불과 1년 후에 한 과학자가 우주선(cosmic ray, 우주방사선)[04]을 연구하던 중에 양전자를 발견하게 된다. 디랙은 한 걸음 더 나아가 기본입자는 모두 그에 대립하는 반입자가 존재한다고 예언하였다. 예를 들어 양성자가 있으면 반양성자도 있다는 것이다. 그의 말은 1955년에 반양성자가 발견됨으로써 결국 사실로 판명되었다. 반물질의 존재를 확인함으로써 물리세계에 대한 사람들의 인식은 대폭 진전하였다. 양전닝은 디랙의 이러한 대담하면서도 독창적인 예언을 수학에서 처음으로 음수를 도입한 것에 비유한 바 있다. "음수의 도입은 정수에 대한 우리의 이해를 확대·개선시켰고, 이로써 전체 수학의 기초가 다져졌다. 마찬가지로 디랙의 예언은 양자장론에 대한 우리의 이해를 확대시켰고, 이로써 양자전기장론의 기초가 다져졌다. 간결성 원칙은 또한 '오캄의 면도날 원리(Ockham's razor)'로, 간단히 말해 '如无必要, 勿增实体(꼭 필요한 경우가 아니라면, 실체를 늘리지 마라)'의 여덟 글자로 요약할 수 있다. 이 원리에 따르면, 동일한 사실을 설명할 수 있는 두 개의 이론이 있다면 가설이 적은 쪽을 믿어야 한다. 예를 들면, '지구는 네모다', 하지만 '관찰할 때는 둥근 형태가 나타난다'라는 두 개의 가설과 '지구는 원래 둥글다'라는 하나의 가설은 동일한 현상을 설명한다. 하지만 전자는 이해하기 어렵고 불필요한 가설 하나를 더 도입

---

04 역자주: 지구 밖의 은하계와 우주공간에서 지구로 입사하는 방사선.

하였다. 따라서 전자를 믿을 수는 없다.('반물질'의 소개에 관해서는 汤双(2011) 참조)

'적으면 얻게 되고, 많으면 미혹을 당한다'.[05] 수많은 과학자들에게 있어서 이 말은 과학에 대한 신념이며, 물리 세계를 인식하는 지도원칙이자 연구방법의 준칙이다.(张一鸣·张增, 2012) 언어학을 하나의 과학으로 보는 사람은 간결성을 최고의 원칙으로 삼지는 않더라도 매우 중시해야 한다. 주더시(朱得熙)는 일찍이 '가명, 간결'을 중요한 기준으로 삼아 '구 중심'의 중국어 문법체계를 건립하였다. 그는 『중국어 문법에 관한 대담(语法答问)』(1985)[06]의 적어도 세 군데에서 이 기준의 중요성에 대해 언급한 바 있다.

> 요컨대, 문장 중심 문법체계에서는 구와 문장성분, 중심어 등의 기본 개념들 사이의 부조화로 인해 많은 모순이 생겼다. 이러한 모순을 해결하기 위해서 구의 '용해(溶解)'나 품사전환 등의 용어를 생각해내었다. 하지만 이 용어들도 도움이 되지 않을 때는 일반적인 규칙 외에 어떤 예외들이 있음을 인정할 수밖에 없었다. 그 결과 체계는 점점 더 복잡해졌다. 따라서 문장 중심 문법체계는 내부의 모순으로 인해 엄격성이 결여되었고, 동시에 간결성마저 결여되어 좋은 문법체계라고 할 수가 없다.(72-73쪽)
> 하나의 이론이나 체계를 평가할 때 간결성은 엄밀성과 함께 아주 중요한 기준이 된다.(77쪽)

---

05 역자주: 노자 『도덕경』 제22장 '曲则全, 枉则直, 洼则盈, 敝则新, 少则得, 多则惑(구부리면 온전할 수 있고, 휘어있는 것은 곧아질 수 있고, 움푹 파이면 채워지게 되고, 낡은 것은 새로워지고, 적으면 얻게 되고, 많으면 미혹을 당하게 된다)'에 나오는 내용으로, 비어있음과 무소유를 주장하는 말이다.

06 역자주: 朱德熙 저, 商务印书馆 1985. 이선희 역, 학고방 2018.

구 중심의 문법체계는 중국어 현실에 부합하기 때문에 간결하고 자연스러운 반면, 문장 중심의 문법체계는 인도유럽어 문법에 중국어를 억지로 끼워 맞춤으로써 서로 맞지 않아 번잡하고 억지스럽다. (78쪽)

위의 내용들을 정리하면 다음과 같다.

1) 간결성은 엄밀성과 마찬가지로 중요하다. 말이 너무 많아서도 안 되고, 체계가 점점 복잡해져서도 안 된다.
2) 체계는 '억지스럽지' 않고 '자연스러워야' 하며, '중국어의 현실'에 부합되어야 한다.
3) 간결함과 자연스러움은 하나로 연결된다. 언어 현실에 부합하는 체계는 분명히 간결하면서도 자연스럽다.

바로 이러한 간결성 원칙에 따라서 주더시는 중국어의 동사에 대해 주어나 목적어가 될 때도 '명사화' 되지 않고, 여전히 동사라는 주장을 견지하였다. 영어 등 인도유럽어와 중국어의 차이점은 다음과 같다. 중국어 두 문장 '他开飞机(그가 비행기를 조종한다)'와 '开飞机很容易(비행기를 조종하는 것은 쉽다)'에서, 동사 '开(조종하다)'는 술어일 때와 주어일 때 모두 '开'로 형태가 완전히 같다. 반면, 같은 의미를 나타내는 영어 문장에서 동사 fly는 술어일 때는 한정형식을 사용하지만, 주어일 때는 분사나 부정사 형식을 취한다. 형태의 변화 없이 주어나 목적어가 될 수 있다는 것은 중국어 동사의 보편적인 현상이다. 이는 고대중국어뿐만 아니라 현대중국어도 마찬가지다. 이러한 사실을 설명하기 위한 이론은 두 가지가 있다. 하나는 전통적인 이론으로, 여기에는 두 가지 가설이 있다. 첫 번째 가설은 동사는 주어나 목적어가 되지 않고 술어가 된다는 것이다. 두 번째 가설은 동사가 주어나 목적어가 될 때 명사로 바뀐다는 것이다. 또 하나의 이론은 주더시의 이론으로, 여기에는 동사가 술어 외에 주어나 목적어도 될 수 있다는 하나의 가설만 있다. 이 이론은 앞의 이론보다 가설이 하나 더 적기 때문에 더욱 간단하다. 따라서 후자가 전자보다 더욱 신뢰할 만하다. 주더시는 오캄의 면도날을 가지고 불필요한 가설을 깎아버렸으며, 동시에 "구가 문장에 들어가서 문장성분으로 구의 '용해'된다"는 가설도 삭제해버렸다. 이렇게 함으로써 그는 '구 중심'의 문법체계를 세우게 되는데, 이는 전통적인 문장 중심의 문법체계에 비해서 더욱더 간결하다.(이에 대한 자세한 설명은 1권 제1장 참조) 하나의 과학인 언어학에서 간결성은 자기일관성과 마찬가지로 매우 중요하며, 선험적인 가설(가령 '명동분립')이 아닌 간결성과 자기일관성을 최고의 원칙으로 삼고자 하는 것이 이 책의 이론적인 기초이다. 간결성 원칙은 다양한 언어학 학파보다 더 우위에 있다.[07]

제3절 인도유럽어 속박으로부터의 지속적인 탈피

'명동포함 이론'은 공허하고 터무니없는 것이 아니다. 이는 '인도유럽어의 속박에서 탈피'하기 위해 오랜 기간 중국어 문법 연구가 기울여 온 노력의 연장선상에 있다. 주더시의 다음 두 단락의 말이 이것을 잘 보여준다.

---

07 저자주: 현재 해외에서 주도적인 위치를 차지하는 '생성문법' 학파가 '명동분립' 가설을 이론적 전제로 삼고 있지만, 간결성 원칙 앞에서 이 전제는 수정될 수 있을 것이다. 이에 관해서는 1권 제3장 6, 7절 참조.

중국어 문법 연구가 초창기에는 인도유럽어 문법의 영향을 많이 받았다. 초기의 중국어 문법 저서는 대부분 인도유럽어 문법을 모방한 것들이다. 그러다가 1940년대에 와서야 비로소 일부 언어학자들이 인도유럽어의 속박에서 벗어나 중국어 자체의 문법 규칙을 탐색하고자 하였다. 그들이 의미 있는 노력을 많이 하였음에도 불구하고, 여전히 오랜 기간 동안 인도유럽어 문법관념이 중국어 연구에 끼친 부정적인 영향을 제거하기는 어려웠다. 이러한 영향은 인도유럽어 시각으로 중국어를 봄으로써, 인도유럽어에는 있지만 중국어에는 없는 것들을 중국어에다 억지로 적용하고자 하는 데서 주로 나타난다.

중국에는 '먼저 받아들인 것을 중심으로 삼는다(先入为主)'라는 성어가 있는데, 이는 선입관의 힘이 매우 큼을 의미한다. 우리 역시 여기에서 어떤 전통 관념을 비판하려 하는데 우리 자신도 부지불식간에 현재 이들 전통 관념의 지배를 받고 있는지도 모른다. 이는 물론 훗날 다른 사람이 바로잡기를 기다릴 수밖에 없는 노릇이니, 후세 사람들이 지금 사람들을 볼 때도 역시 지금 우리가 옛 사람들을 보는 것과 같다는 옛말이 딱 들어맞는다.

『중국어 문법에 관한 대담』(1985) 일본어판 서문

'중국어 자체의 문법 규칙' 가운데 중요한 하나는 동사가 주어나 목적어가 될 때 '명사화'가 발생하지 않는다는 것이다. 이러한 명사화는 인도유럽어에는 있지만 중국어에는 없다. '명동포함 이론'은 이를 토대로 한 걸음 더 나아가, '명동분립'이라는 이미 고착화된 전통적 관념에 의문을 제기하고, 명동분립이 '인도유럽어에는 있지만 중국어에는 없다'는 것을 논증할 것이다. 이치는 매우 간단하다. 중국어에 인도유럽어와 같은 '동사의 명사화'가 없는 이유는 바로 중국어 동사가 원래 명사이기 때문이다. 선현들의 몇몇 관점은 '명동포함 이론'의 전주곡이라 할 수 있는데, 주요 내용은 다음과 같다.

먼저 중국어의 특징에 대한 자오위안런(趙元任)의 견해는 다음과 같다.

> (1) 주어나 술어가 갖추어지지 않은 '불완전문장(零句)'이 기본이다. 불완전문장은 독립적으로 사용될 수 있으며, 완전문장(整句)은 불완전문장으로 구성된다.
> (2) 문장의 주어는 사실상 화제이다.
> (3) 주술구조도 문장의 술어가 될 수 있다.
> (4) 명사도 술어가 될 수 있으며, 술어의 유형은 명사, 동사, 형용사로 구분하기가 어렵다.
> (5) 영어의 no, all, some에 상당하는 형용사가 없다.

다음은 뤼수샹(呂叔湘)의 견해이다.

> (1) 품사 전환과 관련하여, 같은 부류의 단어들이 모두 동일하게 사용되는 용법은 품사 전환이라 볼 수 없다.
> (2) 중국어의 명사는 그 자체를 부정할 수가 없다.
> (3) 중국어는 '是(이다)'와 '有(있다)'의 구분을 중시한다. 전자는 '시비是非(이다/아니다)의 문제'와 관련이 있고, 후자는 '유무有無(있다/없다)의 문제'와 관련이 있다.
> (4) 평서문의 문형은 '주어-동사-목적어'이고, 판단문의 문형은 '주어-술어'이다. 술어 자체가 '주어-술어' 구조로 이루어지는 것도 가능하다.

(5) 구조 관계는 단음절과 쌍음절의 조합과 관련된다. 수식구
조는 [2+1] 구조가 다수를 차지하고, 동목구조는 [1+2] 구조
가 다수를 차지한다.

이와 관련하여 주더시의 견해는 다음과 같다.

(1) 동사는 주어, 목적어가 될 때도 여전히 동사이며 '명사화'는
없다.
(2) 주술구조도 구이며, 다른 구와 지위가 완전히 평등하다.
(3) 구와 문장의 관계는 '구성관계(组成关系)'가 아니라 '실현관
계(实现关系)'이다. 이는 추상과 구체의 관계이다.
(4) 명사에 대한 정의는 직접적인 것이 아니라, 자유롭게 술어
가 될 수 없다고 하는 간접적인 정의이다.
(5) 명사가 명사를 수식하는 것은 상당히 자유롭다. '白的纸(흰
종이)', '懂的人(이해하는 사람)', '昨天的报(어제 신문)'에서 수식
어인 '的'자 구조는 모두 명사성 문법단위이다.

이 책은 '명동포함' 구조를 논증하면서 위의 관점들을 모두 받아들이고
일일이 인용하였다. 특히 주더시가 제기한 '중국어의 명사는 간접적으로
정의한 것이다'라는 명제는 '명동포함 이론'의 관점을 그대로 반영한 것
이라고 할 수 있다. 이러한 관점에서 보면 명동포함 이론은 시대적 흐름에
맞춰 자연스럽게 등장한 것에 불과하다. 명동포함 이론은 인도유럽어의
속박에서 탈피하려는 선현들이 걸어온 여정에서 앞을 향해 단지 작은 한
걸음만을 더 내딛은 것일 뿐이다. 1권 제1장에서는 주더시의 학술적인 유

산에 대한 정리와 함께 몇 가지 오해에 대해 밝히고자 한다.

또 한편으로, '오랜 관념의 힘은 막강'하기 때문에 '명동분립'에서 '명동포함'으로의 전환에 대해서 많은 사람들은 급격한 변화라고 여길 것이다. 또 심지어는 이를 '광기'에 가깝다고 보는 이도 있다. 이는 일찍이 양자물리학자 닐스 보어(Niels Bohr)[08]가 남긴 말을 상기시킨다.

"당신의 이론이 아주 광적인 것임을 우리는 모두 잘 알고 있다. 하지만 우리의 견해 차이는 당신의 이론이 옳을 수도 있을 정도까지 충분히 광적인가의 여부에 있다."(岀千 2013) 과학에서의 혁신은 환상에 도전함으로써 선입견을 타파하는 것으로, 때에 따라서는 충분한 '광기'도 필요로 한다. 인도유럽어와 마찬가지로 중국어도 '명동분립'이라고 보는 관점이 바로 이 책에서 도전하고자 하는 환상이자 타파해야 하는 선입견이다. 만년에 뤼수샹이 말한 다음 두 단락을 인용한다.

> 크게 타파해야 한다. ……'단어', '동사', '형용사', '주어', '목적어' 등의 명칭은 잠시 제쳐두자. 나중에 다시 주워 사용할 것이다. 하지만 이렇게 던져버리고 줍는 가운데 변화가 생긴다. 이러한 용어들의 의미와 가치가 다소 달라짐으로써 이전에는 감히 한번 건드려 보지도 못했던 조목 하나하나를 과감하게 건드려 볼 수 있을 것이다.
>
> 규칙을 탐색하다 보면 용어를 사용할 수밖에 없다. 그러한 용어들과 그것이 구성하는 체계는 규칙성을 설명하기 위한 것이다.

---

08 역자주: 닐스 보어(Niels Henrik David Bohr, 1885-1962) 덴마크의 이론물리학자. 원자물리학에 기여한 공로로 1922년에 노벨 물리학상을 수상했다.

우리는 이러한 용어들을 만들고 사용함에 있어, 우리가 그들에게
복종할 것이 아니라 그들이 우리에게 복종하도록 해야 한다.

— 뤼수샹(2002)『문법연구의 타파와 건립(语法研究中的破与立)』

'명동포함' 구조에 대한 이 책의 논증이 바로 이러한 '파기와 습득 사이'의 중간 작업이다.

제4절 언어유형론적 시각에서 본 중국어

"루산[09]의 진면목을 알지 못하는 것은 단지 몸이 이 산중에 있기 때문(不识庐山真面目, 只缘身在此山中)"이라고 하였다. 중국어를 통해서만 중국어를 보면 그 실상이 잘 보이지 않는다. 중국어 바깥의 언어 세계가 어떠한지는 더더욱 알 수가 없다. 중국어의 관점으로 언어 세계를 보면 시야는 넓어지는 반면, 역사적인 이유로 인해서 주안점을 인도유럽어에 집중하기가 쉽다. 그리하여 '인도유럽어에는 있고 중국어에는 없는 것을 중국어에 억지로 추가'하는 우를 범할 수가 있다. 또 '중국어의 특징'을 지나치게 강조함으로써 중국어와 다른 언어와의 공통점을 간과하기도 쉽다. 언어 세계의 관점으로 중국어를 보면, 다시 말해 중국어를 세계의 언어라는 큰 배경 하에 놓고 관찰하면, 시야가 더욱 확대되어 중국어의 진면목과 언어 세계에서 중국어의 위치를 더욱 더 정확하게 이해할 수 있을 것이다. 그리고 또 중국어를 정확하게 이해하는 것은 역으로 다른 언어에 대한 이해와 인간

---

09 역자주: 장시(江西)성 주장(九江) 남쪽에 있는 산. 출처: 네이버.중국어사전

언어의 본질에 대한 인식을 심화시키는 데도 도움이 된다.

　20세기의 언어유형론은 조어법유형에 대한 연구에서 '어순'의 유형에 대한 연구로 옮겨갔다. 그런데 근년에는 유형론의 연구 범위가 '어순'의 유형에서 다시 '품사'의 유형으로 확대되었다. 이는 어순의 유형에 대한 연구가 심도 있게 진행되면서 SVO와 SOV, AN, NA 등의 어순에서 S(주어), O(목적어), V(동사), N(명사), A(형용사)와 같은 범주가 언어마다 큰 차이가 있어서 일률적으로 논할 수 없다는 것을 발견하였기 때문이다. 그리고 나아가 언어들 간의 품사체계에도 중요한 유형적 차이가 있다는 사실 또한 발견하였다. 이러한 차이를 간과한 것은 어순유형론의 선천적인 결점이라고 할 수 있다. 따라서 일부 언어유형론자들(Hengeveld 1992, 2013; Himmelmann 2007)은 언어 간 품사 비교 모델을 만들기 시작했다. 또한 그들은 '명사, 동사, 형용사, 부사'의 네 가지로 구분되는 영어의 품사체계가 인류 언어의 보편적인 품사 구조는 아니라고 지적하였다. 오히려 이와는 정반대로 그러한 구조는 상당히 드물고, 언어마다 품사체계는 큰 차이가 있다는 점을 지적하였다. 품사유형론을 연구하는 학자들은 다음과 같은 가능성에 대해 탐구하고 있다. 언어 간의 차이를 만드는 근본적인 원인 가운데 하나는 품사 분합의 차이이며, 이것이 언어 유형의 변이를 결정하는 하나의 중요한 변수가 된다.(完全·沈家煊 2010 참조)『언어유형론(Linguistic Typology)』잡지의 창간호에 실린 브로스차트(Broschart 1997)의 논문은 통가어(Tonga, 폴리네시아 언어의 일종)에 대한 필드조사를 소개하고 있다. 이 글에 따르면, 통가어는 인도유럽어처럼 '명사·동사'로 이분되는 유형이 아니라 '타입(type, 유형)·토큰(token, 실례)'으로 이분되는 유형에 속한다. 라르손(Larson 2009)은 생성문법의 틀 안에서 중국어와 이란의 일부 언어들을 비교한 후, 이들 두 종류의 언어는 명사 범주가 동사와 형용사를 모두 포함하는 '대명사'류라고 보았다. 또한 카우프만(Kaufman 2009) 역시 생성문법의 틀 안에서 퉁가어의 동사와 동사어근은 모두 명사와 명사어근으로 분석하여야 한다고 논증하였다.(자세한 내용은 1권 제3장 6절과 7절 및 2권 제3장 참조) 그리고 역사언어학자인 하이네와 쿠테바(Heine & Kuteva 2002)는 아프리카의 많은 언어들을 근거로 품사 변화의 관점에서 명사와 동사가 동일한 단계가 아니고 동사가 명사에서 분화되어 나왔다는 결론을 도출하였다. 이 책에서 수행한 '파기와 습득 사이'의 작업은 이러한 언어유형론의 다양한 최신 연구 성과들을 참고하고 흡수하였다. 이로써 가능한 범위 내에서 중국어의 '명동포함' 구조가 세계 언어의 조어법유형에 어떠한 시사점을 제공할 수 있는지를 설명하고자 한다. 특히 품사체계의 유형 변화에 대해 일종의 견해를 제기할 것이다.(자세한 내용은 2권 제3장 6절 참조) 중국어의 품사 특징에서 출발하여 다른 언어를 관찰함으로써 타 언어의 문법에 대한 심도 있는 이해도 가능할 것이다.(1권 제6장 5절, 2권 제4장 5.3절 참조)

'명동포함 이론'은 '유표성 이론(markedness theory)'의 영향을 받았으며 이를 보완하고 더욱 심화시켰음을 밝힌다. 과거의 유표성 이론(1999년 출판한 필자의 『비대칭과 유표성 이론(不对称和标记论)』 포함)은 '무표'와 '미표'라는 두 가지 상황을 구분하는 것에 대해서 충분히 중시하지 못한 점이 있었다. 하지만 '명동포함 이론'은 이들의 구분을 중시해야 한다고 일깨워준다.(1권 제3장 3절 참조) 그 밖에, 유표성 이론의 새로운 진전(유표성 역전 이론)과 '명동포함 이론'은 서로를 입증한다.(2권 제6장 참조)

'명동포함 이론'은 또 주류 문법 이론인 '문법, 의미, 화용'의 삼자분립 구조에 대한 반성과 함께, '인지언어학' 이론을 체계화하는 데에도 미력

한 힘이나마 보태고자 한다.(1권 제4장 4절, 2권 제4장 6절 참조) 또 '명동포함 이론'은 심리언어학과 신경언어학의 실험연구에도 새로운 이론적 기초를 제공할 수 있을 것으로 생각된다. 구체적으로 아동의 품사 습득과 대뇌에서의 품사 반응 실험에 새로운 설계와 분석의 사고를 제공할 것이다.(부록 1, 2 참조) 필자는 언어학을 벗어나 더욱 넓은 배경 하에서 '명동포함 이론'을 논의하고자 한다. 1권 제4장에서 말하는 '실현'과 '구성'의 두 관계는 학문적 보편성을 가진다. 철학적인 기초가 없는 문법이론은 깊이가 결여된다. 이를 위해서 2권 제4장 6절과 결론의 3절에서는 '명동분립'과 '명동포함'의 철학적 배경에 대해 각각 살펴볼 것이다. 부록3과 4에서는 한 쌍의 범주가 분립관계가 아닌 포함관계라는 것을 예를 들어 제시하고, 이러한 양상이 다른 학문(경제학, 정치철학)의 이론에도 나타난다는 것을 설명하고자 한다. 부록5에서는 양자물리학에서 전자의 '파동-입자 이중성(Wave-particle duality)'을 참고하여, 중국어 동사의 '서술-지칭 이중성(Predication-reference duality)'을 조명할 것이다. '명동포함 이론'은 언어학 및 다른 학문과의 선도적인 소통에도 일조할 것이다.

제5절 '명동포함 이론'의 장점

'(중국어와 관련하여 관점들을)파기하고 습득하는' 과정에서 중국어 명사와 동사에 대한 우리의 관점은 크게 달라졌다. '명동분립'에서 '명동포함'으로의 관점 변화는 중국어의 문법체계 구축에 많은 장점을 가져왔다. '명동포함'이라는 관점을 이해하지 못하는 사람은 이 변화의 장점이 무엇이냐고 묻는다. 다시 말해, 아무런 장점도 찾아볼 수 없다는 것이다. 이러한 견해의 차이는 먼저 '장점'이 무엇인지에 대한 인식의 차이에서 기인한다. 앞의 제2절에서 설명한 바와 같이, 명동포함 이론의 가장 큰 장점은 이론의 자기일관성 결여와 간결성 결여라는 두 가지 단점을 없앨 수 있다는 것이다. 일관적이지도 않고 간결하지도 않은 이론 체계는 더 많은 언어적 사실이 필요하지 않다. 이러한 이론 체계는 분명히 문제가 있으며, 문법을 설명하는 데에 불편함이 따를 것이다. 1권 제2장에서는 현재의 품사체계가 안고 있는 문제점들을 분석하고자 한다. 여기에는 명사의 정의 문제, '명동사' 문제, '중심확장 규칙'과 '병렬조건'에 위배되는 문제, '품사와 문장성분의 일대다 대응(类无定职)'과 겸류사의 문제 등이 모두 포함된다. 그 외에 명사가 술어가 될 때의 해석 문제(1권 제5~6장), 보어와 부사어의 경계 문제(2권 제1장), 형식동사의 기능 문제(1권 제6장 4절) 등도 있다. 이러한 문제들은 모두 '명동포함' 구조를 확립함에 따라 자연히 해결될 것이다. 그리고 또 오랫동안 논쟁이 되어 온 문제들도 있다. 예를 들어, 고대중국어 '鸟之将死(새의 임박한 죽음)'라는 'N之V' 구조에서 '之'자의 문법적인 기능 문제, '人而无信(사람으로서 신의가 없다)'과 같은 'N而V' 구조의 해석 문제, 현대중국어 부사 '都(모두)'의 양화 방향 문제 등도 모두 비교적 타당하고 합리적인 해결책을 찾을 수 있을 것이다.(2권 제2장, 1권 제6장, 3.4절) 그 밖에 '명동포함 이론'은 다음 중요한 질문에도 답을 할 수 있다. 중국어는 왜 '특히 많은 무종지문(流水句)'이 있을까?'(1권 제6장 3.3절) 중국어는 왜 기본적인 논리 개념을 표현하는 나름의 방식이 있는가? (2권 제2장 4절) 왜 중국어는 '是', '不是'에 대한 대답 방식이 영어와 다른가? (1권 제4장 4.2절) 이러한 질문에 대한 대답은 모국어에 대한 인식뿐만 아니라 다른 언어에 대한 인식도 함께 심화시킬 것이다. 앞 절에 이미 언급하였듯이, 중국어의 '명동포함' 구조를 확립하는 것은, 이 구조를 통해서 역으로 다른 언어를 관찰함으로써 언어유형론의 발전을 촉진하는 데도 도움이 될 것이다.

새로운 건립을 위해서는 먼저 타파해야 한다. '명동포함' 구조는 중국어에서 명사와 동사가 구별되지만 그 구별이 인도유럽어에서만큼 중요하지 않으며, 중국어 문법에서 중시하는 구분이 별도로 있다는 것을 보여준다. 언어유형론은 각각의 언어에서 중요한 범주가 무엇인지에 대한 연구뿐만 아니라 각 언어에서 중요한 '범주 구분'이 무엇인지에 대해서도 연구할 필요가 있다. 이 책 2권 제4장에서는 각각 '是'와 '有'로 표시된 '단언(肯定)'과 '서술(叙述)'의 문형 구분, 직설(直陳)과 비직설(非直陳)적인 어투 구분이 중국어에서 매우 중요한 범주 구분이라는 것을 논증하였다. '상태묘사(摹状)'와 '비상태묘사(非摹状)'의 구분은 중국어 어구의 일차적인 구분이며, '중첩(重叠)'은 중국어의 중요한 조어법 형태이다.(1권 제3장 5절) 11장에서는 '단쌍구분'(1음절과 2음절의 대립)과 1, 2음절의 조합 방식이 중국어의 복합적인 형태 수단임을 논증하였다. 아울러 운율, 문법, 의미, 화용에서 '허(虚)'와 '실(实)'의 구분은 중국어에서 상당히 중요한 위치를 차지하며, 그 역할 또한 매우 중요하다. 2권 제6장에서는 나아가 형용사와 명사·동사의 구별이 명사와 동사의 구별보다 크다는 관점을 논증하였다. 마지막 '결론'에서는 이러한 새로운 관점들을 종합하여, 중국어 문법체계의 혁신에 대한 초보적인 구상을 밝히고, 언어 연구는 반드시 언어의 다양성을 중시해야 한다고 지적하였다. 기존 정설이 아닌 언어 사실에 입각한 이론인 '명동포함 이론'은 또한 중국과 서구의 두 가지 범주관인 '대응(对待)'과 '대립(对立)'의 차이를 탐구하는 데에도 실질적인 참고가 될 것이다.

제1장

출구 없는
후퇴

제1절 인도유럽어의 속박에서 벗어나는 중요한 한 걸음

중국어 문법 연구사에서 『마씨문통(马氏文通)』의 가장 큰 의의는 서양으로부터 문법에 대한 세밀한 분석을 도입함으로써 중국어 문법 연구의 전반적인 구도를 바꾸어 놓았다는 점이다. 마젠중(马建忠)은 중국의 전통적인 문법 연구에 '상세한 분류'가 부족하며, 문장의 전체적인 의미에 대한 이해와 깨달음에만 만족하였다고 보았다. 이에 대해서 그는 '그것이 왜 그러한지 따져보지 않는 병폐'라고 비판하였다.

> 단어를 어떻게 분류할 것인지, 단어와 단어가 어떻게 합쳐져서 문장을 이루어 의미를 나타내는지에 대해서 …… 말하지 않은 것이 없는데, 이는 마음속에서만 그것을 이해한 것일 뿐, 아직 말로 전할 수는 없다. 아 슬프다! 어찌 이것이 '당연히 그렇다고만 생각할 뿐, 왜 그러한지 까닭을 따져보지는 않는 병폐'가 아니고 무엇이겠는가?
>
> (『마씨문통』 서문)

모든 언어에서 '단어는 여러 가지 종류가 있고, 문장이 단어를 통솔한다(字別种而句司字)'는 것은 변함없는 진리이다. 따라서 마젠중은 서양 문법의 분석법을 적용하여 중국어에서 단위를 나누고 품사를 구분하며, 문장성분을 구별하여 단계별로 분석하였다. 이러한 '단락별, 문장별, 단어별 분석'은 바로 '천년에 이르는 서양문법 교육의 전통'을 보여준다.(許国璋 1991:92 참조) 한 세기 동안 중국의 문법학은 기본적으로『마씨문통』의 전철을 밟아 끊임없이 서양의 분석법을 차용함으로써 '문법 분석'이 곧 '문법 연구'의 동의어가 되어버렸다. 몇몇 대규모 문법 논쟁을 회상해보면, 모두 '나눌 수 있는지의 여부'와 '어떻게 나누는지'에 관한 것들이었다.

먼저 단위의 구분이다. 단어와 형태소, 단어와 구를 어떻게 나눌 것인가? 단문과 복문은 또 어떻게 나눌 것인가? 다음은 나누어진 단위를 분류하는 것이다. 중국어의 실사는 분류할 수 있는가? 어떻게 분류할 것인가? 또 문장성분은 몇 종류로 나누는 것이 적합한가? 주어와 목적어는 어떻게 나눌 것인가? 또 계층 분석법, '동형이구(같은 형태 다른 구조)' 분석법, 변환 분석법, 의미성분 분석법, 3개 평면 분석법 등도 있다. 상위분류 아래에는 또 하위분류가 있는데, '的'자의 경우 이를 세 개로 다시 나눌 수가 있다. 한 마디로 요약해서 말하자면, 지난 100년간 우리의 연구는 '분석, 분석, 또 분석'의 연속이었다. 연구의 발전은 기본적으로 분석의 범위와 깊이를 더하고, 분석 방법을 개선하는 것이었다. 분석법의 도입은 중국어 문법구조에 대한 우리의 인식을 크게 심화시켰고, 분석을 통해서 각 구성 부분의 전체적인 차이를 찾아낼 수가 있었다. 이것이 문법의 전체적인 특징을 파악하는 데 도움이 된 것도 사실이다.

하지만『마씨문통』은 공적도 있지만, 부정적인 영향도 적지 않다. 이 책이 중국어 문법 자체의 특징들을 주목하였지만, '각종 분류'의 전체적인 체계는 인도유럽어 문법을 모방하여 만들어졌다. 그리하여 인도유럽어를 주요 대상으로 하는 서양의 분석틀을 중국어에 그대로 적용함으로써 많은 어려움과 문제에 봉착하였다는 점 또한 부인할 수가 없다.

우선, '명확히 구분할 수 없거나 나눌 수 없는' 상황이 다수 존재한다. 중국어는 형태변화의 결여로 인해 많은 문법 현상이 돌변하지 않고 점진적으로 변하므로, 각종 '과도기적 상태'를 흔히 볼 수가 있다. 단어와 비단어의 경계, 품사의 경계, 각종 문장성분의 경계 등을 모두 '단칼로 자르듯이' 명확하게 구분하기란 상당히 어렵다.[01] 더욱 곤란한 문제는 서양에서 문법을 설명하는 도구, 즉 그들이 정한 기본적인 문법범주들과 그들이 논술한 문법의 기본 법칙들을 가지고 중국어 문법을 설명하는 것은, 마치 '둥근 구멍에 네모난 공구'를 끼우는 것처럼 서로 맞지 않는다는 것이다. 1950년대 중국 언어학계에서는 품사의 문제, 주어와 목적어의 문제, 단문과 복문의 문제에 대해서 세 차례에 걸친 격렬한 논쟁을 진행한 바 있다. 그런데 논쟁들은 그 후로도 계속되었으며, 이는 문제의 심각성을 잘 보여준다. 왜냐하면 "이러한 논쟁은 대부분 전통적인 인도유럽어 문법관념의 영향으로 인하여, 중국어 문법 본연의 모습을 제대로 볼 수 없게 됨에 따라 야기된 것이었기 때문"이다.(朱德熙 1985a:iii).

서양에서 '변형생성문법'이 발전하자, 주더시는 이 문법이 제시하는 S → NP+VP와 VP → V+NP의 두 가지 가장 기본적인 문장 전사규칙 (rewriting rule)이 "중국어에는 맞지 않다"고 예리하게 지적하였다.(朱德熙

---

01 저자주: 이는 중국어의 모든 것이 뒤섞여 있어, 앞뒤 좌우를 구분하기가 어렵다는 것을 의미하지는 않는다. 뤼수샹(吕叔湘 1979: 11-12) 참조.

1985a: 64) 또한 뤼수샹은 말년에 중국어 문법 연구는 "크게 타파해야 한다"라고 하면서, 이미 고착화된 문법 항목들도 하나하나 과감하게 건드렸다. 또 심지어는 서양 문법의 기본 용어들을 "잠시 내려놓자"라고 말하기도 하였다.(吕叔湘 2002)

지난 100여 년간 걸어온 길을 되돌아 보건대, '인도유럽어 전통 관념의 속박에서 탈피'하려는 중국 문법학계의 노력은 한 번도 멈춘 적이 없었다. 그 가운데 가장 중요한 한 걸음은 주더시가 내딛은 것이었다. 그 자신은 비록 "아주 작은 한 걸음"일 뿐이라고 말했지만. 주더시의 새로운 관념은 1982년의 『문법강의(语法讲义)』에서 비교적 전면적으로 논의된 바 있다. 이후 1985년의 『중국어 문법에 관한 대담((语法答问)』은 '논란이 자주 일어나는 기본적인 개념과 관점에 대한 분석과 평론'을 위한 목적으로 출판되었다. 이 책은 한 권의 얇은 소책자이지만, 중국어 문법의 특징과 합리적인 중국어 문법체계에 대해서 아주 명확하고 체계적으로 논의하였다. 이는 이전의 문법 서적에서는 찾아볼 수 없는 것이었다. 오늘날 우리가 선현들이 이루어 놓은 업적을 바탕으로 계속 전진하기 위해서는, 먼저 주더시의 중요한 학술적 유산을 잘 파악하고 계승할 필요가 있다.

주더시가 앞을 향해 내딛은 중요한 한 걸음은 무슨 내용일까? 그것은 바로 그가 중국어 문법 '전반에 관련된' 두 가지 특징을 명확하게 제시하였다는 점이다. 그는 『중국어 문법에 관한 대담』에서 다음과 같이 적고 있다.

……중국어 문법의 진정한 특징은 무엇일까? 크고 작은 것을 모두 고려한다면 여러 가지가 있을 것이지만, 전체와 관련된 중요한 것으로는 주로 두 가지뿐이다. 하나는 중국어 품사와 문법

성분(일반적으로 말하는 문장성분)의 관계가 단순히 일대일 대응관계가 아니라는 것이며, 또 하나는 중국어 문장과 구의 구성 원칙이 기본적으로 일치한다는 것이다. (4쪽)

첫 번째 특징에 대해서 주더시는 다음과 같이 정리하였다. 동사는 술어 외에 주어와 목적어도 될 수 있고, 명사는 주어와 목적어 외에 관형어도 될 수 있으며, 특정한 조건하에서는 술어도 될 수 있다. 또 형용사는 관형어 외에 술어와 부사어도 될 수가 있다. 특히, 동사가 주어, 목적어가 될 수 있는 것에 대해서 주더시는 다음과 같이 상세히 설명하였다.

중국어의 동사와 형용사는 서술어든 주어, 목적어든 상관없이 형태가 같다. 전통적인 중국어 문법서는 주어, 목적어 위치에서의 동사, 형용사는 이미 명사화되었다고 보았는데, 이는 인도유럽어의 시각으로 중국어를 본 것이다. 중국어 본연의 실제 상황으로 보면, 동사와 형용사는 서술어가 될 수도 있고 주어나 목적어가 될 수도 있다. 주어나 목적어가 될 경우에도 여전히 동사, 형용사이며 품사의 변화가 없다. 이는 인도유럽어와 구별되는 중국어의 아주 중요한 특징이다. 이는 전체 품사 문제에 대한 우리의 관점에 영향을 미칠 뿐만 아니라 통사구조의 문제와도 연관되기 때문에 중요하다고 할 수 있다. (5쪽)

주더시의 이러한 관점은 시종 일관된다. 명사와 동사의 겸류인 '명동사'를 만들었지만, '명동사'를 가지고 이 중요한 관점을 부정하거나 수정하지는 않았다. 중국어 동사와 형용사는 술어도 될 수 있고, 주어와 목적어가 될 수도 있다. 이는 물론 절대다수의 동사와 형용사가 그렇다는 것이다. 『문법강의』에서는 "사실상 대부분의 동사와 형용사는 주어와 목적어가 될 수 있다"(p.101)라고 하였다. 또 『중국어 문법에 관한 대담』에서는 "80-90%의 동사와 형용사는 주어와 목적어가 될 수 있다"(p.7)라고 하였다. 만약 '실제 상황'에서 그리고 '사실상' 주어와 목적어가 될 수 있는 동사와 형용사가 '절대다수' 또는 '80-90%'의 동사와 형용사가 주어와 목적어가 될 수 없다면, 중국어의 동사와 형용사는 '주어나 목적어가 될 때 성질의 변화 없이 여전히 동사와 형용사이다'라는 주장은 결코 성립되지 않을 것이다.

왜 이 특징이 '아주 중요하다'고 할까? 왜냐하면 이는 '전체 품사문제에 대한 우리의 관점에 영향을 미칠 뿐만 아니라 통사구조에 대한 관점과도 연결'되기 때문이다. 다시 말해, 이는 문장과 구의 구성 원칙이 기본적으로 일치한다는 두 번째 특징과 내재적인 관련이 있기 때문이다. 두 번째 특징에 대한 주더시의 설명은 다음과 같다.(예문 번호는 원문을 따름)

(영어에서)문장과 절은 구성 원칙이 동일하지만, 구는 다르다. 예를 들어보자.

(11) He flies a plane. (그는 비행기를 조종한다.)
(12) To fly a plane is easy. (비행기를 조종하는 것은 쉽다.)
(13) Flying a plane is easy. (상동)

예문(11)에서 flies는 서술어 위치에 있으며 한정형식을 사용한다. 예문(12)와 (13)에서 to fly a plane과 flying a plane은 주어 위치에 있으며, 각각 비한정형식과 분사형식을 사용하고 있다. 하지만 중국어의 경우는 다르다. 동사와 명사구조는 어디에 출현하든, 그 형식이 완전히 동일하다. (11)—(13)에서 flies a plane, to fly a plane, flying a plane은 중국어로 하면 모두 '开飞机'이다. (7쪽)

주의할 점은, 주더시는 중국어에서 주어, 목적어가 될 때와 서술어가 될 때, '동사'의 형식이 동일하다고 하였을 뿐만 아니라, '동사구'도 역시 그러하다고 주장했다는 점이다. 이에 대해서는 사람들이 흔히 간과한다. 주더시는 다음과 같이 말했다.

> 중국어 문장의 구성 원칙과 구의 구성 원칙이 일치한다는 것은 특히 주술구조에 잘 나타난다. 중국어 주술구조는 독립된 경우에 영어의 문장과 같지만, 독립되어 있지 않은 경우에는 영어의 절과 같다. 영문법의 관점에서 보면, 주술구조는 구와 상대적인 것이다. 중국어의 주술구조는 사실 다른 유형의 구와 완전히 평등한 일종의 구이다. 이는 독립하여 문장이 될 수도 있고, 문장성분이 될 수도 있다. ……인도유럽어와 비교할 때, 주술구조가 서술어가 되는 것은 중국어 문법의 뚜렷한 특징이다. (8쪽)

주더시의 이러한 관점은 자오위안런(赵元任 1968: 57)[02]의 "문장(S-P)이 서술어가 된다"는 관점과 일치한다. 이들 두 관점은 모두 중국어의 실제 상황에 대한 날카로운 관찰의 결과이다. 중국어의 주술구조는 술목구조, 부사어-술어 구조, 연동구조 등 기타구조와 마찬가지로 문장의 서술어가 될

---

02 저자주: 이 책에서는 자오위안런(赵元任 1968)을 인용하였으며, 특별한 표시가 없는 경우 내용과 쪽수는 모두 뤼수샹 1979년의 번역본을 따랐다.

수도 있다. 그런데 또 한편으로는 "주어가 없는 문장도 주어가 있는 문장과 마찬가지로 독립적이고 완전한 것이다."(朱德熙 1987) 따라서 중국어의 주술구조는 다른 구조와 "지위가 완전히 평등하다". 주더시의 이러한 관점은 뤼수샹(呂叔湘 1979: 31)의 관점과 일치한다. 뤼수샹은 다음과 같이 말했다. "주술구조의 유무로 문장과 구를 구분할 필요는 없다. 문장도 형식적으로 주어와 서술어의 두 부분을 갖추지 않을 수도 있고, 구도 주술구조를 포함할 수도 있다." 주더시의 공헌은 그가 명확히 지적한 바에 나타난다. "주술구조가 '서술어'가 될 수 있다는 것은 '중국어 문장의 구성 원칙과 구의 구성 원칙의 일치성'을 나타내는 일종의 '특별한 표현'이다. 따라서 만약에 '주술구조가 서술어가 될 수 있다'는 점(이는 이미 대다수 중국어 문법학자들이 인정하고 그들의 저서에 서술함)을 인정한다면, '중국어 문장의 구성 원칙과 구의 구성 원칙의 일치성'도 역시 인정한 것이 된다." 바로 이러한 특징을 근거로, 주더시는 '구 중심'의 중국어 문법체계를 건립해야 한다고 주장하였다. 다음은 주더시의 말이다.

> 중국어 문장의 구성 원칙과 구의 구성 원칙은 기본적으로 일치하기 때문에, 우리는 구를 기초로 통사법을 묘사함으로써 일종의 구를 토대로 하는 문법체계를 세울 수 있다. ······만약 각종 구의 구조와 기능에 대해 명확하게 설명할 수 있다면, 문장의 구조에 대해서도 사실상 명확히 설명한 것이다. 문장은 독립된 구일 뿐이기 때문이다. (74쪽)

주더시의 이러한 '구 중심' 사상은 그의 『문법강의』에서 구체적으로 관철된다. 이러한 구 중심 사상은 문장 중심의 전통적인 중국어 문법체계를 바꾸는 것으로, 학계에 지대한 영향을 미쳤다. 현재 어떤 사람은 '구 중심'과 '문장 중심'이 각자 장단점이 있기 때문에 서로 우열을 가리기 힘들거나 모두 완벽하지는 않다고 주장한다. 하지만 그는 정작 주더시가 말한 '구 중심' 사상이 인도유럽어의 관념을 벗어나려는 지속적인 노력의 과정에서 내딛은 중요한 한 걸음이라는 점은 간과하고 말았다. 구 중심 사상은 그것이 옳든 그르든 그렇게 가볍게 넘겨서는 안 된다.

위에서 언급한 두 가지 중국어 특징은 내재적인 관계가 있는데, 이에 대해 주더시는 다음과 같이 말하고 있다.

> 이 두 가지 특징을 초래한 근원은 모두 중국어 품사가 형식표지가 없다는데 있다. 영어의 동사와 형용사는 주어, 목적어 자리로 가면 뒤에 -ness, -ation, -ment, -ity 등의 명사접미사가 붙어 이들을 명사로 바꾸거나 동사를 부정사나 분사형식으로 바꾼다. 반면 중국어 품사는 이러한 형식표지가 없기 때문에 어느 문법 위치에 있더라도 형식은 동일하다. 이로써 품사다기능 현상을 초래하게 된다. 또 한편으로, 중국어 동사는 한정형식과 비한정형식(부정형식과 분사형식)의 대립이 없는데, 이것이 구와 문장을 일치하게 만들었다. (9쪽)

이는 중국어 특징에 대한 주더시의 논의가 매우 체계적이며, 위의 두 특징이 생겨난 근본적인 원인은 흔히 말하는 '중국어는 형태변화가 발달되지 않았다'는 데 있음을 보여준다. 하지만 주더시는 '중국어는 형태변화가 발달되지 않았다'라는 주장의 배후에 있는 심오한 함의를 밝혀낸 것이다. 이 두 가지 특징은 서로 연결되어 있어서 나눌 수가 없다. 첫 번째 특징을 인정하게 되면 두 번째 특징도 인정해야 하는 것이다. 또 역으로, 둘 중 하나를 부정하면 나머지 하나도 부정하는 것이 된다. 이로써 우리는 주더시가 책에서 동사와 형용사가 주어, 목적어가 되는 경우를 말할 때, 왜 그것이 "전체 품사 문제에 대한 우리의 관점에 영향을 미칠 뿐만 아니라 통사구조에 대한 관점과도 연결된다"라고 하였는지 이해할 수가 있다. 현재 일부 중국어 문법서에서는 한편으로는 중국어의 주술구조가 서술어가 될 수 있다고 하면서, 또 한편으로는 문장이 중심이라고 보고 있다. 혹은 한편으로는 문장의 구성 원칙과 구의 구성 원칙이 기본적으로 일치한다는데 동의하면서, 또 한편으로는 중국어의 동사가 주어, 목적어가 되는 것은 극히 제한적이라고 말하고 있다. 그런데 이러한 설명들은 모두 앞뒤가 맞지 않는 상호모순임을 알아야 한다.

제2절 규명해야 할 문제들

2.1 동사가 주어·목적어가 되는 경우

중국어에서 동사가 주어나 목적어가 될 때 여전히 명사화가 아닌 동사라고 하는 주더시의 주장은 '간결성 원칙'에서 출발하였음을 알 수 있다.(서론 2절 참조) 대부분의 동사가 주어나 목적어가 될 수 있다면, 동사가 주어나 목적어가 될 때 명사화 된다는 주장은 불필요하기 때문이다. 최근 많은 학자들이 주더시의 이러한 관점에 대해 수정을 가하고자 하였다. '생성문법'을 연구하는 학자들은 고민의 여지도 없이 동사가 주어나 목적어가 되면 이미 명사화 되었다고 주장하였다. 심지어 주더시의 학설을 계승하고자 하는 학자들까지도 동사가 주어나 목적어가 될 때 어느 정도는 명사화를 인정하였다. 모두 보통 심각한 일이 아니다. 후배 학자라고 해서 선배 학자의 관점에 대해 수정을 가할 수 없다는 것이 아니다. 다만 수정을 하기 전에 주더시의 주장과 본의에 대한 정확한 이해가 선행되어야 할 것이다.

통계 수치를 근거로 중국어 동사 가운데 주어나 목적어로 사용할 수 있는 동사가 절대다수는 아니라고 주장하는 목소리도 있다. 또 동사 단독(수식어와 목적어가 없는 동사)으로는 주어나 목적어가 되는 경우가 제한적이며, 일부 소수의 동사에만 해당되는 현상이라는 주장도 있다. 예를 들면, 궈루이(郭锐 2002: 185, 189)는 통계 수치를 근거로, 단독으로 주어나 목적어가 될 수 있는 동사는 46%에 불과하다고 주장하였다. 또 'N的V' 구조에 들어갈 수 있는 단음절 동사는 극히 제한적이라는 주장도 있다. 잔웨이둥(詹卫东 1998)은 『중국어 동사 용법사전(汉语动词用法词典)』을 대상으로 분석한 단음절 동사 1,316개 중에서, 'N的V' 구조에 들어갈 수 있는 동사는 '爱(사랑하다), 苦(괴로워하다), 死(죽다), 笑(웃다)'의 4개뿐이며, 이는 전체 단음절 동사의 0.3%에 불과하다고 하였다. 마찬가지로 우창안(吴长安 2012)에서도 단음절 동사가 'N的V' 구조에 들어가기는 상당히 어렵다고 주장한 바 있다.

위안위린(袁毓林 2010a, 2010b)에서는 'N的VP' 구조가('图书的出版(도서의 출판))' 영어를 '억지로 직역'한 것이며, 이 구조는 문법적인 제약이 있으므로 영어를 근거로 유추해서는 안 된다고 주장하였다. 또 이 구조는 문어에 한해 사용되며, 구어에서는 거의 사용되지 않는다고 지적하였다. 그 외에 단음절 동사가 주어나 목적어가 될 때, 서술어 동사는 상당히 제한적이라는 주장도 많다. 박중규(朴重奎 2003)에서는 모든 단음절 동사에 대해 고찰을 한 뒤, 단음절 자주동사(自主动词)가 주어가 되는 경우는 '去可以(가도 된다)', '看可以(보아도 된다)' 등과 같이 조동사 '可以'가 술어가 되는 문장에서만 성립된다고 주장하였다. 판샤오(范曉 1992)에서도 역시 VP가 주어인 문장은 술어의 유형이 매우 제한적이라고 주장하였다. 심지어 선쟈쉬안(沈家煊 1999a: 274-282) 역시 동사가 주어나 목적어인 경우의 여러 가지 제약들을 열거한 바 있다. 스유웨이(史有为 2014)에서도 역시 동사가 전부 다 주어나 목적어로 사용될 수 있는 것은 아니라고 주장하였다.

그런데 많은 시간과 노력을 들여 이러한 통계 수치를 도출하기 전에, 먼저 주더시가 어떻게 자신의 견해를 논증하였는지를 정확히 살펴보아야 할 것이다. 『중국어 문법에 관한 대담』에서 제시한 예 가운데, 중국어 동사가 주어나 목적어가 될 때 명사화 되지 않는 7개의 문장을 살펴보자.(23쪽)

(1) 去是有道理的。가는 것이 이치에 맞다.
(2) 不去是有道理的。가지 않는 것이 이치에 맞다.
(3) 暂时不去是有道理的。당분간 가지 않는 것이 이치에 맞다.
(4) 他暂时不去是有道理的。그가 당분간 가지 않는 것이 이치에 맞다.
(5) 他的去是有道理的。그가 가는 것이 이치에 맞다.
(6) 他的不去是有道理的。그 가 가지 않는 것이 이치에 맞다.
(7) 他的暂时不去是有道理的。그가 당분간 가지 않는 것이 이치에 맞다.

첫째, 주더시는 마침 예문에서 쌍음절 동사가 아닌 단음절 동사 '去'를 사용하여 동사가 명사화 되지 않음을 증명하고 있다. 이는(앞에서 언급한 'N的V' 구조에 들어갈 수 있는 동사가 단지) '爱, 苦, 死, 笑'라는 네 가지 동사의 범위를 넘어선 것이다.03 둘째, 예문에는 동사 단독으로 사용된 V 문형도 있고, 'N的V' 문형도 있는데, 주더시는 이 두 가지 동사 모두가 명사화 되지 않았다고 하였다. 셋째, 예문 중에는 또 동사 V뿐만 아니라 동사구 VP도 있는데, 주더시는 이들이 '어디에 출현하더라도 형식이 완전히 동일하다'고 하였다. 따라서 동사 '去'와 동사구 '不去'/'暂时不去'의 성질이 이리저리 변했다고 말할 필요가 없는 것이다. 이러한 예들은 언어코퍼스에서 검색해도 찾기가 어려우며, 찾더라도 극히 소수에 불과하다. 또한 일반적인 동사용법 사전에서 이러한 예문을 수록할 가능성은 더더욱 낮다. 하지만 코퍼스나 사전에서 예를 찾을 수 없거나 극히 소수의 예만 있다는 것이 주더시의 예문을 부정할 수 있는 이유가 될 수는 없다. 왜냐하면 주더시의 생각은 중국인의 어감으로 보았을 때, 이러한 문장들은 당연히 중국어 문법에 부합하는 문장들이기 때문이다. 이때 '去'는 다른 단음절 동사로도 대체가 가능하다. 사실 주어나 목적어로 사용하는 단음절 동사(단독으로 쓰이든 구의 중심어로 쓰이든)는 중국어에서 매우 자연스러운 현상이다. 이는 고대중국어에서에서 잘 드러나는데, 특히 성어가 가장 좋은 예가 된다. '绝处逢生(절체절명의 위기에서 살아나다), 见异思迁(색다른 것을 보면 마음이 변하다), 长歌当哭(소리 높이 가영하는 것으로 곡을 대신하다), 生不如死(사는 것이 죽는 것만 못하다), 披坚执锐(갑옷을 입고 무기를 들다, 무장하다), 驾轻就熟(가벼운 수레를 몰고 아는 길을 가다)' 등과 같은 예들은 수를 셀 수 없을 정도이다. 현대중국어도 이와 다르지 않다.

---

03   역자주: 이는 'N的V' 유형에 들어갈 수 있는 동사는 '爱, 苦, 死, 笑' 등 4개뿐이라는 앞의 주장에 대한 반박이다.

打是疼, 骂是爱。
때리는 것은 아끼는 것이고, 욕하는 것은 사랑하는 것이다.

吃有吃相, 站有站相。
먹는 것도 먹는 모습이 있고, 서는 것도 서는 모습이 있다.

看似一幅画, 听似一首歌。
보기에는 한 폭의 그림 같고, 듣기에는 한 수의 노래 같다.

桥的本性是通, 是渡, 不是阻。
다리의 본래 목적은 통하는 것이고, 건너고자 하는 것이지 막고자 하는 것이 아니다.

不要理睬她的大哭大闹。
그녀가 울고 불고 하는 것에 신경 쓰지 말아라.

爱有爱的道理, 不爱有不爱的理由。
사랑하는 데는 사랑하는 이치가 있고, 사랑하지 않는 데는 사랑하지 않는 이유가 있다.

广州的吃全国第一, 但是他在吃上不讲究。
광저우의 먹는 것은 전국에서 제일인데, 그는 먹는 데는 신경 쓰지 않는다.

他的快吃和长睡都是班里第一。
그는 빨리 먹고 오래 자는 것은 반에서 일등이다.

你怎么解释乌龟的快和兔子的慢?
거북이의 느린 것과 토끼의 빠른 것을 너는 어떻게 설명할거야?

구어에서는 동사가 주어나 목적어가 될 때, 쌍음절 동사보다는 단음절 동사가 더 많이 사용된다.

你快决定吃(进)还是抛(出)。
사들일지 팔아버릴지 빨리 결정해라.

(出)卖还是(出)租你要先想好。
팔지, 아니면 임대할 지 먼저 생각을 잘 해야 한다.

我不怕比, 比就比。("比试就比试"不上口)
나는 시합하는 거 안 무서워. 시합 하면 하지. ('比试就比试'는 부자연스럽다.)

太湖美, 美就美在太湖水。(不说"美丽就美丽在……")
태호가 아름다운 것은, 태호의 물이 아름답기 때문이다. ('美丽就美丽在……'라고 하지는 않는다.)

"小是小", 味道好。(一家小饭店的店名, "小巧是小巧" 不上口)
'작기는 작은데', 맛은 좋다. (한 식당 이름. '小巧是小巧'는 어색하다.)

这笔款子, 筹还是不筹要快做决定。—我决定筹。
이 자금, 마련할 것인지 말 것인지 빨리 결정해야 한다. - 나는 마련하기로 결정했다.

你找老婆是找妈还是找抽? 抽你没商量。
넌 마누라를 찾으면서, 엄마를 찾는 거냐 매를 버는 거냐? 좀 맞아야겠다.

这种型号的客机过去从来没有失过联。
이러한 모델의 여객기는 과거에 연락두절 된 적이 한 차례도 없었다.

이러한 예문은 수도 없이 많이 나열할 수 있기 때문에 정말로 주어나 목적어가 되지 못하는 동사는 극히 드물다. 심지어 '是(이다), 有(있다), 值(가치가 있다), 姓(…성으로 한다), 现(原形)((본색을) 드러내다), 认为(…라고 생각하다)' 등과 같은 추상적인 동사도 예외가 아니다.

  我想是, 他一定离婚了。是也好。
  난 그렇게 생각해. 그는 분명히 이혼을 했어. 그것도 괜찮아.

  有总比没有好, 大家还是想有。
  있는 것이 없는 것보다는 나아, 모두들 가지기를 바라거든.

  值就买, 不值就不买。
  가치가 있으면 사고, 가치가 없으면 사지 마라.

  你想不想姓你母亲的姓? 我想姓, 姓也没关系。
  너 엄마의 성을 따르고 싶니? 따르고 싶어요. 엄마 성을 따라도 상관없어요.

  现了原形没有?—现怎么样, 不现又怎么样?
  본 모습을 드러냈니? 드러내면 어떻고, 드러내지 않으면 또 어때?

  你怎么会坚持这么认为?
  너 어떻게 계속 이렇게 생각하니?

술어에 사용 가능한 동사는 결코 '可以'에만 국한되지 않고 다른 단어도 가능하다. '去'를 예를 들어보자.

去有难处, 不去也有难处。
가는 것도 어려움이 있고, 안 가는 것도 어려움이 있다.

去怎么样, 不去又怎么样?
가면 어떻고, 안 가면 또 어때?

去有好处, 不去也不要紧。
가면 좋고, 안 가도 괜찮아.

去不对, 不去也不对。
가는 것도 옳지 않고, 안 가는 것도 옳지 않다.

去挨骂, 不去也挨骂。
가도 욕 먹고, 안 가도 욕 먹는다.

去就去, 不去就不去。
가려면 가고, 안 가려면 가지 말고.

去在五天前, 回在两天后。
간 것은 닷새 전이고, 돌아오는 것은 이틀 후이다.

去拖拖拉拉, 不去又犹豫不定。
가려니까 뭉그적거리고, 가지 않으려니까 또 망설인다.

하지만 혹자는 단음절 동사가 주어가 되는 것은 앞부분의 내용을 인용하는 경우나 질문에 응답하는 경우뿐으로, 이는 특수한 지칭성을 가지기 때문에 대표성이 없다고 주장한다(吳长安 2012). 그런데 앞의 예문 '去怎么样, 不去又怎么样'에서 동사 '去'는 (앞의 문장에서) 인용한 것으로 보이지만, '去拖拖拉拉, 不去又犹豫不定'에서 '去'는 인용어가 아니다. 또한 응답을 유발하는 질문은 '去怎么样?(가는 것이 어때?)', '看一下可以吗?(좀 봐도 될까?)'처럼 주로 단음절 동사가 주어가 된다. 화제인 주어는 흔히 앞의 말에 대한 인용어가 되며, 이는 주어가 동사인지 여부와는 크게 상관이 없다.

또 주어가 되는 동사나 동사구는 주로 판단문에 국한된다고 주장하는 사람도 있는데, 이 역시 이유가 되지 않는다. 추상명사가 주어가 되는 경우도 주로 판단문이기 때문이다. 따라서 평서문에서는 동사나 동사구가 주어가 되는 것이 문제가 없다. 고대중국어에 동사나 동사구나 주어가 되는 문장 중에는 평서문도 많이 있다. 다음 예를 보자.[04]

行之十年,秦民大悦。
(상앙의 변법을) 행한 것이 10년이니, 진나라 백성들이 크게 기뻐하였다.
→ '行之(그것(상앙변법)을 행하다)'는 '十年(10년이다)'의 주어가 되며, '行之十年(그것을 행한 것이 10년이다)'는 '秦民大悦(진나라 백성들이 크게 기뻐하였다)'의 주어가 된다.

『史记·商君列传』

子路闻之喜。
자로가 그것을 듣고 기뻐하였다.
→ '闻之(그것을듣다)'는 '喜(기뻐하다)'의 주어로 보인다.

『论语·公冶长』

---

04 저자주: 리줘펑(李佐丰 2004)에서 인용한 예문이며, 리줘펑은 동사가 주어가 되는 것은 주로 판단문이라고 하였지만, 이 예들은 그렇지 않다.

鲁人从君战,三战三北。

노나라 사람들이 임금을 따라 전쟁을 하였는데, 세 번 싸워 세 번 모두 패하였다.

(『韩非子·五蠹』)

평서문에서 동사가 목적어가 되는 것은 더욱 자유로우며, 서술어의 의미 유형이 제한적이라는 주장도 옳지 않다. '信心(확신, 자신), 悲情(슬픈 감정), 内容(내용), 空间(공간), 命题(명제)' 등과 같은 추상명사가 주어나 목적어가 될 때도 역시 서술어의 의미 유형은 제한적이기 때문이다. VP가 '的'자 구조의 수식을 받는 것에 엄격한 제한이 있음을 증명하기 위하여, 위안위린(袁毓林 2010a, 2010b)은 아래와 같은 예문을 제시하였다.

*不容易的教高中毕业班
*看的下象棋
*对身体很有好处的 游泳
*喜欢的骑马
*看着舒服的干净一点儿
*希望的暂缓
*比较好的睡觉前喝牛奶
*开始的写诗

위 예문을 살펴보면, '对身体很有好处的游泳(몸에 아주 좋은 수영)'와 '希望的暂缓(희망의 일시적 유예)' 두 문장은(그 자체로 성립하기 때문에) 아예 부호 '*' 표시를 할 필요가 없다. 또 일부 예문도 몇몇 단어만 교체하면(기본 구조는 그대로 유지) 의미가 자연스러워진다. '喜欢的骑马--十分喜欢的骑马(매우 좋아하는 승마)', '开始的写诗--开始不久的写诗(시작한 지 얼마 되지 않는 시 쓰기)', '看的下象棋---连着看的下象棋(연달아 보는 장기 두기)' 등이 그 예이다. 위 예들이 성립하지 않는 것은 단지 수식어의 내용이 지나치게 간략해서는 안 된다는 것을 보여줄 뿐이다. 또 '对付失眠有多种治疗法,相对而言, 比较好的睡觉前喝牛奶没有任何副作用(불면증에 대한 치료법으로는 여러 가지가 있는데, 상대적으로 괜찮은 자기 전 우유 마시기는 어떠한 부작용도 없다)'처럼 적당한 전후 문장만 추가하면 바로 성립이 가능해지는 문장도 있다. 그 외에 '不容易的教高中毕业班'은 부자연스럽지만, '不容易的带班(쉽지 않은 반 인솔)'은 또 자연스럽다. 이는 피수식어인 중심어가 지나치게 길어서는 안 된다는 것을 나타낼 뿐이다.

요컨대, 이러한 제한들에 대해 연구를 하는 것은 무방하지만, 이를 'V와 VP는 모두 주어나 목적어가 될 수 있다'고 하는 주더시의 주장을 부정하는 근거로 사용할 수는 없다. 위안위린은 심지어 긴 편폭을 할애하여 중국어에서 '图书的出版(도서의 출판)'과 '傲慢与偏见(오만과 편견)'과 같은 표현이 영어를 억지로 직역한 산물이라고 한 주장은 설득력이 떨어진다. 영어에서 publish/publication과 proud/pride'는 각각 -tion 표지와 유사어근 교체([au]/ [ai])의 방식을 사용하여 모두 명사화 되었다. 그런데 이들을 중국어로 번역할 때, 만약 영어 용법에 따라 그와 유사한 명사화 표지와 같은 성분을 붙여서 각각 '图书的出版程'과 '傲慢性与偏见'으로 번역한다면, 이것이야말로 영어를 억지로 직역한 표현이 된다. 중국어 습관에 맞는 가장 자연스러운 번역 표현은 바로 '图书的出版'과 '傲慢与偏见'이다.

언어코퍼스와 관련하여, 아래 예문들은 아동 언어코퍼스에서 추출한

2-4세 아동의 말인데, 모두 동사와 동사구가 술어 '怕(무섭다/두렵다)'의 목적어가 되는 문장들이다.[05]

> 怕丢了。잃어버릴까 겁난다.
> 我怕倒。나는 넘어질까 겁난다.
> 怕打屁股。엉덩이를 맞을까 겁난다.
> 我怕说我。나는 혼이 날까 겁난다.
> 我怕掉下去。나는 떨어질까 겁난다.
> 我怕不出来接我。나는 나를 데리러 나오지 않을까 겁난다.
> 我怕过来偷我的。나는 와서 내 것을 훔칠까 겁난다.

언어코퍼스는 아주 중요하며, 참고하고 근거로 삼아야 한다. 하지만 전적으로 이에 의지해서는 안 되며, 막무가내로 신뢰해서는 더더욱 안 된다.[06] 촘스키(Chomsky)[07]는 자신이 만든 영어 문장 Colorless green ideas sleep furiously와 사람들의 어감을 활용하여, 통사구조가 객관적으로 존재한다는 사실을 증명하였다. 이 결론은 언어코퍼스에 이러한 실례가 존재하지 않는다고 해서 부정되지 않았다. 지금 코퍼스에서 예를 찾지 못했다

---

05 저자주: 예문은 장원치우(张云秋)가 수집한 아동 언어코퍼스에서 인용함.
06 저자주: 영화『제로 다크 서티(Zero dark thirty, 2012)』는 참 볼만한 영화다. 타격하는 장면을 중점으로 삼아 묘사하지 않고, 여주인공이 은신해있는 빈 라덴(Osama bin Laden)을 얼마나 힘들게 추적해 찾아내는지를 자세히 보여주고 있기 때문이다. 여주인공이 우여곡절을 겪은 이유는 바로 그녀의 상사가 그녀의 판단을 믿지 않고 수집한 데이터만 믿어서인데, 그 데이터에 따르면 빈 라덴이 은신처에 숨어있을 가능성은 60%를 넘지 않는다.
07 역자주: 노암 촘스키(Noam Chomsky, 1928~) 미국의 언어학자로 변형생성문법 이론의 창시자이다.

는 것이 앞으로 영원히 존재하지 않음을 의미하지는 않는다. 통사규칙은 이미 존재하는 문법에 맞는 문장뿐만 아니라 가능한 문장도 생성할 수 있어야 한다. 이는 변형생성문법(Transformational-generative Grammar, TG) 이론의 기본이다.

이상의 논의를 종합하면, 주더시의 본의는 "사실상 대다수의 동사와 형용사는 주어나 목적어로 사용될 수 있다"는 것과 "동사와 형용사 중에서 80~90%가 주어나 목적어가 될 수 있다"(강조점은 필자가 추가함)는 것이다. 그는 코퍼스에서 얼마나 많은 동사와 형용사가 실제로 주어나 목적어로 사용되었는지를 말한 것이 아니다. 이 주장은 쌍음절 동사와 단음절 동사, 동사 단독으로 쓰인 V와 'N的V'의 V, 동사 V와 동사구 VP에도 모두 적용이 된다. 주더시 본인도 중국어를 사용하는 정상적인 중국인 가운데 한 사람이기에 중국인의 어감으로 자신이 제시한 예문들이 중국어 문법에 부합함을 판단할 수가 있다. 온갖 방법을 다 동원하여 절대 다수의 동사가 주어나 목적어가 되는 것은 아니라고 주장하는 사람들은 자신이 전통적인 선입관의 지배를 받아서 중국어 특징에 대한 전반적인 이해가 결여된 것은 아닌지 돌이켜 생각해 볼 일이다.

또 동사가 주어나 목적어가 되는 것은 중국어의 특징이 아니며, 영어의 동사도 형태표지를 첨가한 것만 다를 뿐 역시 마찬가지라고 주장하는 사람도 있다. 그들은 영어의 work와 play와 같이, 중국어의 동사가 주어나 목적어가 될 때도 역시 '제로파생'이 된 것이라고 보았다.(陆俭明 2013) 그런데 '제로파생'은 일부 소수의 동사에만 해당된다. 만약 절대 다수의 동사에 대해서 모두 '제로파생'이라고 한다면, 이는 절대다수의 동사가 모두 명사화 된다고 하는 것과 마찬가지로 불필요한 것이다.[08] 주더시(朱德熙 1983)는 "'제로형식 명사화'란 말은, 중국어에서는 인위적인 허구에 불과하다"라고 분명히 주장한 바 있다.

2.2 '구 중심'에 관하여

규명해야 하는 두 번째 문제는 구가 단독으로 문장이 될 수 있느냐는 것이다. 주더시가 제기한 두 번째 특징과 '구를 중심으로 한다(以词组为本位)'는 견해에 대해, 구 가운데는 단독으로 문장이 될 수 없는 것도 있기 때문에 구와 문장은 다르다고 비판하는 이도 있다. 예를 들어, '他开飞机(그는 비행기를 조종한다)'와 같은 주술구조는 일반적으로 질문에 대답을 할 경우에만 단독으로 사용되며('他是干什么的(그는 무슨 일을 하는 사람인가요?)'라는 질문에 대답하는 경우), 그렇지 않을 경우에는 대구를 이루어서 말을 해야 한다('我开火车, 他开飞机(나는 기차를 운전하고, 그는 비행기를 조종한다)')는 것이다. 그런데 이러한 비판 역시 주더시의 본의를 제대로 이해하지 못해 생긴 것이다. 이 질문에 대해서는 일찌감치 『중국어 문법에 관한 대답(语法答问)』에서 답을 내놓았기 때문이다. 주더시는 구를 바탕으로 하는 문법체계 건립을 제안한 뒤 다음과 같이 말했다.

> 이는 추상적인 통사구조로서 각종 구(주술구조, 술목구조, 동보구조, 수식구조, 병렬구조, 연동구조 및 전치사구조, '的'자 구조 등의 허사구조)

---

08 저자주: 영어의 형태는 쇠퇴하고 있으므로 work나 play와 같이 명사와 동사가 동일한 형태인 예가 확실히 많기는 하지만, 어휘 전체적으로 보면 여전히 소수의 경우이기 때문에 일부를 가지고 전체를 개괄할 수는 없다.

를 구체적인 문장과 연결시키거나, 특히 문장의 한 성분으로 못
박는 데에 **급급하지 않고,** 그 구들의 내부구조 및 하나의 전체로
서 더 큰 구 안에서 그들이 가지는 분포 상황을 묘사할 수 있다는
것이다. (74쪽)

또 혹자는 "구 중심의 문법체계 안에서는 문장이 아무런 지위가 없는
것은 아닌가, 구를 설명하면 문장은 설명할 필요가 없는 것이 아닌가"라
는 문제를 제기하였다. 이에 대해 주더시의 설명을 다음과 같다.

나는 단지 중국어 문장 구조의 원칙과 구 구조의 원칙이 일치
한다는 점만을 **강조**할 뿐이다. 문장의 구조가 사실상 바로 구의
구조이다. (78쪽. 위 두 곳의 굵은 글씨는 필자가 붙인 것이다)

"~에 급급하지 않고(不急于)"라고 한 것과, "강조하다(强调)"라고 한 것은
모두 다 이 문제에 대한 주더시의 견해를 잘 설명해준다. 왜냐하면 문법체
계라는 큰 틀에서 착안하면 주된 것과 부차적인 것, 그리고 경중과 완급을
반드시 분명하게 가려야만 본말이 전도되지 않고 요점을 잡을 수 있기 때
문이다. 주된 것과 부차적인 것을 구분할 때는 일부 사실을 희석시킴과 동
시에 다른 일부 사실은 '강조'해야 하고, 경중과 완급을 구분할 때는 먼저
해결해야 하는 문제와 해결이 '급하지 않은' 문제를 결정해야 한다. '문법
의 체계'를 정립할 때 주더시는 구가 단독으로 문장이 될 수 없다는 사실
을 중시하지 않았는데, 왜냐하면 구가 단독으로 문장이 될 수 있는지 여부
의 문제는 주로 표현과 관련이 있기 때문이다. 주더시의 답변을 통해 '어
떤 구는 단독으로 문장이 될 수 없다'는 것을 이유로 '중국어의 문장과 구

의 구조 원칙은 같다'는 것을 부정할 수는 없음을 알 수 있다. 그 이유는 간단하다. '문장과 구의 구조 원칙은 같다'라는 것은 문법체계적으로 근본적이고 대국적인 것이어서 '전체 상황의 중요한 방면과 모두 관계'되기 때문에 특별히 '강조'를 할 필요가 있고, 우선적으로('급급하지 않고'가 아니다) 진지하게 접근해야 하기 때문이다. 주더시를 비판하는 사람들은 자신들이 오히려 '눈썹과 수염을 한 손에 잡으려고 한다'거나 '참깨는 줍고 수박은 잃는' 격은 아닌지 되짚어보아야 할 것이다.

실제로 주더시는 "문장과 구는 결국은 별개의 문제이므로 둘을 혼동해서는 안 된다"라고 말한 적이 있다. 혹자는 이를 근거로 구와 문장의 일치성은 단지 '구조'상의 일치성일 뿐, 구체적인 '말'과는 무관하다는 것이 주더시의 본래 취지라고 주장하기도 한다. 그런데 이러한 주장은 하나만 알고 둘은 모르는 것이다. 일부 구는 단독으로 문장이 될 수 없다는 것이 그 첫 번째 이유이고, 절대다수의 구가 일정한 문맥만 있으면 문장이 될 수 있다는 것이 두 번째 이유이다. 이 가운데 '첫 번째 이유'는 인정하고 설명이 필요한 사실이지만, '두 번째 이유'는 묵인되고 설명이 불필요한 사실이라는 것이 주더시의 생각이다. 구가 단독으로 문장이 될 수 없다는 것을 설명할 때, 주더시는 자주 언급되는 V+了+O(吃了饭(밥을 먹었다)/打了电话(전화를 걸었다)), V+C+O(吃完饭(밥을 다 먹었다)/拿出一本书(책 한 권을 꺼냈다))를 예로 들었다. 이러한 구들이 단독으로 문장이 될 수 없는 이유는 일반적으로 이들이 단지 대답이나 대구에만 사용되기 때문이다. 예를 보자.

走, 散步去! — 吃了饭 / 吃完饭。着什么急呀!
가자, 산책하러 가자! - 밥 먹고/밥 다 먹고. 뭐가 그리 급해!

他拿出了什么? — 拿出一本书。
그 사람이 뭘 꺼냈어? — 책 한 권을 꺼냈어.

打了电话, 来了警察。
전화를 걸었더니, 경찰이 왔다.

拿出一本书, 放进一件衣服。
책 한 권을 꺼내고, 옷 한 벌을 넣었다.

'他开飞机(그는 비행기를 조종한다)'가 '他开过飞机(그는 비행기를 조종한 적이 있다)'와 다른 경우도 역시 마찬가지로 이를 대구나 대답으로 사용할 때이다.

他干什么的? — 他开飞机。
그는 무슨 일을 하는 사람인가요? - 그는 비행기를 조종합니다.

我开火车, 他开飞机。
나는 기차를 운전하고, 그는 비행기를 조종한다.

그러나 중국어의 구와 문장의 구조 원칙이 같다는 주더시의 말을 입증하는 모든 논증은 바로 '他开飞机'와 영어 He flies a plane의 비교에서 비롯된다. 그는 '他开过飞机'를 논증에 사용하지 않았는데, 그 이유는 중국어 '他开飞机'와 '他开过飞机'의 차이가 영어 He fly a plane과 He flied a plan의 차이만큼 중요하지 않고, 차이의 성격 또한 '크게 다르다'고 보기 때문이다. 영어 He fly a plane은 문법에 맞지 않지만, 중국어 '他开飞机'는 문법에 맞다. 이를 통해, 중국어는 일정한 전후 문맥만 있으면 절대다수의 구가 모두 문장이 될 수 있으며, 어느 문장('他开过飞机'를 포함)이든 모두 다 일정한 전후 문맥에서 말해지는 '말'이라는 것이 주더시의 본래 취지임을 알 수가 있다. 물론, '吃完饭'과 '吃完饭了', '拿出一本书'와 '拿出了一本书'. '他开飞机'와 '他开过飞机' 등은 차이가 있고, 독립할 수 있는 정도가 다르다는 점은 주더시 역시도 인정한다. 하지만 『중국어 문법에 관한 대담(语法答问)』 전편의 논증을 보면, 일부 구는 단독으로 문장이 될 수 있다는 '첫 번째 이유'를 인정하는 것이 절대다수의 구가 일정한 문맥만 있으면 문장이 될 수 있다는 기본적인 '두 번째 이유'를 부정하는 것은 결코 아님을 알 수 있다.[09]

주더시는 문장과 구의 구조 원칙이 같으며, 구와 문장의 관계가 인도유럽어는 '구성관계(组成关系)'이지만 중국어는 '실현관계(实现关系)'라는 것을 고수하였는데, 이 두 가지 관계에 대해 다음과 같이 상세하게 설명하고 있다.

> "이러한 문법체계는 구를 추상적이고 일반적인 것으로 보고, 문장(문장 전체와 그 부분을 모두 포함)은 구체적이고 특수한 것으로 봅니다. 구의 내부구조와 문법기능을 묘사할 때, 그것이 문장이거나 문장을 구성하는 한 부분인지는 고려하지 않고 이를 추상적인 통사구조로만 간주합니다. 하지만 구는 언제든지 단독으로 문장이 되거나 문장을 구성하는 부분이 될 수 있습니다. 이 과정이 바로 추상적인 구가 구체적인 문장 혹은 문장의 일부분으로 '실현'되는 과정입니다. 이러한 관점에 따르면, 구와 문장의 관계는 부분과 전체의 관계가 아니라 추상적인 문법구조와 구체적인 '말(话)' 사이의 관계입니다."(번역서 142쪽)

---

09 저자주: '기본적인(default)'이란 표현은 '잠복되어 있는(底伏的)'으로 번역할 수도 있는데, 기본적인 규칙의 기초성을 더욱더 잘 나타낼 수 있다.

'구성관계'는 '부분과 전체의 관계'이고 '실현관계'는 '추상과 구체의 관계'인데, 이 한 쌍의 개념 제시는 중국어 문법체계에 대한 주더시의 개괄이 이론의 수준으로 올라왔음을 의미하며, 이후에 외국의 언어유형론자들은 서로 다른 언어의 품사체계를 비교하면서 비로소 이를 깨닫기 시작하였다.[10] 그런데 우리 스스로는 정작 '나무만 보고 숲을 보지 않는' 식이어서 일부 구는 단독으로 문장이 될 수 없다는 국부적이면서도 부차적인 현상에 얽매여서 주더시의 이러한 중요한 공헌을 홀시하고 말았는데, 이는 매우 유감스러운 일이다. 어떤 사람은 주더시의 이 논단이 '엄밀성을 희생하여 가독성을 획득한' 일종의 '지름길 가기'에 해당하는 견해일 뿐이라고 주장한다. 왜냐하면 '구와 문장은 서로 다른 추상적 단계를 가지고 있기 때문'이라는 것이다.(袁毓林 2010b) 그렇다면 왜 구와 문장의 관계는 추상적인 문법구조와 구체적인 '말'의 관계가 될 수 없는가? 이러한 주장은 엄밀성에 대한 주더시의 중시를 과소평가하고 언어 사실에 대한 주더시의 '자세한 분석과 비교'를 홀시한 것으로, 그 논리성을 찾아볼 수가 없다.

2.3 '명사—동사' 품사 연속체에 관하여

세 번째로 규명해야 할 문제는 '명사—동사' 연속체를 어떻게 볼 것인가이다. 기능론의 관점에 따르면 명사와 동사 사이는 하나의 연속체여서 동사성과 명사성은 강약의 구별만 있을 뿐이다. 하지만 품사에는 연속성

---

10 저자주: 예를 들어, 브로샤트(Broschart 1997)는 통가어(Tongan)의 품사체계가 인도유럽어와 크게 다르다는 것을 깨닫고, 먼저 명사와 동사를 구분하는 것이 아니라 유형에 해당하는 타입(type, 词型)과 사례에 해당하는 토큰(token, 词例)을 구분하였다. 이때 그가 중시한 것은 추상적 단위와 구체적 단위의 차이였다. (이에 관한 자세한 내용은 2권 제3장 참조)

의 일면도 있지만 이산성의 일면도 있다는 것을 알아야 한다. 같은 사물이라도 관찰의 각도나 방식이 다르면 서로 다른 결과를 얻을 수 있다. 양자물리학에서 보어(Bohr)가 제기한 '상보적 원리'에 따르면, '빛'의 본성은 파동과 입자의 이중성을 가진다. 즉, 어느 한 관찰 방식에서는 빛이 이산적인 입자이지만 또 다른 관찰 방식에서는 연속적인 파동으로 보인다. 하지만 빛이 입자이면서 동시에 파동으로 보이는 것은 불가능하며, 두 가지 관찰 결과는 '불확정'적으로 하나의 전체를 구성할 수 있을 뿐이다.(曹天元 2006: 168) 따라서 이산성을 사용하여 연속성을 부정할 수는 없으며, 거꾸로 연속성을 사용하여 이산성을 부정할 수도 없다.[11] 하나의 동사가 주어·목적어가 될 때에도 그 단어의 속성이 명사로 변했는지 아니면 여전히 동사인지 확정을 해야 한다. 즉, 다시 말해 그 동사가 60%는 명사로 변했고 40%의 동사성은 그대로 유지하고 있다고 말하거나, 거꾸로 40%는 명사로 변했고 나머지 60%의 동사성은 그대로 유지하고 있다고 말할 수는 없다는 것이다. 이는 마치 개 한 마리를 데리고 기차를 타는데, 개를 기차에 태웠거나 아니면 못 태웠거나 둘 중 하나만 가능할 뿐, 60%의 개를 기차에 태웠다고 말할 수는 없는 것과 같다.

어떤 이는 '图书出版(도서 출판)'이라는 명사구 속의 '出版(출판(하다))'은 직접 명사의 수식을 받으므로 또다시 부사의 수식을 받거나 목적어를 가질 수 없게 되어 동사의 주요 기능을 상실하였고, 따라서 적어도 이 위치에서의 '出版'은 다른 위치에 있는 '出版'과 구별하여 이미 정식 명사[12]로

---

11 저자주: 위안위린(袁毓林 1995)과 선쟈쉬안(沈家煊 199a)은 모두 연속관으로 중국어의 품사를 설명한 바 있는데, 이러한 방법이 나름의 가치는 있지만 완전히 이산관을 대체할 수는 없다.
12 저자주: 이는 '文艺批评(문예비평)' 속의 '批评(비평(하다))'이 이미 정식 명사로 바뀌었음을 반

변했음을 인정해야 한다고 주장한다. 다시 말해 이미 '명사화'되었다는 것이다.

이 논리에 따르면, '图书仓库(도서 창고)'에서의 '仓库(창고)'는 더 이상 수량사의 수식을 받을 수 없으므로 '图书一座仓库'라고 말할 수 없으며, 마찬가지로 '木头房子(목조 주택)'에서의 '木头(목재)'도 더 이상 수량사의 수식을 받을 수 없으므로 '一根木头房子'라고 할 수 없는데, 그렇다면 이때 '仓库'와 '木头'는 이미 '탈명사화' 되었다고 할 수 있는가? 루젠밍(陆俭明 2003)은 한 단어의 품사 특징과 이 품사의 특징들이 구체적인 구와 문장에서 나타나는 것은 별개의 문제이기 때문에 한 단어의 품사 특징이 구체적인 통사 위치에서 모두 나타나야 함을 요구할 필요는 없다고 지적하였다. 그는 타동사 '吃'의 경우 동보구조(吃快了(빨리 먹었다), 吃得很饱(배불리 먹었다), 吃不完(다 먹을 수 없다))에 들어간 후에는 또 다시 목적어를 수반할 수 없고, 시제·상·양태성분을 가질 수도 없으며 '不'의 수식도 받을 수 없는데, 이에 대해서 어느 누구도 '吃'의 동사성이 약화되었다고 여기지 않으며, '吃'가 이미 명사화되었다고 보는 이는 더더욱 없다고 주장하였다. 이러한 루젠밍의 관점은 사실 '한 개괄어의 문법적 성질이 하나의 위치에서 전부 나타날 수는 없다'는 주더시의 관점과 같다. 어떤 이는 어느 한 대상을 제대로 이해하기 위해서는 최대한 세밀하게 관찰해야 하고, 주어·목적어 위치에 있는 동사의 명사성 강약을 구분하는 것이 필요하다고 주장한다. 또 심지어 어떤 이는 한 이론의 좋고 나쁨을 평가하는 것은 언어 사실 속에 존재하는 차이를 얼마나 정교하게 반영하느냐에 달려있다고 주장하기도 한

드시 인정해야 한다는 뤼수샹(吕叔湘 1979: 47)의 주장을 그대로 답습한 것이다.

다.(詹卫东 2012) 하지만 상황은 이와는 정반대로 문법은 세분화할수록 좋은 것이 아니다. 원리는 간단하다. 예를 들어, 크게 확대된 인물사진 파일을 두 개 보내고는 어느 사진이 유명 배우 궈더강(郭德纲)이고 어느 사진이 유명 코미디언 저우리보(周立波)인지 가려내라고 했을 때, 만약에 사진을 가장 크게 확대하여 해상도를 가장 높이게 되면 눈에 보이는 것은 단지 여러 가지 색깔의 모자이크일 뿐이며 두 사진은 큰 차이가 없어 보일 것이다. 해상도를 충분히 '대략적'으로 조절하거나 충분히 먼 거리까지 후퇴시켜 이 색깔 모자이크들이 모두 흐려져야만 전체 구도를 볼 수 있어서 두 장의 사진을 효과적으로 구분할 수가 있게 되는 것이다. 이러한 간단한 원리에도 불구하고 이 문제에 대해서는 아직도 잘 모르는 이들이 많다. 다음 절에서는 '형식류의 분리와 통합'이라는 이론적 관점에서 이 문제에 대해 좀 더 설명하고자 한다.

제3절 형식류의 분리와 통합

3.1 동형병합 원칙

'명사화'에 대해 미련을 버리지 못하는 사람들은 어떻게든 중국어에서 형식적인 기준을 찾아내어 어느 특정한 위치에 나타나는 동사가 이미 정식 명사가 되었음을 증명하고자 한다. 이 문제는 '형식류'의 분리와 통합 원칙과 관련이 있는데, 과거에는 이것이 이론적으로 충분히 중시를 받지 못하였다.

크리스탈(Crystal 1997)의 정의에 따르면, 한 그룹의 형식이 유사하거나 동일한 문법 특징을 나타내면 이들은 하나의 형식류(form class)를 구성한다. 이 정의에서 '문법 특징'은 형태 특징과 통사 분포를 가리킨다. 형태 특징이 다른 한 그룹의 형식은 통사 분포도 분명히 다르기 때문에 자오위안런(赵元任 1968: 7-8)은 통사 분포만을 근거로 형식류를 정의하였다. "문법은 같은 부류의 형식이 다른 부류로 구성된 틀이나 자리에 나타나거나 나타나지 않음을 연구하는 것이다. 이 점에서 행동이 일치하는 형식들은 모두 동일한 형식류의 구성원이다." 그가 든 예는 다음과 같다.

吃了饭 밥을 먹었다
打过球 공을 쳐봤다
骑着马 말을 타고 있다

이 세 가지 형식은 모두 '동사구'라는 형식류에 속한다. 그 가운데 '吃(먹다), 打((공을)치다), 骑(말, 오토바이 등을) 타다)'는 모두 '동사'라는 형식류에 속하고, '了, 过, 着'는 모두 '동사접미사'라는 형식류에 속한다. 또 '饭(밥), 球(공), 马(말)'는 모두 '명사'라는 형식류에 속한다. 명사의 기능 가운데 하나가 바로 동사 뒤의 목적어라고 하는 틀이나 자리에 들어갈 수 있다는 것이다.

'형식류'를 구분할 때는 어디까지 나눌지를 중시하고 일정한 원칙에 따라야 한다. 이는 무조건 나누어서는 안 되고 합칠 때는 합쳐야 한다는 것이다. 이 점에서 영문법학자들의 방법은 우리에게 유익한 시사점을 제공해 준다. 다음은 영어의 동사 형식과 V-ing 형식의 분리와 통합 상황에 대해 소개하고자 한다. 이를 위해서는 먼저 동사의 형식류에 대한 논의가 선행되어야 한다. 전통적인 영문법체계에서 동사를 분류한 형식류는 30개

이상이다.(두 개의 단어가 결합한 will take, has taken 등은 제외)

한정형식	직설		가정식		명령식	비한정형식	
	과거	현재	과거	현재	현재		
1인칭 단수	took	take	took	take		부정식	take
2인칭 단수	took	take	took	take	take	동명사	taking
3인칭 단수	took	takes	took	take		현재분사	taking
1인칭 복수	took	take	took	take		과거분사	taken
2인칭 복수	took	take	took	take	take		
3인칭복수	took	take	took	take			

  라틴어와 같이 동사의 형태변화가 상당히 풍부한 언어의 경우에는 이렇게 많은 분류가 필요하지만, 현대영어의 경우에 이러한 분류가 오히려 군더더기와 간섭이 되어 영어의 현재 모습에 대한 심각한 곡해를 초래한다. 왜냐하면 동사의 형태(paradigm)는 오랜 역사적 변천을 거쳐 오늘날에는 이미 상당히 단순해졌기 때문이다. 2002년 영국에서 출판된 『The Cambridge Grammar of the English Language』[13]에서는 '동형병합(syncretism)'[14]을 진행하여 동사를 단지 다음 6가지 형식류로만 구분하고 있다.(Huddleston &Pullum. 2002:74-77)

---

13 저자주: 이 영문법은 영문법에 대한 많은 걸출한 언어학자들의 새로운 인식과 견해를 반영함으로써 전통적인 문법과 현대 언어학을 소통시키는 역할을 한다.(책의 서문 참조)
14 역자주: syncretism는 '융합'으로 번역되기도 하지만, 본고에서는 원저의 의미에 좀 더 가까운 '동형병합'으로 번역하였다.

			take	want	hit
주류	과거		took	wanted	hit
	현재	3인칭단수	takes	wants	hits
		원형	take	want	hit
차류	원형		take	want	hit
	동명사-현재분사		taking	wanting	hitting
	과거분사		taken	wanted	hit

조동사와 be의 형식류와 이 표는 약간의 차이가 있고 형식의 변화도 크지만, 6가지 형식의 종류는 그대로 유지된다. '동형병합'의 원칙은 다음 두 가지이다.

i. 두 개의 단어 용례 사이에 최소한 하나의 단어(lexeme)가 실현되고 (realized) 직관적이며(overt) 안정적(stable)인 형태적 대조를 나타내야 이 두 개의 단어 용례를 두 개의 서로 다른 형식류로 분류한다.
ii. 일치관계(agreement properties)를 근거로 만든 형식류 분류는 한 단어에서 다른 단어로 일반화될 수 없다.

예를 들면, 적어도 took와 taken이라는 단어쌍의 경우에, 두 형식의 차이는 과거시제와 과거분사라는 통사의 차이를 반영한다. 예를 보자.

She wanted the car. 그녀는 그 차를 원했다.
She took/*taken the car. 그녀는 차를 가져갔다.
She had wanted the car. 그녀는 그 차를 원했었다.
She had taken/*took the car. 그녀는 그 차를 가져갔었다.

또한 이 형식의 차이는 실현적이고 직관적이며 안정적이어서 형태-통사적(morphosyntactic) 성질의 차이에 속하기 때문에 이 두 어휘는 서로 다른 형식류에 귀속된다. 그런데 이와 반대로, 하나의 통사적 차이가 실현적이고 직관적이며 안정적인 형태-통사 수단을 사용하여 구별되지 않는다면, 그 두 어휘는 서로 다른 형식류로 분류할 이유가 없다. 예를 보자.

> I'm warning you, [take careful note of what they say]. 명령식
> 경고합니다. 그들이 하는 말에 주의를 기울이세요.
>
> It is essential [that he take careful note of what they say]. 가상식
> 그들이 하는 말에 주의를 기울이는 것이 필수적입니다.

두 문장의 괄호 부분은 통사적으로 차이가 있는데, 하나는 명령식이고 하나는 가상식이다. 하지만 take를 어느 단어로 치환하더라도 어휘의 형식은 항상 동일하며, Be patient와 It is essential [that he be patient]의 비교에서 알 수 있듯이 이는 be(형식 차이가 다양하다)에서도 마찬가지다. 따라서 이 두 문형 속의 두 가지 take의 어휘 용례는 각각 서로 다른 두 형식류에 속한다고 말할 수가 없다. 이것이 제1원칙인 동형병합 원칙이다.

제2원칙은 일치관계만을 대상으로 한다. 문장이 과거일 때, 동사와 주어의 일치는 be 동사에만 나타나고 다른 동사(예를 들면 look)에는 나타나지 않는다.

> She was ill.   They were ill. [일치관계 있음]
> 그녀는 아팠다.   그들은 아팠다.

제1장 출구 없는 후퇴   79

She looked ill.　　They looked ill. [일치관계 없음]
그녀는 아파 보였다.　그들은 아파 보였다.

be가 일치관계를 나타낼 때 was와 were(단수와 복수의 구분)라는 두 가지 형식이 있다고 해서 이를 다른 동사로 일반화하여 looked도 역시 단수와 복수의 두 가지 형식류가 있다고 말할 수는 없다.

제1원칙은 아무런 형태 차이가 없으면 서로 다른 형식류로 구분하지 않는다는 것이고, 제2원칙은 개별적인 형태 차이를 전체로 확대하지 않아야 한다는 것이다. 형식류의 분합이 이 두 가지 원칙을 견지하는 것은 문법을 쉽게 설명하기 위해서이다. 즉, 어휘 용례의 여러 가지 통사상의 차이가 실현적이고 직관적이며 안정적인 형태 차이가 아니라면 형식류를 구분해서는 안 된다는 것이다. 나누어야 할 것을 나누지 않고 합쳐야 할 것을 합치지 않으면, 문법은 포괄성을 상실하고 '복잡한 것을 간결하게 처리(以简驭繁)'하려는 '구분(分)'의 초심과 배치되며, 그 결과 군더더기와 간섭을 가져오게 된다.

3.2 영어 'V-ing 형식'의 분리와 통합

영어 'V-ing 형식'은 쿼크(Quirk)의 『A Comprehensive Grammar of the English Language』에서는 명사구의 설명(Quirk, et al. 1985: 1290—1292) 부분에 나타나고, 『The Cambridge Grammar of the English Language』에서는 동사구의 설명(Huddleston & Pullum 2002: 74-83, 1220—1222) 부분에 나타난다. 이는 V-ing 형식이 명사성과 동사성을 모두 가진 이중성의 특징이 있음을 보여준다. V-ing 형식의 명사성과 동사성의 강약은 품사 연속체를

이루며, 이에 대해 퀘크는 painting이라는 단어를 예로 들어 다음과 같이 명사성이 가장 강한 것부터 가장 약한 것까지 14개의 용례를 순서대로 나열하였다.

(1) Some paintings of Brown's

(2) Brown's paintings of his daughter

(3) The painting of Brown is as skilful as that of Gainsborough.

(4) Brown's deft painting of his daughter is a delight to watch.

(5) Brown's deftly painting his daughter is a delight to watch.

(6) I dislike Brown's painting his daughter.

(7) I dislike Brown painting his daughter.

(8) I watched Brown painting his daughter.

(9) Brown deftly painting his daughter is a delight to watch.

(10) Painting his daughter, Brown noticed that his hand was shaking.

(11) Brown painting his daughter that day, I decided to go for a walk.

(12) The man painting the girl is Brown.

(13) The silently painting man is Brown.

(14) Brown is painting his daughter.

(1)과 (2) 두 예에는 복수형식 -s가 있으며, '동사 어원 명사(deverbal noun, 동사에서 파생된 명사)'라고 한다. (3)과 (4) 두 예는 동사적 명사(verbal noun)라고 하며, (5)-(14)의 10개 예는 모두 '분사(participle)'라고 한다. 그런데 전통적인 영문법에서는 이렇게 3가지로 나누지 않고 4가지로 나눈다. 즉, (5)와 (6) 두 예를 별도로 '동명사(gerund)'로 분류하는데, 그 근거는 이 두

예는 소유격 관형어의 수식을 받는다는 것이다. 하지만 쿼크 등은 동명사와 분사로 나누는 것은 '유용하지 않으며(not useful)' 나누지 않는 것이 오히려 분사별 용례의 복잡성을 '더욱 만족스럽게(more satisfactorily)' 나타낼 수 있다고 주장하였다. 왜냐하면 (5)-(14) 각 용례 간의 차이가 너무 복잡하여 두세 가지 부류로 분류한다고 해결될 문제가 아니기 때문이다. 예를 들어, 전통문법에서는 painting이 주어가 될 때는 동명사이고 부사어가 될 때는 분사라고 말한다.

> Painting a child is difficult. (동명사)
> 아이 그리기는 어렵다.
>
> Painting a child that morning, I quite forgot the time. (분사)
> 그날 아침 아이를 그리느라 나는 시간을 완전히 잊었다.

하지만 이 두 painting 용례는 직관적인 형식에 구분이 없으므로 이를 to 부정식으로 바꾸면 둘로 구분하지 않는다. 다음 예를 보자.

> To paint a child is difficult.
> 아이를 그리는 것은 어렵다.
>
> To paint a child, I bought a new canvas.
> 아이를 그리기 위해서 나는 새 캔버스를 샀다.

to 부정식은 둘로 나누고 V-ing 형식은 둘로 나누지 않는 이유는 역사적인 원인이 유일하다. 역사적으로 동명사와 분사는 출처가 서로 다르다. 하지만 당대의 영문법은 영어의 실제 현황을 존중해야 하는데, 그것은 바로 동명사와 분사 V-ing는 직관적인 형식적 차이가 없다는 것이다.

『The Cambridge Grammar of the English Language』도 마찬가지로 동명사와 분사를 구분할 수 없다고 보았다. 다른 언어에서는 구분이 가능하지만 영어에서는 하나로 분류할 수밖에 없다는 것이다. 그리고 명칭도 분사가 아닌 '동명-분사(gerund-participle)'라고 하였는데, 이는 주된 것과 부차적인 것을 구분하기가 어렵기 때문이다. 둘로 나누지 않고 하나로 합치는 것은 '동형병합'의 첫 번째 원칙에 따른 것으로, 현대영어에서 실현 가능하고 직관적이며 안정적인 형태 구분이 있는 동명-분사를 찾을 수 없기 때문이다. being도 동명-분사가 아니다.

『The Cambridge Grammar of the English Language』는 동명사와 분사를 형태적으로 구별하는 것은 불가능하다고 생각할 뿐만 아니라, 또 만약 형태적으로 차이가 없다면 통사 분포적으로 이를 구별하는 것 역시 어렵다고 보았다. 왜냐하면 통사 분포상의 구별은 형태적 구별에 집중되어 있기 때문이다. 마지막으로 동명사와 분사를 의미적으로 구분하는 것 역시 불가능하다.(이에 관한 자세한 내용은 沈家煊 2015a를 참조) 중요한 것은 앞에서 열거한 14가지 용례는 painting이라는 단어의 명사성이나 동사성의 강약 차이를 완전히 반영하지 못하고 있다는 점이다. 쿼크는 예문 (5)가 두 가지 의미를 가진다고 보았는데, 하나는 Brown이 딸을 그리는 그 능숙한 동작이 보기에 즐겁다는 것이고, 다른 하나는 Brown이 딸을 능숙하게 그릴 때가 보기에 즐겁다는 것이다. 후자의 의미일 때 painting은 동사성이 강해서 분사에 가깝다. 그리고 예문 (6)에서 painting 역시 두 가지 지시 대상이 있는데, 하나는 Brown이 딸을 그린다는 사실 자체를 가리키고, 다른 하나는 그가 딸을 그리는 방식을 가리킨다. 마찬가지로 후자의 의미일 때 동사성이 강해서 분사에 가깝다. 동명사는 또 양태 의미의 유무에 따른 구별이 있다. 다음 예를 보자.

>There was no shouting, no merry-making, no waving of flags.
>고함도 없었고, 비웃음도 없었으며, 깃발도 흔들지 않았다.
>
>There was no mistaking that scream.
>그 비명을 오해해서는 안 된다.

두 번째 문장은 첫 번째 문장에 없는 양태 의미(불가)를 가지고 있는데, 이때 V-ing는 동사성이 강해서 분사에 가깝다. 동명사와 동사 어원 명사의 경계 역시 명확하게 구분하기가 어렵다.

>There's no writing on the blackboard today.

이 문장이 오늘 칠판에 글씨를 쓰지 않을 것을 나타낸다면 writing은 일반적인 동명사이다. 그런데 오늘 칠판에 글씨를 쓸 수 없다는 것을 나타낸다면 writing은 양태 의미를 가진 동명사로 분사에 가깝다. 또 칠판에 글씨를 쓰지 않았다는 것을 나타낸다면 writing은 동사 어원 명사가 된다. 동사적 명사 내부에도 동사성 강약의 차이가 있는 것이다. 예문 (3)은 painting 뒤에 후치하는 of- 관형어를 수반하여 유명한 화가의 그림 방식을 가리키는 경향이 있다. 그런데 이를 만약 전치하는 소유격 관형어로 바꾸어

Brown's painting is nearly as good as his wife가 되면 painting의 동사성이 증가하여 그림을 그린다는 구체적인 동작을 가리키는 경향이 있는데, 이는 예문 (4)에 가깝다. 동사적 명사는 현재 진행 중인 활동을 지칭할 수도 있고 이미 완료된 활동 전체를 지칭할 수도 있다. 예를 들면, His exploring of the mountain is taking a long time/ took three weeks가 후자(3주간)를 가리킬 때 명사성이 강하므로 명사인 exploration으로 바꾸는 것이 좋다. 동사적 명사와 동사 어원 명사의 구분 역시 그다지 중요하지 않다. 왜냐하면 동사 어원 명사(복수 형태가 있음)는 거의 모두가 앞에 관사를 붙일 수 있기 때문에 동사적 명사이고, 또 어떤 형식은 복수 접미사를 붙일 수 있는지 여부가 불분명하기 때문이다. 예문 (2)의 painting(동사 어원 명사)에 대해 쿼크는 두 가지 의미가 있다고 지적하였는데, 하나는 Brown이 가지고 있는 그림을 가리키고 다른 하나는 Brown이 그린 그림을 가리킨다. 후자의 의미를 나타낼 때 painting은 동사적 명사와 같아진다. 『The Cambridge Grammar of the English Language』는 동사적 명사와 동사 어원 명사를 구분하지 않고 이들을 모두 동사성 명사(gerundial noun)라는 한 가지 부류로 통칭한다.[15] 이러한 모든 차이점이 연속적이고 복잡하기 때문에 현재 많은 영어 문법책들은 아예 그 형식을 'V-ing 형식'이라고 통칭한다. 이는 형식 내부의 구분에 공을 들이는 것이 무의미하다는 것이 아니라 큰 의미가 없으며, 오히려 영어 문법에 불필요한 복잡화를 가져오게 된다는 것이다. 그

---

15 저자주: 『The Cambridge Grammar of the English Language』는 '분사형 형용사(participial adjective)'를 따로 분류했는데, 예를 들어 The show was entertaining에서의 형용사성 술어 V-ing형식을 가리킨다. 이러한 용례는 명사구에 속하지 않기 때문에 Quirk가 분류한 14가지 예에는 포함되지 않는다. 영어의 형용사는 동사처럼 직접 술어가 될 수 없는데, 이러한 형용사와 동사의 중요한 차이로 인해 분사형 형용사를 따로 분류한 것은 설득력이 있다.

런데 언어학자는 당연히 동사의 명사성 강약 차이에 민감해야 하고, 이러한 차이도 의미가 있음을 가능한 한 설명해야 한다. 왜냐하면 이를 가지고 어떤 경향성 법칙을 뒷받침하는 방증으로 사용할 수도 있기 때문이다. 필자 역시 지속적으로 그러한 노력을 하고 있다.[16] 하지만 이러한 미세한 차이를 묘사하고 설명하는 것이 서로 다른 형식류로 나누는 것은 아니다.

요컨대, 전통 문법에서 『A Comprehensive Grammar of the English Language』와 『The Cambridge Grammar of the English Language』에 이르기까지 'V-ing 형식'의 분리와 통합은 동사 형식의 분리와 통합과 마찬가지로 '분리'를 중시하는 것에서 '통합'을 중시하는 쪽으로 바뀌는 추세다. 그 이면의 이치는 바로 '간결성 원칙'이다. 이는 되도록 분리하는 것이 아니라 분리하지 않을 수 있으면 분리하지 않는다는 것이다. 분리하지 않는 것이 서로 다른 용례의 복잡성을 오히려 '더욱더 잘' 반영할 수 있다. 전통 문법의 세분화가 오히려 영문법의 '불필요한 복잡성과 분쟁(unmotivated complication)'을 초래하는 것은 지양해야 할 것이다.

3.3 중국어 '동명사'의 분리와 통합

중국어의 동사는 사실 모두가 '동명사(또는 '동태명사')'인데, 서론 제1절과 1권 제3장에서 동사가 동사성과 명사성을 모두 가지고 있음을 확인하

---

16 저자주: 예를 들어 선쟈쉬안(沈家煊 999a 제10장)은 이를 통해 품사와 문장성분 사이에 보편적인 '상대적 관련 표지 모델'이 있음을 증명하였다. 또한 왕둥메이(王冬梅 2001 제5장)는 이를 통해 동사와 목적어 사이에 서술과 지칭의 정도 공변규칙('명동공변'이라고도 함)이 존재함을 증명하였다. 그 밖에 루빙푸(陆丙甫 2005)는 이를 통해 '식별도'가 어순에 미치는 보편적인 영향을 증명하였다.

였다. 앞에서 '명사의 기능 가운데 하나는 바로 동사 뒤에 있는 목적어라는 틀이나 구멍에 들어갈 수 있는 것'이라고 한 자오위안런(赵元任)의 말을 인용한 바 있는데, 이 틀이나 구멍에 들어갈 수 있는 것에는 동사도 포함된다는 것이 중국어의 사실이다.

> 我想家, 还想吃。
> 나는 집도 그립고, 먹는 것도 그립다.
>
> 我怕爸, 是怕打。
> 내가 아빠를 무서워 하는 것은 맞는 것이 무서운 것이다.
>
> 他爱马, 也爱骑。
> 나는 말도 좋아하고, 말 타는 것도 좋아한다.

중국어의 '동명사' 내부에도 당연히 명사성과 동사성의 강약 차이가 있다. 하지만 이러한 강약의 차이도 역시 '명확하게 구분할 수도 없고 끝까지 구분할 수도 없는' 경우에 속한다. '去(가다)'라는 단어를 예로 들면 아주 쉽게 앞에서 살펴본 영어의 painting과 같이 14개의 용례를 나열할 수 있는데, 이들 용례는 위에서부터 아래까지 대체로 명사성이 점차 약해지는 순서[17]를 따른다.

> (1) 他一心想着个去。
> 그는 오로지 갈 생각만 한다.

---

17 저자주: 이는 대략적인 순서일 뿐, 강약의 정도 차이로 인해 정확한 순서를 배열하기가 사실상 어렵다.

(2) 三去三回是有道理的。
　　세 번 가고 세 번 돌아오는 것은 일리가 있다.

(3) 他的去是有道理的。
　　그가 가는 것은 일리가 있다.

(4) 去是有道理的。
　　가는 것은 일리가 있다.

(5) 去和不去都有道理。
　　가는 것과 가지 않는 것 모두 일리가 있다.

(6) 给他来个拖延式不去。
　　그에게 질질 끌면서 가지 말아보아라.

(7) 他的拖延式不去是有道理的。
　　그가 질질 끌면서 가지 않는 것은 일리가 있다.

(8) 他的不去是有道理的。
　　그가 가지 않는 것은 일리가 있다.

(9) 他的暂时不去是有道理的。
　　그가 일시적으로 가지 않는 것은 일리가 있다.

(10) 暂时不去是有道理的。
　　 일시적으로 가지 않는 것은 일리가 있다.

(11) 不去茅庐是有道理的。
　　 초가집에 가지 않는 것은 일리가 있다.

(12) 去过茅庐三次是有道理的。
　　 초가집에 세 번 간 것은 일리가 있다.

(13) 他暂时不去茅庐是有道理的。

　　그가 일시적으로 초가집에 가지 않는 것은 일리가 있다.

(14) 他如果去茅庐,是有道理的。

　　그가 만약 초가집에 간다면 일리가 있다.

이 14개의 용례 가운데 7개는 주더시(朱德熙)가 이미 제시한 것이다.(2.1절 참조) 주더시는 '간결성 원칙'에서 출발하여 이들이 모두 '去'라는 같은 동사를 사용할 것을 고집하였는데, 그는 그중 일부 '去'의 형식이 명사화되었다는 주장에 극력 반대하였다. 현재 중국어 문법학계에는 '去'의 이러한 용례에 대해 서로 다른 형식류로 분류하고자 하는 사람들이 많다. 그들은 쿼크가 painting의 용례를 14개로 나열한 이유를 이해하지 못한다. 쿼크의 의도는 V-ing 형식이 명확하게 구분할 수도 없고, 또 끝까지 구분할 수도 없기 때문에 가능한 한 '분리(分)'가 아닌 '통합(合)'을 강조하려는 것이었다.

혹자는 예문 (1), (2)(수량사의 수식을 받음)와 아마도 (3)(앞에 종속어 있음)의 경우에는 '去'가 이미 동사에서 영어 V-ing 형식의 동사 어원 명사(动源名词) 또는 동사적 명사와 유사한 진정한 명사로 변했다고 주장한다. 그런데 영어는 동사 어원 명사나 동사적 명사를 구분하는 신뢰할 만한 형식표지인 복수표지와 관사가 있으며, 이 두 형식이 명사라는 범주에 배면적이 아닌 정면적인 정의를 내리고 있다는 점을 알아야 한다. 이러한 이유가 없었다면 영어도 분사와 동명사가 구분되지 않는 것처럼 동사와 명사도 구분되지 않았을 것이다. 하지만 중국어는 복수 접미사와 관사가 없고 수량사의 수식을 받는 것과 종속 관형어 '的'의 수식을 받는 것이 모두 다 명사만의 문법적 특성이 아니라, 동사도 이러한 문법적 특성을 가지고 있다.

주더시(朱德熙 1985a:16)에 따르면, 전통적으로 말하는 중국어 명사는 사실 일반적으로 술어가 될 수 없다는 배면적인 정의를 내린 것이다. 직관적인 형식표지가 있는 영어의 경우에도 쿼크 등은 동사 어원 명사나 동사적 명사를 구분하는 것이 중요하지 않으므로 구분하지 않아도 된다고 주장한다. 그런데 중국어는 이러한 형식적인 표지가 없음에도 어떻게든 구분을 하려고 하는데, 이는 우리가 반성해야 할 부분이다.

전통 영문법에서 동명사와 분사를 구분하는 것도 어느 정도 일리가 있다. 왜냐하면 주어와 부사어가 비교적 뚜렷하게 구분되어 있어서 동명사는 주어가 되고, 분사는 부사어가 되는 경향이 있기 때문이다. 중국어에서는 주어와 부사어를 명확하게 구분하기가 어려운데, 이는 절대 다수의 부사어가 모두 주어(화제)로 분석될 수 있기 때문이다. 예를 들어 자오위안런(赵元任 1968: 52)이 위 (14) 안의 조건절을 주어로 분석한 것과 같이 '今天不休息(오늘 쉬지 않는다)'의 '今天(오늘)'은 거의 모두가 주어로 인정한다. 주어와 부사어의 구분이 비교적 뚜렷한 영어의 경우에도 영어 문법학자들은 동명사와 분사를 구분해서는 안 된다고 생각하는데, 중국어는 오히려 주어와 부사어가 뚜렷하게 구별되지 않는데도 오로지 이들을 구분하려고 한다. 이 역시 우리가 반성해야할 대목이다.[18]

이렇게 나누다보면 중국어 문법을 쓸데없이 복잡하게 만들고, 심지어는 군더더기와 방해만 가져올 뿐이다. 예를 들어 '分很重要(나누는 것은 매우 중요하다)'의 '分(나누다)'은 동사이고, '三分很重要(셋으로 나누는 것은 매우 중요하다)'의 '分'은 명사라는 것과 같이, 만약 수량사의 수식을 받기만 하면 이를

---

18   저자주: 영어는 exploring(V-ing 형식)과 to explore(부정식)를 구분하는데, 명사성이나 동사성에 강약의 차이가 있기 때문에 형식적으로 이렇게 나누는 것이 당연하다.

명사로 판정한다면, '三打祝家庄(축가장을 세 번 공격하다)'의 '打(공격하다)'가 목적어를 가지고, '对方提出三不谈(상대방은 세 가지 토론하지 않아야 할 사항을 내놓았다)'의 '谈(토론하다)'이 '不'의 수식을 받는 것은 또 어떻게 설명을 할 수 있는가? 만약 '政体改革(정치 체제 개혁)'의 '改革(개혁)'와 같이 명사나 구별사(区別词)의 직접 수식을 받는 것을 명사라고 말한다면, 사실 이러한 관형어-명사 조합은 여전히 약간의 동사성을 가지고 있다. 예를 들어 보자.

我们不政体改革的话⋯⋯。
우리가 정치 개혁을 안 하면⋯. (부사 '不'의 수식을 받음)

他打算在现场血型鉴定。
그는 현장에서 혈액형을 검사할 계획이다. (동목동사 '打算'의 목적어가 됨)

地方政府可以街道改造。
지방 정부는 도로를 개조할 수 있다. (앞에 조동사 '可以'를 붙일 수 있음)

他已经药物检验过了。
그는 이미 약물 검사를 했다. (부사의 수식을 받고, 뒤에 '过', '了'를 붙임)

进行污水及时处理。
하수를 적시에 처리한다. (형식동사의 목적어가 되고, 중간에 부사를 삽입함)[19]

---

19 저자주: 이들 용례는 쩡첸(曾骞)이 제공하였다. 만약 내가 사람을 업신여기는 문예이론가라면, 나는 "당신도 문예비평을 하고 그도 문예비평을 하는 것은 마치 개나 고양이나 다 문예비평을 하는 것과 같다"라고 말할 것이다.

'他的去了'라고 할 수 없기 때문에, '他的去'에서의 '去'와 같이 '的'를 수반하는 관형어의 수식을 받는 것은 틀림없이 명사라고 말하는 사람이 있다.

이 논리대로라면, '木头房子(목조 주택)'의 경우는 '木头' 앞에 수량사를 붙일 수 없으므로 '一根木头房子'라고 말할 수 없는데, 그러면 '木头'는 이미 형용사로 바뀌었다고 해야 하는 것인가? '房子' 앞에도 더 이상 수량사를 붙일 수 없고, '木头一幢房子'라고 말할 수 없으니 '房子'는 이미 명사성을 잃었다고 해야 하지 않을까? '他的去了又去(그의 가고 또 감)'는 또 어떻게 설명해야 하는가? 마찬가지로 처리하기 어려운 것으로는 또 '他的去过三次(그의 세 차례 방문)', '他的去和不去(그가 가는 것과 가지 않는 것)', '他的拖延式不去(그가 질질 끌면서 가지 않는 것)' 등이 있다.

어떤 사람은 다음 두 문장 안의 '谦虚(겸손하다)'를 서로 다른 부류로 분류한다.(陆俭明 2014, 李葆嘉 2014)

　　谦虚是一种美德。
　　겸손은 일종의 미덕이다.

　　谦虚才能赢得人们的尊重。
　　겸손해야 비로소 사람들의 존중을 얻을 수 있다.

그들은 첫 번째 문장의 '谦虚'는 일반적으로 일종의 덕목을 가리키고 이미 '명사화'된 것이며, 두 번째 문장의 '谦虚'는 주어를 생략한 절이며 '态度谦虚才能赢得人们的尊重(태도가 겸손해야 비로소 사람들의 존중을 받을 수 있다)'로 말할 수 있다고 한다. 앞의 '谦虚'는 명사성이 강하고 뒤의 '谦虚'는 동사성이 강하다. 물론 이러한 미세한 차이는 있겠지만, 첫 문장도 '态

度谦虚是一种美德(태도가 겸손한 것은 일종의 미덕이다)'로 말할 수 있고, 뒷문장의 '谦虚'가 일종의 덕목을 가리킬 수도 있기 때문이다. 이 분류 방법에 따르면, '不谦虚是一种毛病(겸손하지 않은 것은 일종의 흠이다)'에서 '不谦虚(겸손하지 않음)'도 이미 '명사화'되었다고 말해야 하지 않을까? '谦虚很重要(겸손은 매우 중요하다)'의 '谦虚'는 도대체 '명사화' 된 것인가 아니면 주어가 생략된 절인가? 사람에 따라 견해가 달라 논쟁이 끊이지 않을 것이다. '谦虚是一种美德, 能赢得人们的尊重(겸손은 미덕이며, 사람들의 존중을 받을 수 있다)'라는 문장은 또 어떻게 해야 하는가? 이 논리대로라면 '这是幢木头房子(이것은 한 채의 목조 주택이다)'에서의 '木头'는 재료의 성질을 나타내고, '盖房子要用很多木头(집을 짓는 데는 아주 많은 나무가 필요하다)'의 '木头'는 구체적인 재료를 나타내는데, 그렇다면 '木头'도 역시 두 가지 형식류로 나누어야 하는 것인가? 이는 새로운 발명품이 아니다. 주더시(朱德熙, 1985a: 19)는, 중국어 문법 초기 저작에서 관형어가 되는 명사를 형용사로 보는 것은 관형어가 되는 명사가 의미상 성질을 나타낸다는 것을 말할 뿐이라고 일찍이 비판한 바 있다. 이러한 분쟁을 일으키는 것은 모두 분리해서는 안 되는 것을 분리한 필연적인 결과로, "이런 식으로 왔다 갔다 하며 제자리에서 빙빙 도는 것은 이론적인 근거도 부족하고 학습자의 입장에서도 이해하기가 어렵다"는 것이다.(위와 같음: 23)

외국의 이론과 방법을 참고하는 것은 매우 중요하지만, 반드시 본질을 파악하고서 그 정수를 흡수해야 한다. 영문법학자들은 동사형식과 V-ing 형식의 분합에 있어서 불필요한 복잡성과 분쟁을 피하는 데서 출발하였는데, 전반적인 추세는 '나눌 수 있으면 나누는 것(能分就分)'에서 '나누지 않을 수 있으면 나누지 않는 것(能不分就不分)'으로 바뀌는 것이다. 이것이 본질이고 정수이다. 그런데 이와는 반대로 남들이 별로 중시하지 않는 V-ing 형식의 내부 구분을 모방하여 중국어 문법에서 장기간 미해결 과제였던 '명사화' 문제를 해결하고자 하는 것은 외국의 이론과 방법을 참고하는 것이 아니다. 이는 조롱박을 보고서 그대로 그리는 것처럼 아무런 창의성도 없이 단순히 모방만 하는 것이다. 혹자는 중국어에 인도유럽어와 같이 실현 가능하고 직관적이며 안정적인 형태표지가 부족하므로 어쩔 수 없는 일이라고 말할지도 모르겠다. 어찌 되었든 구분을 하지 않을 수는 없지 않냐는 말이다. 이러한 주장에 대해 필자는 공감은 하면서도 찬성하지는 않는다. 중국어에는 무엇이 없다고만 말해서는 안 되고, 중국어에 무엇이 있는지를 물어야 한다. 각각의 언어마다 모두 중시하는 구분과 그 구분을 하기 위한 수단이 틀림없이 있기 마련이다. 그러므로 한 언어의 문법을 조사함에 있어 중요한 것은 그 언어가 중시하는 구분을 찾아내는 것이다. 즉, 우리가 우연히 잘 알고 있는 언어의 모든 구분을 찾는 것이 아니다. 이것이 바로 우리에게 계속해서 '전통적인 관념의 지배'에서 벗어나야 하며, 심지어는 '낡은 것을 철저하게 타파하고 새로운 것을 수립하여야 한다'는 것을 요구한다.

 2권 제5장과 제6장에서는 단음자와 쌍음자의 구분(및 그 조합방식)이 인도유럽어와는 구별되는 중국어 자체의 형태적 수단이며, 그 위상과 중요성은 영어 V와 V-ing의 형태적 구분에 못지 않거나 심지어 그것을 뛰어넘는다는 것을 논증할 것이다.

제4절 새로운 '3단계'에 관하여

구분하지 않아야 할 것을 구분함으로써 생기는 문제는 혼란과 번거로움을 초래하는 것 외에도, 여러 가지 층위에서 품사를 설명하려는 사람들이 있다는 점에서 나타난다. 그들은 어휘 층위의 품사와 통사 층위의 품사를 구분함으로써 중국어의 품사와 문장성분 사이의 틈새를 메우려고 한다.

스딩쉬(石定栩 2011:4-10)는 '품사를 구분하는 기준은 의미여야 한다'는 주장을 다시 제기하였지만, 문장은 실사에게 '통사 기능'이라는 일종의 '외적 성질'을 부여함으로써 사실상 품사를 '어휘 층위'의 품사와 '통사 기능 층위'의 품사로 나누었다. 이로써 '어휘 층위의 품사-통사 기능 위의 품사-문장성분'이라는 3단계가 만들어졌다.

어휘 층위의 품사라는 것은 의미를 기준으로 정해지는 것이다. 단어의 의미는 단어 자체의 특징이므로, 이는 사실상 단어 그 자체의 특징이 분류를 할 가치가 있기 때문에 분류가 필요하다고 보는 것이다. 그런데 뤼수샹(呂叔湘 1979:32)에서 일찍이 지적한 바와 같이, 이러한 주장은 형태가 발달한 언어에는 적용될 수 있겠지만 중국어에는 적용되지 않는다. 왜냐하면 '단어 자체의 특징'이 의미하는 것이 사실상 바로 형태변화이기 때문이다. 단어는 어구 안에 들어가야 비로소 여러 가지 변화 형식이 생겨나기 때문에 형태가 발달한 언어라고 해도 결국 품사는 단어의 통사 기능에 의해 정해진다. 고립된 단어나 사전 속의 단어는 그 단어의 여러 가지 형식 중에서 추상적으로 뽑은 하나의 기본 형식이기 때문에, 그것을 구체적인 어구에 사용하지 않으면 그 형태변화를 알 필요가 없는 것이다. 단어의 품사 표기 원칙에 대해 『현대한어사전(现代汉语词典)』(제5판)은 "품사는 단어의 문법적 분류로, 단어의 기능과 용법을 개괄적으로 설명할 수 있다"(徐枢·谭景春 2006)라고 적고 있다. 이 사전이 과거에는 품사를 표기하지 않았는데, 이때 품사는 단어가 사용된 예문을 통해 알 수 있다. 스딩쉬의 책(6쪽)에서 '战争(전쟁)'과 '战斗(전투)'의 차이에 대해, '战争'은 "구체적인 문장 속에 넣으면" 동작을 묘사하기 보다는 항상 사건을 묘사하기 때문에 의미적으로는 명사일 수밖에 없다고 주장하였다. 이를 통해 그는 의미를 근거로 품사를 확정할 때에도 역시 구체적인 문장에 의존하고 있음을 알 수 있다.

일찍이 주더시(朱德熙 1985a:10)는 의미를 근거로 품사를 확정하는 것은 사람에 따라 견해가 달라서 논쟁이 끊이지 않고, 순환논증의 오류도 있기 때문에 유용하지 않다고 지적한 바 있다. 예를 들어, '真理(진리)', '电(전기)', '良心(양심)' 등의 단어를 명사로 확정한 이유가 이들이 사물을 나타내는 명칭이기 때문이라고 말했는데, 또 그렇게 말하는 유일한 이유가 바로 이들을 명사라고 미리 확정하였기 때문이라는 것이다. 라이언스(Lyons 1968:147)는 전통적인 품사 이론을 비판하면서 두 가지 다른 성질의 문제를 혼동하고 있다고 지적하였다. 하나는 품사를 구분하는 근거에 관한 문제이고, 다른 하나는 구분된 품사의 명칭에 관한 문제이다. 품사의 구분은 당연히 단어의 문법 기능을 근거로 해야 하며, 구분된 품사의 명칭은 의미를 근거로 해야 한다. 예를 들어 단어의 문법 기능에 따라 X라는 품사를 구분하였고, 그 구성원에 '男孩(남자아이), 女人(여인), 草(풀), 原子(원자), 树(나무), 牛(소), 真理, 电, 良心' 등이 포함되는 경우에, 모든 구성원이 사물을 나타낸다고 할 수는 없지만 거꾸로 사물을 나타내는 것은 모두 X에 속하기 때문에 이 X를 '명사'라고 부를 수가 있다. 『마씨문통(马氏文通)』에서 『중국어 문법에 관한 대담(语法答问)』에 이르기까지 거의 한 세기 동안의 탐색을 거쳐 우리는 의미를 근거로 하는 품사관에서 가까스로 벗어났다. 하지만 이제 와서 또 거꾸로 왔던 길을 되돌아가려고 하고 있다.[20] 스딩쉬의 책에서는 두 가지 층위의 품사를 구분한 다음 주어나 목적어가 되는 동사에 대해 세 가지 형식류로 나누었다.(45쪽) 예를 들어, '泅渡(헤엄쳐 건너다)'라는 단어는 '我们不打算泅渡(우리는 헤엄쳐 건너지 않을 계획이다)'에서는 동사이지만, '我们不熟悉泅渡(우리는 헤엄쳐 건너는 것에 익숙하지 않다)'에서는 이미 명사로 변하였으며, '我们不赞成泅渡(우리는 헤엄쳐 건너는 것에 찬성하지 않는다)'에서는 단지 의미적으로만 '명물화'가 일어났을 뿐, 통사적으로 명사화되지는 않았다. 이렇게 세 가지로 나눈 근거는 목적어에 대한 '打算(…하려고 하다)'과 '熟悉(숙지하다)', '赞成(찬성하다)' 세 단어의 지배 정도가 다르기 때문이다. 그런데 앞 절에서 설명한 바와 같이 동사의 명사성은 강약의 정도를 명확히 나누기도 어려울 뿐만 아니라 끝까지 나눌 수도 없기 때문에 이렇게 나누다보면 무궁무진한 분류가 나오게 될 것이다.

귀루이(郭锐 2002: 89-90) 역시 단어는 '고유의 품사성'을 가지는 것으로 보아, '어휘 층위의 품사는 사전에 표기해야 한다'고 지적하였다. 그런데 그는 여기에 '통사 층위의 품사'를 추가하여 3단계를 만들었다. 스딩쉬의 책과 다른 점은 단어의 의미가 아닌 표현 기능(지칭, 진술 등)[21]을 근거로 품사를 '내재적 표현 기능'과 '외재적 표현 기능'으로 구분하였다는 것인데, 전자는 '어휘 층위의 품사'이고 후자는 '통사 층위의 품사'이다. 표현 기능

---

20 저자주: 랭애커(Langacker 1987)와 같은 신흥 '인지문법'은 모든 문법범주를 인지적 의미로부터 정의하였는데, 이는 적어도 이론적인 일관성을 유지하였으며 형식적으로도 근거가 있다. 하지만 학문의 흐름에 역행하는 사람들은 이러한 이론적 일관성이 부족하다.

21 저자주: 이는 '의미를 근거로 한다'고 말하는 것보다 낫다. 이에 대해서는 1권 제4장 1절 참조.

의 전환은 곧 품사의 전환이다. 예를 들면, '这本书的出版(이 책의 출판)'에서 '出版(출판(하다))'은 어휘 층위에서는 동사성으로 내재적 표현 기능이 서술성이다. 하지만 통사 층위에서는 명사성으로, 서술성에서 외재적인 지칭적 기능으로 바뀐다. 그런데 '小王黄头发(샤오왕은 노랑머리이다)'에서 '黄头发(노랑머리)'는 명사성에서 동사성으로 바뀐 '지칭의 진술화'에 해당된다.

새로운 '3단계'는 이전의 3단계(즉, 예스퍼슨이 제안한 '사품설(词品说)')와 본질적인 차이가 없다. '통사 층위의 품사'란 '사품설'의 '사품'에 해당하며, 또한 품사와 문장성분의 사이에 해당한다. 사품은 수품(首品), 차품(次品), 삼품(三品)으로 나뉘는데, 동사가 주어·목적어가 되면 차품이 수품으로 바뀌고, 명사가 관형어가 되면 수품이 차품으로 바뀌며, 형용사가 부사어가 되면 차품이 삼품으로 바뀐다. 뤼수샹(呂叔湘)은 『중국문법요략(中国文法要略)』 개정본(1956)의 머리말에서 중국어의 품사와 문장성분의 관계가 복잡하게 얽혀있어서 사품의 등급을 한 단계 높인다고 개괄할 수 있는 것이 결코 아니라고 말하였다. 여전히 거의 모든 단어가 갑을병의 3품을 가질 수 있고, 품사 역시 이리저리 바꾸어도 문제를 해결하지 못한 채 1982년 재판본의 머리말에서는 '문제를 해결하지 않는다'라는 말을 되풀이하였다. 문제는 해결하지 않고 분석의 단계만 하나 더 추가함으로써 간결성 원칙을 위배하였기 때문에 뤼수샹은 후에 이 단계를 단호히 삭제하기에 이른다. 왕리(王力) 역시 『중국문법이론(中国语法理论)』(1954)의 '신판 저자 머리말'에서 사품설을 없앨 것이라고 천명하였다.

새로운 '3단계'는 '사품설'보다 더 복잡하다. 예를 들면, 궈루이의 책은 '내재적 표현 기능'은 '어휘 층위의 품사'이고 '외재적 표현 기능'은 '통사 층위의 품사'이며, '표현 기능의 전환'은 곧 '품사의 전환'이라고 주장하였다. 같은 내용을 설명하는데 왜 두 세트의 명칭을 사용해야 하는가? 문제의 복잡성은 '出版'이라는 명동겸류사가 어휘 층위에서 동사성(这本书的出版)과 명사성(图书出版)의 두 가지 품사성을 모두 가진다는 주장에서도 드러난다. 동사성의 경우는 어휘 층위에서 통사 층위로 들어갈 때 명사성에서 동사성으로 전환된다는 것이고, 명사성의 경우는 어휘 층위에서 바로 동사성에서 명사성으로의 전환이 일어난다는 것이다. 전자의 품사 전환은 '문법화 전환'이고, 후자의 품사 전환은 '어휘화 전환'인데(101쪽), 이는 품사 전환에 또 한 층의 구분이 더해진 것이다. 그 결과 혼란과 번거로움을 초래하였다. 예를 들면, '版权保护和特别保护(저작권 보호와 특별 보호)'와 같은 병렬구조에서 앞의 '保护'는 명사이고 뒤의 '保护'는 동사인데, 이들은 각각 어휘 층위와 통사 층위의 명사화 과정을 거친다. '图书的出版与不出版(도서의 출판과 출판 불원)'에서 만약 앞의 '出版'을 통사 층위에서의 명사화라고 한다면, 병렬로 이루어진 뒤의 '出版(부사의 수식을 받음)'은 통사 층위에서의 명사화라고 할 수가 없다. 그렇다면 '拖延式不出版(지연식 출판 불원)'과 '给他来一个不出版(그에게 출판하지 않는다는 것을 보여주자)'의 경우는 또 어떻게 '不出版'이 어휘 층위에서 명사화될 수 있는가?

새로운 '3단계'는 '사품설'에 비해 복잡하면서 구분해야 할 곳은 또 사품설만큼 구분을 하지도 않았다. 영어의 품사 전환에 대해 설명할 때 '사품설'(Jespersen 1924:62)은 동사가 주어·목적어가 되는 것은 차품이 수품으로 변한 품사 전환이 맞지만, 명사가 술어가 되는 것은 수품이 차품으로 변한 품사 전환이 아니라 진정한 동사가 된 것이라고 주장하였다. 이것은 중요한 구분으로, 주더시는 이를 매우 중시하였다. 그는 동사는 주어·목적어가 될 수 있지만 명사는 일반적으로 술어가 될 수 없다고 하였다. 명사와 동사의 이러한 비대칭성은 영어와 중국어에 모두 존재하지만(1권 제5장 참조), 새로운 '3단계'는 이에 대한 구분이 없다.

제5절 부정하기가 아닌 포괄하기

품사와 문장성분 사이에 분석 단계를 추가하는 것은 문제를 해결하는 것이 아니라 간결성 원칙을 어기는 것이다. 그것은 뤼수샹(呂叔湘)과 왕리(王力) 두 선배가 이미 포기한 방식임에도 불구하고, 과거로 되돌아가서 또 다시 그 방식을 주장하는 이도 있다. 그들은 두 분의 선배가 왜 그 방식을 포기하였는지 그 이유를 알지 못하기에 간결성 원칙을 무시하고 형식류의 분합원칙에 대해서도 잘 이해하지 못한다. 중국어 문법체계를 세울 때 주더시(朱德熙)는 간결함이 엄밀함 못지않게 중요하다는 것을 분명히 제시함으로써 중국어 문법 연구를 보다 더 과학화하였다. 이 원칙을 관철할 때, 그는 먼저 동사가 주어·목적어가 될 때 '명사화'가 발생하지 않음을 제기하였다. 이는 인도·유럽어와 구별되는 중국어의 '아주 중요한' 특징으로, 전체 품사 문제와 통사구조에 대한 견해와 관련이 있다. 중국어 품사가 통사적으로 여러 가지 기능을 가진다는 것과 품사구조와 통사구조가 일치한다는 두 가지 특징은 모두 명사화가 발생하지 않는다는 것과 밀접한 관련이 있다. 최근에는 지엽적인 부분을 크게 확대하여 자신의 견해를 주장하는 것을 선호하는 이들이 많다. 그들은 부차적인 현상을 중요한 현상으로 간주하고 특수한 현상을 보편적인 현상으로 간주함으로써 주더시의 관점에 수정을 가하고자 하며, 나아가 이를 통해 과거로 회귀하여 의미를 근거로 품사를 구분하고 '명사화' 또는 '명물화'라는 주장을 다시금

꺼내든다. "일정한 '명사화' 절차를 가정하지 않고서는 중국어의 교착 상태를 풀 수가 없다"거나 "영어가 중국어를 휩쓸고서 동사의 명사화를 진행한다"(袁毓林 2010b)[22]는 주장이 그러하다. 이러한 주장은 어휘 층위에서 명사화가 없다면 통사 층위에서도 명사화가 없다고 가정하거나 또는 '제로형식 명사화'라는 것을 다시 제기한다. 하지만 이는 심각한 결과를 초래하게 된다. 간결성 원칙을 부정하는 것은 끓는 가마솥 밑에서 불에 타는 장작을 꺼내는 격이다. 이는 주더시가 건립한 '구 중심'의 체계 전체를 무너뜨리는 것과 같은데, 그러고 나면 주더시의 학문적 사상에서 남는 것이 무엇이겠는가? 말로는 주더시의 체계에 대해 '부분적인 수정'만을 가했다고 하였지만, 실제 결과는 그의 이론 체계를 송두리째 부정해버리고 만 것이다. 큰 원칙은 작은 원칙을 포괄해야 한다. 지엽적인 현상도 연구가 필요하고, 코퍼스를 통한 통계도 중요하다. 그러나 보다 더 중요한 것은 중국어 문법체계의 큰 구도에 대한 정확한 이해가 있어야 한다는 것이다. 중요한 것과 부차적 것을 구분하지 않거나 본말을 전도하게 되면 결국은 좋지 않은 결과를 초래할 뿐이다. 이는 주더시의 본뜻을 곡해하는 것으로, 그의 입장에서 보면 상당히 불공정하다.

중국어의 동사가 주어·목적어가 될 때 '명사화'가 일어나지 않음을 인식한 것은 지난 100년 동안 끊임없이 인도·유럽어 연구의 틀을 벗어나 중국어의 정체성을 찾으려는 하는 과정에서 도달한 새로운 경지이다. 물론, 현재의 중국어 문법체계에도 여전히 문제가 많이 있다(다음 장 참조). 하지

---

22 저자주: 사실은 '영어가 중국어를 휩쓸고서 동사의 명사화를 진행한' 것이 아니라 영어를 바탕으로 하는 통념의 속박이 우리를 휩쓸고서 중국어에서 동사의 명사화를 찾는데 여념이 없게 만든 것이다.

만 이를 해결하기 위해서는 주더시가 예상한 바와 같이 이미 도달한 전진 기지에서 물러나는 것이 아니라 지속적으로 기존 관념의 굴레에서 벗어나야 한다. 후퇴하게 되면 활로가 없기 때문이다. 아인슈타인의 상대성이론이 뉴턴의 고전물리학 이론을 뒤집는 것이 아니라 그것을 포괄하는 것과 마찬가지로, 새로운 이론은 낡은 이론을 뒤집는 것이 아니라 그것을 포괄한다. 이것이 바로 우리가 찬사를 보내는 과학의 발전 과정이다. 오늘날 우리는 주더시가 남긴 학문적 유산을 고찰하고 정리함에 있어서, 그 가운데 가장 가치 있는 것을 헐값에 팔아넘겨서는 안 된다. 이는 어린아이를 목욕시키면서 어떤 경우에도 아이를 더러운 물과 함께 따라버려서는 안 되는 것과 같다. 다행히도 주더시는 우리에게 계속 앞으로 나아가도록 희미하게라도 방향을 제시하여 주었다. 또한 그는 중국어의 동사가 '명사화'되지 않는다는 것을 논증함에 있어서 인도·유럽어의 명사와 달리, 중국어의 명사는 정면이 아닌 배면적인 시각에서 정의된다는 것도 제시하였다. 이 책은 명사가 동사를 포함한다는 '명동포함'의 구도 속에서만 전통적인 의미의 명사가 배면적으로 정의될 수 있으며, 중국어의 동사가 '명사화'되지 않음은 동사가 원래 명사이기도 하기 때문이라는 점을 논증하고자 한다.[23] '명동포함 이론'은 주더시의 이론에 대한 부정이 아니라 포괄이다.

---

23 저자주: 궈루이(郭锐 2011)은 '명동포함 이론'이 더욱 철저한 '명물화이론'이라고 주장한다. 이에 대해 필자는 '명동포함 이론'은 더욱 철저한 '반명물화이론'임을 밝히는 바이다. 어떻게 '명사이다'와 '명물화'를 혼동할 수 있는가?

제2장

현존하는 문제에 대한 직시

제1절 명사의 정의 문제

문법체계는 완전성과 간결성을 최고의 원칙(서론 2절 참조)으로 삼는다. 불완전하고 간결하지 않는 체계는 더 이상의 언어적 사실을 내세울 필요가 없으며 분명 문제가 있다. 이 장에서는 '명동분립'이라는 전통 관념 위에 세워진 현재 중국어 품사체계의 문제점을 서술하고자 한다. 이는 문법체계와 관련된 큰 문제이다. 앞의 장에서 지엽적인 현상과 부차적인 현상에 얽매이는 것에 대해 비판하였는데, 이는 전반적인 주요 문제를 간과하고 회피하는 것과 마찬가지로 동일한 문제점의 서로 다른 증상이다.

첫 번째 문제는 '명동분립' 구도에서 중국어 명사의 정의에 관한 문제이다. 인도·유럽어에서는 성, 수, 격과 같은 형태들이 명사를 정면으로 정의하는 표지이기 때문에 이것이 전혀 문제가 되지 않는다. 영어는 형태가 쇠퇴하였지만 그래도 여전히 존재하는데, 예를 들어 명사에는 명사전용 접미사 -ness, -ation, -ent, -ity 등이 있다. 또 대부분의 명사는 단수·복수의 차이가 있으며, 명사 앞에는 관사 a 또는 the를 붙일 수 있다. 그리고 명사와 동사의 두 가지 품사성을 모두 가진 단어나 형식이라도 복수표지 -s나 관사를 붙이면 명사로 판단하여 동사와 구별할 수 있다. 하지만 중국어의 명사는 정면으로 정의할 수가 없는데, 이에 대해 주더시(朱德熙)는 『중국어 문법에 관한 대담(语法答问)』(1985)에서 다음과 같이 말했다.

> 일부 문법서에는 명사의 '문법 특징'을 다음과 같이 말합니다. (1)주어, 목적어가 될 수 있다. (2)관형어의 수식을 받을 수 있다. (3)수량사의 수식을 받을 수 있다. 세 가지 모두 분명 명사의 공통된 특성(모든 명사가 가진 특성)입니다. 하지만 이들 중 어느 하나도 명사만의 문법특징(특수성)이라고 할 수 있는 것은 없습니다. 왜냐하면 이들 문법 기능은 동사와 형용사도 가지고 있는 것들이기 때문입니다. ……만약 위의 세 조건을 명사 분류의 기준으로 삼는다면 일반적으로 동사와 형용사로 여겨지는 단어들도 대부분 모두 명사범주로 편입될 것입니다. (원서 16쪽)

'문법 특징'과 '문법 성질'의 구분을 강조한 주더시가 '문법 특징'에 대해 내린 명확한 정의는 다음과 같다. "품사의 문법 특징은 오직 이 종류의 단어들만 가지고 있고 다른 종류의 단어들은 가지고 있지 않은 문법 성질로, 다른 품사와 구분되는 이 품사만의 특수성"이다. 수량사의 수식을 받는 것을 포함하여 위의 세 가지는 명사의 전유물이 아니기 때문에 중국어의 명사는 일반적으로 술어가 될 수 없다는 배면적인 정의를 내린다.

많은 사람들이 주더시의 이 주장을 홀시하거나 의심하였지만 중국어는 실제로 그러하다. 동사와 형용사도 단음절과 쌍음절에 무관하게 수량사의 수식을 받을 수 있으며, 수량사와 함께 목적어도 수반할 수가 있다.

예는 다음과 같다.

有一点慢 조금 느리다
有些儿快 다소 빠르다
三分赞成 3할은 찬성하다
七分反对 7할은 반대하다
一分同情 1할은(약간은) 동정하다
九分担心 9할은(대단히) 걱정하다
三打祝家庄 축가장을 세 번 공격하다
九评苏联修正主义 소련의 수정주의를 9차례 비평하다
这一次去西藏多亏了你 이번에 티베트에 간 건 네 덕분이야
这种开玩笑可要不得 이런 종류의 농담은 절대 안 돼
导演冯小刚这三个转身都很华丽
감독 펑샤오강의 이 세 번의 턴이 모두 화려하다
两对情人的这两个告别都成了诀别[01]
두 쌍의 연인의 이 두 작별은 모두 영원한 이별이 되었다

뤼수샹(吕叔湘 1944/1984)에서는 근대중국어에서 동사가 '(一)个'의 수식을 받는 많은 예를 제시하고 있다.

做个准备 준비를 하다
有个下落 행방이 있다
讨个分晓 결과를 알아내다

---

01 저자주: 마지막 두 예는 장보쟝(张伯江)이 제시한 예에 수정을 가한 것이다.

做个记认 표시를 하다
装个老实 성실한 사람인 체 하다
没个成功 성공하지 못하다
觅个自刎 자살을 기도하다
得个依靠 의지할 사람을 얻다
有个翻身 좋은 방향으로 반전이 있다
仗个干脆 말이나 행동이 단도직입적이고 시원시원하다
买一个不言语 입을 다물게 할 목적으로 누군가에게 뇌물을 주다
吃亏在一个聪明好胜 영리하고 승부욕이 강한 사람에게서 손해
　　　　　　　　　를 보다
算得个特等马糊 아주 엉성하게 계획하다
赢个他家偏有 가족들만 독점할 수 있도록 뭔가를 획득하다
落个人财两空 사람과 돈을 모두 잃는 지경에 빠지다
打个胸厮撞 정면으로 충돌하다

또 '一件(한 건)', '一段(한 단락)', '一番(한바탕)' 등의 수식을 받는 예도 있다.

一件虚惊 한 건의 허위 경보
一件挂碍 한 건의 염려되는 일
一件奇异 한 건의 괴이한 일
一件机巧 한 건의 창의적인 일
一件极通情 한 건의 대단히 합리적인 일
一件不守女儿规矩 한 건의 딸이라는 규칙에 어긋나는 일
一段相思 한 동안의 그리움의 시간
一段娇羞 한 동안의 수줍움의 시간

一番教育 한 차례의 교육

一番漆黑 한 차례의 어둠

一重怒 한 바탕의 노여움

一套假殷情 일련의 거짓 관심

(崔山佳 2013 : 225-229)

동사와 형용사는 또한 아래의 문형에도 흔하게 나타난다.

问个明白 명쾌한 대답을 요구하다

吃个没够 먹어도 질리지가 않다

来一个不吭声 (질문에 대해)아무런 대꾸도 하지 않다

好一个教书育人 정말 좋은 선생님이고 교육자이다

这叫一个爽 이걸 시원하다고 하지

那叫一个棒 이걸 대단하다고 하지

搞它个水落石出 그것의 진상을 밝히다

打得个落花流水 꽃잎이 우수수 떨어져 물위에 떠내려가게 하듯 모조리 쳐부수다

北风那个吹 북풍이 그렇게 불다

瞅他那个胖 저사람 저 뚱뚱한 것 봐

往床上一躺 침대에 눕다

吃完了一散 다 먹고 나서 흩어졌다

动他个一动 그 사람 좀 움직여 봐

试上他一试 그 사람 어찌 좀 해봐

동사의 양사는 주로 '种(종류)', '次(차례)', '个(개)' 등 몇 개에 불과하지만,

'事物(사물)', '过程(과정)', '良心(양심)', '战争(전쟁)', '手术(수술)' 등과 같은 추상명사의 경우에도 사용할 수 있는 양사는 이들 몇 개 정도이다. 명사에 임시로 사용하는 명량사가 있듯이 동사에도 임시로 사용하는 동량사가 있다.(李湘 2011) 다음 예를 보자.

  抽一鞭子 채찍질을 한 차례 하다
  敲一棍子 작대기로 한 대 툭 치다
  扎一针 주사를 한 대 놓다
  砍三刀 세 차례 칼로 베다
  放两枪 총을 두 발 쏘다
  射一箭 활을 한 발 쏘다

  顶一脑袋 머리를 한 차례 들이받다
  抽一巴掌 뺨을 한 대 때리다
  戳一指头 손가락 하나로 찌르다
  哼一鼻子 콧방귀를 한 번 뀌다
  踢一脚 발길질을 한 번 하다
  打一拳 주먹질을 한 번 하다
  看两眼 두 번 보다

  叫一声 외마디 소리치다
  迈一步 한 걸음을 내딛다
  跑两圈 두 바퀴를 달리다
  送一程 얼마동안 배웅하다. 한동안 뒤를 봐주다

임시로 사용되는 동량사는 '一针扎下去(주삿바늘을 한 대 찌르다)', '一巴掌抽过去(빰을 한 대 갈기다)', '两圈跑下来(두 바퀴를 달리다)'에서 보듯이 동사의 앞에도 올 수 있다. 그런데 모순적인 것은, 주더시가 『중국어 문법에 관한 대담』에서 '수량사의 수식을 받을 수 있다'는 것을 명사의 문법 특징으로 보아 '부사의 수식을 받지 않는다'는 것과 함께 명사를 판별하는 기준으로 삼았다는 점이다. 『중국어 문법에 관한 대담』은 수량사의 수식을 받는 것을 명사의 문법 특징이 아니라고 밝혔지만, 구체적으로 문법을 분석할 때는 또 이 기준을 자주 활용하였다. 예를 들어, 관형어와 부사어를 구분할 때 '这个人黄头发(이 사람은 노랑머리이다)'에서 '黄(노랗다)'은 관형어이고, '他弟弟也黄头发(그의 남동생도 노랑머리이다)'에서 '也(~도)'는 부사어라고 확정하는데, 이때 근거로 삼은 것은 '黄头发(노랑머리)'는 수량사의 수식을 받을 수 있으므로 체언성인 반면, '也黄头发(~도 노랑머리다)'는 수량사의 수식을 받을 수 없으므로 술어성이라는 것이다.(46-47쪽) 주더시의 이러한 모순적 심리도 사실 이해하기 어렵지 않다. 중국어의 실제 모습에서 명사는 정면으로 정의를 내릴 수가 없다. 수량사의 수식을 받는다는 것은 명사의 전유물이 아니다. 그런데 '명동분립'이라는 전통 관념에서 출발하면 명사는 또 정면으로 정의를 내리는 것이 가능한데, 그 중에서 수량사의 수식을 받는다는 것이 정의의 기준과 가장 유사하다.

어떤 이는 '중첩 후에는 일반적인 의미를 나타낸다'는 것을 명사의 문법 특징으로 볼 수 있다고 주장한다. 하지만 사실 이러한 중첩은 명사가 아닌 양사가 중첩된 것('次次', '遍遍' 포함)이다.

他买了几瓶酸奶, 瓶瓶都有怪味。

그는 요구르트 몇 병을 샀는데, 병마다 모두 이상한 냄새가 났다.
他买了几次酸奶, 次次都有怪味。
그는 요구르트를 몇 번 샀는데, 번번이 이상한 냄새가 났다.
*他买了几瓶/几次酸奶, 奶奶都有怪味。
*树树—棵棵
*云云—朵朵
*水水—滴滴
*马马—匹匹

명사와 동사의 두 범주가 만약 분립관계이고 상위의 실사가 지배한다면 이들은 모두 각각 정면에서 정의해야 한다. 어떤 이는 정면에서 동사에 정의를 내림으로써 그것의 문법 특징을 확정하면 명사의 범위도 정의된다고 생각한다. 이러한 주장의 전제는 실사가 정면에서 정의되어야 한다는 것인데, '명사와 동사는 실사로 총칭한다'는 것은 실사의 정의가 아니다. 『문법강의(语法讲义)』는 실사에 대해 "기능적으로 보면 실사는 주어, 목적어 또는(或) 술어가 될 수 있다"라고 설명한다.(39쪽) 이 설명에서 '또는(或)'이라는 글자가 연언(連言)(conjunctive)[02] 관계로 이해된다면 명사는 일반적으로 술어가 될 수 없기 때문에 동사만이 이 설명에 부합한다. 그런데 만약 '또는'이 선언(選言)(disjunctive)[03] 관계로 이해된다면 이 설명은 '명사와 동사를 실사로 총칭한다'라고 말하는 것과 같고, 이때 '실사'의 함의는 비어있다. 뤼수샹(吕叔湘 1979:35)은 "'허(虛)'와 '실(实)'이라는 두 글자만 놓

---

02 역자주: 여러 개의 명제를 접속사 '그리고'나 그 동의어로 연결한 합성 명제. 표준국어대사전
03 역자주: 여러 개의 명제를 접속사 '또한'이나 이와 동의(同義)의 접속사로 연결한 합성 명제.

고 생각하면 명확한 결론이 나지 않는다. 허·실의 구분도 실용적인 의미는 크지 않다"라고 주장하였다. '명동포함'의 구도 내에서만이 전통적으로 말하는 명사에 대해 배면에서 정의를 내릴 수가 있다.

'수량사의 수식을 받는다'와 '주어와 목적어가 된다'라는 것은 '대명사(大名词)(동사 포함)'의 문법 특징이다. 대명사와 동사에 대해 모두 명확한 정의가 내려진 다음에는, 대명사에서 동사를 제외한 나머지 부분(전통적으로 말하는 명사, 즉 소명사(小名词))은 정면에서 정의를 내릴 필요가 없으며, 일반적으로 술어가 될 수 없다라고 하는 배면적인 정의만 내릴 수 있다.[04](자세한 것은 1권 제3장 3절 참조)

주더시가 중국어의 명사는 배면적인 정의되었다고 말했을 때, 그는 사실 이미 한 발을 '명동포함'의 구도 속에 들여놓은 것이다. 이는 당시의 상황으로 보면 이미 상당히 대단한 것이다. 그가 『문법강의(语法讲义)』에서 수량사의 수식을 받을 수 있고 부사의 수식을 받지 않는라고 한 명사에 대한 정의는 본질적으로 배면적인 정의인데, 이는 바로 '명동포함' 구도의 소명사에 꼭 맞아떨어진다. 마지막으로 명동관계는 분립관계일 수밖에 없다는 통념만 깨면 곧바로 나머지 다른 한 발도 '명동포함'의 구도 속으로 들어오게 된다. 오히려 지금까지도 '명동분립' 이론은 고집하는 사람들에게 이 구도에 있는 명사가 도대체 어떠한 '동사는 가지지 않고 명사만이 가지는 문법 특징'을 가지는지에 대해 정면으로 설명할 의무가 있다.

---

04 저자주: 저우런(周韧 2014)은 중국어의 품사는 배면적인 정의를 중시해야 한다고 논술하였는데, 역시 참조할 수 있다.

제2절 명동사 문제

2.1 범위 확정의 어려움

주더시(朱德熙 1982, 1985a, 1985c)의 논술에 따르면, '명동사'는 명사의 성질을 겸하는 동사로, '研究(연구(하다)), 调查(조사(하다)), 准备(준비(하다))'와 같은 명동겸류사로도 볼 수 있다. 이들은 중국어 문어 표현에서만 볼 수 있으며 모두가 쌍음절 동사이다. 명동사의 문법적 특징이나 판별 기준에 대해서는 주더시의 전후 논술이 그다지 일치하지 않는데, 요약하면 다음 몇 가지가 있다.

(1) 동사 '有'의 목적어가 될 수 있다.
(2) 형식동사 '进行(진행하다), 加以(…을 가하다), 给予(…을 주다), 予以(…을 주다), 作(하다)' 등의 목적어가 될 수 있는데, 이때는 더 이상 부사의 수식을 받을 수 없고 목적어를 가질 수도 없다. 일부는 수량사의 수식을 받을 수 있다.
(3) '的'를 추가하지 않고 직접 명사를 수식할 수 있다.
(4) 직접 명사의 수식을 받을 수 있다.
(5) 병렬을 할 때는 '并'이 아닌 '和'만 사용하여 연결할 수 있다.

명동사는 '명동은 분립되어 있고 일부만 교차한다'라고 하는 토대 위에 세워져 있는데, 여기서 교차하는 부분, 즉 명동사에 속하는 부분을 겸류로 보기 위해서는 이 부분은 소수일 수밖에 없다.

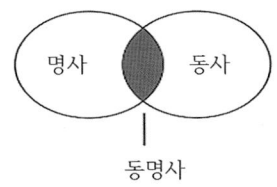

동명사

　상술한 명동사의 정의에는 두 가지 문제가 있다. 첫 번째는 기준을 정확하게 파악하기 어려워서 범위를 확정하기가 쉽지 않다는 것이고, 두 번째는 이론적인 모순을 야기함으로써 체계가 일치하지 않는다는 것이다. 첫 번째 문제에 관해, 츄룽탕(裘荣棠 1994)에서는 다섯 가지 기준으로 측정한 결과가 서로 일치하기 어렵다는 점을 상세히 설명하고 있다. 예를 들어, 형식동사의 목적어가 될 수 없는 쌍음절 동사 가운데 '迷信(덮어놓고 믿다)', '发现(발견하다)', '顾虑(염려하다)', '失误(실수를 하다)', '种田(농사짓다)', '流行(유행하다)', '讲究(중히 여기다)', '指望(기대하다)' 등과 같이 일부는 '有'의 목적어가 될 수 있고, 일부는 또 명사의 수식을 직접 받을 수도 있다. 그런데 형식동사의 목적어가 될 수 있는 쌍음절 동사도 모두가 명사의 수식을 직접 받는 것은 아니다. 특히 '提高(향상시키다)', '澄清(분명하게 밝히다)', '查明(조사하여 밝히다)', '批准(비준하다)', '肃清(숙청하다)', '纠正(바로잡다)', '摧毁(때려 부수다)', '改正(바르게 고치다)' 등과 같은 동보구조의 동사와 '尊重(존중하다)', '重视(중시하다)', '注意(주의하다)', '肯定(긍정하다)', '信任(신임하다)', '赞赏(높이 평가하다)' 등과 같은 심리상태를 나타내는 쌍음절 동사는 더욱 그러하다. 명사의 수식을 직접 받을 수 있는 것은 명동사 뿐만이 아니다. 이는 '窝里反(같은 편끼리 다투다)', '姐弟恋(연상 여자와 연하 남자가 연애하다)', '姑嫂争(올케와 시누이가 다투다)', '胡马会(후진타오와 마잉주가 만나다)', '欧洲游(유럽을 여행하다)', '十日谈(열흘 동안 이야기를 나누다)', '百日咳(백일 동안 기침하다)', '本字考(본자(정자)를 고찰하다)', '双日休(이틀 동안 쉬다. 5일 출근하고 2일을 쉬다)' 등과 같이 쌍음절 동사도 제약이 없으며, 단음절 동사도 마찬가지다. 명사의 수식을 직접 받을 수 있다는 것을 기준으로 하면 명사는 부사어가 될 수는 없고 관형어가 될 수는 있는 것으로 생각된다. 하지만 명사가 부사어가 되는 경우도 적지 않은데, 심지어 최근 출판된『현대중국어 묘사 문법(现代汉语描写语法)』(张斌 2010: 4)에서는 '명사는 동사를 직접 수식한다'는 것을 영어와는 다른 중국 문법의 특징으로 꼽을 정도이다. 다음 대구식 예는 부사어가 될 때 쌍음절 명사와 쌍음절 동사가 흔히 교체될 수 있음을 보여준다.

笑脸相迎	微笑相迎
웃는 얼굴로 마중하기	미소 지으며 맞이하다
现场采访	在场采访
현장인터뷰	현장에서 인터뷰하다
公费读博	付费读博
국비(관비) 박사과정 재학	학비를 내고 박사과정을 공부하다
低价出售	减价出售
염가판매	가격을 인하하여 판매하다
掌声欢迎	鼓掌欢迎
박수갈채	손뼉을 치며 환영하다
高薪延聘	提薪延聘
고액초빙	연봉을 인상하여 초빙하다
网络联系	上网联系
온라인 연락	온라인으로 연락하다

点球获胜	罚球获胜
승부차기 승리	페널티킥으로 승리를 거두다
团体采购	组团采购
단체구매	팀을 구성하여 구매하다
食物中毒	过食中毒
식중독	과식에 중독되다

'出发地点(출발하는 지점), 打架原因(다투는 원인), 跳舞姿势(춤추는 자세), 结婚费用(결혼하는 비용), 逃跑路线(도주하는 경로), 出席代表(참석하는 대표), 讨厌程度(혐오하는 정도), 放假日期(방학하는 일자), 下台干部(퇴진하는 간부), 说话口气(말을 하는 버릇), 经过地点(경과하는 지점), 喜欢对象(애호하는 대상), 睡眠方式(수면하는 방식), 上岗条例(근무하는 규정), 跳动范围(활동하는 범위)' 등과 같이 명사를 직접 수식하는 쌍음절 동사는 대부분 명동사가 아니다. 일반 동사의 수식을 직접 받는 명사는 대부분 추상명사인데, 주더시가 열거한 명동사의 수식을 직접 받는 명사들 또한 대부분 추상명사이다. 아래의 좌우 두 열을 비교해보자.

教育方针(进行教育)	育人方针(*进行育人)
교육 방식(교육을 하다)	인재 육성 방침(--)
斗争哲学(进行斗争)	逃跑哲学(*进行逃跑)
투쟁 철학(투쟁을 하다)	도주 철학(--)
招聘条例(进行招聘)	招人条例(*进行招人)
초빙 조례(초빙을 하다)	인재 초빙 조례(--)

表述口气(进行表述)	说话口气(*进行说话)
진술 어투(진술을 하다)	말하는 버릇(--)
写生工具(进行写生)	画画工具(*进行画画)
사생 공구(사생을 하다)	회화 공구(--)
冲洗方式(加以冲洗)	洗澡方式(*加以洗澡)
인화 방식(인화를 하다)	목욕 방식(--)
休息时间(予以休息)	睡眠时间(*予以睡眠)
휴식 시간(휴식을 주다)	수면 시간(--)
旁听名单(给予旁听)	出席名单(*给予出席)
방청 명단(방청을 하게하다)	출석 명단(--)

　　명동사를 포함한 쌍음절 동사는 명사를 수식할 때 목적어를 가질 수도 있다.

到达时间	到达北京时间
도착 시간	베이징 도착시간
强奸罪	强奸男人罪
강간죄	남자 강간죄
适应能力	适应环境能力
적응 능력	환경 적응 능력
自制机	自制酸奶机
셀프 제조 기계	요구르트 셀프 제조기
解决办法	解决问题办法
해결 방법	문제 해결 방법

侵犯案	侵犯隐私案
침해 사건	사생활 침해 사건
复习情况	复习功课情况
복습 상황	수업내용 복습 상황
拐卖罪	拐卖儿童罪
유괴 인신매매죄	아동 유괴 인신매매죄

단음절 동사는 '跨世纪人才(세기를 뛰어넘는 인재)', '印假钞机器(위조지폐를 인쇄하는 기계)', '留美博士'(미국에서 유학한 박사), '打拐民警(인신매매를 단속하는 인민경찰)' 등과 같이 일반적으로 목적어를 수반해야 직접 명사를 수식할 수가 있다. 그런데 '목적어를 가질 수 있다'는 것은 주더시가 동사를 명사와 구분하는 중요한 기준이다. 명동사가 형식동사의 목적어가 될 때 일부 수량사 수식어를 가질 수 있는 것들이 있는데, 이 역시 명사의 성질을 갖고 있다고 설명하기는 어렵다. 왜냐하면 동사도 수량사의 수식을 받을 수 있기 때문이다.(앞 절 참조) 또 '进行互相评价(상호 평가를 하다)', '进行大肆出货(마구잡이 출하를 하다)', '进行肆意搜捕(마구잡이 수사·체포를 하다)', '予以即时报道(즉각적인 보도를 하다)', '加以稍许改变(약간의 변화를 주다)'와 같이 동사가 형식동사의 목적어가 될 때 부사의 수식을 받지 않는데, 이 역시도 절대적이지가 않다.05

요컨대, 여러 가지 조건을 모두 충족하면 명동사의 범위는 극히 좁아지고, 하나의 기준만 충족하면 명동사의 범위는 극히 넓어진다. 여기에는 각

---

05 저자주: 이 사실과 예는 쩡첸(曾骞)이 지적하고 제시하였음을 밝힌다.

형식동사 간의 차이(예: "进行放行 / 给予放行(통행 허가를 해주다)', '加以支持(지지를 보내다) / *作支持')에 대해서는 언급하지 않았고, '作'와 '做' 역시 구분하기가 어려우며 명동사의 판별 기준은 더욱 알기가 어렵고 범위를 확정하기는 더더욱 어렵다.[06] 기준이 하나 더 많거나 적음, 엄격하거나 느슨함, 그리고 어느 것을 주된 기준으로 하고 어느 것을 부차적인 기준으로 하느냐에 따라 확정된 범위는 모두 달라진다. 그러니 형식동사의 범위를 확대하려는 사람이 있는가 하면 오히려 축소하려는 사람도 있다. 현재 어떤 이는 언어공학이 텍스트에 품사 표기를 할 때 동일한 명동사에 대해 품사 표기가 다른 경우가 상당히 많다고 비판하는데, 이는 명동사의 범위 확정이 원래 어렵기 때문이다. 그 배후의 원인은 바로 앞 장 3절에서 설명한 바와 같이 명사성을 겸유한 동사는 그 명사성의 강약을 끝까지 명확하게 구분하는 것이 어렵기 때문이다.

2.2 체계의 불일치

'명동사'의 주요 문제는 범위 확정의 어려움이 아니라 이론의 자기모순과 체계의 전후 불일치를 야기한다는 것이다. 예스퍼슨(Otto Jespersen)은 영어 동사의 'V-ing' 형식을 동사와 명사의 이중성을 가지는 혼혈아에 비유하였다. 다음 예를 보자.

> Brown deftly painting his daughter is a delight to watch.
> Brown's deft painting of his daughter is a delight to watch.

---

06 저자주: 형식동사의 문법 기능 문제에 관해서는 1권 제6장 4절 참조.

앞 문장에서 painting 형식은 부사 deftly의 수식을 받고, 목적어 his daughter를 가지므로 동사의 성질을 나타낸다. 하지만 뒷 문장에서는 painting이 세 관형어 Brown's, deft, of his daughter의 한정을 받으므로 명사의 성질을 나타낸다. 주더시는 중국어의 명동사가 이와 '유사한 현상'이라고 보았으며, '没有研究'와 '调查很重要'와 같은 구조는 모두 중의구조라고 생각했다.

没有研究$_N$ 没有历史研究 역사 연구가 없다
                没有一些研究 몇몇 연구가 없다

没有研究$_V$ 没有马上研究 곧바로 연구하지 않았다
                没有研究文学 문학을 연구하지 않았다

调查$_N$很重要   彻底的方言调查很重要
                철저한 방언 조사는 아주 중요하다

调查$_V$很重要   彻底地调查方言很重要
                철저하게 방언을 조사하는 것은 아주 중요하다

이러한 분석을 따를 경우에 더욱 심각한 문제는 '去很重要', '没发现跳' 등도 역시 중의구조가 된다는 점이다.

去$_N$ 很重要
刘玄德的第三次去很重要
류현덕의 세 번째 방문이 아주 중요하다

去$_V$ 很重要

接二连三地去茅庐很重要
연이어 초가집을 간 것이 아주 중요하다

没发现去$_N$
没发现刘玄德的第三次去
류현덕의 세 번째 방문을 보지 못했다

没发现去$_V$
没发现接二连三地去茅庐
연이어 초가집을 간 것을 보지 못했다

跳$_N$很严重
富士康的第十一跳很严重
폭스콘의 열한 번째 투신은 아주 심각하다

跳$_V$很严重
连续不断地跳高楼很严重
계속해서 고층빌딩에서 뛰어내리는 것은 아주 심각하다

没发现跳$_N$
没发现富士康的第十一跳
폭스콘의 열한 번째 투신을 보지 못했다

没发现跳$_V$
没发现连续不断地跳高楼
계속해서 고층빌딩에서 뛰어내리는 것을 보지 못했다

그런데 '명동분립'의 구도에서는 '去', '跳'와 같은 단음절동사는 명사가 아닌 동사일 뿐이므로 '명동사'에 해당되지 않는다. 이들을 이미 명사화되었다고 말하는 것은 간결성 원칙에 위배되기 때문에 주더시는 극구 반대하였다. 이 문제는 다음과 같이 요약된다. 주더시의 문법체계에서 A와 B 두 가지 논단이 있다. 논단 A는 '동사가 주어·목적어가 될 때도 여전히 동사이고 명사화되지 않았다'이고, 논단 B는 '명동사는 명사와 동사 두 가지 성질을 겸유하는 단어로, 영어 동사의 V-ing 형식에 해당한다'이다. 문제는, 만약에 B를 인정하면 A를 인정할 수가 없고, A를 인정하면 B를 인정할 수가 없기 때문에 A와 B를 모두 인정하면 자기모순이 된다는 점이다. 이러한 내재적 모순에 대해 많은 사람들이 어느 정도는 인식하고 있으며, 이를 해결하기 위한 대안은 현재 두 가지가 있다. 하나는 B를 견지하면서 A를 수정하는 것이고, 또 하나는 A를 견지하면서 B를 수정하는 것이다. 많은 사람들은 앞의 대안을 수용하는데, 그들은 A의 입장에서 물러나서 동사가 주어·목적어가 될 때 어느 정도 또는 일정한 방식의 명사화가 있다고 생각한다. 앞의 제1장에서 이미 이러한 대안이 후퇴하는 것이라고 설명하였다. 주된 것과 부차적인 것을 가리지 않고 국부적이고 지엽적인 것에 몰두하다 보니 애쓴 보람은 없고 득보다 실이 많아서 지불해야 하는 대가가 막대하다. 문법체계를 구축하는 '간결성 원칙'을 포기해야 하고, 문법 구조의 '중심확장 원칙'(다음 절 참조)도 수정해야 한다. '这本书的出版'이라는 오래된 문제가 해결되지 않는 것은 '오캄의 면도날'이 무용지물이어서도 아니고, '중심확장 원칙'의 탓도 아니다. 그것은 정의에 오류가 있는 '명동사'의 잘못이다. 그 이유는 중국어는 일부 동사만 명사성을 가지고 있다고 착각하고, 중국어 명사와 동사의 관계라는 커다란 구도에 대해서도 아직 정확하게 파악하지 못한 상태에서 동사 내부의 명사성 강약이라는 부차적인 문제를 해결하려고 하였기 때문이다. 예를 들면, 타이완과 중국의 관계를 제대로 파악하지 못한 상태에서 진먼(金門)이나 펑후(澎湖) 열도의 귀속을 논하는 것은 주된 것과 부차적인 것을 구분하지 않고 본말이 전도된 처사이다.

필자가 채택한 것은 후자의 대책으로 A의 입장에서 한 걸음 더 나아가는 것이다. 중국어에 명사와 동사의 두 가지 성질을 겸유하고, 영어 'V-ing 형식'과 유사한 단어는 '명동사'가 아니라 전체 동사류가 그러하다고 보는데, 그 이유는 실제로 중국어가 그렇기 때문이다. 이것이 바로 '명동포함' 구도이다. '명동사'라는 범주를 만드는 것은 동사 내에 동사성이 다소 약하고 명사성이 강한 일부의 단어를 분류해낸 것에 지나지 않으며, '명동포함'이라는 구도를 확립하는 것은 동사 내에 명사성 강약의 차이가 있음을 부정하는 것이 아니라 오히려 형식적인 관점에서 이러한 차이를 개선하도록 유도할 수 있다. 이에 관해서는 2권 제5장을 참조하기 바란다.

제3절 '중심확장 원칙'과 '병렬조건'

3.1 중심확장 원칙의 위배

'간결성 원칙'에 따르면 '这本书的出版'에서 '出版'은 동사에서 명사로 바뀌었다고 할 수 없다. 하지만 만약 '出版'을 여전히 동사라고 한다면, 이는 또 문법구조의 '중심확장 원칙(Head Feature Extension)', 약칭 '확장원칙'을 위배하게 된다. 확장원칙은 한 성분을 중심으로 확장되는 구조의 문법 성질은 중심 성분의 문법 성질과 일치한다는 것이다. '出版'은 동사인데, 이를 중심으로 확장된 '这本书的出版'은 이와 반대로 명사적 구조인 것이다. 이 문제는 또한 '这本书的出版'이 '내심구조'[07] 이론(施关淦 1981)에 위배되는 난제이기도 하다. 여기서 '出版'을 '명동사'라고 한다고 문제가 해결되지는 않는다. 왜냐하면 '这本书的不出版'과 '他的去'도 있는데, '명동분립'의 구도에서는 '不出版'의 '出版'과 '去'가 분명히 동사성 성분이기 때문이다. 이러니 '확장원칙'이 '훼방을 놓는다'거나 블룸필드(Bloomfield)[08]의 '내심구조관' 자체에 문제가 있다고 주장하는 이들도 있는 것이다.(司富珍 2006, 陈国华 2009) 하지만 황허빈(黄和斌 2014)은 이들의 의혹이 사실은 모두 블룸필드의 내심구조관에 대한 오독이라고 분석하였으며, 또 어떤 이는 '내심구조' 이론이 중국어에 완전히 적용되지는 않기 때문에 '맹목적으로 답습해서는 안 된다'고 주장하기도 한다.(方光焘1997: 261) 주더시(朱德熙 1985b)와 다른 사람들(陆丙甫 1985, 金立鑫 1987, 项梦冰 1991 등)은 '내심구조'의 정의에 수정을 가하여 이를 중국어에 적용하려고 시도하였지만, 결과는 이러한 수정마저도 모두 만족스럽지 못했다.(施关淦 1988, 吴长安 2006) 그런데 수정하려는 노력 그 자체가 보여주듯이 '확장원칙'을 위배하는 것은

---

07   역자주: 미국 언어학자 블룸필드가 집필한 『언어』(1933)에서 제안한 통사구조 이론으로, 그 핵심 특징은 구조에 전체 문법 기능과 동일한 직접적인 구성 요소(핵어)가 적어도 하나 존재한다는 것이다. 이 이론은 외심구조와 상대적이어서, 구조주의 언어학의 중요한 분석틀을 이루고 있다.

08   역자주: 레너드 블룸필드(Leonard Bloomfield, 1887-1949) 미국의 언어학자로 미국 언어학회 창립에 기여했으며, 『언어』를 포함한 여러 저서를 통해 언어학 발전에 영향을 미쳤다. 그는 행동주의적 원리에 기반한 언어 연구, 형식적인 분석 방법론, 그리고 알곤킨어족 언어 연구로 알려져 있다. 블룸필드의 교과서 『언어』는 '언어적 형식', '독립형' 따위의 기본적 개념을 다루는 방식에서 인도의 문법학자 파니니의 영향을 보여준다. 블룸필드가 합성어를 설명하기 위해 사용한 용어인 '외심적'·'내심적'이라는 용어 또한 파니니로부터 왔다. 인터넷 위키백과

작은 일이 아니다. 왜냐하면 '확장원칙'과 계층분석법, 그리고 생성문법의 'X-bar'이론은 서로가 서로의 전제가 되고 기초가 되기 때문이다.

현재 어떤 이는 확장원칙을 지키면 어떻고 어기면 또 어떠냐고 질문한다. 어기든 지키든 중요하지 않다는 뜻이다. 하지만 확장원칙을 위배했을 때의 결과는 아주 심각하다. 언어의 '귀환성'을 파괴할 수 있기 때문이다. '귀환성'은 동물들의 통신 체계와 구별되는 인류 언어의 특징 가운데 하나로, 인류 언어의 창조적 능력의 구현이다. 생성문법 이론의 가장 중요한 통찰이 바로 인간의 언어는 유한한 수단의 무한한 사용(Chomsky 1965:8, von Humboldt 1836:91)이라는 것이다. 『언어와 언어학 백과사전(*Encyclopedia Of Language And Linguistics*)』(Brown 2006)은 '귀환성 원칙'에 대해 설명하면서, 가장 간단한 귀환성 원칙의 집합은 다음과 같다고 하였다.(→는 '___으로 구성 가능'을 나타냄)

　　a. X → Y
　　b. X → X Z

X는 Y로 구성될 수도 있고, X Z로 구성될 수도 있다. X는 b의 출력이자 a와 b의 입력이기 때문에 이 원칙의 집합은 귀환적이다. 이 두 원칙은 다음과 같은 행렬을 생성한다.

　　i. Y
　　ii. Y Z
　　iii. Y Z Z
　　iv. Y Z Z Z

이론상으로 Y가 무수히 많은 Z를 수반하는 행렬, 즉 하나의 무한한 행렬 집합을 생성하는 것이 가능하다. 원칙 b는 바로 '확장원칙'으로, 하나의 사물을 그 자체를 사용하여 정의하는 것이다. 좀 더 정확하게 말하면, 하나의 구성 성분인 그 자체를 사용하여 정의되는 것이 곧 '확장원칙'의 본질이다. '爸爸的书(아빠의 책)'이라는 조합은 '书(책)' 그 자체를 하나의 구성 성분으로 정의된 것인데, '书'가 명사성이기 때문에 '爸爸的书'도 역시 명사성이 되고, 나아가 이로부터 확장된 '爸爸的爸爸的书(아빠의 아빠의 책)'(이론상 끝없이 확장할 수 있다)도 마찬가지로 명사성이다. '확장원칙'을 포기하는 것은 언어의 귀환성을 훼손하는 것이며, 그렇게 되면 언어의 창조성을 말할 수가 없게 된다. 라이언스(Lyons 1968: 331)도 역시 "N과 NP 사이, V와 VP 사이에는 모두 일종의 필수불가결(essential)한 연결이 있는데, 이는 어느 언어든 마찬가지다. ……NP와 VP는 단순히 기억을 돕는 기호가 아니라 각각 구문 성분 NP는 반드시 명사적이고 VP는 반드시 동사적이어야 함을 나타낸다. 왜냐하면 NP와 VP는 각각 N과 V를 각자의 필수 주성분으로 삼기 때문"이라고 지적하였다. 그는 이어서 만약 어떤 언어학자가 'NP → V+VP, NP → V, VP → T(관사)+N'과 같은 원칙을 제기한다고 가정하고, "그것은 상식적이지 않을 뿐만 아니라 이론적으로도 성립 불가능하다"고 주장하였다. 세계의 언어는 귀환 이외의 수단을 사용하여 복잡한 의미를 표현할 수도 있을 것이다.(Evans & Levinson 2009 참조)[09] 하지만 이 경

---

09 저자주: 기타 수단으로는 '병치'를 가리키는데, 예를 들어 '图书和出版(도서와 출판)'으로 '图书的出版(도서의 출판)'이라는 의미를, '你去, 我不去(네가 가라, 나는 가지 않겠다)'로 '如果你去, 我不去(만약 네가 간다면 나는 가지 않겠다)'라는 의미를 나타낸다. 병치 수단은 '확장규칙'을 이용하지 않았을 뿐, 이에 위배되지는 않는다.

우에도 '확장원칙'을 위배하거나 '귀환성'을 훼손해서는 안 된다. 바이쉬 (白硕 2014)는 전산언어학의 각도에서 중국어도 생성문법의 'X-bar'이론과 호환되어야 한다고 주장하였는데, 이는 촘스키 개인에 대한 숭배가 아니라 하나의 CFG(context free grammar, 문맥 자유 문법) 분석기가 만약 'X-bar'이론과 호환이 된다면 그 성능은 확실히 보장될 수 있기 때문에 호환은 전산언어학에 있어서 당연히 중대한 희소식인 것이다.

위의 논의는 모두 '出版'이 '这本书的出版'의 중심이라는 데 바탕을 두고 있는데, 혹시 이를 중심으로 보는 것에 문제가 있는 것은 아닐까? 혹자는 '这本书的出版'을 '한정명사구(DP)'로, 그 안의 '的'를 이 구의 중심성분 D(한정어)로 분석하여 D가 [+N]의 특징을 갖게 함으로써 전체 DP구의 명사성을 결정한다는 생성문법의 해결 방법을 제시하였다(程工 1999, 司富珍 2002, 2004, 熊仲儒 2005). 이러한 'DP분석법'은 전통적인 분석법과는 달리, 주로 개괄을 위한 고려에서 발단되었다. 즉, (a)한정명사구(DP)와 (b)시태동사구(IP) 사이의 구조적 평행성을 개괄하기 위해서 비롯되었다는 것이다.(Abney 1987) 중국어의 경우, 평행의 예는 다음과 같다.

(a) 商务这本书的出版 상무인서관의 본도서의 출판
商务的出版(这本书) 상무인서관의 (본도서) 출판
这本书(由商务)的出版 이 책의 (상무인서관의) 출판

(b) 商务出版了这本书 상무인서관이 이 책을 출판했다
商务出版了(这本书) 상무인서관이 (이 책을)출판했다
这本书(由商务)出版了 이 책은(상무인서관에서) 출판되었다

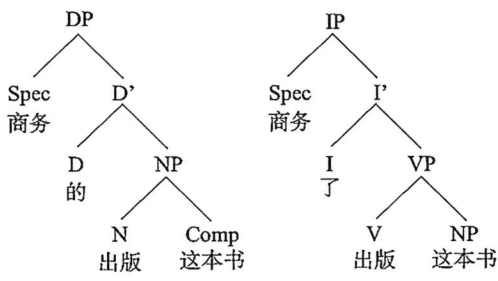

시태동사구나 절 IP는 동사구 VP에 대한 기능범주 I(시태)의 확장이고, 한정명사구 DP는 명사구 NP에 대한 기능범주 D(한정)의 확장이다. 만약 지정어 Spec의 위치가 비어 있으면, '这本书'는 위치 이동을 통해 이 위치에 출현하여 '这本书的出版(이 책의 출판)'과 '这本书出版了(이 책은 출판되었다)'를 획득할 수가 있다.

이 두 가지 구조를 개괄한 의도는 좋지만, 위의 수형도에서 보듯이 이러한 분석법의 문제는 중국어의 경우 '的出版'을 '出版了'과 똑같이 하나의 직접성분으로 보았다는 것이다. 그런데 이는 중국인들의 어감에 크게 반하는데, 운율·의미·구조상 모두 '的'는 앞의 성분과 결합하여 하나의 직접성분을 구성해야 하기 때문이다. '的出版'으로 분석하는 것을 뒷받침하는 예는 극히 개별적이고 특수하며, 구조의 평행은 이러한 개별적이고 특수한 예를 근거로 할 수는 없다.(1권 제6장 2.1절 참조) 이는 심지어 생성문법에 종사하는 다른 연구자들(李艳惠 2008, 石定栩 2008, 邓思颖 2006 등)조차도 어감상 동의하지 않으며, 저우궈광(周国光 2005, 2006), 우창안(吴长安 2006), 판하이화·루쉬(潘海华·陆烁 2013) 등의 학자들도 이러한 분석법의 여러 문제에 대해 전면적인 검토를 실시한 바 있다. '的'를 중심으로 했을 때의 주요 문제에 대해, 저우런(周韧 2012)은 중심을 지우고 난 나머지 부분은 원래의 전체 구조의 통사와 의미 기능이 서로 달라야 하는데, '木头的房子(목조로 된 주택)'와 '红的花(붉은 꽃)'라는 가장 흔히 보이는 두 명사구는 오히려 그렇지 않다고 지적하였다.

그런데 필자가 보기에 이 분석법은 여전히 '간결성 원칙'을 고려하지 않고 있다. 상술한 평행적 분석은 DP의 '出版'의 절점이 명사 N임을 인정하거나 아니면 DP와 IP의 평행성이 존재하지 않는다는 것을 전제로 한다. 만약 이러한 평행성이 존재하지 않는다면 '这本书的出版'을 DP로 분석할 근거도 없어진다. 슝중루(熊仲儒 2005)는 이 문제의 중요성을 인식하고, '出版'이 [+N]의 범주 특성을 갖도록 [+N]의 특징을 가지고 있는 기능 범주 n을 별도로 두었다. 먼저 n이 동사구 '出版这本书'에 대해 확장을 진행하여 명사구 nP를 생성한 다음, 다시 D가 nP에 대해 확장을 진행하여 DP를 생성한다. 기능 범주 n의 설정은 '出版'이 어떻게 명사화되었는지를 설명하기 위한 것으로,[10] 상술한 DP 분석을 위해 특별히 설정된 것은 아니다. 심각한 문제는 중국어에서 '出版'이 명사화되었다고 말하는 것은 불필요한 것으로 '간결성 원칙'에 부합하지 않는다는 것이다.

또 이와는 다소 다른 분석도 있는데, 그것은 '的'가 주술구조 '这本书出版'의 중간에 직접 삽입되어 '这本书的出版'을 형성한다는 것이다. 이 분석을 수용하는 사람들 중에는 '的'가 [+N]의 특징을 가진 중심이라고 인정하는 사람도 있고(陆俭明 2003), '的'가 하나의 '자칭 명사화표지(自指的名词化标记)'라고 주장하는 사람도 있다.(袁毓林 2010b)

이러한 분석은 '出版'의 명사화 문제는 없으나 하나의 통일된 '的'를 둘

---

10 저자주: 황정더(黄正德 2010)는 기능범주 G를 설정하였다. 즉, '出版'을 먼저 '동명사(Gerund)'로 바꾸어 동명사구를 생성한 후에 DP를 생성하였다.

로 나눔으로써 '这本书的封面'의 '的'(주더시가 정의한 的₃)과 '这本书的出版'의 '的'를 다른 것으로 만들고 말았다. '오캄의 면도날'이 있으니 새로운 실체를 추가하지 않고 이론적 난제를 풀 수 있지 않을까? 그런데 이렇게 처리하면 더 많은 새로운 난제들을 초래할 것이다.

첫째, '的'를 추가하지 않은 '这本书出版'도 주어·목적어가 될 수 있는데, 흔히 한 단락의 말에서 '的'를 붙인 것도 있고 붙이지 않은 것도 있다. 예는 다음과 같다.

> 美国的介入是肯定的。无非是硬介入还是软介入, 以及介入力度大小的问题。……所以美国介入是有条件的, 这些条件也是我们可以利用的, 要让美国感觉到它的介入将付出它所不能承受的代价, 这样它就会选择不介入或少介入。
>
> 미국의 개입은 확실하다. 단지 딱딱한 개입이냐 부드러운 개입이냐, 개입의 강도가 어느 정도냐의 문제일 뿐이다. ……그래서 미국의 개입은 조건부 개입으로, 이 조건도 우리가 이용할 수 있는 것이다. 미국으로 하여금 자신의 개입이 감당할 수 없는 대가를 치르게 될 것이라는 느끼게 해야 개입하지 않거나 덜 개입하는 것을 선택할 것이다. (完权 2010b에서 재인용)

만약 '美国的介入'의 중심을 '的'라고 한다면 '美国介入'의 중심은 어떻게 확정할 것인가? 만약 이 두 구가 서로 다른 중심을 가지고 있다면, 이것이 어구에 대한 우리의 이해를 도울 것인가 아니면 방해할 것인가? '美国介入'가 눈에 보이지 않는 중심 '的'를 내포하고 있다고 한다면 '图书出版, 问题研究, 哲学思考' 등도 모두 '的'를 내포한다고 말할 수 있는데, 그렇다면 이것은 동사가 주어·목적어가 될 때 '명사화'표지를 내포하고 있다고 말하는 것과 무엇이 다른가?

둘째, 스딩쉬(石定栩 2008)는 뒷부분이 동사인 중간에 '的'를 붙이고 그 뒷부분이 동사인 구조는 본래의 주술구조에만 국한되지 않고 다량의 다른 구조들도 있다고 지적하였다. 예를 보자.

<u>面向基层的扶贫帮困</u>应该持续下去。
<u>하층민을 향한 빈곤 구제</u>는 지속되어야 한다.
<u>大家对于名物化理论的批评</u>都很中肯。
<u>명물화 이론에 대한 여러분의 비평</u>은 모두 상당히 긍정적이다.

<u>报纸上说的坐航天飞机旅行</u>目前还无法实现。
<u>신문에 난 우주왕복선을 타고 여행하는 것</u>은 현재 아직 실현 불가능하다.

밑줄 친 부분의 구조가 '的'를 제거한 후에는 모두 원래의 주술구조로 환원이 어렵거나 불가능하기 때문에 주술구조에 '的'를 삽입한 것이라는 설명은 단지 일부의 경우에만 적용될 뿐이다.[11] 또한 '这本书出版了'와 같은 주술구조는 중심 '的'를 삽입하여 '这本书的出版了'로 변환하는 것이 불가능하다. 만약에 '这本书出版'은 구이고 '这本书出版了'는 문장이라고 한다면, 이는 또 중국어의 문장과 구의 구조 원칙은 기본적으로 일치한다는 중요한 사실을 간과하게 된다. 그리고 '的'를 삽입하는 것과 삽입하지 않

---

11 저자주: 위안위린(袁毓林 2010b)은 '잠재적 주어'와 '잠재적 목적어'를 첨가하는 방법으로 설명하였는데, 이는 임의적이며 매우 복잡하다.

는 것은 의미가 다소 다르다. 예를 보자.

  a. 你没有他的勤奋。너는 그 사람의 부지런함이 없다.
  b. 你没有他勤奋。너는 그 사람만큼 부지런하지 않다.

 a문장은 '너는 부지런하지 않다'의 의미도 있을 수 있지만, b문장은 '너는 그 사람보다 부지런하지 않다'의 의미뿐이다. 이는 '他的勤奋'이 단순히 주술구조 '他勤奋'의 사이에 '的'를 삽입한 것이 아님을 말한다. 요컨대, 결국 '摁下葫芦浮起瓢(조롱박을 누르면 바가지가 뜬다)'와 같이 하나의 문제를 해결하면 또 다른 문제가 불거진다.
 '的'를 중심으로 삼는 분석법에 대해 사람들이 많은 의문을 제기할 때, 이러한 분석법을 고수하는 사람은 생성문법이론의 '중심'은 심층구조의 중심이지만, 구조주의 문법이론의 '중심'은 표층구조의 중심이기 때문에 의문의 제기가 무의미하다고 주장한다.(司富珍 2006) 하지만 '이 중심은 저 중심이 아니다'라는 말은 자신들에게도 똑같이 적용된다. 변론 논리에 따라 우리는 '的'가 절대로 중심으로 분석될 수는 없는 것이 아니라 그렇게 분석함으로써 초래하는 문제가 해결보다 더 많다는 점을 지적할 뿐이라는 것을 인정한다. 하지만 '확장원칙'을 위배하는 문제가 없다는 것을 증명하기 위해서는 '出版'이 구조주의 분석법의 중심이 아님을 증명해야 한다. 리야페이(李亚非 2015)는 생성문법의 틀 안에서 표층 어순이 반드시 심층적인 구조를 증명할 필요는 없지만, 그렇다고 표층 어순이 반드시 그 본질을 반영하지 않는다고 볼 이유도 없다고 주장하였다. 결국 두 분석법의 우열을 가리는 것은 현재 어느 학파가 주도적인 지위를 차지하는가를 기준으로 할 것이 아니라 중국어의 사실에서 출발하여 학파를 초월한 모순 없는 자기일관성과 간결함을 기준으로 해야 한다.

3.2 병렬조건의 위배

문법구조의 '병렬조건'이란 임시로 활용된 경우를 제외하고 병렬된 두 성분이 같은 품사 또는 같은 구에 속해야 한다는 것이다.(Radford 1988: 76) 영어를 예로 들어보자.

John wrote [to Mary] and [to Fred].(전치사구의 병렬)
John wrote [a letter] and [a postcard].(명사구의 병렬)
*John wrote [a letter] and [to Fred].(명사구와 전치사구의 병렬)
*John wrote [to Fred] and [a letter].(전치사구와 명사구의 병렬)

생성문법학자가 두 성분이 같은 통사범주에 속하는지 여부를 '병렬조건'을 사용하여 검사하는 것을 '병렬검사법(coordination test)'이라고 한다. 예를 들어 이 검사법은 한정어(Determiners)와 형용사(Adjective)는 병렬할 수가 없기 때문에 같은 범주에 속하지 않음을 증명한다.

*[Dmy] and [Alazy] son
*[Asilly] and [Dthese] ideas

또한 명사의 보어(complement)와 부가어(adjunct)가 두 가지 서로 다른 범주임을 증명하기도 한다. 전자는 N의 자매 절점이고, 후자는 N-bar의 자매 절점이다.

> a student [of Physics] and [of Chemistry] (보어의 병렬)
> a student [with long hair] and [with short arms] (부가어의 병렬)
> *a student [of Physics] and [with long hair] (보어와 부가어의 병렬)
> *a student [with long hair] and [of Physics] (부가어와 보어의 병렬)

중국어에서 '图书和出版'이나 '这本书和它的出版' 같은 병렬구조가 흔히 주어·목적어로 쓰이는데, 이렇게 주어·목적어로 쓰이는 '出版'을 여전히 동사라고 하는 것은 문법구조의 '병렬조건'에 어긋난다. 문법적 성격이 다른 명사와 동사가 병렬구조를 구성할 수 있겠는가? 'NP和VP'라고 하는 병렬구조가 존재한다고 주장하는 것도 상식 밖이고 이론적으로도 성립되지 않는다. 과연 '병렬조건'에 문제가 있는 것일까, 아니면 중국어로 '명사'와 '동사'라는 두 품사의 정의에 문제가 있는 것일까?

'出版'은 주더시가 정의한 명동사에 해당하는 것으로, '出版这些图书(이 책들을 출판한다)'에서는 동사적 측면을 나타내고 '图书和出版(도서와 출판)'에서는 명사적 측면을 나타내기 때문에 '图书和出版'이 결코 '병렬조건'에 어긋나지 않는다는 견해도 있다. 이 견해를 증명하기 위하여 예시로 든 것이 다음이다.(袁毓林 2010a).

> 图书和出版   *书和出
> 도서와 출판

自考书籍和电子出版　　　　　*自考书籍和马上出版
　　독학 학력 인정 시험 서적과 전자 출판
　　疾病和治疗　　　　　　　　　*病和治
　　질병과 치료
　　肠胃疾病和食物治疗　　　　　*肠胃疾病和及时治疗
　　위장질환과 식이요법
　　商品和销售　　　　　　　　　*货和卖
　　상품과 판매
　　保健商品和季节销售　　　　　*保健商品和即将销售
　　건강식품과 제철 판매

　　오른쪽 예들이 성립하지 않는 이유는 단음절인 '出(발행하다), 治(치료하다), 卖(팔다)'는 명동사가 아니기 때문이며, 또 '出版(출판하다), 治疗(치료하다), 销售(판매하다)'는 부사의 수식을 받아서 오직 동사로만 나타나기 때문이다. 하지만 중국 인터넷 포털사이트 바이두(百度)에서 임의의 단어를 검색해 보면 수없이 많은 이러한 병렬구조를 발견할 수 있다. 명사와 병렬하는 것은 명사에 국한되지 않으며, 명동사라도 부사의 수식을 받을 수 없는 것은 아니다.(특히 '不'의 수식을 받을 수 있다)

　　罪与罚 죄와 벌
　　泪与笑 눈물과 웃음
　　性与死 성과 죽음
　　性与睡 성과 잠
　　梦与想 꿈과 생각

人与斗 사람과 투쟁

情与变 사랑과 변심

时间与忙 시간과 분주

艺术与捧 예술과 지원

吃与营养 섭취와 영양

上海人与吃 상하이 사람과 섭취

长寿与吃盐 장수와 소금 섭취

裸体与出书 나체와 도서 출판

肾病与出疹子 신장병와 발진

杂文与骂人 수필과 사람 욕하기

女人与花钱 여인과 돈 쓰기

买房与风水 주택 구매와 풍수

盲文与育人 점자와 인재 육성

穷人和买房 가난한 사람과 주택구매

睡眠与做梦 수면과 꿈꾸기

年与熬年 한 해와 한 해 살아남기

佛教与教佛 불교와 불교교육

爱情与熬粥 사랑과 죽 끓이기

读书人和读书 학자와 독서

比价和贬值 비교 가격과 평가절하

车祸和堵路 자동차 사고와 도로차단

挂号公司与看病 등기회사와 진료

春天和防病 봄과 질병예방

股与做人 주식과 사람 됨됨이

垃圾广告与挨骂 쓰레기 광고와 욕먹기

眼前得失与受穷 눈앞의 득실과 궁핍

一夜情与做工程 하룻밤의 사랑과 공사하기
早期教育与看电视 조기교육과 TV 시청
孙子兵法与抢反弹 손자병법과 반등 국면 포착 매수
取财之道与抢银行 돈을 버는 방법과 은행 탈기
梦境和心跳 꿈의 세계와 심장 박동
梦与哭泣 꿈과 울음
罪与惧怕 죄와 두려움
收购及其他 구매 및 기타
股价与跌涨 주가와 하락 상승
退出和退出状态 퇴출과 퇴출 상태
瑜珈和慢跑 요가와 조깅
烟斗与倒走 담뱃대와 뒷걸음
日记与偷窥 일기와 훔쳐보기
记忆法和快读 기억법과 속독
精神的底色与渐变 정신적 배경과 점진적 변화
生死与捧杀 생사와 나락의 길로 떨어지게 하기
知情权与不知情 알 권리와 정황을 알지 못함
责任与不作为 책임과 해야 할 일을 하지 않음
穷人的尊严与不羞辱 가난한 사람의 존엄과 치욕스럽지 않음
房产商和死扛价 부동산업자와 터무니없이 비싼 가격
诚信和不折腾 성실과 동요하지 않음
铜兽首与瞎折腾 청동 동물 두상과 쓸 데 없는 일 하기
速食文化和细嚼慢咽 패스트푸드 문화와 잘게 씹고 천천히 삼키기
五七干校和上山下乡 57간부학교와 산간 지역이나 농촌 지역으로의 하방
利润和持续发展 이윤과 지속적인 발전

早期诊断与及时治疗 조기 진단과 적시 치료

操作策略与及时解盘 운영 전략과 적시 판세 분석

爱国之心和努力工作 나라를 사랑하는 마음과 성실하게 일하기

社区卫生服务与看病贵 지역 사회 위생 서비스와 비싼 진료비

女人挨骂与"浪"女人 여인이 욕먹는 것과 '난잡한' 여인

마찬가지로 형용사와 명사의 병렬은 '有'를 사용하여 구별하는 '명형사'에 국한되지 않으며, 부사 '不'의 수식도 받을 수가 있다.

才与狂 재능과 미침

人与贪 사람과 탐냄

力与美 힘과 아름다움

我与帅 나와 잘 생김

裤与酷 바지와 시원함

核与和 핵무기와 평화로움

内环境和稳 내부 환경과 안정됨

婚姻与孤独 혼인과 외로움

傲慢与偏见 오만과 편견

雨季和懒散 우기와 나태하고 산만함

小物和聪明 사소한 일과 총명함

光感与飘逸 빛에 대한 감각과 날아 흩어짐

天才与勤奋 천재와 부지런함

流氓和不仗义 부랑자와 의롭지 않음

草民和不识相 평민과 분별력 있지 않음

女人的大度和不安全感 여성의 관대함과 불안정감

이러한 병렬구조는 다음 예와 같이 어렵지 않게 문장의 주어·목적어가 된다.

集力与美于一身 강인함과 아름다움을 한 몸에 모으다
时间和忙不是推辞的理由 시간과 바쁨은 거절의 이유가 아니다
描写底层百姓的泪与笑 하층민의 눈물과 웃음을 묘사하다
我讨厌他的傲慢与偏见 나는 그의 오만과 편견을 싫어한다
并非为了利益和出名 결코 이익과 이름을 날리기 위한 것이 아니다
车祸和堵路互为因果 교통사고와 교통체증은 서로 인과 관계이다
梦见蛇和被抓 뱀과 잡히는 것을 꿈에서 보았다
我爱你的条件与不争 나는 너의 조건과 다투지 않음을 좋아한다

이들 가운데는 문어적 색채가 강한 것도 있고 구어적 색채가 강한 것도 있지만, 대체로 쌍음절이 많지만 단음절과 다음절도 배제하지 않는다. 이에 대해 중국인들은 특별한 점을 느끼지 않지만 영어로 번역하면 병렬구조 안의 동사는 모두 명사로 바뀌어야 한다. 앞 절에서 지적한 분석의 문제는 병렬구조에서도 마찬가지로 존재한다. 즉, 어떤 사람은 '这本书和它的出版'에서 '出版'은 동사로 규정하고(주술 사이에 '的'가 삽입), '图书和出版'에서 '出版'은 또 '명동사'로 규정한다. 또한 '版权保护与特别保护'에서 앞의 '保护'는 명사로 규정하고 뒤의 '保护'는 동사로 규정한다. 그런데 이는 분명 두 병렬성분의 차이를 지나치게 과장함으로써 간단한 문제를 더욱 복잡하게 만든 것이다. '병렬조건'을 위배하는 것과 '확장원칙'을 위배하는 것은 하나의 질병에 따라오는 두 가지 증상이다. 그런데 질병의 근본 원인에 대한 치료 없이 머리가 아프면 머리를 치료하고 발이 아프면 발을

치료하면 당연히 효과가 좋지 않다. 앞에서 든 'N和V' 구조의 예는 대부분 다음과 같이 'N的V' 구조로 전환이 가능하다.

人的贪 인간의 탐욕
力的美 힘의 아름다움
人的斗(比狗的斗厉害) 인간의 싸움(개의 싸움보다 심하다)
我的孤独 나의 고독
上海人的吃 상하이 사람들의 먹거리
情的变与不变 사랑의 변화와 불변
女人的花钱 여인의 돈 쓰기
穷人的买房 가난한 사람의 주택 구매
股价的跌涨 주가의 하락과 상승
小物的聪明 미물의 총명함
房产商的死扛价 부동산업자의 바가지
铜兽首的瞎折腾 청동 동물 두상의 헛짓거리
雨季的懒散 장마의 나른함
草民的不识相 평민의 몰상식

사실 가장 간단한 해결책은 중국어에 있는 동사가 동사이자 명사임을 인정하고 명동포함 이론을 수용하는 것이다. 이렇게 하면 확장원칙과 병렬조건에 위배되는 문제는 더 이상 존재하지 않으며, 루빙푸(陆丙甫 2014)의 말대로 중심확장 원칙의 위배 문제는 '가짜 문제'가 된다. 예를 들어, 새로 설립된 상하이 자유무역지구(自贸区)는 배면적으로 정의를 내린 것으로, 도박과 성매매 등 '블랙리스트'에 해당하는 업종에만 포함되지 않으면 모든 업종이 진입 가능하다. '去'와 '出版'도 역시 병렬구조의 자리에 들어가지 못하는 '블랙리스트'에 포함되지 않았으니 당연히 그 자리에 들어갈 수 있는 것이다.

제4절 품사무용론 문제

초기의 중국어 문법 저서는 일찍이 '단어는 정해진 품사가 없으며, 문장에 의거해서 품사를 판별한다(词无定类, 依句辨品)'는 관점을 취하였다.(黎锦熙 1924:6) 하지만 후에는 이 관점을 기본적으로 포기하는 대신 '단어는 정해진 품사가 있지만, 품사는 정해진 직무가 없다(词有定类, 类无定职)'의 관점을 채택하였는데, 이때 '직무(职)'는 충당할 문장성분을 가리킨다.[12] 주더시(朱德熙 985:4-5)는 '품사는 정해진 직무가 없다(类无定职)'나 '품사의 다기능(词类的多功能)'이 인도유럽어와는 다른 중국어의 중요한 특징이라고 보았다. 그는 동사가 술어 외에 주어와 목적어가 될 수도 있고, 형용사는 관형어 외에 주어와 목적어, 술어와 부사어도 될 수 있으며, 명사는 주어와 목적어 외에 관형어가 될 수 있고, 일정한 조건 하에서는 술어도 될 수 있으며, 부사만이 전문적으로 부사어가 될 수 있다고 보았다. 그런데 사실은 일정한 조건 하에서는 동사도 역시 관형어('调查工作(조사업무)', '合作项目(협력프로젝트)')와 부사어('拼命跑(필사적으로 도망치다)', '区别对待(차별적으로 대하다)')가 될 수 있는데, 이 용법들은 명사가 술어가 되는 것보다 흔하다. 이렇게 본다면 명사·동사·형용사의 세 가지 품사와 문장성분이 완전히 따

---

12 역자주:결국 '类无定职'는 품사와 문장성분의 일대다 대응을 의미한다.

로 분리되어 버린다. 그러나 후밍양(胡明扬 1995)이 지적한 바와 같이, 품사를 구분하는 목적은 통사 분석을 위한 것이므로 품사는 반드시 문장성분과 연결되어야 한다. 어떤 이는 품사 정보가 단어의 분포 상황을 완전히 반영할 수는 없으며, 만약 품사 정보가 단어의 분포 상황을 완전히 반역하도록 하기 위해서는 하나의 단어가 하나의 품사가 되어야 한다고 주장한다.(詹卫东 2013) 필자도 이 견해에 동의하며, 품사가 끝없이 세분되는 것에 반대하는 바이다.

하지만 이 말은 절반만 옳고, 나머지 절반은 품사 정보가 단어의 주요 분포 상황을 반영해야 한다는 것이다. 그렇다면 문법을 말할 때 반영해야 할 '단어의 주요 분포 상황'은 무엇일까? 가장 중요한 것은 단어가 주어·목적어, 서술어, 관형어, 부사어와 같은 문장성분의 역할을 하는 상황인데, 예를 들어 명사와 동사의 경우는 주어·목적어와 서술어 역할을 하는 경우를 말한다. 만약 분류된 품사가 품사들 간의 관계를 주술관계, 술목관계, 혹은 수식관계로 구별하는데 도움이 되지 않는다면 품사를 구분하는 주요 의미를 잃게 될 것이다. 언어유형론은 언어들 사이의 품사체계를 비교하는데, 이때 우선적으로 비교하는 것은 역시 이러한 주요 분포 상황이다.(Croft 1991, Hengeveld 1992) '단어는 정해진 품사가 없다(词无定类)'라는 품사무용론을 고수하면 당연히 단어에 대해 품사를 분류할 필요성이 없어지지만, '품사와 문장성분의 일대다 대응(类无定职)'을 고수해도 역시 품사를 분류하는 의미가 없어진다.

'类无定职'에 따르면, 동사는 원래 주어·목적어가 될 수 있으며, 이때도 동사는 여전히 동사이고 명사로 전환되지 않는다. 이 논단은 중국어의 동사가 '형태표지의 추가 없이' 직접 주어·목적어가 될 수 있음을 뜻한다.

영어의 동사도 형태표지만 붙이면 주어·목적어가 될 수 있다. 중국어 품사의 분류 및 품사전환이라는 두 가지 사항에 필자는 각각 두 가지 상이한 방법과 기준을 채택하였다. 하나는 품사를 분류할 때의 방법과 기준으로, 중국어는 형태표지가 부족한 언어라는 점을 고려하여 이른 바 '광의의 형태, 즉 '단어와 다른 단어, 또는 단어와 다른 성분과의 조합 능력과 조합 상태에 의존해야 한다는 것이다. 다른 하나는 품사 전환에 관한 방법과 기준으로, 단어의 품사 전환 여부에 대해서는 여전히 협의의 형태 기준을 고수한다는 것이다. 즉, 동사에 '명사화'라는 형태표지가 붙지 않는 한 주어·목적어가 되어도 여전히 동사이며, 주어·목적어 위치에 있는 동사의 '광의의 형태'가 변하는지 여부는 더 이상 고려하지 않는다는 것이다.

이러한 처리는 적어도 '품사무용론'을 고집하는 사람들에게 반박할 논거를 제공한다. 협의의 형태만을 품사 전환의 기준으로 삼을 수 있다면 품사 분류는 왜 협의의 형태를 기준으로 삼을 수 없는가? 협의의 형태를 기준으로 한다면 중국어의 실사는 분류를 할 수 없게 된다.(高名凱 1953) 이렇게 되면 결국 '품사무용론'에 반대하기 위해 '품사는 정해진 직무가 없다(类无定职)'라는 주장을 제기하였으나, 이 주장은 결국 끝에 가서는 또 '품사무용론'의 결론에 도달하고 만다는 역설을 형성한다.

이 역설을 해소하기 위해 선쟈쉬안(沈家煊 1999a, 제10장)은 크로프트(Croft 1991)에게 영감을 받아 품사와 문장성분의 '관련 표지 모델'을 제시했다. 이 모델에서 {명사, 주어·목적어}, {형용사, 관형어}, {동사, 서술어}는 각각 세 개의 '무표지' 그룹을 형성하는데 반해, {명사, 서술어}, {동사, 주어·목적어}, {형용사, 서술어} 등의 그룹은 모두 상대적으로 '유표지' 그룹이다. '유표지'와 '무표지'의 판정은 협의의 형태 표지 외에 광의의 형태에도 의존하는데, 여기에는 단어의 분포 상태와 사용 빈도도 포함된다. 이 모델은 품사와 문장성분 사이에 '대응이면서 비대응'의 관계가 있음을 보여준다. 대응은 주어·목적어가 되는 것은 명사의 전형적인 기능이고 서술어가 되는 것은 동사의 전형적인 기능이며, 관형어가 되는 것은 형용사의 전형적인 기능이라는 것으로 나타난다. 비대응은 명사는 술어와 관형어가 되는 비전형적인 기능이 있고, 동사는 주어·목적어와 관형어가 되는 비전형적인 기능이 있으며, 형용사는 술어와 주어·목적어가 되는 비전형적인 기능이 있다는 것으로 나타난다. 따라서 이 모델은 품사와 문장성분이 일대일로 대응되는 모델도, 품사와 문장성분이 완전히 분리되는 모델도 아닌 이 두 모델이 결합된 것이다. 인도유럽어도 완전히 대응하는 모델은 아니며, 중국어도 완전히 분리된 모델은 아니다. 인도유럽어와 중국어는 모두 관련 표지 모델이다.

    그렇다고 중국어의 품사 문제가 이로 인해 완전히 해결된 것은 아니다. '관련 표지 모델'은 모든 언어의 품사와 문장성분은 서로 대응하면서도 대응하지 않는 관계라고 하는 하나의 언어 보편성을 말해주는 것으로 보인다. 하지만 관련 표지 모델은 중국어의 품사체계가 인도유럽어와 비교하여 어떤 특징이 있는지를 설명하지 않았으며, 왜 중국어의 비대응이 인도유럽어보다 훨씬 더 높은지에 대해서도 답하지 않았다. 그런데 더 중요한 것은, 앞 장 2.3절에서 품사는 연속성과 이산성의 두 가지 성질을 모두 가지고 있어서 연속성을 가지고 이산성을 부정할 수 없다고 설명했는데, 관련 표지 모델은 '这本书的出版'에서의 '出版'이 동사인지 명사인지를 확실하게 정하지 않았다는 것이다. 이산성의 각도에서 품사와 문장성분은 어떻게 연결될 것인가 하는 문제가 여전히 남아 있다. 문장 구성 규칙은 이산적인 품사의 조합으로, 명사와 동사의 경우 조문 규칙은 이산적인 품사의 조합으로, 명사와 동사의 경우 중국어는 다음과 같은 조합이 가능하다.

S → NP+VP	我不去。나는 가지 않는다. 卖菜的来了。채소 장수가 왔다. 塑料的不结实。 플라스틱으로 만든 것은 견고하지 않다.
S → NP+NP	小王上海人。샤오왕은 상하이 사람이다. 今天中秋节。오늘은 추석이다. 这本书他的。이 책은 그의 것이다.
S → VP+VP	光哭没用。울기만 해서는 소용이 없다. 不撞墙不罢休。 벽에 부딪치지 않으면 그만두지 않는다. 坦白才有出路。 솔직히 고백해야 비로소 살 길이 있다.
S → VP+NP	逃, 孬头。도망가는 것이 겁쟁이다. 不死(今年)整一百岁。 죽지 않으면 (올해) 꼭 100살이다. 看上去一个样。보아하니 똑 같다.

이는 NP와 VP를 조합하여 문장을 구성하는 모든 가능성을 나열한 것이다. 명사와 동사, 형용사 세 종류의 단어 가운데 두 단어를 조합하여 만들 수 있는 관형어 수식구조는 모두 9가지인데, 중국어는 이들 모두가 성립한다.

A+N	伟大国家 위대한 국가 鲜红玫瑰 새빨간 장미 高雅艺术 우아한 예술 美丽姑娘 아름다운 아가씨
N+N	石油国家 석유 국가 血汗工厂 피와 땀의 공장 短语结构 구 구조 人物形象 인물 형상
V+N	出租汽车 렌트 카/차를 렌트하다 养殖对虾 양식 참새우/참새우를 양식하다 抗日青年 항일청년 表现方式 표현방식
N+A	视觉疲劳 시각이 피로하다 海派机敏 상하이파가 민첩하다 生活便利 생활이 편리하다 政治敏感 정치적으로 민감하다
N+V	汽车出租 자동차 렌트 房屋补贴 주택 보조금 经济支援 경제적 지원 细节描述 상세한 설명

A+V	严厉批评 준엄한 비평 野蛮搬家 엽기적인 이사 平等交涉 평등한 교섭 夸张描写[13] 과장된 묘사
V+A	审视疲劳 심사의 피로 相亲恐惧 맞선의 두려움 赶稿焦虑 원고 마감 시간에 쫓기는 초조함 面试紧张 면접시험의 긴장
A+A	虚假健康 허위 건강 平均富裕 골고루 부유하다 普通肥大 보통으로 비대하다 难得糊涂 어리석은 척 하기 어렵다
V+V	搬家补助 이사 보조 수당 租售管理 임대 매매 관리 坠机调查 비행기 추락사고 조사 代理记账 대리 기장

주더시(朱德熙 1985a:64)는 S→NP+VP라는 규칙이 '중국어에서는 통하지 않는다'고 하였는데, 현재 주도적인 지위를 차지하는 생성문법은 이 기본 규칙을 빼놓을 수 없다고 한다면 과연 이 규칙은 보편성이 있는 것일까? 사피어(Sapir 1921:121)는 명사와 동사를 구분하는 것이 '언어의 생명을 유

---

13 저자주: 부사어-중심어 구조는 중국어에서 실제로 일종의 '동태관형어-중심어 구조'이다. 이에 관해서는 2권 제1장 4절을 참조할 것.

지하는 데 필수적이다'라고 하였는데, 중국어에서 명사와 동사를 구분하는 의미는 어디에 있는가? 일부 전산언어학자들은 관형어 수식구조 A+V에 있는 V를 N으로 표기하려고 하였는데(黃昌寧 등 2009), 이렇게 함으로써 일부 문제를 해결하고자 하는 의도는 쉽게 이해할 수 있지만 반대로 존재하는 문제에 대해 개의치 않는 것은 비정상적이다. 필자는 생성문법의 틀로 중국어를 연구하는 것에 반대하지 않을 뿐만 아니라, 이러한 연구 역시 그 나름대로의 중요한 가치가 있다고 생각한다. 하지만 그 이전에 주더시가 지적한 '통하지 않는다'는 문제부터 잘 해결할 필요가 있으며, 적어도 이에 대한 합리적인 설명이 있어야 하며 등한시해서는 안 된다. 다음 장에서는, 중국어의 명사와 동사의 관계는 '나뉘면서 나뉘지 않는' 포함구도이며, 명사, 동사 및 주어·목적어, 술어와의 관계는 '대응하면서 대응하지 않는' 비대칭 관계'라는 점에 대해 상세히 논증하고자 한다. '명동포함' 구도를 받아들여야만 위에서 말한 문장 구성의 원칙이 중국어에서 제한적으로 (단지 제한이 있을 뿐) 유지될 수 있으며, 명사와 동사의 구분도 비로소 의미를 가지게 된다.

제5절 겸류사 문제

명사와 동사의 겸류사로 정의되는 '명동사'는 '명동분립'의 구도 위에 세워졌다. 위의 2절에서 중국어에서는 동사라고 하는 것이 사실은 모두 명사에 속하는 동태명사이기 때문에 이러한 명동겸류사가 존재하지 않는다고 설명하였다. '갑을이 분립되어 있고, 일부만 교차한다'라는 품사관으로 중국어를 묘사했을 때 직면하는 문제는 '명동사'뿐만이 아니다. 일부

동사를 동사와 형용사의 겸류사로 규정하는 데에도 문제가 있다. 주더시(朱德熙 1982:55-56)에서 동사와 형용사의 정의는 각각 다음과 같다.

> 동사: '很'의 수식을 받지 않거나 목적어를 가질 수 있는 술어는 모두 동사이다.
> 형용사: '很'의 수식을 받고 목적어를 가질 수 없는 술어는 형용사이다.

'委屈(억울하다/억울하게 하다), 端正(단정하다/바르게 하다), 宽大(크다, 관대하다/관대하게 대하다)'와 같은 단어는 동사와 형용사의 겸류사에 속한다. '이러한 동사는 목적어를 가질 **때는** 동사이고, 목적어를 가지지 않을 **때는** 형용사이다.'(밑줄은 필자가 추가함) 이 겸류사의 확정은 사실 정의에 근거한 것이 아니라 '문장에 의거해서 품사를 판별(依句辨品)'한 것이다. 정의를 근거로 하였다면, '委屈' 등이 동사 겸 형용사라면 당연히 형용사의 정의에 부합되어야 하는데 사실은 그렇지가 않다. 왜냐하면 이 단어들은 실제로 문장에서 반드시 목적어를 가지지는 않더라도 목적어를 가지는 것이 가능하기 때문이다. 또 이 단어들은 실제로 문장에서 반드시 '很'의 수식을 받지는 않더라도 이의 수식을 받는 것이 가능하기 때문에 동사의 정의에도 부합하지 않는다. 이 때문에 저우런(周韧 2014, 2015)은 '이러한 형용사와 동사의 겸류를 설정하는 것은 동사와 형용사를 정의하는 정면의 기준을 무너뜨렸다'라고 말했다. 그리고 겸류는 실제로 적용하기에도 어려움이 있는데, 『현대한어사전(现代汉语词典)』의 품사 표기 가운데 가장 까다로운 것이 바로 이러한 단어들의 분류이다.

또 구별사(비술어형용사)와 부사의 겸류에도 문제가 있다. 자주 논의되었던 '必然(필연적이다/반드시)'이라는 단어에 대해, 주더시(朱德熙(1985a:21))는 이 단어가 부사어(必然失败), 관형어(必然趋势), '的'자 앞(必然的趋势)의 세 위치에만 출현하는데, 이 분포는 마침 구별사와 부사의 분포를 합친 것이기 때문에 '必然'은 구별사 겸 부사라고 주장하였다. 하지만 천샤오허(陈小荷 1999)와 쑹러우(宋柔 2009)는, 구별사의 정의는 '명사 또는 조사 '的'의 앞에만 출현하는 접착어(黏着词)'이고, 부사의 정의는 '부사어로만 사용되는 허사'인데, 이 두 정의에는 모두 '~만'이라는 글자가 있으므로 구별사와 부사는 의미적으로 완전히 배척하고 형식적으로도 공통되는 교집합이 있을 수 없으며, 이로 인해 구별사와 부사의 겸류라는 주장에 논리적 오류가 생겼다고 지적하였다. 이러한 논리적 오류의 발생은 관형어와 부사어의 잘못된 정의와 직접적인 관계가 있으며, 이는 결국 '명동분합'이라는 통념과도 직결된다.(2권 제1장 3, 4절)

구별사는 부사를 겸할 수가 없을 뿐만 아니라 다른 다기는 품사와도 겸할 수가 없다. 하지만 일부 문법서는 구별사가 명사, 동사, 형용사와 겸한다고 묘사하였다.[14] 예를 들어 '意外(의외이다/의외), 专业(전문적이다/전공), 高度(정도가 매우 높다/고도)'는 구별사가 명사와 겸하는 경우이고, '国营(국영), 祖传(조상 대대로 전해짐), 军用(군용)'은 동사와 겸하는 경우라는 것이다. 그런데 자세히 생각해보면 여기에도 역시 논리적 오류가 있다. 한 단어에 대해 구별사와 명사를 겸한다고 말하는 것은 이 단어가 구별사이자 명사라는 의미이다. 하지만 구별사의 정의에 따르면, 한 단어가 구별사인 동시

---

14 저자주: 예를 들어, 장빈(张斌 2010) 주편의 『현대한어 묘사 문법(现代汉语描写语法)』에는 가능한 한 겸류의 범위를 제한하려고는 하지만, 그래도 구별사와 명사, 동사, 형용사의 겸류에 관한 장이 있다.

에 명사가 될 수는 없다. 마찬가지 이유로 다른 다기능 품사도 부사를 겸할 수가 없다. 저우런(周韧 2014, 2015)은 "품사와 문장성분 사이에 일대일 대응관계가 없음을 고수하면 사실 중국어 품사 분류에서 겸류사는 나올 수가 없다", "겸류는 본질적으로 개별 단어인 개체사를 근거로 한 일종의 분류인데, 어느 한 부류인 개괄어의 전체 성질을 인위적으로 나누어 놓았다"고 지적하였다. 상당히 일리 있는 말이다. 사실 구별사에 대한 리위밍(李宇明 1996)의 지적에서 보듯이, '意外, 专业, 高度'와 같은 단어들은 '酸性(산성), 传统(전통)' 등의 명사와 별반 차이가 없다. 아래 좌우 양쪽에서 이들이 나타내는 차이는 같다.

a	意外(的)收获 의외(의) 수확	发生意外 의외의 일이 생기다
	专业剧团 전문 극단	语言学专业 언어학 전공
	高度的责任感 고도의 책임감	飞行(的)高度 비행(의) 고도
b	酸性土壤 산성 토양	土壤呈酸性 토양이 산성을 띠다
	传统思想 전통 사상	我们的传统 우리의 전통

구별사가 주어·목적어가 되는 예는 아주 흔하고 자연스럽다.[15]

---

15 저자주: 주더시(朱德熙 1985a: 20)은 '急性好治, 慢性难治(급성은 치료가 쉽고, 만성은 치료가 어렵

跑长途(长途挣钱)

장거리를 달리다(장거리를 출퇴근하며 돈을 벌다)

存活期(活期利率低)

요구불 예금을 하다(요구불 예금은 이율이 낮다)

创出更多的名牌(名牌不好创)

더 많은 유명 브랜드를 만들다(유명 브랜드는 만들어 내기 쉽지 않다)

表现出微弱的阳性(阳性不可怕)

약한 양성을 나타내다(양성은 두렵지 않다)

夺高产

높은 생산량을 경주하다

做空头

공거래를 하다

呈中性

중성을 나타내다

富于创造性

창조성이 풍부하다

露出一束彩色

한 다발의 색깔이 드러나다

이들 구별사는 "명사성 의미가 현저화, 고착화된 것으로, 속성을 나타

다)'와 같이 대구를 통해야만 이러한 용법이 존재한다고 보았다. 하지만 '我得的是急性(내가 걸린 것은 급성이다)'에서 보듯이 사실은 그렇지가 않다.

내는 명사의 관형어 용법이라는 문법 기능이 특화된 것"이다. '新式(신식)', '重型(중형)', '高级(고급)', '优等(우등)', '大号(큰 사이즈)'와 같은 구별사는 관형어가 될 때 각각에 상응하는 형용사 '新(새롭다)', '重(중하다)', '高(높다)', '优(우수하다)', '大(크다)'보다 추상성이 줄면서 구체성을 띠게 되었을 뿐으로, "명사 문법 기능의 일종의 불완전한 표현"이다.

学院风格		学院式风格
학교 스타일		학교식 스타일
椭圆结构	—	椭圆式结构
타원 구조		타원식 구조
经典著作	—	经典性著作
경전 저작		경전 성격의 저작

'社办(인민공사 경영), 国营(국영), 祖传(조상 대대로 전해짐), 军用(군용)'과 같은 구별사는 동사구의 긴축형식으로, 문장에서 주어·목적어가 되는 것이 흔하고 자연스럽다.

公社开办		社办
인민공사 설립	—	공립
国家经营	—	国营
국가 경영		국영
祖宗传留下来	—	祖传
조상 대대로 전해 내려오다		가전

| 军事上使用 | — | 军用 |
| 군사적으로 사용되다 | | 군용 |

    리위밍(李宇明 1996)의 결론은 구별사와 술어의 구분에 따르면, 구별사는 **체언성 범주에 속한다**. 구별사의 기능 이동성은 '중국어 체언이 용언의 방향으로 발전하는 추세의 일종'이라는 것이다. 저우런의 관점에 따르면, 명사는 다기능 품사이므로 본래 관형어가 될 수 있기 때문에 명사와 구별사의 겸류는 나타날 수가 없다. 그런데 '명동포함 이론'에 따르면 구별사는 아직은 용언으로 깊이 발전(허화)하지 못한 명사이다.(2권 제5장 2절)

    요컨대, '갑을겸류'는 '갑과 을은 분립되어 있고 일부만 교차한다'는 것이 전제되어야 한다. 그런데 '갑을포함' 구도라면 겸류는 말할 수가 없고, 갑류에 속하는 단어 가운데 어떤 단어가 을류로 발전하고 있는지와 발전의 정도는 어느 정도인지만 말할 수 있다. 이 책 결론편 제3절에서는 중국어에서 두 문법범주의 관계가 대부분 '갑을포함' 구도에 속한다는 것을 설명하고자 한다. 이런 각도에서 문제를 보면, 왜 중국어가 연속성의 품사관을 채택하기에 적합한지 쉽게 이해할 수 있다.(袁毓林 1995, 2005, 沈家煊 1999a) 또 심지어는 '갑을포함' 구도가 중국어에서 광범위하게 존재한다는 것이 중국어가 연속성의 품사관을 채택하기에 적합한 기초적인 이론적 근거를 제공한다고 말할 수도 있다.

    겸류사가 문제가 되는 것은 중국어 품사의 다기능 현상에 대한 우리의 이론적인 이해가 부족하기 때문이다. 과거에는 형용사가 술어가 될 수 있다는 한 가지 현상에 대해서만 동사는 형용사를 포함하며 형용사는 일종의 자동사라고 하는 설명을 하였다.(赵元任 1968:292) 그 외 나머지 기능 현상에 대해서는 개별 현상에 대해서만 논할 뿐 아무런 설명도 하지 않았다. 심도있는 연구가 이루어지기 위해서는 현상이 어떠한지뿐만 아니라 왜 그러한지 그 이유도 역시 따져 물어야 한다. 왜 중국어에서 동사는 주어·목적어가 될 수 있고, 형용사는 부사어가 될 수 있고, 명사는 흔히 관형어가 되고 일정 조건 하에서는 술어와 부사어가 될 수 있는가? '명동포함' 구도는 이러한 문제에 대해 통일된 설명을 제공할 수 있을 것이다.(2권 제1장 5절)

제6절 기타 문제

중국어 품사의 다기능 문제는 문장성분의 유형과 정의와도 관련되는데, 여기에도 문제가 적지 않다. 첫째, 술어의 유형 문제이다. 중국어에서 '小王黄头发(샤오왕은 노랑머리다)'나 '老王上海人(라오왕은 상하이 사람이다)'과 같이 명사와 명사구가 직접 술어가 되는 현상은 동사와 동사구가 직접 주어·목적어가 되는 경우에 비해 확실이 더 특수한 경우이다(따라서 명사는 일반적으로 술어가 될 수 없다고 한다). 하지만 이는 인도유럽어에서 명사가 직접 술어가 될 수 없는 것과 비교해보면 더더욱 특수해 보인다. 만약 중국어 술어의 유형이 제약을 받지 않고 동사 외에 명사도 술어가 될 수 있다는 점을 인정하면서 명사에도 서술성이 있다고 설명한다면, 명사와 동사의 구분이 없는 '명동불분'과 '품사무용론'의 결과를 초래할 것이다. 이제야 왜 현재의 중국어 문법 논저들이 품사체계를 논할 때 명사가 직접 술어가 된다는 사실을 제시하면서도 이를 어떻게 설명해야 하는지의 문제는 어떻게든 다루기를 꺼리고, 사실의 열거 역시 충분하지 못했는지 쉽게 이해가 된다.(陈满华 2008) 관형어와 부사어의 정의도 역시 중국어 문법에서 하나의 문제인데, 이는 술어의 유형 문제와도 관계가 있다. 부사어에 대한 현재의 정의(술어성 수식구조에서 수식어)는 '今天剛星期二(오늘이 겨우 화요일이다)'과 '小王也黃头发(샤오왕도 노랑머리다)'와 같은 명사술어문에는 잘 적용되지 않는데, 현행 품사 틀에서는 용어의 정의를 아무리 조정해도 소용이 없다. 그 밖에 보어와 목적어의 구분에도 마찬가지로 이론적인 모순이 존재한다. 한편으로는 목적어는 동사성 성분으로, 피행위자 외에 결과도 나타낼 수 있다고 말하면서, 다른 한편으로는 동사에 후속하면서 결과를 나타내는 동사성 성분을 보어라 하여 목적어와 보어를 두 개의 평등한 문장성분으로 본다. 이는 논리적으로 상당히 혼란스럽다. 이러한 문제들은 전통적인 '명동분립'의 품사관에서 비롯된 것으로, '명동포함 이론'을 채택하면 적절하게 해결될 수 있을 것이다. 중복을 피하기 위해서 여기서는 더 이상 자세하게 설명하지 않기로 하며, 이에 관해서는 1권 제5장과 제6장(술어 문제), 2권 제1장(보어문제)편을 참조하기 바란다.

단음절에서 쌍음절로 변하는 '쌍음절화'는 중국어사에 하나의 대사건인데, 쌍음절화의 문법적 작용은 도대체 무엇인가? 이 역시 하나의 문제이다. 왜 단음절과 쌍음절의 서로 다른 조합방식('단+쌍', '쌍+단')이 문법구조의 유형(관형어 수식구조와 술목구조)를 구분하는 작용을 하는가? 예를 들어, '出租车(렌트카/택시)'는 보통 명사성의 관형어 수식구조로 이해하는데, '租汽车(차를 렌트하다)'는 분명히 술목구조이다. 현재 두 가지 서로 모순되는 인식과 견해가 통용되고 있다. 하나의 견해는 '攻(공격하다)→攻击(공격(하다))', '筹(기획하다)→筹备(사전에 기획 준비하다)'에서 보듯이 '쌍음절화가 단음절 동사를 단순동사에서 명동겸류사로 변화시켰다'는 것으로, 이는

'명동사'의 정의(제2절)에서 도출되었다. 다른 하나의 견해는 '현대중국어의 쌍음절 동사는 현재 명사로 이동하고 있다'는 것이다.(陈宁萍 1987) 여기서 '攻击'와 '筹备' 등이 쌍음절화를 거치면서 이미 명사성을 얻었는데 또 '명사로 이동하고 있다'라고 한 것은 모순이다. 이는 이론적으로 자기모순이며, '车(차)→车辆(차량)', '窖(굴)→地窖(토굴)'와 같이 쌍음절화 후에 원래 동사용법을 가지고 있던 많은 단음절 명사들이 더 이상 동사 용법을 가지기 않는다는 하나의 중요한 사실에 대해서도 설명할 수가 없다. 문제의 뿌리는 역시 '명동분립'의 품사관이다. 이에 대해서는 2권 제5장과 제6장의 분석과 제시된 해결 방법을 참조하기 바란다.

   과학 연구의 과정에서 때로는 문제 제기가 문제 해결보다 더 중요하다. 이미 존재하는 문제를 외면하기보다는 직시해야 연구의 발전을 기대할 수 있다. 병을 치료할 때는 증상이 있는 머리나 발만 치료하는 표면적인 해결을 해서는 안 되고 병의 근본적인 원인을 치료해야 한다. 마찬가지로 여러 문제들이 한데 얽혀있는 경우에는 문제의 뿌리부터 손을 대야 한다. 여기서 뿌리는 바로 가장 기본적인 한 쌍의 범주인 명사와 동사 사이의 관계가 명확하게 정리되지 않았다는 것이다. 병의 원인을 찾은 다음에는 종합적인 치료를 진행해야 한다. 품사 문제는 '주어'의 문제, '문장'의 문제, '쌍음절화'의 기능 문제, 품사유형론에서의 지위 문제, 심지어 '범주관'의 문제 등등과 함께 고려해야 한다.

제3장

'명동포함' 구조인 중국어

제1절 중국어와 인도·유럽어 차이 ABC

1권 제1장에서는 인도유럽어 통념의 굴레에서 벗어나는 과정에서 주더시(朱德熙)가 내딛은 중요한 한 걸음은 중국어의 동사는 술어도 되고 주어·목적어도 되며, 주어·목적어가 될 때도 성질의 변화, 즉 '명사화' 없이 여전히 동사라는 점을 분명히 했다는 것이다. 이 장에서는 1권 제2장에서 제시한 문제들을 해결하기 위해서는 주더시가 내딛은 한 걸음을 바탕으로 이어서 한 걸음 더 앞으로 나아가기만 하면 된다는 것을 설명하고자 한다. 더 나가야 하는 그 한 걸음이란 바로 동사가 '명사화'되지 않은 이유는 동사도 본래는 명사, 즉 동태명사이기 때문이라는 것과 중국어의 명사와 동사는 전자가 후자를 포함하는 '명동포함' 구도라는 것을 인정하는 것이다. 이것은 여러 각도에서 논증이 가능한데, 먼저 중국어와 인도유럽어의 문법적 차이 ABC에서부터 논의를 시작해보자. 여기서 ABC는 '상식'이라는 의미이기도 한데, 먼저 받아들인 것을 주된 것으로 삼는 전통관념의 지배에 휘둘려 이러한 인식에 도달하기까지 우리는 기나긴 길을 걸어왔다.

A. 他开飞机。

그는 비행기를 조종한다.

*He fly a plane.

He flies a plane.

B. 他开飞机。

그는 비행기를 조종한다.

*He flies plane.

He flies a plane.

C. 开飞机容易。

비행기 조종은 쉽다.

*Fly a plane is easy.

Flying a plane is easy.

    A는 중국어의 동사 '开'가 문장에 들어가 술어가 될 때는 인도유럽어와 같은 '술어화'의 과정이 없지만, 영어는 이러한 과정이 있기 때문에 fly가 문장에 들어가면 flies로 변한다는 것을 보여준다. 이런 의미에서 말하면, 중국어의 동사는 본래 술어이다. B는 중국어의 명사 '飞机(비행기)'가 문장에 들어가 지칭어가 될 때 인도유럽어와 같은 '지칭화'의 과정이 없지만, 영어는 plane이 a plane, the plane(s) 또는 planes로 바뀌는 지칭화 과정이 있음을 나타낸다. 이런 의미에서 중국어의 명사는 본래 지칭어이다. C는 중국어의 동사는 명사로 쓰일 때(즉, 지칭어(주어·목적어)가 될 때) 인도유럽어와 같은 '명사화'나 '명물화', 또는 '지칭화'의 과정이 없지만, 영어는 fly가

flying이나 to fly가 되는 과정이 있음을 나타낸다.

위의 ABC 세 가지를 종합하여 얻은 결론은 다음과 같다. 중국어의 동사(진술어)는 명사(지칭어)이기도 하며, 동사는 명사의 한 부류인 동태명사 또는 아예 동명사라고 한다. 이 세 가지 가운데 A와 C는 주더시가 고수하고 강조하였던 것이고, 지금은 여기에 B 한 가지만 더 추가했을 뿐이다.[01]

A와 C에 두 가지에 대해 의문을 제기하는 사람도 있지만 1권 제1장에서 이미 그 의문점들에 대해 해명을 하였으며, 여기서는 A에 대해 조금 더 보충하고자 한다. 어떤 이는 '他开飞机' 속의 동사 '开(운전하다)'는 형식상의 변화가 없지만 '他开了飞机了(그는 비행기를 조종하였다), 他开着飞机呢(그는 비행기를 조종하고 있다), 他开过飞机(그는 비행기를 조종한 적이 있다)' 속의 '开'는 모두 '了, 着, 过' 등의 상표지를 붙인 것이라고 말한다. 이에 대한 설명은 다음과 같다. 첫째, 비교는 동일한 차원에서 진행되어야 한다. '了, 着, 过' 등은 동사 '开' 자체의 형태변화가 아니므로 영어 fly의 형태변화(flies, flew, flying, flown)와는 차원이 다르다. 영어 동사의 과거와 과거분사의 두 형식이 불규칙할 경우에는 'fly, flew, flown'처럼 반드시 사전에 표기해야 한다. 둘째, 형식표지는 강제적인 것과 비강제적인 것을 구분해야 하는데, '了, 着, 过'는 중국어에서 강제적인 것이 아니다.(呂叔湘 1979:92) 예를 보자.

　　他开回来(了)一架飞机。[02]

01　저자주: 스푸전(司富珍 2014)은 명동분립의 신조에서 출발하여 형태적 사실을 경시하고, "명사는 지칭어이다"를 "지칭어는 명사와 같다"로 곡해하는 등 이 단락의 설명에 대해 아주 이상한 곡해를 하였다.

02　저자주: 장중싱(张中行)은 붙여도 되고 붙이지 않아도 되는 경우에 '了'를 붙이는 것은 '번거롭고 간결하지 못하며(累赘拖沓)' '쓸모없다(无用)'고 보아 극구 반대했다. 반면, 우창안(吳长

그는 비행기 한 대를 몰고 돌아왔다.

他一边开(着)飞机一边拍照。
그는 비행기를 운전하면서 사진을 찍었다.

他曾经开(过)飞机出海。
그는 일찍이 비행기를 몰고 해외로 나간 적이 있다.

영어에서 He fly a plane은 문법에 맞지 않아서 절대로 문장을 구성할 수가 없다. 비교를 할 때는 먼저 문법에 맞는지 여부를 비교해야 한다.
여기서 주로 논의하고자 하는 것은 ABC 가운데 B이다. 다음 예를 보자.

老虎是危险动物。
Tigers are dangerous animals. / *The tiger* is a dangerous animal.
호랑이는 위험한 동물이다.

老虎笼子里睡觉呢。
The tiger is sleeping in the cage. / *The tigers* are sleeping in the cage.
호랑이는 우리에서 자고 있다.

他昨天终于看见老虎了。
He saw *the tiger(s)/a tiger/tigers* at last yesterday.
그는 어제 마침내 호랑이를 보았다.

첫 번째 문장에서 '老虎(호랑이)'는 종류지칭으로 한 종류의 동물을 가리

安 2013: 463)은 특별히 강조해야 할 때는 넣어도 된다고 생각했다.

킨다. 이때 중국어는 단지 '老虎'만 사용하지만 영어는 tiger만 사용할 수는 없다. 두 번째 문장에서 '老虎'는 한정적인 것으로, 어느 한 마리 또는 어느 여러 마리의 호랑이를 가리킨다. 이때도 중국어는 여전히 '老虎'를 사용하고, 영어도 tiger나 tigers만을 사용할 수는 없다. 세 번째 문장에서 '老虎'는 문맥에 따라 한정지칭과 비한정지칭, 특칭(specific), 총칭이 될 수 있다. 이때도 중국어는 여전히 '老虎'이지만, 영어는 the tiger(s), a tiger, tigers 등 각기 다른 형식을 사용하여야 한다. 중국어에서 한정지칭과 비한정지칭의 구분은 단어의 형태변화 없이 어순에만 의존할 수 있다. 흔히 드는 예는 바로 '客人来了(손님이 오셨다)'(한정지칭)와 '来客人了(손님이 오셨다)'(비한정지칭)이다. 위의 세 가지 '老虎'의 예문은 또한 중국어는 명사원형(bare noun, 光杆名词)인 '老虎'가 여러 가지 지칭어가 될 수 있을 뿐만 아니라, 동사원형(光杆动词)인 '是', '睡觉', '看见' 등도 직접 술어가 될 수 있다는 것을 보여준다. be가 is와 are로, see가 saw로, sleep이 are sleeping으로 변하는 등 영어 동사처럼 변화된 형식이 필요하지 않다.

요컨대, 중국어는 코퍼스에서 추출한 단어 중에 '명사(名词)'로 표기된 것은 '지칭어(指称语)'가 될 수 있고, '동사(动词)'로 표기된 것은 '술어(述谓语)'가 될 수 있다.

옌타이(烟台) 방언 '间屋儿真大吭! (这间屋子真大啊! 이 방은 정말 크네요!)'과 같이 일부 중국어 방언에서는 주로 주어 위치에 있는 양사가 정관사와 비슷한 용법을 가지는 것처럼 보인다. 그러나 류탄저우·스딩쉬(刘探宙·石定栩 2012)는 양사가 한정(definiteness, 定指)을 나타내는 것 외에도 특칭(specific, 专指), 총칭(generic, 类指), 비한정(indefinite不定指)을 나타낼 수도 있다고 하면서, '你随便帮我找个小孩吧, 个四五岁的就行(마음대로 나를 도와 아이 하나 찾아봐, 네

다섯 살이면 돼)'을 예로 들었다. 그들은 또 '句话都说不清(말 한 마디조차 제대로 하지 못한다)'을 예로 들면서 양사가 심지어 비지시(referentless nominal,[03] 无指)를 나타내기도 한다고 주장하였다. 동일한 형식을 여러 가지 지칭으로 사용할 수 있기 때문에 그것을 관사라고 할 수는 없다. 왜냐하면 한 언어에 관사범주가 있다고 말하기 위해서는 적어도 영어처럼 the와 a의 대립이 있어야 하기 때문이다. 류탄저우·스딩쉬(刘探宙·石定栩 2012)에서는 양사의 이러한 용법에 대해 화자의 다양한 감정과 태도를 나타내는 '주관적인 논평(主观评述)'이라고 보았다. 이러한 주관적인 논평은 다음 '양사+동사구조(量动结构)'의 예에서 더욱 분명하게 드러난다.

<u>个</u>挑柿儿吭, 千万不能挑带尖儿的。
감을 고를 때는 절대로 배꼽이 달린 것을 골라서는 안 된다.

小张可能睡了, 他<u>个</u>睡一般人儿比不了。
장군은 아마 잠들었을 거야, 그는 보통 사람과는 비교할 수 없을 만큼 잠이 많거든.

他<u>个</u>做饭乜[04]叫做饭?
그가 밥을 짓는 것을 무슨 밥을 짓는 거라고 할 수 있겠어?

哎呀, 棵树<u>个</u>高啊!

---

03 역자주: 원문의 '无指'는 보통 nonreferential로 번역하지만, 이 책의 영역본에서는 referentless nominal로 번역하고 있기에 여기서는 이를 따르기로 한다. (Zheng Lianzhong & Louis Mangione 역, *Nouns and Verbs in Chinese I*: 93, Routledge, 2024)

04 역자주: 乜[mie] 광둥어로는 'mat' 또는 'met'로 발음하며, 표준어의 '什么'의 뜻으로 쓰인다. 출처: 네이버 중국어사전.

아이고, 나무가 크구나!

个孩子个烦气人呐!
이 아이는 정말 성가시게 군다!

따라서 이러한 양사 '个'에 관사적 용법이 있다기보다는 이를 일종의 주관적인 표지라고 보아야 한다.[05]

B에 대해서는 우리가 과거에 몰랐던 것이 아니라 중시하지 않았을 따름이다. 영어를 배우는 중국 학생들 대부분은 A와 C의 두 가지 차이에 대해서는 쉽게 말을 하지만, B의 차이를 말하기는 어려워한다. 하지만 우리가 알아야 할 점은 영어 He flies plane과 He fly a plane이라는 두 문장이 모두 문법에 맞지 않는 비문이라는 것이다. 중국 학생들이 B의 차이를 말하기 어려워하는 이유는 중국어를 통해 중국어를 보는 것에 습관이 되어 있어서 중국어의 명사원형이 직접 지칭어나 주어·목적어가 될 수 있다는 것을 의식하지 못했기 때문이다. 그런데 알고 보면 이것은 인도유럽어와 구별되는 중국어의 중요한 특징인 것이다. 이러한 습관이 바로 우리가 타파하여야 하는 것이다. 중국인들이 영어를 배울 때 아주 수준이 높은 사람들도 자주 저지르는 실수가 있는데, 그것은 명사 앞에 관사를 붙여야 하는데도 붙이지 않는다는 것이다.[06]

---

05 저자주: 일부 중국어 방언에서 한정을 나타낼 때 반드시 양사를 붙여야 하는 경우가 있다. 그런데 그것이 사실이라고 해도 이 현상은 중국어에서 한정과 비한정을 구분하는 문법형식이 형성되는 과정이라고 볼 수 있다. 하지만 이 현상은 아직 인도유럽어처럼 완전하게 문법형식을 만들지는 못했다. (2권 제3장 5절 참조) 따라서 전체적인 상황으로 미루어 볼 때 이 현상은 B의 성립에 영향을 미치지 않는다.

06 저자주: 그 예로 천신런(陈新仁 2010)이 제공한 자료는 다음과 같다.

프랑스어로 '위험에 처하면 즉시 3777로 전화하세요'라는 말을 표현할 때는 전화번호 3777 앞에도 관사 le을 꼭 붙여야 문법에 맞는데, 이에 대해서는 중국인들이 아예 생각지도 못한다. 반대로 서양 사람들은 중국어를 배우면서 곧바로 '我背起书包回家(나는 가방을 매고 집에 돌아갔다)'라고 말하지 못하고, '我背起我的书包回我的家(나는 나의 가방을 매고 나의 집으로 돌아갔다)'라고 말하는데, 이는 그들이 중국어는 명사원형이 지칭어로 사용된다는 것에 익숙하지 않기 때문이다.

B에 대해 중국학자들은 오랫동안 간과해온 반면, 서양의 일부 형식의 미론자들은 이를 매우 중시하였다. 예를 들어 치에르치아(Chierchia 1985, 1998)는 언어마다 코퍼스에서 추출해낸 명사원형의 의미 유형은 세 가지로 나눌 수 있는데, 각각 프랑스어, 영어, 중국어로 대표된다고 주장하였다.

프랑스어: [-arg] [+pred]
영어　　: [+arg] [+pred]
중국어　: [+arg] [-pred]

[±arg]는 문장이 될 수 있는지 여부의 논항(argument)을 나타내는데, 주로 주어·목적어가 될 수 있는지 여부를 가리킨다. [±pred]는 술어함수

I imput the data into □ computer and ran the SPSS to analyze it.
Chapter 4 will answer □ research questions raised in □ methodology chapter.
루빙푸(陆丙甫)는 중국인에게 영어 작문을 가르칠 때 먼저 명사 앞에 모두 관사를 붙인 다음 불필요한 것을 빼라고 하였을 때는 작문의 70%가 문법에 맞는 문장이지만, 반대로 명사 앞에 전부 관사를 붙이지 않고 필요한 경우에만 붙이라고 하였을 때는 30%만 문법에 맞는 문장이라고 하였다.(개인적인 교류) 이는 확실히 경험담이다.

(predicate function)인지 여부를 나타낸다. 직접 논항이 될 수 있는 단어나 구는 의미 유형상 실체 e(entity)에 속하며, 그렇지 않으면 술어함수에 불과하다. 중국어 명사원형은 직접 주어·목적어가 될 수 있으며, 의미 유형은 실체 e에 속한다. 프랑스어 명사원형은 직접 주어·목적어가 될 수 없으며, 의미 유형은 술어함수 <e, t>에 속한다. 영어 명사원형의 의미 유형은 중국어 유형과 프랑스어 유형의 혼합으로, 명사원형은 일반적으로 술어함수 <e, t>지만, 그것의 복수형식은 직접 주어·목적어가 될 수 있는 실체 e이다. 프랑스어와 영어는 명사원형이 주어·목적어 위치에 들어가려면 의미 유형의 변환(type shift), 즉 술어함수에서 실체로 변환되는 과정을 거쳐야 한다. 하지만 중국어의 명사원형이 주어·목적어 위치에 들어가는 데는 이러한 변환이 필요하지 않는데, 이는 명사원형이 원래 실체이기 때문이다. 형식의미론자들은 '의미 유형'의 각도에서 중국어와 프랑스어·영어의 차이를 설명하였다. 하지만 그들이 말하는 언어 현상과 필자가 말하는 언어 현상은 동일하며, 그들이 말하는 차이는 곧 필자가 강조하는 차이이다.[07] 황스저(黃師哲 2008)는 중국어의 이러한 특징을 중시하였으며, 아울러 이로써 중국어의 형용사와 명사의 조합 특징을 설명하였다.

한편, B에 대해 회의적인 반응을 보이는 학자들도 있다. 예를 들면, 위안위린(袁毓林 2010b)은 중국어도 실제 텍스트 자료에서 수량사와 지시대

---

07 저자주: Cheng & Sybesma(1999)는 중국어의 명사원형은 결코 원형이 아니며, 실체가 아니라 역시 술어함수라고 보았다. 이는 중국어와 인도유럽어의 차이를 무시한 것이다. 그들의 이유는 통사적으로 'DP(한정명사구)만이 논항이 될 수 있기' 때문이라는 것으로, 중국어의 명사원형이 논항이 될 때는 D(한정어)와 유사한 성분이 함축되어 있다는 것이다. 하지만 간결성의 원칙으로 보면 D가 내포되어 있다고 가설하는 것은 중국어에서 불필요한 것이다. 이러한 '함축' 논리에 따르면, 영어의 a book도 역시 양사가 함축되어 있다.

명사 또는 수식구를 광범위하게 사용하여 명사가 가리키는 개념의 지칭 상황과 수량 상황을 나타내는 경우가 많으며, 또 영어에서도 명사원형이 주어·목적어로 사용되는 경우가 있다고 말하였다. 하지만 이는 중국어와 인도유럽어의 차이를 없애버리고 일반적인 경우와 특수한 경우를 혼동하는 주장이다. 영어에서도 명사원형이 주어·목적어로 쓰이는 경우가 있는 것이 사실이지만, 그것은 특수한 경우이고, 중국어에서는 명사원형이 주어·목적어로 쓰이는 것이 일반적이다. 두 가지 언어의 차이는 이렇게도 설명할 수 있다. 영어의 명사원형은 비지시(无指, non-referential), 즉 개체를 가리키지 않는다. 하지만 중국어의 명사원형은 불특정한 것(referentially unspecified)을 가리킨다. 이에 대해서는 1권 제4장 1절을 참조할 수 있다.

제2절 명사와 동사의 비대칭 분포

중국어에서 '명동분립'에 따라 확정된 명사와 동사의 실제 분포 양상은 '명동분립'이 아닌 '명동포함' 구도를 뒷받침한다. '비대칭 관계(skewed relation)'[08]라는 명칭과 언어 현상은 자오위안런(赵元任 1968:11)과 자오(Chao 1959a)에서 여러 차례 제기한 것으로, 대응이면서도 비대응의 관계를 말한다. 갑이 A에 대응하고 을이 B에 대응하는 것은 일대일 대응관계이다. 비대칭 관계는 갑은 A에 대응하지만, 을은 B에 대응하면서 A에도 대응하는 관계이다. 중국어 명사와 동사의 분포는 비대칭 분포 양상을 보이는데, 주

---

08 저자주: 필자는 뤼수샹 번역본(1979)에서 제시한 '扭曲关系(왜곡된 관계)'라는 말을 사용하였지만, 자오위안런(赵元任 1970) 본인은 '偏侧关系(비대칭 관계)'로 번역하였다. 또 자오위안런(赵元任 1980: 52—53)에서는 이러한 관계를 '参差关系(엇갈린 관계)'라 칭하였다.

로 다음과 같은 다섯 가지 경우가 있다.

첫째, 명사는 주어·목적어가 되고 일반적으로 술어가 되지는 않지만, 동사는 술어도 되고 주어·목적어도 된다. 이러한 비대칭 분포는 주더시(朱德熙)가 매우 중시하였는데, 이에 대해서는 앞에서 자세히 설명하였다. 여기서 보충하고자 하는 새로운 사실은 동사가 주어·목적어가 될 때도 명사와 마찬가지로 '这'를 사용하여 지칭을 강화할 수 있다는 점이다.(方梅 2011)

我这头痛也有好多年了。
나는 이 두통이 이미 여러 해가 되었다.

我这头痛病也有好多年了。
나는 이 머리 아픈 병이 이미 여러 해가 되었다.

我就佩服他这吃, 他可是太能吃了。
나는 그가 그렇게 먹는 것에 감탄했어, 그는 정말 잘 먹어.

我就是佩服他这饭量, 他可是太能吃了。
나는 그의 그 식사량에 감탄했어, 그는 정말 잘 먹어.

둘째, 명사를 수식할 때는 일반적으로 부사가 아닌 형용사를 사용하지만, 동사를 수식할 때는 부사와 형용사를 모두 사용한다. 이러한 비대칭 분포에 대해서도 주더시는 아주 중시하였는데, 이 분포는 중국어의 형용사가 '快车(급행열차/급행버스)'처럼 관형어도 될 수 있고 '快走(빨리 가라)'처럼 부사어도 될 수 있다는 것을 결정한다. 이는 인도유럽어의 형용사가 일반적으로 관형어만 될 수 있다는 점과는 다르다. '的'와 '地'라는 두 글자는 표기를 할 때도 비대칭 분포 양상을 띤다. '地'는 부사어표지로만 사용되므로 '漂亮的衣服(예쁜 옷)'로 쓸 수 있고 '漂亮地衣服'로는 쓸 수가 없다. 하지만 '的'는 관형어표지도 되고, '我真的很爱你(나는 정말 너를 사랑해)', '这件事十分的容易(이 일은 정말 쉽다)'처럼 부사어표지도 된다. 그 외에 뤼수샹·주더시(呂叔湘·朱德熙 1979)가 제시한 다음 예도 있다.

中国人民解放军的迅速(的、地)转入反攻, 使反动派惊惶失措。
중국인민해방군의 신속한 반격은 반동분자들을 당황해서 어쩔 줄 모르게 만들었다.

个别系统和单位只注意孤立(的、地)抓生产而忽视了职工生活。
개별 시스템과 기관은 오로지 생산에만 주의를 기울이고 직원들의 생활은 소홀히 했다.

뤼수샹·주더시(呂叔湘·朱德熙 1979)는 "어떤 사람은 '的' 한 글자만 쓴다"라고 하였다. 주더시(朱德熙 1985a:45-46)가 제시한 예는 다음과 같다.

周密的想法
주도면밀한 생각 (관형어)

周密的调查一下
면밀하게 조사해보다 (부사어)

周密的调查这里的情况
이곳의 상황을 면밀히 조사하다 (부사어)

已经周密的调查过了
이미 면밀하게 조사하였다 (부사어)

进行周密的调查
면밀한 조사를 실시하다 (관형어)

周密的调查很重要
면밀한 조사는/면밀하게 조사하는 것은 아주 중요하다 (관형어/부사어)

주더시는 현행 문법 교재의 영향을 받지 않은 현지인들은 모두 이렇게 '的'를 사용한다고 지적하였다. 뤼수샹(呂叔湘 1981)은 표기를 할 때 의도적으로 '的'와 '地'를 구분하기 시작한 것은 원래 '5·4' 이후 '주로 번역상의 필요'에 의해서이며 서양어의 영향을 받았다고 하였다. 초기 백화문『수호전(水浒传)』에서는 기본적으로 '的'만을 사용하고 몇몇 개별적인 곳에만 '地'를 사용하였으나,『홍루몽(红楼梦)』과『유림외사(儒林外史)』에서는 모두 '的'를 사용하였다. 지금까지 문어에서는 사람들마다 쓰는 방식이 매우 다르고, 특히 사물을 세는 명량(名量)형식의 중첩은 '马队一个圈一个圈的跑(기마대가 한 바퀴씩 원을 그리며 달린다)', '一列车一列车的被送到各地方去(한 열차씩 각 지방으로 보내진다)'에서 보듯이 엄격한 구분을 하지 않았다. 또 '进行了逐条逐项的学习, 一件事一个问题的讨论(항목별 학습과 사례별 토론을 진행했다)' 등도 '的'와 '地'를 모두 바꾸어 쓸 수 있다. 그래서 뤼수샹(呂叔湘 1984a)은 만약에 이를 모두 '的'로 써서 관형어와 부사를 구분하기 어려운 경우가 생기면, 그때 문법학자들에게 논쟁을 하도록 하면 되기 때문에 글을 쓰는 일반인들에게 어려움을 초래하는 일은 없을 것이라고 하였다.[09] 2권 제1장 3절과 4절에서는 이러한 비대칭 분포에서 출발하여 관형어와 부사어의 관계에 대해 논의하고자 한다.

셋째, 명사를 부정할 때는 일반적으로 '不'를 사용하지 않고 '没'를 사용하지만, 동사를 부정할 때는 '不'와 '没'를 모두 사용한다. 문어에서 명사를 부정할 때는 일반적으로 '未'를 사용하지 않고 '无'를 사용하지만, 동사를 부정할 때는 '未'와 '无'를 모두 사용한다.

    *不车   没车 차가 없다
    *未车   无车 차가 없다

    不去 가지 않는다   没去 가지 않았다
    未回 돌아오지 않았다   (有去) 无回 (가서) 돌아오지 않는다

다시 말해, '没'와 '无'가 동사와 명사를 모두 부정할 수 있는데, 이는 not은 동사를 부정하고 no는 명사를 부정하는 영어의 일대일 대응과는 다르다. 2권 제5장에서는 이러한 비대칭 분포 및 그것과 '명동포함' 구도와의 연결에 대해 진일보한 설명을 하고자 한다.

넷째, 명사를 연결할 때는 일반적으로 '并'을 사용하지 않고 '和'를 사용한다. 사실 '和'는 음절에 관계없이 두 개의 명사성 성분뿐만 아니라 두 개

---

09 저자주: 1956년 제정한 『예비 중국어 교육문법 체계(暫擬汉语教学语法系统)』에서 '的'와 '地'를 구분하여 사용할 것을 주장한 이후로, 이 구분은 점차 대중화되었다. 그러나 1984년 『예비 중국어 교육문법 체계』를 대체한 중고등학교 교육문법 체계 요점(中学教学语法系统提要)』에서는 또 '的'와 '地'를 함께 사용할 것을 주장하였다.

의 동사성 성분을 연결하는 데도 사용된다.

> 我们要继承和发扬革命的优良传统。
> 우리는 혁명의 우수한 전통을 계승하고 발전시켜야 한다.

> 中央的有关文件, 我们正在认真的学习和讨论。
> 중앙정부의 관련 문서는 우리가 열심히 공부하며 토론하고 있습니다.

> 多余的房子只能卖和出租。
> 여분의 집은 팔고 임대할 수밖에 없다.

> 老师讲的你要认真的听和记。
> 선생님이 말씀하신 것을 너는 잘 듣고 기억해야 한다.

어떤 사람들은 문언에서 '与'는 명사성 성분을 연결하고 '而'은 동사성 성분을 연결하는데, 이것이 명사와 동사가 대립한다는 증거라고 주장한다. 하지만 사실 '而'은 일반적으로 동사성 성분을 연결하지만, '与'는 명사성 성분도 연결하고 동사성 성분도 연결한다.[10] '与'가 동사성 성분을 연결하는 것은 일반적인 용법이다. 예는 다음과 같다.

> 知可以战与不可以战者, 胜。
> 싸울 수 있을 때와 이길 수 없을 때를 아는 자는 승리할 것입니

---

10 저자주: 때로는 '而'이 '是黑牛也而白蹄(이것은 검은 소인데 흰 발굽이다)', '此燕之长利而君之大名也(이것은 옌의 장기적인 이익이며 당신의 큰 명성입니다(이것이 옌에게는 장기적인 이익이며, 이를 통해 당신은 큰 명성을 얻을 수 있습니다))'에서 보듯이 명사성 성분을 연결하는 경우도 있다. 이에 관해서는 1권 제6장 3.4절을 참조하기 바란다.

제3장 '명동포함' 구조인 중국어 175

다.(『孙子兵法·谋攻』)

三十年春, 晋人侵郑, 以观其可攻与否。
30년 봄에 진나라 장교가 정나라를 습격할 수 있는지 알아보기 위해 쳐들어왔습니다.(『左传·僖公三十年』)

夏帝卜杀之与去之与止之, 莫吉。
하나라 임금이 그들을 죽일 것인지, 쫓아낼 것인지, 아니면 지킬 것인지에 대해 점을 쳐보았지만, 그 어떤 결과도 상서롭지 않았습니다.(『史记·周本纪』)

근대중국어의 '和'도 마찬가지다.(崔山佳 2013:346-364)

野草凡不凡, 亦应生和出。
야생초가 평범하든 비범하든 간에, 그들도 싹을 틔우고 자라야 합니다.(唐·苏拯『凡草戒』)

娇声重问, 我儿别后存和亡。
이별한 뒤로 내 아들이 살아있는지 죽었는지를 아리따운 목소리로 거듭 물었습니다.(『刘知远诸宫调』11)

一只手揪住这厮泼毛衣, 使拳搥和脚踢。
주먹과 발길질을 당하면서 한 손으로 이 남자의 털옷을 잡았습니다.(元·无名氏『盆儿鬼』)

容颜醉, 厮和哄, 一齐拼却醉颜红。
얼굴에 취기가 도니 아무 말이나 해대고 소란을 피우는데, 모두 취한 얼굴이 붉어진 것쯤은 개의치도 않았다.(明·范受益『寻亲记』)

家里庄田虽不多, 俭省着吃和穿, 可到也够俺过。

우리 가족은 농지가 많지는 않지만, 먹고 입는 것을 아끼고 줄이니 그래도 먹고 살 수 있을 정도는 됩니다. (『富贵神仙』第9回)

魂和梦, 思和想, 都做了泣凤哀猿。

영혼과 꿈, 생각과 상상은 모두 우는 봉황과 애도하는 유인원을 만들었습니다. (明·高濂『玉簪记』) (이 예는 명사 연결과 동사 연결을 병렬시키고 있는데, 이는 '和'가 명사성 성분과 동사성 성분을 모두 연결한다는 것을 더욱 잘 보여준다.)

어떤 사람은 영어에서 명사를 병렬할 때와 동사를 병렬할 때 모두 다 and를 사용하는 것은 명사와 동사의 구분에 있어 영어는 민감하지 않지만 오히려 중국어는 민감하다는 것을 나타내는 것이 아니냐고 묻는다. 대답은 그렇지 않다는 것이다. 영어와 중국어의 첫 번째 차이점은 영어는 동사와 명사가 병렬하지 않지만 중국어는 가능하다는 것이다. 예를 들어, 중국어 '罪与罚(죄와 벌)(명사-동사)'는 영어로 sins and punish라 하지 않고 sins and punishment라고 하며, '傲慢与偏见(오만과 편견)(형용사-명사)'은 영어로 proud and prejudice가 아닌 pride and prejudice이다. (1권 제2장 3.2절)

다섯째, 명사성 성분을 지칭할 때는 일반적으로 '怎么样'을 사용하지 않고 '什么'를 사용하지만, 술어성 성분을 지칭할 때는 '怎么样'과 '什么'를 모두 사용한다. '怎么样'은 술어성 성분만을 대체할 수 있지만, '什么'는 명사성 성분과 술어성 성분을 모두 대체할 수 있다. 다음은 주더시(朱德熙 1961, 2010:97)에서 제시한 예이다.

명사성 성분 대체	술어성 성분 대체
看什么? 뭘 봐?	看什么? 뭘 봐?
看电影。영화 봐.	看下棋。장기 두는 거 봐.
怕什么? 뭐가 무서워?	怕什么? 뭐가 무서워?
怕鲨鱼。상어가 무서워.	怕冷。추운 것이 무서워.
考虑什么? 뭘 생각해?	考虑什么? 뭘 생각해?
考虑问题。질문을 생각해.	考虑怎么样把工作做好。어떻게 하면 일을 잘 할 수 있을지 생각해.
葡萄、苹果、梨, 什么都有。	唱歌、跳舞、演戏, 什么都会。
포도, 사과, 배 뭐든지 다 있어.	노래하기, 춤추기, 연기하기 뭐든지 다 할 줄 안다.

위의 다섯 가지 비대칭 분포는 다음과 같이 요약할 수 있다.

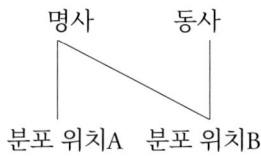

명사는 분포 위치 A에 대응하지만, 동사는 분포 위치 B와 A에 모두 대응한다. 동사가 분포 위치 A에 나타날 때는 그 동사가 분포 위치 B에 나타날 때와 마찬가지로 동사의 '명사화'가 불필요하다. 왜냐하면 명사가 가지는 문법적 성질을 동사도 모두 가지고 있으며, 그 반대는 그렇지 않기 때문이다. 이것이 바로 '명동포함' 구도의 특징이다.

이 일련의 비대칭 분포는 중국어에서 '주어·목적어가 될 수 있다/없다', '관형어/부사어가 된다', '不/没', '和/并', '什么/怎么样'과 같은 수단을 가지고 한 단어가 명사성인지 동사성인지를 시험할 때, 우리는 그 단어가 동사성이 없다는 것만 확신할 수 있을 뿐, 명사성이 없다고는 확신할 수가 없다. 그런데 중국어의 실사는 본질적으로 명사성을 가지고 있다. 이로써 왜 뤼수샹(呂叔湘 1942/1982:234)에서 중국어의 명사 그 자체는 부정을 받지 않는다, 즉 전문적으로 명사만을 부정하는 부정사[11]는 없다고 하였는지 이해가 된다. 또 주더시·루쟈원·마전(朱德熙·卢甲文·马真 1961)과 주더시(朱德熙 1985a:16)에서 중국어의 명사에 대해 명사만이 가지는 문법 특징을 정할 수가 없다고 하였는지도 이해가 간다. 왜냐하면 이른 바 명사의 문법 특징이라고 하는 것들은 사실은 동사도 모두 가지고 있기 때문이다. 명사의 문법 특징은 사실 명사는 일반적으로 동사처럼 술어가 되지 않는다고 하는 간접적인 관점에서 말한 것이다.(1권 제2장 1절 참조)

제3절 두 가지 표지모델 '무표지'와 '미표지'

범주 갑과 범주 을이 만약 동등 관계가 아니라면 이들 '둘 사이의' 관계는 두 가지 경우가 존재한다. 하나는 이것이 아니면 저것이라는 배척 관계인데, 이는 '갑을대립' 또는 '갑을분립'이라 부른다. 다른 하나는 비배척

---

11 저자주: '没车'는 사실 '没有车'이며, 이때 '没'가 부정하는 것은 동사 '有'이다.

적인 포용 관계인데, 이는 '갑을대응' 또는 '갑을포함'의 관계라 한다. 전자는 '남자'와 '여자'라는 두 범주의 관계처럼 남자면 여자가 아니고, 여자면 남자가 아니다. 후자는 man(사람/남자)와 woman(여자)이라는 두 범주의 관계처럼 man이 모두 woman은 아니지만 woman은 모두 man인데, 이때 man은 woman을 포함한다. 두 개의 범주 사이에 '갑을분립'이라는 한 가지 상황만 있다고 생각하는 선입견을 깨야 한다. '갑을대응'과 '갑을포함'은 같은 관계를 가리키는 두 가지 호칭일 뿐이라는 점에 주의하여야 한다. 즉 '대응'은 갑이 모두 을은 아니라는 점을 강조하고, '포함'은 을이 모두 갑이라는 것을 강조한다는 것이다. 후자를 강조하고자 이 책에서는 일률적으로 '갑을포함(甲乙包含)'으로 부르고자 한다.

'명동분립'이라는 관념의 뿌리가 깊기 때문에 '명동포함'을 '명동분립'으로 환원시키거나 회귀시키려는 사람들이 많다. 그들은 '명동포함' 구도 안에서 '명사'를 두 개로 나누었는데, 하나는 '동사'에 대립하는 '명사$_1$'이고, 다른 하나는 실사에 해당하는 '명사$_2$'이다. 따라서 '명사$_1$'과 '동사'의 관계는 역시 분립관계이다. 이렇게 주장하는 사람들의 숨은 의도는 '명동포함'을 '명동분립'으로 환원해야 한다는 것이 아니겠는가? 이로써 '명동포함'을 주장하는 것은 불필요하다는 것이다.

유표성 이론(markedness theory)의 관점에서 보면 위에서 말한 '회귀'는 불합리하고 통하지 않는 방법이다. 야콥슨(Jakobson[12] 1932, 1939)은 음운론에서 발원한 유표성 이론(Trubetzkoy 1939)을 형태론으로 확대하였다. 음운론

---

[12] 역자주: 로만 야콥슨(Roman Jakobson, 1896-1982) 러시아 출신의 미국 언어학자이자 문학 이론가로 구조주의 언어학의 핵심 인물. 현대 기호학, 문예학, 시학의 길을 연 사상가. 훗날 구조주의와 포스트구조주의의 기반을 다진 인물로 평가받는다.

에서 유표항과 무표항은 대립관계, 즉 유표항은 자질 F에 대한 긍정이고 무표항은 자질 F에 대한 부정이다. 예를 들어 /b/는 자질 [유성]에 대한 긍정이고, /p/는 이 자질에 대한 부정으로 둘은 상호 배척한다. 그런데 형태론에서 야콥슨은 유표항과 무표항의 관계는 두 가지 경우가 있음을 발견하였다. 하나는 male과 female의 대립인데, 음위 /b/와 /p/의 대립과 마찬가지로 male은 자질 F[음성]에 대한 부정이고, female은 자질 F[음성]에 대한 긍정이다. 또 하나는 man과 woman의 대응인데, 유표항 woman은 자질 F[음성]를 긍정하지만 무표항은 자질 F[음성]를 명확히 규정하지 않아서 이에 대해서는 긍정도 부정도 아니다.[13]

'갑을분립'과 '갑을포함'은 두 가지 다른 표지 유형이기 때문에 이 둘은 반드시 구분해야 한다. 그런데 이 두 종류를 혼동하는 사람들이 매우 많다. 예를 들어, male-female이라는 한 쌍의 범주에 대해 male은 무표항이고 female은 유표항이라 한다. 또 man-woman이라는 한 쌍의 범주에 대해서도 man은 무표항이고 woman은 유표항이라고 한다. 또 서로 같은 자질 표지법을 채택하여 무표항은 [-F]로 표기하고 유표항은 [+F]로 표기하였다. 즉, male과 man 모두 [-음성]으로 표기한 것이다. 그 결과 두 가지 표지 유형의 혼동을 더욱 심화시켰다. 사실 분립구도 안의 무표항 male의 [-음성]은 '[음성]의 자질이 없음이 확실하다(确定没有[阴性]特征)'는 것을 나타내지만, 포함구도 안의 무표항 man의 [-음성]은 '음성 자질의 유무가 미확정

---

13 저자주: 이에 대한 원문은 다음과 같다. The plus value of a feature is always marked(thus woman in English are 'marked for'+female)and its opposite is either a minus value(thus male is - female)or a zero value(thus man is). A difference should be made between unmarkedness and nonparticipation in an opposition.

이다(未确定有无[阴性]特征)'라는 것을 나타낸다. 그런데 'unmarked'라는 영어 단어는 이러한 차이를 나타내지 못하기 때문에 언어적 사실을 말할 때 늘 당황스러운 경우가 있다. 왜냐하면 언어에는 실제로 이러한 차이가 있기 때문이다.

중국어는 부정사 '未'와 '无'의 구분이 있다. 포함구도 안의 '无标记(무표)'를 '未标记(미표)'로 바꾸어 부르고, 자질은 [-F]와 구별을 위해 [~F]로 표기해야 한다. 즉, man은 [~음성]으로 표기해야 한다. 또한 이에 상응하는 유표항도 두 가지 경우를 구분해야 한다. 모두 '유포항(有标记)'이라는 명칭을 사용하더라도 분립구도의 '유표항(有标记)'에서 '有'는 '존재한다는 의미의 有' 또는 '이미 있다는 의미의 有'이고, 포함구도의 '유표항(有标记)'에서 '有'는 '무에서 유로' 또는 '무에서 유가 생기다'의 의미이다. '무표항'과 '미표항'을 구분하고 나면 자연히 '유표항'의 두 가지 상황도 구분이 가능하기 때문에 더 이상 명칭을 구분할 필요가 없게 된다.

만약 범주-자질 간의 대응관계를 이용하여 '분립구도'와 '포함구도'의 차이를 나타낸다면, 분립구도는 '일대일 대응'이고 포함구도는 '비대칭 대응'이다.

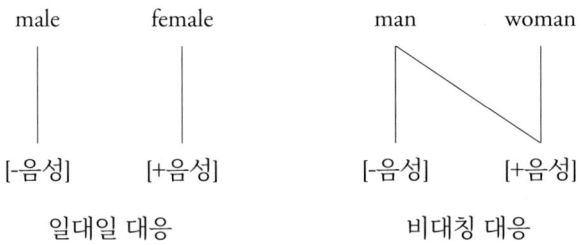

왼쪽 그림과 같이 '갑을분립'은 '일대일 대응'의 표지 유형이며, male은 자질 [-음성]에 대응하고 female은 자질 [+음성]에 대응한다. 오른쪽 그림과 같이 '갑을포함'은 '비대칭 대응'의 표지 유형이며, woman은 자질 [+음성]에 대응하고 man은 자질 [-음성]과 자질 [+음성]에 모두 대응한다.

'분립구도'를 가지고 '포함구도'에 속하는 갑을 관계를 설명하면 장황하게 말을 하고서도 분명하게 설명할 수 없을 것이다. man과 woman의 관계를 예로 들어보자. 만약 분립구도를 채택한다면 man은 두 개의 범주를 나타내므로 man1과 man2라는 두 개의 동음어로 구분할 수 있다. man1은 '남자'를 나타내고 man2는 '사람'을 나타내는데, woman과 대립 관계를 이루는 것은 man2가 아닌 man1이라고 말해야 한다.

그러나 켐슨(Kempson 1980)은 man을 두 개의 동음어로 분화하는 방법은 통하지 않는 것임을 오래전에 논증한 바 있다. 그녀는 dog-bitch라는 한 쌍의 단어를 예로 들며, dog(man과 마찬가지로)를 dog1과 dog2로 분화시키면 dog1은 '수캐'를 가리키며 '암캐'인 bitch와 대립하고, dog2는 '개'를 가리킨다고 하였다. 그러면 동음어 dog를 포함하는 문장은 단지 두 가지 의미만 있어야 한다. 예를 들어 'He saw a dog'라는 문장의 해석은 '그는 개 한 마리를 보았다'이거나 '그는 수캐 한 마리를 보았다'이다. 그렇지만 사실상 이 문장은 또 '그는 개 한 마리를 보았는데 수캐였다'라는 세 번째 해석도 가능하다. 이 세 번째 해석과 두 번째 해석의 차이는 다음 두 문장을 통해 알 수 있다.

He saw a dog, not a bitch.
他看见一条公狗, 不是母狗。
그는 암캐가 아니라 수캐 한 마리를 보았다.

He saw a dog, not a cat and not a bitch.

他看见一条狗而且是条公狗, 不是猫也不是母狗。

그는 개를 보았는데 수캐여서, 고양이도 아니고 암캐도 아니다.

또한 어떠한 문형 분화 수단을 써도 이 세 번째 해석을 배제할 수는 없기 때문에 켐슨은 dog를 한 개의 단어(다의어)로 볼 수 있을 뿐, 두 개의 단어(동음어)로 나눌 수는 없다고 하였다. dog의 세 번째 해석에 대응하여 'He saw a bitch(그는 암캐를 보았어)'라는 말로 'Did he see a dog or a cat?(그는 개를 봤어, 아니면 고양이를 봤어?)'이라는 질문에 대답을 할 수가 있는데, 그 이유는 bitch가 틀림없이 dog이기 때문이다. 켐슨은 dog와 같은 다의 현상을 중의(ambiguity, 歧义)와는 다른 의미의 '불확정(indeterminacy, 不确定)'이라고 불렀는데, 이는 또 의미의 개괄(generality)이나 모호(vagueness)와도 다르다. 주더시(朱德熙 1980)도 일찍이 이러한 의미의 '불확정성'은 문형 분화의 수단으로는 구분할 수 없다는 것을 발견했다. 이에 대해 선쟈쉬안(沈家煊 1991) 역시 심도 있게 설명하였고, 아울러 '불확정성'이라는 의미 현상이 언어적 보편성을 가진다는 것을 설명하였다.

요컨대, '포함구도'를 사용하여 이미 man-woman이나 dog-bitch 이들 쌍의 범주 관계를 충분히 설명할 수 있음에도 불구하고, '포함구도'를 '분립구도'로 환원하려고 하는 시도는 많은 노력을 들이고도 성과는 적을 수밖에 없다. 범주를 하나 더 늘려도 여전히 분명하게 설명하기가 어려운 것이다. 이 이치는 매우 중요하다. 이를 명사와 동사의 관계로까지 확대시켜서 만약 '명동포함' 구도 안의 '명사'를 '명사$_1$'과 '명사$_2$' 두 범주로 나누어 동사가 '명사$_1$'에만 대립한다고 하면, '今天已经星期五(오늘이 벌써 금요

일이다)', '这个人简直骗子嘛(이 사람은 그야말로 사기꾼이다)'와 같은 문장은 설명하기가 어려워진다. 왜냐하면 이 문장 안의 '星期五(금요일)'와 '骗子(사기꾼)'는 '명사$_2$'이면서 '명사$_1$'이기 때문이다. 즉, '명사$_2$'이기 때문에 술어가 되고 나아가 부사의 수식을 받을 가능성을 배제하지 않고, 또 '명사$_1$'이기 때문에 일반적으로 술어가 되는 동사가 아니다. 이러한 분화는 '他的不去(그는 가지 않음)'와 '这本书的已经出版(이 책의 기출판)'과 같이 동사가 부사의 수식을 받으면서도 명사구의 중심이 되는 사실을 설명하기가 어렵다. 이를 해결하기 위해 '중심확장 원칙'을 고치거나 새로운 용법의 '的'를 따로 만드는 방법도 모두 해결하기 어려운 문제가 있다. 이에 대해서는 1권 제2장 3절을 참조할 수 있다.

'명동포함' 구도로 중국어 명사-동사 사이의 관계를 설명하는데 전혀 문제가 없는데도, 이를 '명동분립' 구도로 환원하는 것은 불필요할뿐만 아니라 득보다 실이 더 많다.[14]

'동사는 명사에서 품사 분열해 나온 것이다'라는 품사 진화적 관점에서 만약 '환원'이나 '회귀'를 한다고 하면, '분립구도'가 '포함구도'로 환원되거나 회귀되어야 하며 그 반대가 되어서는 안 된다. 이에 대한 자세한 내

---

14 저자주: 혹자는 수리 논리에서 출발하여 '명동포함'론이 명사와 동사를 완전히 구분하지 않기 때문에 불명확하고 부정확하다고 주장한다(司富珍 2013). 그런데 이는 이상한 논단이다. 어떤 논리를 채택하든 간에 항상 두 범주(집합) A와 B의 관계는 분립이 아니면 포함의 관계임을 인식해야 한다. A와 B가 분립의 관계이면 AB의 교집합이 형성될 수 있으며, A가 B를 포함하면 B는 A와 B의 부분집합이 된다. 이 두 유형의 관계를 구별하지 않는 것이야말로 불명확하고 부정확하다. 또한 스푸전(司富珍 2013)은 영어에서 to가 전치사(명사가 후접)와 부정사표지(동사가 후접)라는 두 가지 유형으로 나뉜다는 것을 이유로 중국어의 '명동포함'론을 부정하는데, 이는 더욱 이해할 수가 없다. to를 두 종류로 나누는 것은 바로 영어가 '명동분립'이기 때문이다. 이러한 주장은 영어가 '명동분립'이므로 중국어도 '명동분립'일 수밖에 없다고 말하는 것과 같다.

용은 2권 제3장 5절을 참조할 수 있다.

이제 우리는 '명동포함' 구도 안에서의 '명사'와 '동사'의 자질을 다음과 같이 정의할 수 있다.

> 명사: [+지칭], [~서술]
> 동사: [+지칭], [+서술]
> 명사에서 동사가 아닌 부분의 단어: [+지칭], [-서술]

'명사', 즉 '대명사(大名词)'의 자질이 바로 지칭성을 가진다는 [+지칭]이다. 이 단어들은 '서술성을 가지고 있는지 여부를 확정하는 않는', 즉 [~서술]의 자질을 가진다. 이들의 분포 특징은 다음과 같다.

> 주어·목적어가 될 수 있고, 적어도 '한 개' 또는 '한 종류'의 수식을 받을 수 있으며,[15] '没(有)'를 사용해서 부정할 수 있고 '什么'로 대체할 수 있으며, 형용사와 명사의 수식을 받을 수 있고, '和'를 가지고 나란히 연결할 수 있는, 이러한 것들이 바로 정면적 시각에서 내린 명사의 정의이다.

'동사', 즉 '동태명사'의 자질은 지칭성[+지칭]을 가지고 있을 뿐만 아니라, 서술성[+서술]도 가지고 있다. 동사는 명사가 가지고 있는 분포 특성 외에도, 자유롭게 술어가 될 수 있고 '不'를 사용해서 부정할 수 있다.

---

15 저자주: 이렇게 하면 처소사(新建一个北京(하나의 베이징을 새로 건설했다)), 시간사(又是一个中秋(또 하나의 추석이다)), 방위사(争就争一个前头(다툼은 곧 선두를 다투는 것이다)) 등을 명사에서 따로 떼어내어 분류할 필요가 없다.

또 '怎么样'으로 대체할 수도 있고, 부사의 수식을 받을 수도 있으며, '并'으로 병렬이 가능하다.[16]

명사 안에서 동사 이외의 부분, 즉 '정태명사'는 전통적으로 말하는 '명사'이다. 이는 정면으로 정의할 수가 없고, '대명사(大名词)'와 '동사'에 의지해서 서술성을 가지고 있지 않으며[-서술] 자유롭게 술어가 될 수 있다고 하는 등 이면으로만 정의할 수 있을 뿐이다.

특히 유의해야 할 점은, 명동포함 구도에서 '동태명사'와 '정태명사'의 정의와 이 둘의 관계가 명동분립 구도에서 '동사'와 '명사'의 정의와 이 둘의 관계와는 다르다는 점이다. 명동포함 구도에서 '동태명사'의 정의는 [+지칭][+서술]이고 '정태명사'의 정의는 [+지칭][-서술]로, 양자가 [서술]에서는 대립하지만 [지칭]에서는 통일되어 있다. 명동분립 구도에서 '동사'의 정의는 [-지칭][+서술]이고 '명사'의 정의는 [+지칭][-서술]이므로, [-서술]과 [지칭]에서 모두 대립한다. 어떤 사람들은 포함 구도에서 '동사(동태명사)'를 제외한 나머지 부분의 단어를 '소명사(小名词)'라고 부르기만 하면, 이 '소명사'와 '동사'의 관계가 전통적인 분립 구도에서 말하는 '명사'와 '동사'의 관계가 된다고 여긴다. 그런데 이는 편향된 이해이다. 두 구도의 차이는 명칭이나 용어의 문제가 아니라 실질적인 문제이다.

'지칭'과 '서술'의 정의에 관해서는 1권 제4장 1절에서 서술하고자 한다. '명동분립' 구도에서는 명사와 동사를 포괄하는 '실사(实词)'가 속이 텅 비어 있는 실사범주(实词类)이지만, '명동포함' 구도에서 실사는 곧 명사,

---

16 저자주: 궈루이(郭锐 2011)는 주어·목적어가 되는 동사가 여전히 술어성을 가진다는 것을 부인해서는 안된다고 하면서 '명동포함 이론'을 비판하였으나, 명동포함 이론은 동사가 [서술]성을 가지고 있음을 부인한 적이 없다.

즉 사물·동작·속성을 지칭하는 단어이다. 그리고 이 '실사'야말로 실제 의미, 즉 [+지칭]의 자질을 가지고 있는 것이다. '실사'가 텅 빈 것이라면, 허와 실 두 부류로 단어를 나누는 것은 실용적인 의미가 부족하다(呂叔湘 1979: 35). 그런데 중국 언어와 문장의 전통은 오히려 허와 실의 구분을 매우 중시하였다(다른 구분 방법이 있기는 하지만). 그렇다면 이는 '실사'가 공허한 것일 리가 없고 틀림없이 '속이 차 있다(实)'는 것을 말한다. 여기서 '실'은 곧 그것의 지칭성이 실제로 존재함을 나타낸다.

'명동포함' 구도를 확립한 후에도 필자는 행문에서 군더더기를 피하기 위해 가능한 한 새로운 명칭을 사용하지 않음으로써 독자의 부담을 늘리지 않으려고 하였다(呂叔湘 1979: 10). 이를 위해 여전히 '명사'와 '동사'를 대립시켜 서술하였는데, 예를 들어 "동사 '炸(튀기다)'와 '死(죽다)'에는 명사에는 없는 서술성이 있다(动词'炸'和'死'有名词所没有的述谓性)"라고 표현한 것이 그러하다. 이렇게 대립하여 서술하는 것이 '炸'와 '死'가 단지 동사(explode, die)일 뿐, 명사(explosion, death)가 아니라는 것을 의미하지는 않는다. 이는 문맥이 있기 때문에 일반적으로 오해를 불러일으킬 리는 없을 것이다.[17]

'유표성 이론'에는 '유표성 역전 이론(标记颠倒说)'이라는 또 하나의 새로운 진전이 있는데, 이는 '명동포함 이론'과 서로 논증을 하기도 한다. 이에

---

17 저자주: 리수퉁(李叔同)이 출가를 하려고 하는 해에, 한 친구가 편지를 써서 "네가 사람이 아니라 중이 되겠다고 들었다"며 그를 꾸짖었다. 리수퉁은 농담으로 이건 정말 승려를 사람으로 보지 않는 것이라고 말했다. 사실 승려도 사람이기에 그 친구는 단지 말만 그렇게 했을 뿐, 정말로 슬여를 사람이 아니라고 생각하지는 않을 것이기 때문에 이는 단지 편의상의 표현일 뿐이다. 만약 그 친구가 승려를 사람이 아니라고 생각한다고 보는 사람이 정말로 있다면, 그것이야말로 매우 우스운 일일 것이다.

대해서는 2권 제6장에서 설명하고자 한다.

제4절 '불완전문 이론'에서 '명동포함 이론'으로

'명동포함' 구도는 자오위안런(赵元任)의 '불완전문 이론(零句说)'을 통해서도 유추가 가능하다. 불완전문 이론(赵元任 1968:41-51)은 다음과 같은 세 문장을 포함하고 있다.

(1) 완전문은 불완전문으로 이루어진다.
(2) 불완전문이 기본이다.
(3) 불완전문은 단독으로 사용이 가능하다.

먼저 다음과 같이 소개하고자 한다.

중국어 '문장'은 '양쪽이 휴지로 제한되어 있는 한 마디의 말'로 정의되는데, 이렇게 정의된 문장은 구조에 따라 **완전문**(full sentence, 整句)과 **불완전문**(minor sentence, 零句)으로 나눌 수 있다. 완전문에는 주어와 술어의 두 부분이 있지만, 불완전문에는 주어-술어 형식이 없다. 완전문의 주어와 술어 사이는 '휴지나 잠재적 휴지, 또는 '啊', '呐', '嚜', '吧' 등 휴지를 나타내는 네 개의 조사 중 하나를 사용해서 분리'할 수 있는데, 이것은 완전문의 '형식적 특징'이다. 이러한 형식적 특징을 근거로 '하나의 완전문은 두 개의 불완전문으로 이루어진 복잡한 문장'이라는 놀랍도록 명백한 결론을 얻을 수 있다. 왜냐하면 '啊', '呐', '嚜', '吧'는 모두 의문이나 휴지의 두 가지 용법을 가지고 있어서 주어 뒤에 붙일 수도 있고 의문문 뒤에 붙일 수도 있기 때문이다. 예를 들어보자.

这个人啊, 一定是个好人。	他是哪儿的人啊?
이 사람, 분명 좋은 사람일 거야.	그 사람은 어디 사람이지?
他自己的小孩呐, 也不大听他的话。	小孩儿都上哪儿去了呐?
그의 아이, 역시 그의 말을 잘 듣지 않는다.	아이들은 모두 어디로 갔지?
他辞职的意思嚜[mə], 已经打消了。	你知道他要辞职了吗[ma]?
그는 사직하려는 생각, 이미 접었어.	그가 사직하려고 하는 것을 알고 있니?
丈夫吧, 找不着事儿; 孩子们吧, 又不肯念书。	我们问问她的丈夫吧?
남편은, 일이 손에 잡히지 않고, 아이들은, 또 공부를 하려 하지 않아.	우리 그녀의 남편에게 물어볼까?

"위의 현상은 우연한 것이 아니라 주어가 질문이 되고, 술어가 대답이 되는 특성에서 비롯된 것이다." 질문과 대답이 합쳐져 하나의 완전문이 되는 세 가지 단계는 (1)두 사람의 대화, (2)자문자답, (3)질문과 대답을 하나의 완전문으로 통합하고 중간에 휴지를 없애는 것이다. 예를 들어보자.

(1) 饭啊? 밥은?　　　　　　饭呐? 밥은?
　还没得呐。 아직 안 먹었어　都吃完了。 이미 먹었어.

(2) 饭啊, 还没得呐。　　　　饭呐, 都吃完了。
　밥은, 아직 안 먹었어.　　　밥은, 이미 먹었어.

(3) 饭 还没得呐。　　　　　饭 都吃完了。
　밥 아직 안 먹었어.　　　　밥 이미 먹었어.

하나의 완전문은 술어를 생략해도 주어가 단독으로 문장을 구성할 수 있으며, 반대로 주어를 생략해도 술어가 단독으로 문장을 구성할 수 있다. 이는 동사를 문장의 중심으로 하는 인도유럽어의 관점에서는 받아들이기가 쉽지 않다. 하지만 중국어는 실제로 그러하다. 이렇게 분명하고 질서정연하며 확실한 형식적 특징이 있으니 그 중요성은 말하지 않아도 알 수 있다.[18]

대화는 '질문과 대답'에 국한되지 않고 여러 가지 '유발과 응답'이 될 수도 있다. 예를 들어, 한 사람이 "我不来(나는 오지 않는다)"라고 말하는 것은 상대방이 "我不去(나는 가지 않는다)"라고 응답하는 것을 유발하기 때문에, '你不来, 我不去(네가 오지 않으면, 나는 가지 않는다)'라는 조건 주종문도 두 개의 불완전문이 합쳐져서 만들어진 완전문이다. 조건절의 뒷부분에도 '要是不肯的话, 那就算了(내키지 않으면, 그만 됐어)'[19]처럼 휴지나 휴지조사가

---

18 저자주: 혹자는 이렇게 중요한 형식적 특징을 무시하면서 중국어 서술어도 인도유럽어와 마찬가지로 정식-부정식의 차이가 있음을 증명할 목적으로 온갖 방법을 강구하여 단편적이고 억지스러우며 숨겨져 있는 증거들을 찾으려고 하는데, 이러한 소탐대실의 방식은 바람직하지 않다고 하겠다.

19 저자주: 영어에서 옛 형식의 조건문은 도치 어순을 사용하는데, 이는 조건절과 질문이 가깝다는 방증이다. Should it rain tomorrow(/,/~/?/)that would be too bad. 자오위안런은 "이때 억양이 /,/인지 아니면 /?/인지는 실제 음성으로는 분간할 수 없다"고 말했다. 10년 후

올 수 있고, 또 항상 '的话(~라면)'를 붙일 수가 있다. 조건절 외에 양보, 원인, 시간, 처소를 나타내는 절도 모두 주어가 될 수 있는데, 예를 들면 다음과 같다

> 虽然我想发财……
> 비록 나는 부자가 되고 싶지만……
>
> 我虽然想发财……
> 나는 비록 부자가 되고 싶지만……
>
> 因为他太太病了……
> 그의 아내가 병이 났기 때문에……
>
> 他因为太太病了……
> 그는 아내가 병이 났기 때문에……

이러한 양보, 원인절의 '이른바 종속접속사는 **항상** 주어의 뒤에서 동사를 수식할 수 있다'.[20]

> 我昨儿晚上上床(的时候), 客人还没全走。
> 내가 어젯밤에 잠자리에 들었는데(을 때), 손님은 아직 다 가지 않았다.

미국 『언어(*Language*)』 학술지에 발표한 인용률이 매우 높은 하이만(Haiman 1978)의 연구 「조건의 작은 문장이 화제다」는 사실 자오위안런의 관점을 다시 언급한 것에 불과하다.

20 저자주: 이 때문에 중국어의 '虽然, 因为' 등을 종속접속사(conjunction)라고 하기 보다는 접속 기능이 있는 부사(conjunct)라고 하는 것이 낫다.

大家用功(的地方), 你不能大声儿说话。
모두들 열심히 공부하니(는 곳이니), 큰소리로 말하면 안 된다.

我吃完了(以后)你吃。
내가 다 먹고 나서(난 다음에), 네가 먹어.

票还没买(以前)你不能上船。
표를 아직 사지 않았으니(사기 이전에는) 승선할 수 없다.

경성으로 읽는 '的时候', '的地方'의 기능은 접속사에 해당하는데, 이 단어들을 포함하는 문장은 외국어의 부사절로 번역할 수도 있지만 사실은 '보통의 체언성 주어'로 분석하는 것이 가장 좋다. 종속절은 시간을 나타내는 어미 '了' 및 이에 상당하는 부정어 '没(有)'를 사용하였더라도 여전히 조건절과 유사하며(독일어에서는 모두 접속사 wenn을 사용), '了'는 조건절에도 사용될 수 있다.

我死了丧事从简。
내가 죽고 나서 장례는 간소하게 치르세요. (시간)

我死了你顶好再嫁。
내가 죽거든 당신은 재가하는 게 좋겠소. (조건)

요컨대 질문은 주어인데, 양보, 원인, 조건, 시간, 처소를 나타내는 모든 절은 아무리 해도 결국 주어일 수밖에 없다.

완전문은 '의도적으로 구성한 것'으로 일상 회화에서는 불완전문이 '우위를 차지한다'. 다른 언어의 대화에서도 불완전문 구절이 많이 쓰이지만, 중국어에서는 불완전문이 "더욱 기본적이고 심지어 더 자주 사용된 다"(Chao 1959b). 이것은 중국어 완전문 안의 주어와 술어 구조가 '다양성' 과 '무제한성'을 가지도록 만든다. 즉, 주어는 명사성 단어 외에도 시간, 장소, 조건을 나타내는 단어일 수도 있고, 동사성 단어나 전치사구 및 주술구일 수도 있으며, 술어는 동사성 단어(형용사 포함) 외에도 명사성 단어와 주술구일 수도 있다는 것이다. 중국어에는 심지어 동사성 주어에 명사성 술어를 결합한 문장도 있는데, 예를 들면 다음과 같다.

逃, 孬头。
도망치는 것은 겁쟁이다.

(他)不死一百岁了。
(그가) 죽지 않은 것이 백 살이다.

不下雨已经三个月了。[21]
비가 오지 않은 것이 벌써 석 달이 되었다.

주더시(朱德熙 1985a: 64)는 생성문법의 문장 전사규칙 S→NP+VP가 "중국어에는 통하지 않는다"고 하였고, 자오위안런은 그 '통하지 않는' 원인에 대해 불완전문이 기본이기 때문에 가능한 형식에 제한이 없기 때문이라고 일찍이 지적하였다. 주술구조가 술어가 될 수 있는 것에 대해 자오위안런(Chao 1955)은 '중국어의 수수께끼(Chinese puzzle)'라고 불렀는데, 수수

---

21 저자주: 고대중국어의 예는 더욱 많다. 예를 들면, '襄仲如齐纳币, 礼也(양중이 제나라에 가서 납폐(신랑이 신부 집으로 비단 등 예물을 보내는 것)한 것은 예에 맞는 것이다.)'(『左传·文公二年』), '伐鲁, 齐之大过也(노나라를 정벌한 것은 제나라의 큰 실수이다)'(『墨子·鲁问』)가 그러하다.

께끼의 해답은 불완전문이 근본이라는 데 있다. 그리하여 문장의 주어인 '대주어(main subject)'와 절의 주어인 '소주어(the clause subject)'라는 명칭이 생겼다. 자오위안런은 "대주어와 소주어의 관계는 긴밀할 수도 있고 느슨할 수도 있다"고 하였는데, 관계가 느슨한 실제 예는 다음과 같다.

电影儿我看报了, 没什么好的。
영화는 내가 신문을 봤는데, 뭐 좋은 게 없더군.

我结婚的总送这个。
난 결혼하는 사람에게 늘 이걸 선물 했지.

留学的事情政府早规定了办法了。
유학에 관한 일은 정부에서 일찍이 방법을 규정해 놓았다.

中国话"cigarette"怎么说? /"cigarette"中国话怎么说?
중국어로 'cigarette'를 어떻게 말합니까?/'cigarette'는 중국어로 어떻게 말합니까?

你浮水学会了没有?
너는 수영 배웠니?

현재 많은 사람들은 중국어의 주술구조가 술어가 될 수 있다는 점을 인정하면서도 '불완전문이 기본'이라는 점은 인정하지 않는데, 이는 이론적으로 자기모순이 된다. 왜냐하면 전자는 후자로부터 도출된 것이기 때문이다.

불완전문은 단독으로 사용할 수 있지만, "두 불완전문의 연결이 반드시 하나의 완전문을 구성하지는 않는다. 만약 모든 문장이 완전문의 억양을 가지고 있다면, 그것은 바로 두 개의 문장이다". 예를 들어보자.

这个人! 也不跟朋友打招呼!
이 사람! 친구한테도 인사 안 해!

天气很好。但是我不能出去。
날씨가 아주 좋아. 하지만 나는 나갈 수가 없어.

　아래 문장의 '好'자는 완전한 3성이고 뒤에 완전한 휴지가 있으니 이는 바로 두 개의 문장이다. '好'자의 완전한 3성 또는 반3성을 길게 끌어 발음하면 그것은 하나의 병렬복합문일 뿐이다. 문장이 주로 어조와 휴지를 근거로 정의되기 때문에 중국어의 한 단락은 처음부터 끝까지 쉼표를 찍거나 쉼표에 상당하는 기타 부호를 사용하지만, 영어는 많은 마침표를 사용해야 한다. 요컨대, 중국어 문장의 판정은 주어, 술어가 다 갖추어져 있는지 아닌지는 중요하지 않고, '휴지와 억양이라는 요소가 가장 중요'하다. 이에 대해서는 왕홍쥔(王洪君 2011)의 논술을 참고할 수 있다.
　'불완전문이 기본이다'라는 명제는 '중국어의 주어는 바로 화제이다'라는 명제를 직접 도출한다. 불완전문이 기본이기 때문에 주술구조는 기타 구조와 '지위가 완전히 평등'하여, 역시 술어가 될 수 있다(예: 他耳朵软(그는 귀가 여리다)). 그렇다면 이러한 술어 앞에 있는 주어 역시 당연히 주어이므로 그것이 주어와는 성질이 다른 화제라고 말할 필요가 없다.
　이상 상세하게 서술한 바에 따라 우리는 '불완전문 이론'에서 '명동포함 이론'의 구도를 도출해 낼 수 있게 되었다.

∵ 불완전문은 모두 완전문의 주어/화제일 수 있다.
∵ 주어/화제는 지칭성을 가진다.
∴ 불완전문(서술성 불완전문 포함)은 모두 지칭성을 가진다.

다음 예를 들어 이 점을 설명하고자 한다.

治得好嘛。잘 치료되었어요.
还活着呢。아직 살아 있어요.
今年一百岁了。올해 백 살이 되었어요.

이것은 세 개의 병치된 문장으로, 모두 종결 어조가 있고 양 끝에 휴지가 있다. 앞의 두 문장은 무주어 불완전문이고, 마지막 문장은 주술문이다. 만약 '治得好嘛'의 종결 어조와 휴지를 제거한다면 '治得好嘛'와 '还活着呢'는 하나의 완전문 '治得好嘛还活着呢'로 합쳐질 수 있다. 그러면 '治得好'는 화제가 되고 '嘛'는 화제표지가 되며, '还活着'는 서술어, '呢'는 청자가 '还活着'라는 사실에 주의를 기울이도록 요청하는 기능을 한다. 만약 '还活着呢'의 종결 어조와 휴지를 제거한다면, '还活着呢'와 '今年一百岁了'는 '还活着呢今年一百岁了'로 합쳐질 수 있다. 이 경우에 '还活着'는 지칭성 화제가 되고, '呢'는 화제표지가 되기 때문에 서술어 '还活着'도 지칭성을 가진다.[22] 앞의 완전문의 서술어는 바로 뒤 완전문의 주어인데, 형식적으

---

22 저자주: 혹자는 '还活着'의 경우 '还活着*(的)人'에서 보듯이 반드시 '的'를 붙여야 관형어가 될 수 있다는 것은 '还活着'가 서술성이 있음을 나타내며, 뒤에 '的'를 붙여야 지칭성의 관형어로 변한다고 주장한다. 그런데 이는 잘못된 주장이다. '的'의 기능은 서술어를 '지칭화' 또는 '명사화'하는 것이 아니라, '爸爸*(的)书'의 '的'와 같이 '지칭어의 식별도를 높이는' 기능

로는 차이가 없다. 전통적인 '명동분립' 구도에서는 완전문이 주가 되므로 주어와 술어가 분명하지만, '명동포함' 구도에서는 불완전문이 주가 되기 때문에 주어와 술어가 분명하지 않다.

'서술어에 지칭성이 있다'고 말하는 것은 일부 술어에만 지칭성이 있다는 말이 아니라, 모든 술어에 지칭성이 있다는 것을 긍정하는 것이며, 이는 '명동포함 이론'의 본뜻이라는 점에 유의해야 한다. 술어의 위치를 차지하는 것은 통상 서술성을 겸비한 지명어이지만, 서술성을 갖지 않는 지칭어를 결코 배제하지 않기 때문에 명사성 성분도 술어가 될 수 있다(1권 제6장 1절 참조).[23] '명동포함 이론'은 또한 왜 중국어에 일련의 지칭성 불완전문이 끊어질듯하면서도 이어지는 무종지문(流水句)의 전후 병치가 특히 많은지를 설명하는 데 도움이 된다. 이에 대한 자세한 내용은 1권 제6장 3.3절을 참조할 수 있다.

제5절 중첩과 '대명사(大名词)'

현행 품사체계는 먼저 명사, 동사, 형용사를 구분한 다음, 형용사 내에서 두 개의 작은 부류, 즉 성질형용사와 상태형용사로 나누는데, 후자는 대부분 전자의 중첩 형식이다(朱德熙 1956). 그러나 중국어의 중요한 사실은, 명사·동사·형용사는 단음이든 쌍음이든 각각 중첩한 후에는 모두 상태묘사성 어구로 변할 수 있다는 것이다. 이 중첩 법칙은 또한 단어와 구

을 한다. (이에 관해서는 다음 제6절과 2권 제2장 1, 2절을 참조할 것)

[23] 저자주: 이는 보통 동성애자들이 모이는 술집과 같아서, 일반인이 이 술집에 가는 것은 특이하지만 배제되지는 않는다.

의 경계를 허물었는데, 이는 중국어는 단어와 구, 조어법과 통사법간의 경계도 그다지 중요하지 않다는 것을 나타낸다.(施其生 2011) 아래 보통화/표준어의 예는 주로 화위밍(华玉明 2008)에서 재인용한 것이다.

[명사와 명사구의 중첩]

层	层层的叶子中间点缀着些白花。	
층	겹겹이 쌓인 잎사귀 사이에 약간의 흰 꽃이 점점이 있다.	
丝	河面上漂浮着丝丝霞光。	
가닥	강 위에 은은한 노을빛이 떠다니고 있다.	
虎	眼睛瞪得虎虎的。	
호랑이	눈이 휘둥그레지다.	
年	年年讲, 月月讲, 日日讲。	
해	해마다 말하고, 달마다 말하고, 날마다 이야기한다.	
山水	山山水水地画个不停。	
산수	산이면 산 강이면 강 끊임없이 그린다.	
兴头	兴兴头头赶回家来。	
신바람	신바람이 나서 서둘러 집에 돌아온다.	
妖精	打扮得妖妖精精的。	
요괴	요염하게 차려입다.	
五秒	秒针跳着五秒五秒地走。	
5초	초침이 5초 5초씩 뛰고 있다.	
大把	钞票大把大把地往袋里扔。	
한 움큼	지폐를 한 움큼 한 움큼씩 자루 속에 던져 넣다.	
一本书	一本书一本书地读下去。	
책 한권	한 권씩 한 권씩 읽어가다.	

[동사와 동사구의 중첩]

飘 나부끼다	飘飘白雪飞扬在空中。 팔랑팔랑 떠도는 흰눈이 공중에서 흩날린다.
飞 날다	他在会场中进进出出, 忙得飞飞。 그는 회의장을 들락날락하며 날아다닐 정도로 바쁘다.
跳 뛰다	电话铃声尖锐地叫了起来, 头又开始跳跳地痛。 전화벨 소리가 날카롭게 울리고 머리가 다시 욱신욱신 아프기 시작했다.
抖 떨다	母亲吃力地抬起手臂抖抖地指着墙上挂的干粮筐。 어머니는 힘겹게 팔을 들어 부들부들 떨면서 벽에 걸린 말린 양식 광주리를 가리켰다.
摇摆 흔들(리)다	花儿在风中笑得摇摇摆摆。 꽃은 바람에 한들한들거리며 웃고 있다.
指点 지적하다	她们指指点点地议论起来。 그녀들은 손가락질하며 의논하기 시작했다.
哭着 울고 있다	哭着哭着就瞌睡了。 울다가 말뚝잠이 들었다.
一颤 떨리다	车身颠得一颤一颤的。 차체가 덜덜 떨린다.

[형용사와 형용사구의 중첩]

白 희다	把脸抹得白白的。 얼굴을 새하얗게 칠한다.
慢 느리다	慢慢地走。 천천히 가.

随便	随随便便说了几句。
마음대로 하다	아무렇게나 몇 마디 했다.
大方	衣服要穿得大大方方的。
대범하다	옷을 세련되게 입어야 한다.
很烫	很烫很烫地做了碗姜汤。
아주 뜨겁다	아주 아주 뜨겁게 생강 스프 한 그릇 만들었다.
很小心	很小心很小心地挤出一点胶水。
매우 조심하다	아주 아주 조심스럽게 약간의 고무풀을 짜낸다.

단음절의 명사·동사·형용사에 XX를 더해도 모두 상태형용사로 변한다.

단음절 명사 XX	夜沉沉 밤이 칠흑 같이 어둡다 情切切 감정이 절절하다 月蒙蒙 달빛이 어슴푸레하다 血斑斑 핏자국이 얼룩덜룩하다 心荡荡 마음이 두근거리다 路迢迢 길이 아득히 멀다
단음절 동사 XX	叹连连 연거푸 탄식하다 嗽声声 콜록콜록 거리다 滴溜溜 또르르 떨어지다 呼啸啸 큰소리로 울부짖다 死虎虎 죽은 호랑이처럼 기력이나 세력이 쇠잔하다 笑眯眯 빙그레 웃다 骂不咧咧 말끝마다 욕지거리를 하는 등 입이 거칠다

단음절 형용사 XX	薄绡绡 듬성듬성 얇다
	冷冰冰 차디차다
	轻悠悠 하늘하늘하다
	静悄悄 쥐죽은 듯 고요하다
	软绵绵 푹신푹신하다
	红通通 시뻘겋다
	臭烘烘 퀴퀴하다

중첩한 X 자체만으로도 명사, 동사, 형용사 세 가지 부류가 될 수 있다.

X가 명사	冷冰冰 얼음처럼 차다/쌀쌀하다
	甜蜜蜜 달콤하다
	黑漆漆 캄캄하다
	白雪雪 새하얗다
X가 동사	圆滚滚 동글동글하다
	香喷喷 향긋하다
	动飘飘 펄럭이다
	直挺挺 꼿꼿하다
X가 형용사	红彤彤 새빨갛다
	白茫茫 온통 하얗다
	笑盈盈 빵긋거리다
	病怏怏 비실비실하다

이러한 중첩에서 뒤에 놓이는 XX를 앞에 둘 수도 있는데, 앞에 두는 경우는 방언에서 흔히 볼 수 있다. 상하이(上海)어에 그런 경우가 보이는데,

예를 들면 다음과 같다:

漆漆黑 캄캄하다, 雪雪白 새하얗다, 冰冰冷 차디차다, 笔笔直 꼿꼿하다
喷喷香 향긋하다, 滚滚圆 둥글둥글하다, 彤彤红 새빨갛다

차이수메이·스춘홍(蔡淑美·施春宏 2007)은 옌리엔커(阎连科) 작품 안의 중첩 형식을 고찰한 후, 마찬가지로 명사·동사·형용사 세 부류의 단어 모두 상태묘사 기능을 하는 중첩 형식 AABB와 AXX를 가지고 있다는 것을 발견하였다.

[명사의 중첩형식]
浪浪涛涛 물결이 넘실거리다
波波浪浪 큰 물결이 거세게 일렁거리다
山山海海 자연경관이 웅대하고 넓다
山山岭岭 험한 산이 끝임 없이 이어지다
涕涕泪泪 (슬프거나 감동하여) 눈물 콧물이 줄줄 흐르다
枪枪炮炮 (전쟁이) 격렬하다
仇仇恨恨 (원수처럼)증오하다
物物什什 (사물이) 다양하고 많다
物物件件 (물건이) 다양하고 많다
缘缘由由 (이유나 까닭이) 다양하고 복잡하다
江江湖湖 (자연경관이) 드넓다
谷谷糠糠 온통 쌀겨다
钉钉绳绳 못과 밧줄이 많다

汪汪洋洋 (바다가) 끝없이 드넓다

血淋淋 피가 낭자하다

水渣渣 (물이) 지저분하다

烟团团 (연기나 안개가) 뭉개 뭉개 피어오르다

雾浓浓 안개가 자욱하다

汗渍渍 땀이 송골송골 맺히다

[동사의 중첩형식]

巴巴望望 간절히 바라다

哭哭唤唤 울부짖다

洗洗整整 씻어서 단정하게 하다

腾腾雾雾 안개가 자욱이 피어오르다

剪剪裁裁 싹둑싹둑 자르다

闪闪灭灭 번쩍번쩍 거리다

颤巍巍 흔들흔들하다

笑吟吟 빙그레 미소 짓다

荡激激 심하게 흔들리다

气愤愤 노기가 등등하다

潺哗哗 물이 졸졸거리며 흐르다

[형용사의 중첩형식]

烈烈炎炎 이글거리다

红红胖胖 볼그스름하다

木木然然 멍청하다/어찌할 바를 모르다

白白亮亮 온통 환하다

柔柔和和 연하고 부드럽다
白白茫茫 (안개가)온통 끝없이 하얗다
美美丽丽 곱디곱다
鲜明明 아주 또렷하다
青痴痴 멍하다
紧飘飘 팔랑팔랑거리다
白茫茫 새뽀얗다
红艳艳 새빨갛다

중첩에 사용되는 AB는 단어도 있고 '山海', '洗整', '烈炎'와 같은 일시적인 조합도 있는데, 명사성 AB의 중첩이 특히 많다.

또한 중첩과 거의 유사한 '一 X 一 Y', '半 X 半 Y'의 격식도 있는데, 역시 명사, 동사, 형용사를 가리지 않고 상태묘사의 성질을 가지고 있다.(邵敏敏 2013: 130-152) 예를 들면 다음과 같다.

一前一后 앞서거니 뒤서서니 하다
一冷一热 추웠다 더웠다 하다
一蹦一跳 기뻐서 깡충깡충 뛰다
一早一晚 아침저녁으로
一长一短 장점도 있고 단점도 있다
一拉一打 한번은 끌어당기고 한번은 때리다. 유화책과 강경책
一分一秒 아주 짧은 시간 동안
一快一慢 빨랐다 늦었다 하다
一抛一捡 버렸다 주어 담다 하다
半人半鬼 사람인 듯 귀신인 듯하다/용모가 추하다/음탕하다

半对半错 얼마는 맞고 얼마는 틀리다
半信半疑 어느 정도는 믿으면서도 어느 정도는 의심하다
半子半婿 반은 자식이고 반은 사위다/사위의 별칭
半新半旧 반은 새것이고 반은 낡은 것이다/새것도 아니고 낡은 것도 아니다
半推半就 반은 밀쳐내고 반은 다가가다/못이기는 척 하다

명사·동사·형용사의 중첩 모두 상태를 묘사하는 경우는 방언에서 매우 흔하다. 스치성(施其生 1997, 2011)과 린화용(林华勇 2011)은 민(闽)방언과 웨(粤)방언에서 명사(명사구)와 동사(동사구)가 중첩하는 대량의 예를 제공하였고, 아울러 중첩은 중국어의 일종의 '형태변화'라고 보았다.

[취안저우(泉州)]
迄个小仔(生遘)猴猴, 目珠鼠鼠, 蜀淡仔款也无。(那小子猴模猴样, 鼠眉鼠眼的, 一点样子也没有。)
그 아이는 원숭이처럼 생겼고, 쥐 같은 눈썹과 쥐 눈을 하고 있고, 영 모양새가 나지 않는다.
迄个畅仙畅仙个, 蜀下看就无顺眼。(那做派公子哥儿似的, 一瞧就不顺眼。)
그 도련님 행세를 하는 것 같아 보기만 해도 눈에 거슬린다.
发了几日烧, 行路骹浮浮。(发了几天烧, 走路脚下轻飘飘的。)
며칠 열이 나고서, 길을 걷는데 걸음걸이가 가볍다.)

[샤먼(厦门)]
即股侬竹篙竹篙。(她长得像竹竿一样瘦高瘦高的。)

그 여자는 대나무 장대처럼 호리호리하게 생겼다.
我心里煞后悔后悔。(我心里有点后悔。)
난 마음속으로 조금 후회가 돼.

[산터우(汕头)]

个物睇着头家奶头家奶呤, 畏得就是伊啊? (那个人看起来一副老板娘的派头, 恐怕就是她吧?)
저 사람 보아하니 사장 마누라 티가 나는데, 아마 바로 그 여자겠지?
两人行邁磨磨呤。(两人紧挨着走。)
두 사람은 바싹 붙어 다닌다.
敢敢行！(放胆地走吧！)
용기 내어 가자!

[장저우(漳州)]

天卜落雨卜落雨。(天要下雨的样子。)
날씨가 곧 비가 올 모양이다.

[렌장(廉江)]

冇使狂！一只一只来。(別急, 一个个来。)
서두르지 말고 한 사람씩 와.
苹果放在箱底箱底呢。(苹果放在靠近箱底那儿。)
사과는 상자 바닥 가까운 거기에 놓여 있다.
我如今想呕想呕噉做倒。(我现在有点儿想吐。)
저는 지금 좀 토하고 싶다.
鸡也母爱死爱死噉倒□ [tɛ²¹] 哇。(母鸡快要死了啊。)

암탉이 곧 죽을 것 같다.

顶上顶上几日空气差到死。(最近前的几天空气非常差。)

요 며칠 전 공기가 매우 나빴다.

天好似想出热头想出热头噉做倒。(天好像要出太阳似的。)

날씨가 아무래도 해가 나올 것 같다.

我大伯在呢 [nei·⁵⁵] 使牛使牛在。(我大伯在那儿犁田呢。)

우리 큰아버지가 저기서 밭을 갈고 계신다.

차이수메이·스춘훙(蔡淑美·施春宏 2007)은 특히 다량의 산터우(汕头)방언 명사(구) 중첩 예를 제공하였다.

布布 사물 등이 질기고 씹어도 맛이 없음
汁汁 축축한 것
油油 기름이 번지르르한 것
纱纱 직물이 너덜너덜하게 헝클어지고 부실하다
水水 물 모양으로 된 것
鼻鼻 콧물 모양의 것
卵卵 둥글고 반들반들한 것
云云 안개 속에 있는 것처럼 잘 보이지 않다
柴柴 사물이 섬유질처럼 매우 거칠고 맛이 없다
铁铁 쇠처럼 단단하다
仙仙 게으르면서 아무렇지 않은 모양
书书 말과 행동에 학자티가 나다

후베이(湖北) 다예(大冶)방언(贛语)[24]에는 단음절 접미사가 있는 상태형용사가 있는데, 어근도 명사·동사·형용사 세 종류이다.(汪国胜 1991)

명사+X	风溜 산들바람이 부는 모습을 형용함
	人流 의기양양한 모습을 형용함
	褥里 부드럽고 신축성이 있다
동사+X	喜眯 빙그레 웃다
	哭扁 쓰라리게 울다
	吵吼 사방이 떠들썩하다
형용사+X	甜抿 감미롭게 오물거리다
	香喷 향기가 뿜어 나오다
	黑黝 꺼머번지르하다

진베이(晋北)방언에는 심지어 소유대명사의 중첩도 있다.(范晓林 2012)

我我爷爷可看好我哩!
우리 우리 할아버지는 나를 정말 좋게 보신다!

她她爸爸可有本事哩!
그 그녀의 아버지는 정말 능력이 있다!

你你大爷人家还识俩个字哩!
너 너의 할아버지 어르신은 그래도 글을 좀 아시잖아!

---

24 역자주: 장시(江西)방언. 중국어 방언의 하나. 장시(장동북 지대와 남부 지대를 제외하고)와 후난(湖南)성 동남 일대에 분포되어 있음.

이러한 중첩식은 뚜렷한 감정색채를 띠는데, '我我爷爷'는 '我那(可爱的)爷爷(나의 그 (귀여우신) 할아버지'에 상당하므로 '我我'는 상태묘사의 기능을 한다.

푸링(涪陵)방언은 단음절 동사가 중첩되어 상태형용사로 바뀌는 것도 매우 일반적이다. 여기에는 아래의 a와 b 두 형식이 있다.(李文莉 2011)

a	歇歇地走 쉬엄쉬엄 가다
	抿抿地吃 오물오물 먹다
	耍耍地做 장난스럽게 하다
	想想地哭 생각하면서 울다
	挨挨地敬(酒) 다닥다닥 붙어서 (술을) 권하다
	算算地打(牌) 헤아려가면서 (카드를) 치다
b	灯一直闪了闪的 불이 계속 깜빡깜빡하다
	火要熄不熄的 불이 꺼지려 하면서 꺼지지 않는다
	那几块砖要落不落的 그 벽돌은 떨어지려 하면서 떨어지지 않는다

표준어(보통화)에서 '吃饭别抢抢的', '他天天在我面前晃晃的'라고는 말하지 않지만, '抢来抢去(앞다투어 …하다)', '晃来晃去(이리저리 흔들리다)'라고는 말하는데, 이는 방언의 차이가 중첩 방식의 차이일 뿐임을 말해준다. 예쭈구이(叶祖贵 2014)도 다양한 방언(남북 구분 없이)의 동사중첩 및 자핑아오(贾平凹) 소설 속의 명사·동사·형용사 중첩 모두가 상태를 나타낸다는 예증을 제공하고 있다.

이상의 사실을 통해서 도출할 수 있는 결론은 다음과 같다.

문법체계의 관점에서 만약 '丝(명주실)'·'山水(산수)', '抖(떨다, 털다)'·'摇摆(흔들거리다)', '白(희다)'·'大方(시원스럽다)'을 각각 명사, 동사, 형용사로 분류한다면, 일률적으로 중첩을 통해 형성된 상태형용사를 단순히 '白'나 '大方'과 같은 부류의 단어와 함께 한 품사 종류에 속하는 두 하위 부류로 정의하는 것은 불합리하다. 또 이와 반대로, 단순히 '白'나 '大方'과 같은 부류의 단어를 중첩으로 구성된 모든 상태형용사와 함께 한 품사 종류에 속하는 두 하위 부류로 정의한다면, 중첩하기 이전의 '丝'·'山水', '抖'·'摇摆', '白'·'大方'을 각각 세 가지 부류로 나누는 것 또한 불합리하다. 합리적인 방법은 상태형용사를 '상태묘사사(摹状词)', 약칭 '묘사사(状词)'[25]로 바꾸어 부르는 것이다. 그리고 명사·동사·형용사는 모두 '대명사(大名词)'에 귀속시킨다. 아울러 품사 분류를 할 때 중국어는 먼저 첫 번째 단계에서 대명사와 묘사어로 구분하고, 두 번째 단계에서 다시 대명사 내에서 명사, 동사, 형용사(성질형용사)로 구분한다. 명사·동사·형용사를 구분할 때는 상태묘사를 통해 먼저 형용사와 명사·동사 두 가지로 구분하고(2권 제5장 5절), 마지막에 가서 제한적으로 명사와 동사를 구분한다(명동포함). 대명사와 상태묘사어의 구분에 비해 명사·동사·형용사의 구분은 중요성이 떨어지고, 단어와 구의 구분도 그다지 중요하지 않다. 이것이 바로 중국의 전통적인 문장론에 '명(名)'과 '중언(重言)'의 개념은 있으나 '명'과 상대되는 '동(动)'의 개념은 없는 이유이다.[26](1권 제4장 3.1절에 별도로 서술) 흔히 중국어

---

25 저자주: '状词(묘사사)'라는 명칭은 딩성수(丁声树 1940)에서는 형용사와 부사의 총칭으로 사용되었다. 그에 따르면 시경(诗经)에는 "중첩된 글자로 이루어진 문장이 많으며, 묘사사가 가장 많다"라고 하였다. '采采芣苢(질경이를 캐고 캐다)'와 '燕燕于飞(제비가 날다)'에서 보듯이 동사와 명사 모두 중첩하여 문장을 만들 수가 있다.

26 저자주: 『마씨문통(马氏文通)』에서 명자(名字), 동자(动字), 정자(静字(형용사))를 모두 병렬하였

는 형태변화가 부족하다고 말하는데, 사실은 중첩이 중국어의 가장 중요한 형태변화이며 인도유럽어의 형태변화와는 다른 형태변화이다.[27]

상태묘사어(묘사어)는 주관적인 색채를 띠고 있다. 중국어는 '명사'와 '묘사어'의 구분을 중시하는데, 이는 중국어가 '직설(直陈)'과 '비직설(非直陈)'의 구분(2권 제4장 1.2절 참조)을 중요시하는 것과 맥을 같이한다.

제6절 '的$_3$'과 이란어의 EZ

'생성문법' 연구에 종사하는 사람들이 모두 다 '这本书的出版(이 책의 출판)'의 '的'를 명사구를 한정하는 중심이나 주술구조에 삽입된 성분으로 분석하는 것은 결코 아니다. 이러한 분석은 주더시(朱德熙 1961)가 정의한 '的$_3$'의 밖에서 성질이 다른 '的'를 별도로 다시 설정하여야 한다. 간결성 원칙에 따르면, 가능한 한 실체를 늘리지 않아야 한다. 간결성 원칙은 이론의 논쟁을 초월한다. 생성문법론자들이 대부분 명사, 동사, 형용사의 삼자분립 가설을 견지하고 있지만, 자신의 이름을 따서 '라르손의 껍질가설(Larson's Shell Hypothesis, 拉森壳假说)'을 제시한 라르손(R. Larson)은 일부 이란어와 마찬가지로 중국어의 명사는 동사와 형용사를 포함하는 '대명사범주(super-noun category, 大名词类)'일 가능성이 높다고 주장하였다. 이 추측은

지만, 명칭으로 보아 동자와 정자가 대응됨을 알 수 있다.

27 저자주: '피진 영어(Pidgin English)' 베스트10 선정 결과, 영예의 1위를 차지한 것은 'Good good study, day day up(열심히 공부해서 나날이 발전하자, 好好学习, 天天向上)'이다. 이것이 1위로 선정된 이유는 중국어와 영어의 아주 중요한 차이를 부각시켰기 때문인데, 그것은 형용사 '好(좋다)'와 명사 '天(날)'이 중첩을 통해 묘사를 나타낸다는 것이다.

생성문법의 '격(Case, 格)' 이론에 근거하여 중국어의 '的'를 그에 대응하는 이란어의 조사와 비교함으로써 얻은 것이다.

라르손(Larson 2009)의 제목은 「역 에저페(Ezafe) 언어로서의 중국어 (Chinese as a Reverse Ezafe Language)」인데, 그렇다면 에저페는 무엇인가? 일부 이란어에서는 중국어 '的'에 해당하는 조사를 에저페(약칭 EZ)라고 하는데, 이는 순방향과 역방향의 두 종류가 있다. 페르시아어(Farsi)는 순방향 EZ인데, 예를 들면 다음과 같다.

    del-é   sang
    heart-EZ   stone
    铁石的心肠
    철석같은 마음

    otâq-é   besyar kucik
    room-EZ   very small
    很小的房间
    아주 작은 방

이러한 언어의 어순은 수식어가 중심어 뒤에 있는 것으로 '的'에 상당하는 EZ가 관형어-중심어 구조에서 중심어 뒤에 붙는다. 이 두 가지 예의 중심어는 명사이고, 수식어는 각각 명사와 형용사가 된다.

    hordan-é   âb
    drinking-EZ   water

水的饮用

물의 음용

이 예문의 중심어인 hordan은 drinking으로 해석되어 있는데, 그것이 동사어근인지 명사어근인지를 판단하기가 어려워보인다(단, 아래 참조). 중심어는 형용사나 전치사가 될 수 있다.

   negæran-é   bæche
   worried-EZ   hild-PL'
   [对]孩子的担忧(PL是复数标记)
   아이들[에 대한] 걱정(PL은 복수표지)

   beyn-é   mæn-o to
   between-EZ   you and me
   你我的中间
   너와 나의 사이

그리고 역방향 EZ도 있는데, 이는 중국어의 어순처럼 관형어가 중심어 앞에 있고, EZ는 관형어 뒤에 붙어 있다. 길라키어(Gilaki)[28]를 예로 들 수 있다.

   John-é   xowne

---

28 역자주: 인도유럽어 계통 이란어족의 일종.

John-REZ   house

约翰的房子

존의 집

zak-ə   negarown

child-REZ   worried

[对]孩子的担忧

아이 [에 대한] 걱정

istaxr-e   otaq

pool-REZ   around

水池的周围

연못의 주위

이 세 가지 예의 중심어는 각각 명사, 형용사, 전치사이다.

âb-e   xurdan

water-REZ   eat

水的饮用

물의 음용

이 예의 중심어인 xurdan은 eat로 해석되어 있어서 동사어근일 가능성이 높다(이에 대해서는 아래에서 다시 서술하기로 한다).

surx-ə   gul

red-REZ	flower	
红的花		
붉은 꽃		

daryaa(-e)	kinaar-e	xowne
sea(-REZ)	next-REZ	house
靠海的房子		
바다에 인접한 집		

이 두 개 예의 관형어는 각각 형용사와 전치사구이다.

라르손이 선택한 방법 역시 EZ나 REZ를 관형어와 중심어 사이의 조사로 분석하는 전통적인 관형어-중심어 분석이다. 중심어와 관형어는 모두 전통적인 의미의 명사에 국한되지 않고, 형용사와 전치사 심지어 동사까지 포함하기 때문에 라르손은 중심어와 관형어가 되는 단어를 '대명사(大名词)'로 정의하고, EZ를 '大的(큰)'(super-'s 또는 super-of)으로 정의하였다. '大的'의 문법 기능은 리(Li 1985)의 관점과 마찬가지로 앞뒤 성분의 '격조화(Case concord, 格协调)'로 보았다. 이는 앞뒤 성분의 '격'이 서로 조화를 이루도록 하는데, '격'은 명사성 성분이 가지는 특성이다. 라르손은 이란 언어의 EZ에 대해 이러한 분석과 정의를 하는 것이 생성문법의 이론적 틀 안에서 합리적이고 간결한 것임을 선행연구를 통해 알 수 있다고 지적하였다.

이란 언어 '大的'의 통일성은 중국어 '的$_3$'의 통일성과 일치한다. 예를 들어보자.

爸爸的书	沉重的书	掉页的书	在馆的书
아빠의 책	무거운 책	낙장된 책	도서관에 있는 책
书的封面	书的沉重	书的掉页	书的在馆
책의 표지	책의 무거움	책의 낙장	책의 도서관 소장

    주더시(朱德熙 1961년)에 따르면, '的' 앞부분에 있는 관형어의 성분이 명사든 형용사든 동사든 간에 '的'는 모두 '명사성 문법단위의 후접성분'이다.[29] 라르손은 한 걸음 더 나아가 '的' 앞의 관형어 성분이든 뒤의 중심어든 상관없이, 또 그것들이 명사든 형용사든 동사든 상관없이, '的'는 모두 그 앞뒤의 명사성 문법성분을 격을 조화롭게 만드는 '격조화' 조사라고 하였다. 그리고 라르손은 이것이야말로 이란 언어와 비교를 통해서 비로소 분명히 알게 된 중국어 '的'자의 진면목이라고 보았다. 정통적인 생성문법의 이론 틀에서, 관형어 성분을 모두 명사성 성분으로 분석하기 위해서는 반드시 '沉重(무겁다)', '掉页(책의 페이지가 떨어져 나가다)', '在馆(도서관에서 소장하다)'과 같은 술어성 성분이 '관계절화' 되었다고 가정하거나 아니면 그것들이 한정형식에서 비한정형식으로 바뀌었다고 가정해야 한다. 또 중심어를 모두 명사성 성분으로 분석하기 위해서는 반드시 이들과 같은 술어성 성분이 모두 '명사화' 되었다고 가정해야 한다. 명사구의 중심은 당연히 명사성 성분이기 때문에 논증할 필요가 없는데, 그렇지 않으면 X바(X-Bar)이론(즉, 중심확장 원칙)에 위배된다. '명사화'처럼 이런저런 '-화'는 모두 간결성 원칙에 위배되므로 중국어에서는 불필요하다. 이제 라르

---

29   저자주: 혹자는 '的'를 '명사화표지'라고 오해하는데, 실제로는 그렇지 않다. 왜냐하면 '木头的房子(나무로 된 집)'에서 '的'가 '명사화'의 기능을 했다고 말할 수 없기 때문이다.

손이 가정한 '대명사(大名词)'가 생겼으니 이들 '-화'는 모두 취소할 수 있게 되었다.

라르손은 '的'의 역할을 명사성 성분의 '격'을 검증하거나 조율하는 것으로 보았고, 기능언어학에서는 '的'의 역할을 참조체(관형어)를 빌려 목표를 가리키는 명사구의 '식별도'를 높이는 것이라고 보았다.(2권 제2장 2절 참조). 두 가지 견해는 단지 관찰의 각도와 이론의 출발점이 다를 뿐, 하나는 '的'의 추상적 기능에 착안한 것이고, 다른 하나는 '的'의 구체적인 기능에 착안한 것으로, 방법은 달라도 결과는 같다. 이에 대해서는 완취안(完权 2015)을 참조할 수 있다. 라르손은 "중국어의 시각으로만 중국어를 보면 분명하게 볼 수가 없다"[30]라고 강조하였는데, 이 말은 아주 적절한 말이다. 중국어의 '대명사'를 확정한 것은 바로 '的'를 가지고 이란어의 EZ와 비교한 결과인 것이다. 이 말은 역으로 이란어나 다른 언어에도 적용된다고 말하고 싶다. 이란어의 시각으로만 이란어를 보아도 분명하게 보이지 않고, 영어의 시각으로만 영어를 보아도 분명하게 보이지 않는다. 생성문법에 의해 확정된 이란어의 '대명사'는 형용사와 전치사구를 모두 포함하고 있는 것이 분명하다. 그런데 여기에 동사가 포함되어 있는지 여부는 아직 명확하지 않은데, 그 이유는 일반적으로 동사는 [+N]의 특징을 갖지 않는다고 생각하기 때문이다. 하지만 앞에서 살펴본 페르시아어와 길라키어의 예에서는 동사근 xurdan(eat)와 hordan(drinking)이 포함되어 있다. 만약 중국어의 시각을 통해 거꾸로 두 언어를 살펴본다면, 이때의 동사나 동사근도 대명사에 속한다는 것이 명확해진다. 이른바 전치사 beyn(가

---

30 저자주: 원문은 We cannot figure out Chinese using only Chinese이다.

운데), otag(주위)는 원래 방위명사이다. 이 문제는 이란 언어의 전문가에게 심도 있는 연구를 위한 자료로 제공할 수 있겠다. 1권 제6장 4절에서는 중국어의 술어를 통해 영어의 술어를 되짚어 보면, 영어 술어의 지칭성에 대해 보다 깊이 있게 인식할 수 있다는 것을 설명하기로 한다. 다음 절에서는 타갈로그어의 이른바 동사와 동사근은 사실 모두 명사와 명사근으로 분석할 수 있다는 것을 설명하고자 한다.

제7절 타갈로그어의 동사

필리핀의 타갈로그어(오스트로네시아어족(Austronesian languages)[31]에 속함)도 중국어의 '명사'는 동사와 형용사를 모두 포함하는 '대명사(大名词)'라는 것을 방증할 수 있다. 카우프만(Kaufman 2009)은 역사언어학, 언어유형론, 생성언어학의 세 가지 측면에서 타갈로그어의 이른바 동사성 술어는 사실 모두 명사성 성분이며, '주어+술어' 구조는 모두 내포된 하나의 계사(copula, 系词)로 연결된 두 명사구의 조합임을 논증하였다.

인도유럽어 '동사중심론'의 영향을 받아 타갈로그어 문법학자들은 동사가 4가지 태(행위자중심태(actor voice) AV, 피행위자중심태(patient voice) PV, 처소중심태(locative voice) LV, 후원자중심태(conveyance voice) CV) 접사를 가지고 있다고 보았다. 이는 각각 행위자, 피행위자, 처소, 후원자 등 4가지 다른 논항이 절의 주어(격표지는 ang)가 된다. 예를 들어 아래 네 개의 문장은 모두 '고양이(행위자)가 접시 위(처소)에서 개(후원자) 대신 쥐(피행위자)를 잡아먹

---

31 역자주: 동남아시아와 태평양 지역에 걸쳐 널리 사용되고 있는 여러 언어들의 어족.

었다'는 의미를 나타내지만, 동사 k-áin(먹다)이 가지고 있는 태의 접사가 모두 다르고 주어도 다르다.

(1)

a. k<um>áin   nang=dagà   sa=pinggan   pára sa=áso   ang=púsa

<AV:BEG>먹다   GEN=쥐   OBL=접시   for-OBL 개   NOM=고양이[32]

→ 동사 k-áin은 AV접사 um(시작상을 나타냄 BEG)을 수반하고, púsa(고양이)는 주격표지가 붙어 주어가 됨.

b. k<in>áin-ø   nang=púsa   ang=dagà   sa=pinggan   pára sa=áso

<BEG>먹다-PV   GEN=고양이   NOM=쥐   OBL=접시   for-OBL=개

→ 동사 k-áin은 PV접사 ø를 수반하고, dagà(쥐)는 주격표지가 붙어 주어가 됨.

c. k<in>áin-an   nang=púsa   nang=dagà   ang=pinggan   pára sa=áso

<BEG>먹다-LV   GEN=고양이   GEN=쥐   NOM=접시   for-OBL=개

→ 동사 k-áin은 LV접사 an을 수반하고, pinggan(접시)는 주격

---

[32] 저자주: 축약 부호: BEG=시작상, EMPH=강조표지, GEN=속격, LIM=한도표지, LNK=연결사, NOM=주격, OBL=사격(주격·호격 이외의 명사·대명사의 격), for-OBL=대체격, s=단수.

표지가 붙어 주어가 됨.

d. i-k〈in〉áin   nang=púsa   nang=dagà   sa=pinggan
   ang=áso
   CV-〈BEG〉먹다   GEN=고양이   GEN=쥐   OBL=접시
   NOM=개
   → 동사 k-áin은 CV접사 I를 수반하고, áso(狗)는 주격표지가
      붙어 주어가 됨.

이러한 태의 체계와 관련된 통사 현상은, 의문문과 화제화, 관계절화를 구성할 때 명사성 성분의 추출(extraction, 提取)에 일정한 제약이 따라서 주어가 되는 명사구만이 추출될 수 있다는 것이다. 이 제약은 이러한 태 체계가 아직 남아있는 오스트로네시아어에 보편적으로 존재하며 광범위한 관심을 끈다. 다음의 예를 보자.

(2)
a. Sino ang=b〈um〉ili   nang=téla?
   who NOM=〈AV:BEG〉buy   GEN=cloth
   who bought the cloth?
   누가 그 천을 샀습니까?

b. *Sino ang=b〈in〉ili-ø   ang=téla?
    who NOM=〈BEG〉buy-PV   GEN=cloth

(3)

a. Ano ang=b＜in＞ili-ø nang=babái?
  what NOM=＜BEG＞buy-PV GEN=woman
  What did the woman buy?
  그 여자는 무엇을 샀습니까?

b. *Ano ang=b＜um＞ili ang=babái?
  what NOM=＜AV:BEG＞buy NOM=woman

 (2)에서 a문장의 행위자 중심태는 행위자가 주어가 되기 때문에 이를 추출하여 문두의 의문사로 만들 수 있지만, b문장과 같은 피행위자 중심태는 행위자를 추출하면 문법에 맞지 않는다. 마찬가지로 (3)에서 a문장의 피행위자 중심태는 피행위자가 주어가 되기 때문에 이를 추출하여 문두의 의문사로 만들 수 있지만, b문장과 같은 행위자 중심태는 피행위자를 추출하면 문법에 맞지 않게 된다. 화제화와 관계절화의 추출도 동일한 제약을 받는데, 이에 대해서는 설명을 생략하기로 한다. 이 제약은 비교적 복잡한 (1)의 각 문장에도 똑같이 적용된다.

 카우프만(Kaufman, 卡夫曼 2009)은 이 현상을 해석하기 위해서는 생성문법이 이전에 제시한 보편적으로 적용되는 제약조건인 명사구(또는 한정어구) 안의 명사성 성분은 추출할 수 없다는 것만 받아들이면 되며, 다른 더욱 복잡한 해석은 불필요하다고 지적하였다. 이 간단한 해석의 전제는 타갈로그어의 전통적인 분석법으로 돌아가는 것이다. 이른바 주술구조는 모두 계사(숨겨진 형태)구조이고, 이른바 동사성 술어는 사실 모두 명사성이며, 또 동사의 태 접사는 사실 명사의 접사로 분석되어야 한다. 이러한 분석은 간결할 뿐만 아니라 공시 및 통시적 언어 사실에 대하여 모두 합리적인 해석을 내릴 수 있다. 예를 들어, 다음 네 문장의 영어 번역(모두 계사문이며 계사는 두 개의 NP를 연결함)은 타갈로그어로 표현한 본래의 의미 (ang은 주격표지, nang은 소유격표지)에 가깝다.

(4)

a. k＜um＞áin　　nang=dagà　　ang=púsa
　＜AV:BEG＞먹다　　GEN=쥐　　NOM=고양이
　The cat was the eater of a rat.
　고양이가 쥐를 잡아먹었다

b. k＜in＞áin-ø　　nang=púsa　　ang=dagà
　＜BEG＞먹다-PV　　GEN=고양이　　NOM=쥐
　The rat was the eaten one of the cat.
　그 쥐는 고양이에게 먹힌 쥐였다.

c. k＜in＞áin-an　　nang=púsa　　nang=dagà　　ang=pinggan
　＜BEG＞먹다-LV　　GEN=고양이　　GEN=쥐　　NOM=접시
　The plate was the cat's eating place of the rat.
　그 접시는 고양이가 쥐를 잡아먹는 곳이었다.

d. i-k＜in＞áin　　nang=púsa　　nang=dagà　　ang=áso
　CV-＜BEG＞먹다　　GEN=고양이　　GEN=쥐　　NOM=개
　The dog was the cat's 'eating benefactor' of the rat.
　그 개는 고양이가 쥐를 잡아먹은 수혜자였다.

카우프만은 이러한 문장이 타갈로그어에서는 파생으로 생성된 것이 아닌 기초적인 문형이라고 강조했다. 영어와 비교하면 영어 명사에는 LV에 상당하는 처소접사와 CV에 상당하는 후원자접사만 없을 뿐, AV 접사는 영어 명사의 행위자 접사 -er에 해당하고, PV 접사는 영어 명사의 피행위자상 접사 -ee에 해당한다.[33] 이것이 바로 타갈로그어 등 오스트로네시아어족에서 말하는 태 접사의 실체이다.

영어로 번역된 이 네 개의 문장은 하나같이 부자연스럽지만, 중국이 '화제—평언'문으로 번역하면 자연스럽다는 것을 알 수 있다.

(5)
　a. 猫, 吃耗子的AV。
　　 고양이는 쥐를 먹은 것이다.
　b. 耗子, 猫吃的PV。
　　 쥐는 고양이가 먹은 것이다.
　c. 盘子, 猫在那儿吃耗子的LV。
　　 접시는 고양이가 거기에서 쥐를 먹은 것이다.
　d. 狗, 猫替它吃耗子的CV。
　　 개는 고양이가 그것을 대신해서 쥐를 먹은 것이다.

---

[33] 저자주: 영어 동사 amputate(손, 발 등을 절단하다)는 두 개의 논항을 가지고 있는데, 하나는 행위자 주어이고 다른 하나는 직접목적어(절단된 사지)이다. 하지만 어떤 논항도 사지가 절단된 사람을 가리키지는 않기 때문에 The doctor amputated John이라는 표현은 없다. 그런데 이 사실이 영어가 amputee(절단된 사람)이라는 단어를 구성하는 데 있어 방해가 되지는 않는데, '사지가 절단된 사람'이 동사 amputate의 통사적 논항이 아니라고 해도, 개념적으로 '사지를 절단하다'라는 동작이 사지가 절단된 사람과 관련만 있으면 이런 식으로 단어를 구성할 수가 있다. 이것이 바로 타갈로그어의 문장 구성 원리이다.

이 네 개의 중국어 문장도 모두 '的'로 끝을 맺은 명사구가 술어로 사용된 문장이며, 계사는 잠재되어 있고 드러나지 않기 때문에 이 문장들은 모두 하나의 지칭성 술어를 사용해서 화제에 대해 설명을 하고 있다. 흥미로운 것은, 중국어의 통일된 '的'는 타갈로그어의 소유격표지 nang에 해당하지만, 명사구의 표지인 '的'는 타갈로그어의 AV, PV, LV, CV 네 종류의 접사를 모두 포괄한다는 것이다. 이는 중국어의 간결한 점이다.

　이상의 번역은 사실 ang로 도출한 성분을 화제로 처리하는 것인데, 이렇게 하면 타갈로그어 이 문장들의 어순은 '화제가 앞에 있고 평언이 뒤에 있는' 보편적 정보구조의 순서에 위배된다. 루빙푸(陆丙甫 2014)는, 만약 타갈로그어 문두의 동사가 사실상 명사라는 것을 나타내면서 '화제-평언'의 구조를 유지하고자 한다면, 이 네 문장을 각각 다음과 같이 해석할 수 있다고 제안했다(괄호 안은 필자가 고대중국어처럼 모방하여 번역한 것이다).

(6)
a. 那件吃耗子的事件, 施事是猫。(吃耗子者, 猫也。)
　쥐를 먹은 그 사건은, 행위자가 고양이다.(쥐를 먹은 것은 고양이다.)
b. 那件被猫吃的事件, 受事是耗子。(猫所吃者, 耗子也。)
　고양이에게 먹힌 사건은, 피행위자가 쥐이다.(고양이가 먹은 것은 쥐다.)
c. 那件猫吃耗子的事件, 处所是在盘子中。(猫所在吃耗子者, 盘子也。)
　고양이가 쥐를 먹은 그 사건은, 장소가 접시이다.(고양이가 쥐를 잡아먹은 곳은 접시다.)

d. 那件猫吃耗子的事件, 替事是狗。(猫替之吃耗子者, 狗也。)
고양이가 쥐를 잡아먹은 그 사건은, 후원자는 개이다.(고양이가 그것을 대신하여 쥐를 먹은 것은, (그것은)개이다.)

'猫(고양이), 耗子(쥐), 盘子(접시), 狗(개)'는 각각 현저한 정보 성분이고 앞의 사건 명사는 모두 현저한 성분을 나타내는 형태표지를 포함하고 있는데, 이 현저한 성분은 뒤에서 ang을 사용해서 도출된다.

앞의 예문 (2), (3)의 두 의문문으로 돌아가서, 영어와 중국어의 번역이 타갈로그어의 본의에 완전히 부합하지는 않는다. 비교적 정확한 중국어 대응 번역은 '谁买了那块布(누가 그 천을 샀는가)'가 아니라 '谁买的那块布(누가 산 것이 그 천인가?)'이고, '那女人买了什么(그 여자가 무엇을 샀는가)'가 아니라 '那女人买的什么(그 여자가 산 것은 무엇인가)' 또는 '什么是那个女人买的(무엇이 그 여자가 산 것인가)'이다. 주어와 서술어가 모두 명사성이라는 것은 결코 특이한 현상이 아니며, 이러한 언어는 적어도 또 통가어가 있다(자세한 내용은 2권 제3장 참조). 1권 제6장에서는 중국어 서술어의 지칭성과 영어 서술어의 잠재적 지칭성을 상세히 설명할 것이다.

카우프만은 타갈로그어에서 술어가 되는 동사구는 사실 모두 명사구라고 지적했는데, 근본적인 원인은 이러한 언어의 어근이 모두 명사성이기 때문이다. 여기에는 전형적인 동작을 나타내는 어근도 포함된다. 예를 들어보자.

(7)
dalawa=ng   kuha=ngà=lang   nang=i~isang   ibon
two=LNK   take=EMPH=only   GEN=LIM~one   bird

two takes(photos) of only one bird

(8)

saan   ang=lákad=mo   ngayong   gabi
where   NOM=walk=2S.GEN now:LNK   night
Where is your walk tonight?

(7)에서 동작을 나타내는 어근인 kuha(사진을 찍다)는 수량사의 수식을 받고, nang은 소유격표지로 중국어에서 '一鸭的两吃(한 마리 오리의 두 가지 먹기)'라고 말하는 것과 유사하며, 타갈로그어는 '一鸟的两照(한 마리 새의 두 번 찍기)'로써 '一只鸟照了两次(한 마리의 새를 두 번 찍었다)'를 표현한다.(8)에서 동작을 나타내는 어근인 lákad(가다)는 통상 명사가 대동하는 수(数)의 격표지를 가지고 있으므로, 이 문장은 중국어로 '你今晚哪儿的一走?(오늘 밤 어디의 한 번 감?)'라고 말하는 것과 흡사하다. 동작을 나타내는 이러한 어근은 만약 태 표지를 붙이지 않으면 술어가 될 수 없는데, 이는 이들 어근의 명사성이 그것의 통사적 위치에 의해 초래된 것이 아니라 내재된 것임을 보여준다. 이 점은 외국어 차용어가 섞인 어구와 타갈로그어가 섞인 피진 영어를 통해서도 알 수 있다.

(9)

a. mag-ice-cream   b. mag-basketbol
   AV-ice-cream   AV-basketball
   eat ice cream   play basketball

(10)
a. mag-trabaho   b. p＜um＞arada
 AV-work   ＜AV＞stop
 to work   to park

(9)는 영어와 스페인어를 차용한 타갈로그어 명사 ice-cream(아이스크림)과 basketbol(농구)(대응하는 동사가 없음)에 태 표지를 붙여 술어를 만든 것이고, (10)은 스페인어의 명사 trabaho(일)와 parada(정지하다)(대응하는 동사가 있음)에 태 표지를 붙여 술어를 만든 것이다. 중국어에도 비슷한 경우가 있는데, 예를 들면 다음과 같다.

(11)
你 iphone 了吗? 너 iphone 했니?
你 3G 了吗? 너 3G 했니?
我也 blog 了。 나도 blog 했어.

(12)
你 parking 好了吗? 너 parking 다했니?
你今天 swimming 了吗? 너 오늘 swimming 했니?

영어 명사 iphone, 3G, blog를 차용하고 '了'를 붙여 술어를 만들었는데, 이는 명사가 임시로 동사로 사용된 수사적 용법이라기보다는 중국어에서 동사로 이루어진 술어는 본래 명사성을 가지고 있다고 말하는 것이 더 좋다(1권 제6장). 왜냐하면 이렇게 말하는 사람들은 대부분 이러한 영어 차용어가 명사인지 동사인지를 알지 못하기 때문이다.(12)의 두 문장은 영어에 동사 park와 swim이 있다는 것을 잘 아는 상황에서도 오히려 이들의 명사 형식을 사용하였다.

(13)
Let's make pasok('enter')na to our class!
我们进教室吧！
우리 교실로 들어가자.

Wait lang! I'm making kain('eat')pa!
等一等, 我正在吃呢！
좀 기다려, 나 지금 밥 먹고 있어!

Come on na, we can't make hintay('wait')anymore!
快点, 我们不能再等！
좀 서둘러, 우리는 더 이상 기다릴 수 없어.

이것은 타갈로그어 차용어가 섞인 피진 영어인데, 상황은 위와 정반대이다. 왜냐하면 '进(들어가다)', '吃(먹다)', '等(기다리다)' 등 동작을 나타내는 어근 pasok, kain, hintay는 명사의 성질을 가지고 있기 때문에 영어 문장을 삽입할 때는 앞에 동사 'make'를 붙여야 하기 때문이다. 중국어의 차용어를 섞은 피진 영어에도 비슷한 경우가 있는데, 특히 일부 번역하기 어려운 중국어 동사(사실은 동명사임)를 만났을 때가 그 경우이다.

(14)
We can't make zheteng(折騰) anymore!
我们不能再折腾了!
우리는 더 이상 괴로워할 수 없어!
Let's do some zouxue(走穴), too!
我们也去走走穴吧!
우리도 부업으로 돈 좀 벌어보자!
He is doing huyou(忽悠)again!
他又在忽悠了!
그는 또 사기치고 있다!

흔히들 이렇게 먼저 '折騰(잠자리에서 뒤치다꺼리다)', '走穴((국가 문예 단체 소속 연기자가 정규 공연 이외의 시간에) 따로 출연하(여 돈을 벌)다.)', '忽悠(사기를 치다)' 등을 섞어서 말을 하고 난 다음, 이들 단어가 의미하는 바를 설명한다. 그런데 만약 이 단어들이 명사성을 가지고 있다고 가정하지 않는다면 왜 'make'나 'do'를 앞에 붙여야 하는지 설명하기 어렵다.

이와 유사한 상황은 일본어 속에 섞여있는 중국어 단어에서도 찾아 볼 수 있다. 동작을 나타내는 중국어 단어는 쌍음절 단어는 물론이고, 단음절 동사(동사성이 강함)도 する(ずる, じる)를 붙여야만 '檢閱する(검열하다)', '解放する(해방시키다)', '愛する(사랑하다)', '念ずる(염원하다)', '任じる(임하다)' 와 같이 '용언'으로 변하고, 붙이지 않을 경우에는 '체언'이 된다.[34] 한국어

---

34 저자주: 일본어 학계에서 혹자는 일본어의 많은 동작 행위를 나타내는 단어는 자체가 바로 명사이며, 여기에 '경동사(생성 문법의 용어를 차용함)' する(하다)를 붙이면 동사가 된다고 주장한다. 또 심지어 '食べ', '飲み'와 같은 일부 파생성 명사도 반드시 동사에서 파생되었

속의 중국어 단어 또한 그러하다. 예를 들어보자.

(15)
Jeongbu-ga   dari-reul   geonseol-ha-oet-da.
정부—주격   다리—목적격   건설—하—과거시제—서술
政府架设了桥梁。
정부가 다리를 건설하였다.

geonseol(건설) 뒤에 -hada(=영어 do)를 붙여 술어가 된다. '建设(건설)'과 같은 중국어 단어에 주격, 목적격표지를 붙일 수도 있다(崔健, 개인적으로 통신함).

요컨대 원래 동사성이라고 알고 있던 어근이 사실은 명사성이라는 이 견해의 중요성은 말하지 않아도 알 수 있다. 이론언어학(Theoretical Linguistics)지는 카우프만의 연구를 다룬 전집(35권 제1기)을 냈다.[35] 베이커(Baker 2009)는 카우프만의 주장이 다소 급진적으로 보이지만 잠재적 우아함(简雅性, potentially elegant)을 가지고 있으며, 품사 차이도 하나의 '변수(parameter)'로서 언어 간 차이를 만드는 원인 중 하나임을 밝혔다고 보았다. 베이커는 또 언어유형론적으로 명사와 동사에 '중화(中和)'가 일어나면 그 결과는 반드시 동사가 아닌 명사를 '중화항(中和项)'으로 삼아야 한다고 지적하였다. 그는 카우프만의 분석이 맞기는 하지만 타갈로그어 내부의

다고 볼 수는 없으며, 동사어근 자체가 바로 명사성일 가능성이 매우 높다고 주장하는 이도 있다. 이 문제는 깊이 연구할 가치가 있다.

[35] 저자주: 타갈로그어의 품사 특징에 관해서는 Himmelmann(2007)과 罗仁地(Randy Lapolla 2010)를 참조할 수 있다.

증거(간접적인 것이든 직접적인 것이든 무관함)로써 반드시 명사가 중화항이 된다는 것을 증명해야 한다고 주장했다. 이 책 1권 제5장에서는 주로 영어와 중국어의 사실에서 출발해 인지적 측면에서 이 점에 대해 논증할 것이다.

    라르손과 카우프만은 모두 생성문법의 틀 안에서 문제를 논의하였지만, '명동분립(名动分立)'이라는 기존 이론에 결코 얽매이지 않았다. 그들의 마음속에는 '간결성 원칙'이 학파의 이론 위에 군림하고 있었다. 이는 우리의 진지한 관심을 받을 가치가 있다.

제4장

'실현관계'와 '구성관계'

제1절 초기 개념인 '지칭'과 '서술'

중국어가 '명동포함' 구도라는 것을 확정하기 위해서는 먼저 중국어는 명사가 지칭어이고 동사가 서술어라는 것을 확정해야 한다.(1권 제3장 1절) 혹자는 '명사'와 '동사'가 보편적인 초기 개념을 가진다고 생각한다. 즉, 명사는 [+N]의 특징을, 동사는 [+V]의 특징을 가지고 있다고 정의한다. 하지만 이는 사실 정의를 하지 않은 것과 같다. 실제로 모든 언어는 각각의 분포 상황에 따라 명사와 동사를 구분하는데, 문제는 A, B 두 언어가 각각 분포에 따라 분류한 단어들이 같은 품사인지, 즉 모두 명사에 속하거나 모두 동사에 속하는지를 어떻게 알 수 있느냐는 것이다. 그것을 알기 위해 참고해야 할 것이 의미 외에, 바로 '지칭'과 '서술'이라는 초기 개념쌍이다. 지칭과 서술은 둘 다 지칭으로 쓰이기 때문에 모두가 명사이고, 또 둘 다 서술로도 쓰이기 때문에 모두가 동사이다. 장빈(张斌 2014)은 글 첫머리에 "언어는 의사 표시의 도구이며 원래 기능은 지칭과 진술이다"라고 명확하게 밝히고 있다. 명사와 동사를 초기 개념으로 하여 문법 분석을 하는 사람들도 역시 '총칭, 한정, 비한정' 등과 같은 지시 개념을 사용할 수밖에 없다. 언어유형론자들도 서로 다른 언어의 품사를 비교할 때는 대부분 '지칭'과 '서술'을 비교의 공통 기반으로 사용한다. 우리는 하나의 활동이나 일을 진술할 뿐만 아니라 또한 그것을 지칭하기도 하기 때문에 지칭이 서술보다는 더 기본적이다.

지칭(reference)은 명시적 지시(denotation)와는 다르다. 단어는 이 세상의 사물을 명명할 수 있는데, 단어와 외부 사물의 관계는 '명시적 지시'이다. 언어를 사용할 때 하나의 단어가 서로 다른 대상을 가리킬 수도 있는데, 이는 시간과 장소에 따라 다르기 때문에 단어가 구체적으로 사용될 때 실제로 가리키는 것을 '지칭'이라고 한다.(蔣严 2013) 피어스(Pierce)는 기호를 아이콘(icon), 심볼(symbol), 인덱스(index)의 세 가지로 나누었다. 언어학에서 '지칭어'는 도상부호이자 상징부호이며, 또 지시부호이기도 하다. 이른 바 index란 '집게손가락으로 가리키다'라는 뜻이며, 최근 언어의 기원과 진화를 연구하는 일부 학자들은 '지시'를 인류 언어 발생의 초기 단계 또는 준비 단계로 보고 있다.(Kita 2003, Bejarano 2011, Arbib2012, Disell 2013) 우리는 현재 보고 있는 사건과 사물을 손으로 가리킬 뿐만 아니라 보이지 않는 사건과 사물, 과거나 미래, 상상 속의 사건과 물건까지도 가리킬 수 있는데, 동물에게는 그런 능력이 없다. 어느 한 여성이 오른손 손가락을 머리 위로 올려 오른쪽 위쪽을 가리키면서 "제 남편은 실험실에서 실험하고 있어요"라고 말할 경우, 그녀는 남편(사람)과 실험실(사물), 실험(사건)을 가리키고 있는 것이다. 즉, 동작과 활동, 사건이 모두 지칭의 대상이 될 수 있다. 한 젊은 여자가 최신 유행하는 옷으로 차려입고서 담배를 피우고 있는데, 내가 만약 그 여자를 손으로 가리켰다고 하자. 이때 나의 목적은 상대방의 주의를 끌기 위한 것으로, 가리키는 현상에 의미를 부여함으로써 내 '수화'의 의도를 이해시키려는 데 있다. 따라서 언어학에서 말하는 '지칭'은 언어의 사용 및 화자의 의도와 밀접한 관련이 있으며, 본질적으로 '화용'적 개념이다. 하퍼와 탐슨(Hopper & Thompson 1984)에 따르면, 언어의 지칭어는 '담화의 조작 가능한 참여자'를 가리키는데, 설명해야 하는 화제 또는 동작이 제어하거나 영향을 끼칠 수 있는 대상이다.

'지칭'은 '지시(referential)'와 '비지시(nonreferential)'로 구분되고, '지시'는 다시 '한정(definite)', '비한정(indefinite)', '통칭(generic)', '특칭(specific)' 등으로 구분된다. 이들은 담화 참가자의 인지 상태에 따라 각각 따로 정의된다.(陈平 1987 참조) '술어논리'는 '지칭포화(referentially saturated)'와 '지칭불포화(referentially unsaturated)'의 구분이 있다. 치어치아(Chierchia 1985)는 직접 문장의 논항(argument)이 될 수 있는 단어만이 실체(entity)를 의미한다고 보고, 이를 근거로 프랑스어·영어의 명사와 중국어의 명사는 중요한 차이가 있음을 지적했다. 프랑스어와 영어의 명사는 직접 문장의 논항이 될 수 없으며, 실체가 아닌 성질(property)을 나타내는 데 반해, 중국어의 명사는 직접 논항이 될 수 있고 실체를 나타낸다. 논항은 주로 주어와 목적어를 가리키며, 지시의 종류로는 총칭, 특칭, 한정, 비한정 가운데 하나에 속한다. 이러한 의미에서 중국어 명사는 '지칭포화'이고 영어 명사는 '지칭불포화'인데, 앞 장 제1절에서는 이미 중국어 명사원형 '老虎'와 영어 명사원형 tiger의 차이에 대해 설명한 바 있다.

주더시(朱德熙)는 주어와 목적어를 지칭성과 서술성의 두 가지로 나누고, 각각 '什么(무엇)'와 '怎么样(어떠하다)'이라는 대체어를 사용해서 판별할 수 있다고 하였다. 혹자는 이 점을 근거로 들어 문장의 주어와 목적어가 지칭어라는 것에 대해 의문을 제기한다. 그런데 이러한 의문은 주더시의 본의를 제대로 이해하지 못한 데서 기인한다. 의미에서 출발해서 주어나 목적어가 되는 동사가 이미 '명사화' 또는 '명물화' 되었다는 주장에 대해 주더시는 줄곧 반대하였다. 당시에 일부 학자가 '지칭화'라는 용어를 사용해서 '명사화'나 '명물화'를 옹호하는 데 대해서도, 주더시는 '지칭화'의 관점을 비판하기 위해 주어와 목적어에도 역시 지칭과 진술의 구분이 있다고 말한 것이다. 주어와 목적어가 원래 서술성을 가질 수도 있는데, 어떻게 지칭화라고 할 수 있는가?(朱德熙·卢甲文·马真 1961) '명동포함 이론'은 바로 이러한 주더시의 주장을 견지하며, 이에 대해 서술어도 이미 지칭어이므로 또다시 '지칭화'라고 할 수는 없다는 해석을 내놓고 있다. 그러나 지금 '명동분립'을 고집하는 사람들은 적어도 어느 정도는 '명사화'를 인정해야 한다고 주장하면서 여러 단계의 '명사화'까지 거론하고 있는데, 이는 주더시의 본뜻과 완전히 배치된다.

또한, 주더시가 '什么'와 '怎么样'을 사용해어 주어, 목적어의 지칭성과 서술성을 판별할 것을 제안하였지만, 그는 또 '怎么样'은 술어성 성분만을 대체할 수 있는 데 반해 '什么'는 명사성 성분과 술어성 성분을 모두 대체할 수 있다는 점을 지적하였다. 이러한 비대칭적 대체가 바로 '명동포함(지칭어가 진술어를 포함한다)'을 뒷받침하는 증거가 되는데, 이에 대해서는 앞 장 제2절에서 이미 설명하였다.

제2절 '실현관계'와 '구성관계'

2.1 실현적 은유와 구성적 은유

문법범주는 추상적이고 화용범주는 구체적이다. '인지언어학'의 은유(metaphor)이론에 따르면, 구체적인 개념을 사용해서 이와 유사한 추상적인 개념을 나타내는 것이 은유이다. 은유는 '실현적 은유'와 '구성적 은유'의 두 가지로 나뉜다(Ungerer & Schmid 1996:147-149). 예를 들어, '你的电脑有病毒了, 赶快杀一下毒!(네 컴퓨터에 바이러스가 있으니 빨리 바이러스를 죽여라!)'라는 말에서 '病毒(바이러스)'는 하나의 은유로, 사람들에게 익숙하고 구체적인 신체 바이러스를 사용해서 컴퓨터에 숨어 있는 비슷한 추상적인 사물을 가리킨다. 컴퓨터의 보급으로 '病毒', '防火墙(방화벽)', '桌面(바탕화면)', '菜单(메뉴)' 등의 명칭들은 일반인에게도 익숙한 상용어가 되었다. 하지만 많은 컴퓨터 전문가들은 이러한 명칭을 사용하는 것에 찬성하지 않는다. 그들은 이러한 은유적인 단어들이 과학 용어와 달리 사실이나 진실을 은폐하기 때문에 피해야 한다고 주장한다. 천문학에서 말하는 '우주 빅뱅' 이론과 같은 많은 과학적 개념들도 그 자체로 은유이며, 많은 과학자들 또한 '은유의 사용을 거부할 수는 없다'고 생각한다.(Boyd 1993, Kuhn 1993, Fengewei 2006) 그러나 은유에 대한 회의와 함께 과학 용어를 정화하려는 과학자들의 노력 역시 계속되고 있다.(Radman1997:44) 이는, '病毒', '防火墙' 등의 은유가 적어도 일부 전문가들이 보기에는 추상적이고 익숙하지 않은 개념을 구체적이고 일반인에게 친숙한 개념으로 해석하고 있는 '해석적(explanatory)'인데 반해, 일반인(특히 컴퓨터 초보자)들은 이러한 은유 없이는 아예 그러한 추상적인 개념을 이해할 수가 없기 때문에 그들에게 이러한 은유는 '해석적'이면서 또 그 자체가 '구성적(constitutive)'이라는 것을 보여준다. 컴퓨터 초보자가 학습을 통해 전문가로 변하면서 '病毒' 같은 개념 또한 그들에게 '구성적 은유'에서 단순한 '해석적 은유'로 바뀌기도 한다. 물론 학습 과정이 길 수도 있고 중간 단계에서 '구성'과 '해석'의 구분이 모호할 수는 있지만, 양극은 매우 분명하다.

'病毒'에 대한 다음 두 사전의 해석을 비교해 보자.(해석 ①은 두 사전 모두 '신체 바이러스'에 대한 것이므로 생략함)

『현대한어규범사전(现代汉语规范词典)』
病毒② 다른 소프트웨어를 파괴할 목적으로 스스로 복제하여 유포할 수 있는 컴퓨터 소프트웨어. 저장된 파일을 파괴하거나 심지어 하드웨어까지 파괴해 컴퓨터와 네트워크가 정상적으로 작동하지 못하게 함.

『현대한어사전(现代汉语词典)』
病毒② 컴퓨터 바이러스를 가리킴.

『현대한어사전』에는 '计算机病毒(컴퓨터 바이러스)'라는 표제어가 따로 있고 그 해석 역시 『현대한어규범사전』이 채택한 해석과 대체로 같지만, 이 두 사전의 편집 규칙은 상당히 다르다. 『현대한어사전』의 집필 이념은 중형 어문사전이기에 '컴퓨터 바이러스를 가리킴'으로써 '病毒②'를 해석하는 것으로 일반 독자에게는 충분하기 때문에, 다시 또 '计算机病毒'라는 표제어를 찾을 필요가 없다는 것이다. 그런데 만약 소형 어문사전이라면 '计算机病毒'는 따로 표제어로 제시하지 않아도 무방하다. 사실 해석이 아무리 상세하다고 하더라도 전체 내용이 모두 정확하다고는 말하기가 어렵다. 새로 등장한 바이러스 이름 '木马(목마)'도 은유인데, 혹자는 이 바이러스의 은폐성을 강조하기 위해서 '病毒(전파성을 강조한 이름)'와 구분하였다. 그런데 사전에는 '木马'라는 항목이 없는데, 이는 '病毒'에 대한 위의 자세한 해석에 결함이 있는 것이다.(은폐성에 대한 언급이 없음). 또 전문가가 아닌 일반인도 역시 이러한 해석을 보고서 컴퓨터 바이러스가 무엇인지를 모르는 이유는 해석에 사용된 '软件(소프트웨어)', '硬件(하드웨어)', '储存(저장)', '网络(네트워크)'와 같은 단어 자체도 마찬가지로 은유이기 때문이다. 요컨대, 두 사전의 편집 형태 차이는 집필 개념의 차이를 반영하며, '病毒'와 같은 은유에 실제로 '해석적'과 '구성적'의 차이가 있음을 보여준다.

화자는 하나의 구체적인 개념을 사용하여 추상적인 개념을 해석하는데, 이는 청자가 추상적 개념을 '체감(realize)'하고 쉽게 이해하도록 하기 위해서이다. 따라서 이 두 개념 사이의 '해석 관계'도 마찬가지로 '실현관계(realization)'[01]라 할 수 있다. 즉, 구체적인 개념은 추상적인 개념의 실현이라는 것이다. 은유에서 '해석적'과 '구성적'의 차이는 '실현적'과 '구성적'의 차이이다. '실현적 은유'와 '구성적 은유'의 차이는 다음 그림과 같이 나타낼 수 있다.

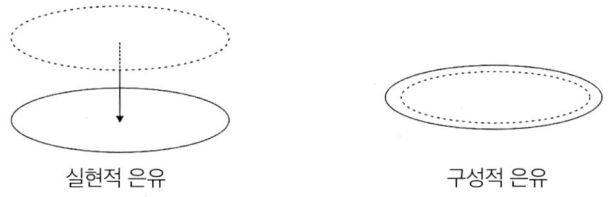

실현적 은유 　　　　　　구성적 은유

점선 원은 추상적인 개념을 나타내고, 실선 원은 구체적인 개념을 나타낸다. '실현적 은유'는 추상적인 것에서 구체적인 것으로의 실현 과정과 방식이 있지만, '구성적 은유'는 추상적인 것에서 구체적인 것까지 실현

01　저자주: 영어 realization이라는 단어에 '체감, 이해'라는 뜻도 있고 '실현'이라는 뜻도 있는데, 이는 우연의 일치가 아니다.

과정과 방식이 없고 추상적인 개념 자체가 구체적인 개념으로부터 '구성'된다. '실현관계'와 '구성관계'의 경계가 모호하다고 의문을 제기하는 이도 있지만, 사실 이 두 관계는 오히려 인도유럽어와 중국어에서 형식표지의 유무로 매우 명확하게 구분된다. '실현관계'와 '구성관계'의 구분은 은유뿐만 아니라 언어의 다른 측면에도 적용되고, 나아가 언어 외에 인류 활동의 다른 분야에도 적용된다.

2.2 '실현적 / 구성적' 차이의 보편성

은유는 수사적 수단일 뿐만 아니라 일종의 언어 현상이자 인류의 인지 방식이다. 우리의 개념과 개념체계는 대부분 은유적 성격을 띠며 은유의 지배를 받고 있다.(Lakoff & Johnson 1980:7) 정치인들은 흔히 '실현적 은유'를 내세워 무의식적으로 그것을 대중들에게 '구성적 은유'로 만듦으로써 자신들의 정치적 주장을 펼친다. 레이코프(Lakoff 1992)는, 걸프전을 일으키기 전에 미국 당국은 먼저 '전쟁은 정치의 연속'이라는 표현과 '정치는 거래'라는 은유로 곧 일어날 전쟁이 대중의 마음속에 거래의 흥정과 마찬가지라는 여론을 조성하였으며, 이로 인해 전쟁의 참혹함과 죽음, 피투성이라는 사실이 숨겨졌다는 것을 예로 들었다. 레이코프의 이 주장은, 적어도 미국의 일부 지식인들에게 있어서 이러한 정치는 구성적인 것이 아닌 실현적인 것일 뿐이므로 이의 사용을 반대하였음을 나타낸다.

롤스(Rawls 1955)[02]는 인간의 사회활동 규칙을 '규제적 규칙'과 '구성적

---

02 역자주: 존 롤스(John Rawls, 1921~2002) 『정의론』(1971년)과 『공정으로서의 정의: 재서술』(2001년)을 쓴 미국의 철학자.

규칙'의 두 가지 범주[03]로 나눌 것을 처음 제안했다.

> 규제적 규칙(regulative rules, RR): 이미 존재하는 활동을 규제하는 규칙, 예)교통 규칙
> 구성적 규칙(constitutive rules, CR): 활동 자체를 만들거나 구성하는 규칙, 예)축구 경기 규칙

RR은 Y의 경우에 X를 실행하는 것으로 요약할 수 있다. 예를 들어, 운전을 하는 경우에는 적색등과 녹색등의 규칙을 실행하고, 회사 임원이 공식적인 회의에 참여할 경우에는 넥타이를 매는 규칙을 실행한다. 운전과 회의라는 활동의 존재는 RR의 존재 여부와 무관하다. RR은 교통 규칙과 같이 '빨간불에는 건너지 마세요!'라고 하는 명령의 형태로 나타난다. 이는 규칙 자체와는 무관한 이해관계 또는 사회관계를 조절하는 명령으로, 사회 행위에 대한 사람들의 기대를 반영한다. RR을 실행하지 않거나 지키지 않으면 처벌이나 제재를 받을 뿐, 운전을 하거나 회의에 참석하는 것은 가능하다.

CR은 환경 E에서 X의 실행을 Y로 간주하는 것으로 요약할 수 있다. 예를 들어, 축구 경기는 공을 발로 차거나 머리로 쳐서 골을 넣는 방식으로 진행되고, 결혼식에서는 어떤 사람이 특정한 절차에 따라 행동하면 주례로 간주된다. 구성적 규칙은 인간의 활동을 구성하며, 이러한 활동의 존재는 그 규칙의 존재에 의존한다. CR은 사람들에게 무엇을 하거나 하지 않

---

[03] 저자주: 이것은 현재 통용되는 명칭으로, 롤스가 쓴 원문의 명칭은 각각 summary rules(요약규칙)와 practice rules(실천규칙)이다.

도록 명령하지 않고, 그 자체로 새로운 행동 방식을 창조하거나 정의함으로써 사회적 행동에 대한 사람들의 신념을 반영한다. CR을 지키지 않으면 기대한 결과를 얻지 못할 뿐, 처벌을 받지는 않는다. 예를 들어, 축구선수가 공을 손으로 터치하여 골문으로 들어가면 골로 인정하지 않고, 장기에서 마馬가 사선으로 가지 않고 장군을 부르면 장군으로 간주하지 않는다.

'규제적 규칙'은 '실현적 규칙'이라고도 한다. 교통 규칙의 규제를 통해 정상적인 교통 운행이 실현되는 것처럼 규제를 통해 사람들이 기대하는 사회적 행동 방식이 실현된다. 따라서 '규제적 규칙'과 '구성적 규칙'의 차이는 곧 '실현적 규칙'과 '구성적 규칙'의 차이이다.

'실현적 규칙'과 '구성적 규칙'도 상호 전환이 가능하다. 앞에서 말한 바와 같이 일반인이 컴퓨터 전문가가 되면 '病毒'와 같은 은유는 '구성적인 것'에서 '실현적인 것'이 된다. 그런데 인간의 사회활동은 실현적 규칙에서 구성적 규칙으로 바뀌는 경우가 많다. 예를 들어, 가정은 자녀 양육에 적응하기 위해 생겨났는데, 그 이유는 부모와 함께 사는 자녀의 생존율이 더 높기 때문이다. 따라서 가정을 조직하는 규칙으로 생활을 조절하고 근친상간을 금지하며 화합을 이루었다. 이 '실현적 규칙'은 가족 구성원 간의 관계를 조정하고 각 구성원이 수행해야 하는 의무와 행동 규범을 규정한다. 그러나 시간이 지남에 따라 이 규칙은 더 이상 규제가 작동하지 않는 가정에서도 점차 가정에 대한 우리의 개념을 구성한다. 예를 들어, 자식을 다른 집에 양자로 보내거나 자녀를 입양한 가정에서도 이 규칙은 가정의 내부 관계를 규정하고 지배한다. 이때 이 규칙은 곧 '구성적 규칙'으로 변해서 문화 체계의 일부가 된다. 또 다른 예로, 런던 버킹엄 궁전의 왕립 근위병 교대식은 일련의 절차가 있는데, 처음에는 근위병의 업무를 조정하여 안전 보위라는 외부적 목표를 달성하기 위한 '실현적 규칙'이었다. 그런데 이 절차가 점차 의식으로 바뀌면서 그것은 의식에 대한 내부적 정의가 되었고, 더 이상 외부적 목표는 없어지면서 '구성적 규칙'으로 변하였다.(Kasher & Sadka 2001)

'실현관계'와 '구성관계'라는 개념은 정치학에서도 사용된다. 퉁옌치(童燕齊 2008)는 서양의 부부싸움을 예로 들고 있는데, 서양에서는 경찰이 법의 집행자로 이때 다짜고짜 남편에게 수갑을 채워 데리고 가면서 누가 옳고 그른지는 법정에서 말하라고 한다는 것이다. 그런데 만약 중국이라면 경찰이 와서 먼저 싸움부터 말리는데, 그 과정에서 잘못하면 몇 대 맞을 수도 있다. 중국 경찰의 책임은 법질서뿐만 아니라 사회 도덕적 질서도 지키는 것이다. 서양에서는 정치적 질서가 도적적 질서에 의해 '실현'되는 반면, 중국에서는 정치적 질서 자체가 도덕적 질서로 '구성'된다.[04] 2008년 올림픽을 앞두고 베이징시는 자동차 이부제 운행, 자기 집 앞 도로청소 등과 같은 일부 제한 조치들을 시행하여 시민들이 많은 불편을 겪었다. 이에 대해 공안국장은 집안에 결혼하는 사람이 있으면 당연히 대청소를 한 다음 새 옷으로 갈아입고 손님을 맞아야 하지 않겠느냐고 설명했다. 중국이 올림픽을 개최하는 것은 국가가 결혼식을 올리는 것과 같다는 것이다. 반면 서양의 논조는 달랐는데, 중국 정부의 이런 행태가 자기선전과 강요로 비쳐진다는 것이다. 하지만 국가를 방문한 손님들에게 좋은 인상을 주고 싶어하는 것은 중국 정부뿐만 아니라 중국 국민들도 마찬가지라는 것을 알아야 한다. 이는, '国(국)'과 '家(가)'의 관계에 대해, 서구에서는 단지

---

04 저자주: 중국어에는 '도덕법정(道德法庭)'이라는 복합어가 있는데, 이는 시청률이 상당히 높은 텔레비전 프로그램의 이름이다.

'家'에 의해서만 '실현'되며 '国'은 국가이고 '家'는 집이며 국가의 일은 국가의 일이고 집의 일은 집의 일인데 반해, 중국에서 '国'는 '家'에 의해서 실현될 뿐만 아니라 그 자체가 바로 '家'로 '구성'되기 때문에 '国'는 곧 '大家(큰 집)'이고 국가의 일이 곧 국민의 일이라는 것을 보여준다. 이러한 관념이 중국어에 반영되면 '国家(국가)'라는 단어는 곧 '事物(사물)'이라는 단어와 같게 된다. '事物'은 '일'이 곧 추상적인 '사물'이라는 말이고, '国家'는 국가가 곧 하나의 파생된 집이라는 말이다.

2.3 '有'와 '是'

어떤 면에서 보면, '실현적'인 것과 '구성적'인 것의 차이는 '有(있다)'와 '是(이다)'의 차이라고도 볼 수 있다. 교통 법규(실현적 규칙)를 지켜야 비로소 교통이 '있고', 장기의 규칙(구성적 규칙)을 지키는 것이 바로 장기를 두는 것'이다'. '病毒'의 경우, '실현적 은유'를 통해야 우리에게 비로소 컴퓨터 바이러스의 개념이 '있고', '구성적 은유'라는 그 추상적인 개념이 바로 컴퓨터 바이러스'이다'. '有'와 '是'의 차이는 우리의 인식과 사유 곳곳에서 드러난다. 예를 들어, 중국의 그림과 시의 관계를 이야기하면서 소식(苏轼)은 '시 속에 그림이 있고, 그림 속에 시가 있다(诗中有画, 画中有诗)'라는 명언을 남겼다. 홍루몽(红楼梦)을 연구하는 학자인 저우루창(周汝昌)은 『'시화诗化'의 요지("诗化"的要义)』라는 글에서 『홍루몽』의 한 단락에 대해 평하면서 이 명언을 '시가 곧 그림이요, 그림이 곧 시'라고 바꾸어 말해도 무방하다고 하였다. '시'와 '그림'의 관계에 대해 소동파와 저우루창의 인식에 차이가 있음을 알 수 있다. 소식은 이들의 관계를 실현관계, 즉 '有'의 관계라고 보았지만, 저우루창은 이들의 관계를 구성관계, 즉 '是'의 관계로 보았다. 또 불경에는 '색불이공(色不異空), 공불이생(空不異色), 색즉시공(色即是空), 공즉시색(空即是色)'(『반야심경』)이라는 네 구절이 있다. 앞의 두 구절은 '색'과 '공'은 실현관계이자 '有'의 관계이므로 색은 공을 떠날 수 없고 공도 색을 떠날 수 없으며, 공이 있어야 색이 있고 색이 있어야 공이 있음을 말한다. 뒤의 두 구절은 '색'과 '공'이 구성관계이자 '是'의 관계이므로 색이 곧 공이고, 공이 곧 색임을 말한다.

'有'와 '是'라는 두 개념의 구분에 관해서는 많은 철학적 논의가 있었다. 자오위안런(赵元任 1976)은 언어적 관점에서 출발하여 영어에서 being(是)이라는 개념은 there is(有)라는 개념과 반드시 관련이 있지만, 중국어에서 '是'라는 개념은 '有'라는 개념과 관련되지 않을 수도 있으며 독립적이라고 지적한 바 있다. 고대중국어에는 계사 '是'가 없는데, '是'라는 단어가 없다고 해서 그 개념이 없는 것은 아니다. 중국인에게 있어서 '是'라는 개념은 의심할 여지없이 자명한 '잠복된(default)' 개념이다. 서양철학에서 중요한 문제가 되는 '是不是(이냐 아니냐)'는 중국철학에서는 문제가 되지 않기 때문에 하나의 단어로 표현할 필요가 없으며, 현대중국어도 긍정을 강조할 때만 '是'자를 쓴다. 따라서 영어에서 '구성관계'는 항상 '실현관계'와 연결되어 있으므로 독립성이 결여되지만, 중국어에서 '구성관계'는 '실현관계'와 연결되지 않아도 되므로 독립성을 가진다. 이 문제는 이후에 2권 제4장에서 '是'와 '有'의 대(大) 구분 및 그 철학적 배경을 논의할 때 다시 심도 있게 탐구할 예정이다.

제3절 중국어와 인도유럽어의 비교

3.1 영어 noun과 중국어 '名词'

문법 개념이나 문법범주도 역시 은유적 성격이 강하기 때문에(沈家煊 2006a) 마찬가지로 '실현성'과 '구성성'의 차이가 있다. 여기서는 이 한 쌍의 개념을 사용하여 중국어와 인도유럽어의 중요한 차이점, 즉 추상적인 문법범주와 구체적인 화용범주 사이에서 인도유럽어는 '실현관계'이고 중국어는 '구성관계'라는 것을 설명하고자 한다.

먼저, 영어에서 추상적인 nouns/verbs는 담화 중에 구체적인 지칭어/서술어로 '실현'되므로, 실현의 과정과 방식이 있다. 하지만 중국어에서는 명사/동사의 '구성'이 곧 '지칭어/서술어'이므로, 실현의 과정과 방식이 없다. 관련하여 위의 '실현적 은유'와 '구성적 은유'의 그림을 참조하기 바란다.

전국 과학기술 용어 검정위원회(全国科技名词审定委员会 2006)가 발표한 『중의약학 명사(中医药学名词)』라는 책에서 '滋阴(자음: 정력을 왕성하게 하다)', '补血(보혈: 피를 보충하는 약물로써 피가 부족한 증상을 치료하다)', '明目(명목: 눈을 밝게 하다)', '通鼻(통비: 막힌 코를 뚫어주다)'와 같은 쌍음절어와 '切(자르다)', '炒(볶다)', '烫(중탕하다)', '蒸(찌다)'과 같은 단음절어는 문법적으로 모두 '동사'인데, 어떻게 중의약 '명사'라고 할까? 분명히 이때 '명사'는 문법학자들이 말하는 '동사'에 대조되는 그 '명사'가 아니라 '명칭(전문적인 명칭은 '용어'라고 한다)'을 가리킨다는 것을 알 수 있다. '切', '炒', '滋阴', '补血'라는 단어를 '명칭', 즉 동작의 명칭들이라고 말하는 것은 당연히 아무런 문제가 없는 것이다.

동한 유희(刘熙)의 『석명(释名)』에서 해석한 '名(명)'에는 '天地山水(하늘 땅 산 물), 父母兄弟(아버지 어머니 형 아우), 日月星宿(해 달 별 별자리), 眉眼舌齿(눈썹 눈 혀 이), 笔墨纸砚(붓 먹 종이 벼루). 鼓瑟笙箫(북 거문고 생황 퉁소)'와 같이 사물을 가리키는 이름도 있고, '趋行奔走(달아나다 가다 급히 가다 달리다), 视听观望(보고 듣고 살피고 바라보다), 坐卧跪拜(앉고 눕고 무릎 꿇고 절하다), 咀嚼吐喘(음미하다 씹다 토하다 숨이 헐떡이다), 啜嗟噫呜(흐느껴 울다 탄식하다 한숨 쉬다 목메어 울다), 好恶顺逆(좋아하고 미워하고 따르고 어기다)'와 같이 일을 가리키는 이름도 있다. 『현대한어사전(现代汉语词典)』에 나타난 표제어 '名词(명사)'의 풀이는 다음과 같다.

[名词] ① 사람이나 사물의 이름을 나타내는 말. 예)人(사람), 牛(소), 水(물), 友谊(우의), 团体(단체), 今天(오늘), 中间(중간), 北京(베이징), 孔子(공자)。
② (~儿)용어 또는 이에 준하는 말(문법적인 명사에 국한되지 않음): 化学(화학)~ | 新(새로운)~儿。

해석 ①의 '名词'는 '문법적인 명사'를 가리키며, 예로 든 단어에 동작을 나타내는 말은 포함하지 않는다. 해석 ②는 약간의 문제가 있는데, 儿화를 하여 '名词儿'이라고 말할 수 있다고 표시하고 있지만, '化学名词(화학 용어)'와 '中医药学名词(중의약학 용어)'는 모두 儿화가 불가능하다. 따라서 해석 ②는 '명칭(~儿) 또는 용어'로 수정되는 것이 가장 적절하다. 또 이 두 가지 해석의 순서도 바꾸어서 해석 ②를 앞부분에 넣는 것이 더 좋아 보인다. 왜냐하면 문법 전문가가 아닌 일반인의 마음속에서 '명사'는 바로

'명칭'이기 때문이다.[05]

이에 대해 중국인들은 무슨 문제가 있다고 생각하지 않는데, 오히려 서양인들은 어째서 동사가 명사 속으로 들어갈 수 있는지 의문을 가질 수가 있다. 그래서 발표된 『중의약학 명사』는 이들 이름의 영어 번역에 모두 동사 원형을 사용하지 않고, -ness, -ation, -ment, -ity라는 접사나 -ing를 붙여 명사로 바꾸었다. 이는 이 위원회가 발표한 다른 학문 영역의 명사들도 마찬가지였다. 일반 영국인들(문법 전문가에 국한되지 않음)의 마음속에 noun은 noun이고 verb는 verb로, noun은 사람이나 사물을 지칭하는 말이고 verb는 동작이나 활동을 진술하는 말이기 때문이다. 만약 verb를 사용해서 동작이나 활동을 지칭하기 위해서는 nominalization(명사화)이라는 과정이 필요하다. 하지만 중국인들의 마음속에 '切', '炒', '滋阴', '补血'와 같은 동사는 직접 동작이나 활동을 지칭할 수가 있으며, 이러한 명사화 과정이 불필요하다.

동사를 사용해서 동작이나 활동을 '지칭'하는 것은 이른바 '존재론적 은유'(ontological metaphor)로, 추상적인 사건이나 활동을 하나의 구체적인 개체로 간주하는 것이다. 존재론적 은유도 마찬가지로 '실현성'과 '구성성'의 구분이 있다. 중국어와 영어의 차이 역시 마찬가지로 존재론적 은유가 영어에서는 '실현적'이고 중국어에서는 '구성적'이라는 점이다. 영국인

---

05 저자주: 이 사전은 최초의 시험 인쇄본으로, 뜻풀이 ②의 괄호 안 '명사에 국한되지 않는다', '문법상의' 등 몇 글자는 나중에 추가한 것이다. 이는 시험 인쇄본의 편집자가 '명사에 국한되지 않는다'의 '명사가 당연히 '문법적인 명사를 가리킨다고 보고 있음을 말해준다. 그런데 일반인들이 생각하는 '명사'는 '名词儿(명칭)'이기 때문에 나중에 문제가 있음을 깨닫고 특별히 '문법적인'이라는 표현을 추가하였다. 이 수정은 편집자가 해석을 할 때 전문가의 입장에서 일반 독자의 입장으로 전환하였음을 나타내는데, 잘 수정되었다.

들에게 있어 단어의 형태를 바꾸는 것은 추상적인 사건이나 활동의 개념을 구체화된 개체의 개념으로 '실현'하는 과정과 방법이다.

    explode → explosion
    excite → excitement
    propose → proposal
    sell → selling

 중국인에게 있어 사건이나 활동은 하나의 개체이다. 다시 말해 개체로 '구성'된 것으로, '실현' 과정이 없기 때문에 단어의 형태를 굳이 바꿀 필요가 없다. 레이코프와 존슨(Lakoff & Johnson 1980:30)에 따르면 영어에서 존재론적 은유의 표현 형식은 다음과 같다.

    EXPLOSION IS AN ENTITY 폭발은 실체이다
    THINKING IS AN ENTITY 사상은 실체이다
    HOSTILITY IS AN ENTITY 적대감은 실체이다
    HAPPINESS IS AN ENTITY 행복은 실체이다

 중국인들은(은유 자체에 대해서가 아닌) 이러한 표현 형식에 대해, EXPLOSION과 THINKING 등이 이미 형태적으로 그것이 하나의 실체임을 나타내고 있기 때문에 위 은유 표현은 결국 '실체는 실체이다'라고 말하는 것과 같은데, 이를 여전히 은유라 할 수 있는가 하는 의문을 제기한다. 이는 말이 되지 않는다. 따라서 다음과 같은 표현이어야 비로소 은유이고 의미가 있는 것이다.

EXPLODE IS AN ENTITY 폭발하다는 실체이다.
THINK IS AN ENTITY 생각하다는 실체이다.
HOSTILE IS AN ENTITY 적대감이 있는 것은 실체이다.
HAPPY IS AN ENTITY 행복하다는 실체이다.

중국어를 구사하는 중국인들에게 서양의 '존재론적 은유'를 논하는 것은 중요하지도 않고 심지어 불필요해 보이기까지 한다. 동작이나 활동 그 자체가 바로 실체이기 때문이다.

요컨대, 중국어에서 '名词'라는 단어는 이중적 은유이다. 하나는 구체적인 화용 개념인 '名词儿'(지칭어)를 사용해서 추상적인 문법 개념인 '名词'를 표현하거나 이해하는 은유이고, 다른 하나는 사람이나 사물을 지칭하는 구체적인 '名词'를 사용해서 추상적인 사건이나 활동을 나타내는 은유, 즉 존재론적 은유이다.

영어와 중국어의 차이는, 영어에서는 이 두 개의 은유가 모두 '실현적'이지만 중국어에서는 모두가 '구성적'이라는 것이다. '名词' 은유와 '病毒' 은유는 다음과 같은 대응 관계가 있다.

'电脑病毒(컴퓨터 바이러스)'(추상)과 '身体病毒(신체 바이러스)'(구체) 사이의 관계가 컴퓨터 초보자에게는 '구성적'이지만 전문가에게는 '실현적'이다.

문법 '名词'(추상)과 화용 '名词儿'(구체) 사이의 관계가 영국인에게는 '실현적'이지만, 중국인에게는 '구성적'이다. 동사가 나타내는 활동(추상)과 명사가 나타내는 실체(구체) 사이의 관계가 영국인에게는 '실현적'이지만, 중국인에게는 '구성적'이다.

우리가 서양 문법을 모방하여 중국어 문법을 만들 때 noun을 '名词'(또는 '名', '名字')로 번역할 수는 있지만, 명칭은 성질과 다르기 때문에 중국어 '名词'와 영어 noun의 중요한 차이는 반드시 알아야 한다. 우리는 흔히 '找个词儿(단어를 찾다)'이나 '找个名词儿(용어를 찾다)'이라고 말하는데, 이때 두 말의 의미는 완전히 같다. 이를 통해 중국어의 '实词(실사)'는 자연히 '名词'로 지칭어이며, 사물을 지칭할 수도 있고 동작을 지칭할 수도 있음을 알 수 있다. 중국인에게 이름을 짓는 것은 '개체를 지칭'하기 위해 '사용'되며 (그렇지 않으면 '名'이 아니다), 언어를 사용할 때 직접 다양한 지칭어가 되는 '지칭 포화'인 것이다.(위 1절 참조)

3.2 문장과 발화

일반적으로 '문장(sentence)'은 문법단위이고, '발화(utterance)'는 화용 단위이다. '타입(type, 型)'과 '토큰(token, 例)'의 차이는, 전자는 추상적인 '유형'이고 후자는 구체적인 '예'이다. 많은 사람들이 중국어의 '句子(문장)'를 영어의 sentence에 대응시키지만, 쟝왕치(姜望琪 2006)가 밝힌 바와 같이 중국어의 '句子'는 영어의 sentence와 대등하지 않고, 실제로는 영어의 utterance에 해당한다. 1권 제3장 4절에서 자오위안런(赵元任)의 '불완전문 이론(零句说)'을 소개하였는데, 중국어 문장의 정의는 '양 끝에 휴지로 제한된 한 토막의 말'이다. 주어와 술어가 완전하지 않은 '불완전문'은 종결어조만 있으면 독립된 문장이 된다. 주더시(朱德熙 1987)는 이러한 견해를 계승하여, 영어의 sentence는 주어와 서술어의 두 부분을 포함하지만 중국어는 "선진시기 고대중국어에서 현대 구어에 이르기까지 문장에 주어가 없는 것이 정상적인 현상"이며, "주어가 있는 문장과 마찬가지로 주어가 없는 문장도 독립적이고 완전히 갖춘 문장이다"라며 전통적인 주어생략이론으로 무주어문을 설명하는 것은 "좋은 해석이 아니다"라고 주장하였다. 주더시는 중국어의 무주어문을 다섯 가지로 귀납하였다.

    (1) 주어 출현 불가능
        打闪了。
        번개가 쳤다.
        轮到你请客了。
        네가 한턱 낼 차례야.

    (2) 진술 대상이 주어 자리에 없음
        热得我满头大汗。
        더워서 나는 온 얼굴이 땀투성이다.
        有个国王有三个儿子。
        세 아들을 가진 국왕이 있다.

    (3) 진술 대상이 범지(泛指)
        学而时习之, 不亦说乎?
        배우고 때때로 그것을 익히면 또한 기쁘지 아니한가?

    (4) 진술 대상이 화자나 청자
        打算写本书。
        책을 한 권 쓸 계획이다.
        哪天回来的?
        언제 돌아 온 거야?

(5) 진술 대상을 문맥에서 유추 가능

舞阳侯樊哙者, 沛人也。

무양후 번쾌는 폐현 사람이다.

[ ]以屠狗为事, 与高祖俱隐。

[ ]개 도살을 직업으로 하며, 고조 유방과 함께 숨어 살았다.

[两人看完电影出来对话] 怎么样? 还不错。

[두 사람이 영화를 다 보고 나와서 나누는 대화] 어땠어? 그런대로 괜찮았어.

위 문장들은 영어로 번역하면 모두 주어를 추가해야 하기 때문에 주더시는 마지막에 "중국어의 문장을 확정하는 최종 근거는 휴지와 어조뿐"이라고 말했다. '句子'에 대한 이러한 정의는 바로 utterance에 대한 정의(Lyons 1968:172, Crystal 1997)와 같다.

분석 방법에 있어 자오위안런은 "글자 생략을 최소한으로 언급하는 원칙"(赵元任 1968: 42-56)을 시종일관 관철하였다. 그는 '对!(맞아!)', '行。(좋아)', '有。(있어)', '摔!(넘어진다!)(小心摔着!(넘어지지 않게 조심해!))', '烫!(뜨거워!)' 등과 같이 하나의 동사(구)로 이루어진 평서문에 대해, 이 문장들은 한 가지 이상의 주어를 보충할 수 있는 경우도 있고 때로는 주어를 보충하는 것이 불가능한 경우도 있기 때문에 원래 그 자체로 생략된 것이 없는 '자족적'인 문장이라고 보아야 한다는 것이다. 예를 들어, '对(맞아)'는 '你说的对(네가 말한 것이 맞아)'의 간략한 형태라고 할 수도 있지만, '你说的话对(네가 한 말이 맞아)'나 '你说的那个对(네가 말한 그것이 맞아)'일 수도 있다. 또 교사가 학생들에게 무엇을 만드는 것을 가르치는데 학생들이 그대로 잘 따라했을 때에도 교사는 '对'라고 말할 수 있다. '吃饭得使筷子(밥을 먹을 때에는 젓가락을 사용해야 한다)', '买票请排队(표를 사려면 줄을 서세요)'과 같이 주어와 술어의 연결이 느슨한 문장은 아마도 주어 뒤에 '⋯⋯的时候(⋯할 때)', '⋯⋯的地方(⋯하는 곳)', '⋯⋯的人(⋯하는 사람)' 등의 말을 보충할 수 있을 것이다.

그런데 이때 어느 글자들을 보충해야 할지를 모른다면 '吃饭(밥을 먹다)' 등을 동사성 주어로 분석해야 한다. '人家是丰年(남은 풍년이다)', '说不出省略了的是哪几个确定的字(생략된 것이 어느 몇 개의 특정 글자인지 말할 수 없다)'와 같이 '是'자가 술어가 되는 계사구문은 '人家的年是丰年'이나 '人家是个丰年的人家'와 같이 어떻게 보충하여도 모두 어색하게 들린다. '今儿下午体操(오늘 오후는 체조이다)'와 같은 문장은 생략된 것이 '有(있다)'인지 '上(수업을 하다)'인지, 아니면 '教(가르치다)'인지 명확하게 말하기가 어렵기 때문에 명사성 성분이 술어가 되는 문장으로 인정해야 한다. 뤼수샹(吕叔湘 1979: 67-68)도 이러한 분석 원칙을 견지하였다. 그는 "이전에 일부 문법학자들은 논리적인 명제로부터 문장구조를 논하는 것을 선호함으로써 생략이론의 남용을 피할 수가 없었다"며 '조건적 생략'을 주장하였는데, 조건 가운데 하나는 "보충하는 단어가 한 가지 가능성뿐이어야 한다"는 것이다.[06]

쟝왕치는 나아가, 영어 연구로 대표되는 서양 언어 연구에서는 sentence가 점차 utterance로부터 분리되어 추상적인 단위로 진화했지만, 중국어의 '句子'는 여전히 하나의 구체적 단위이자 사용 단위라고 말했다. 이 변천은

---

06 저자주: 치궁(启功 1997: 2)은 "생략이 너무 많아 핑계 삼을 소지가 약간 있다"라고 하였다. 그는 생동감 있는 비유로 설명했다. 유인원은 꼬리가 있고 사람은 꼬리가 없는데, 이는 진화의 결과인가 아니면 인류가 꼬리를 '생략'한 것인가?

'화용법이 문법으로 고착화' 되거나 '구성론(章法)이 통사론(句法)으로 고착화' 되는 '문법화' 과정(沈家煊 1994, 1998)이다. 영어 화용 단위인 utterance는 문법화를 거쳐 통사 단위인 sentence로 바뀌었지만, 중국어의 '句子'는 아직 통사 단위로 완전히 문법화 되지 않았다. 이를 '실현관계'와 '구성관계'를 사용해서 표현하면 영어에서는 추상적인 sentence가 담화에서 구체적인 utterance로 실현되지만, 중국어에서는 '句子'의 구성이 바로 '话段(발화)'이다.

| 영어 | sentence와 utterance | 실현관계 |
| 중국어 | 句子와 话段 | 구성관계 |

3.3 주어와 화제

일반적으로 '주어'와 '술어'는 문법범주이고, '화제'와 '평언'은 화용범주이다. 전자는 추상적이고 후자는 구체적이다. 인도유럽어에서 주어는 subject이고 화제는 topic으로, 주어와 화제는 성격이 서로 다르다. 하지만 중국어는 다르다. 자오위안런(赵元任)은 중국어 문장의 주어가 '사실은 화제(literally the subject matter)'이고 술어는 이 화제에 대한 설명인 평언이라고 했다. 중국어에서 주어, 술어의 문법 의미를 설명하면서, 그는 "중국어에서는 주어, 술어를 화제와 평언으로 보는 것이 적합하다"고 했다.(Chao 1948: 35, 赵元任 1968: 45) 서양 언어에서 주어와 술어의 관계는 주로 동작주체와 동작의 관계이지만, 중국어에서는 이러한 문장의 "비율이 높지 않아서 아마도 50%보다 많이 높지는 않다"고 했다. 또 '是'자문이라고 해도 주어가 반드시 '是'자 뒤에 있는 것은 아니며, 형용사 술어 앞의 주어가 반드시 그 형용사가 나타내는 성질을 가지는 것도 아니라는 것이다. 그가 든 예는 다음과 같다.

> 这件事早发表了。
> 이 일은 벌써 발표되었습니다.
>
> 这瓜吃着很甜。
> 이 참외는 먹기에 아주 달아요.
>
> 他是个日本女人。(他的用人是个日本女人。)
> 그 사람은 일본 여자입니다. (그 사람의 고용인은 일본 여자이다)

'他的用人是个日本女人'과 '他是个日本女人'이라는 두 문장의 주어는 문법 형식적으로 차이가 없다. 또 주어가 시간, 장소, 조건을 나타내는 단어일 경우도 있는데, 예는 다음과 같다.

今儿冷。	今儿不去了。
오늘은 춥다.	오늘은 안 가기로 했어.
这儿是哪儿?	这儿不能说话。
여기가 어디지?	여기에서는 말을 해서는 안 된다.
他死了的话简直不堪设想了。	他死了的话, 就不容易解决了。
그가 죽는다는 것은 상상도 할 수 없다.	그가 사망할 경우, (일이) 수습되기 어려울 것이다.

위 문장을 영어로 번역하면 모두 주어를 보충해야 하고, '今儿(오늘)' 등은 모두 부사나 부사절이 된다. 하지만 중국어 주어의 역할은 "단지 화제를 도입할 뿐", '문법 형식'에 관해서는 좌우 두 그룹의 문장이 차이가 없다.(赵元任 1968: 52)

자오위안런은 또 "때로는 주어와 술어의 관계가 다른 언어에 넣으면 문법에 맞지 않을 정도로 느슨한 경우도 있다. ……언어 규칙을 따지는 사람, 특히 서양 언어를 아는 사람은 자신의 아이나 제자가 그런 말을 할 때는 아마도 오류를 수정해 줄 가능성이 상당히 크지만, 정작 자기 자신은 무의식중에 문법에 맞지 않는 문장을 말할 수도 있다. 사실 누가 자기 자신의 말을 주의 깊게 듣겠는가?"라고 하였다.(Chao 1968: 丁역본 81쪽) 자오위안런은 또 '云想衣裳花想容(구름 보면 그대 옷이 생각나고, 꽃을 보면 그대 얼굴 떠오르네)'(이백)과 '琴临秋水弹明月, 酒近东山酌白云(가을 계곡 물가에서 거문고를 타니 물에 비친 밝은 달을 튕기는 듯, 동쪽 산을 마주하고 술을 마시니 흰 구름을 마시는 듯)'와 같이 시詩와 사詞, 대련에 '흔히 보이는' 예를 가지고 중국어 주어의 문법 의미가 화제라는 것을 증명하였다.

중국어의 논리를 논한 글(Chao 1955)에서 자오위안런은 중국어와 영어의 차이를 지적하기도 했다. 형식 논리에 관심이 있는 사람들은 모두 소위 '실질적 함축 역설(实质蕴含怪论)'에 주목하였다. 이는 '모든 명제는 참 명제를 함축하지만, 거짓 명제는 모든 명제를 함축한다'라는 것이다. 그는 역설처럼 보이는 실질 함축은 중국어에서 누구나 다 아는 표현 형식이 있는데, 이 역설이 중국어의 논리에서는 그다지 '이상하지' 않다고 말했다. 예를 들면 중국어로 흔히 "假如p是真的, 我就不姓王。(만약 p가 참이면, 나는 왕씨가 아니다.)"라고 말하곤 하는데, 화자에게 있어서 거짓인 명제는 어떤 일이든 함축하며, 여기에는 심지어 그가 '왕씨가 아니다'라는 일까지도 포함된다. 또 다른 예로 '除非太阳从西边出来, 这种事情才会发生。(해가 서쪽에서 뜨지 않는 한, 이런 일은 발생하지 않을 것이다.)'는 불가능한 일이 일어난다면 어떤 일이든 일어날 수가 있다는 말로, 여기에는 '해가 서쪽에서 뜬다'와 같은 일도 포함된다. 중국어에서 역설이 이상하지 않은 이유는 중국어는 주어가 화제여서 술어와의 관계가 느슨하기 때문이다. 즉, 조건절 '假如p是真的'와 '除非太阳从西边出来'이 모두 주어, 즉 화제이기 때문이다.(1권 제3장 4절 참조)

주어가 화제라는 증거는 무수히 많다. 류단칭(刘丹青 2012a)에 의하면, 오방언(吳方言)에 특수한 비교문처럼 보이는 문장들이 있는데, 이때 주어는 반드시 화제로 이해해야 한다. 예를 들면, 커차오(柯桥) 지역에서 쓰는 사오싱(绍兴)방언으로 '小王是小李长'은 '샤오리가 샤오왕보다 크다'를 의미한다. 여기서 주어 '小王(샤오왕)'은 비교 기준이고 '小李(샤오리)'가 비교 주체이다. 이는 비교 주체가 아닌 비교 기준이 화제가 된 문장인데, 사실은 표준 중국어인 보통화도 이렇게 말할 수가 있다. "小王嘛, 还是小李高(샤오왕 말이야, 그래도 샤오리가 더 커)"가 그 예인데, 이처럼 '还是'를 넣는 방법은 다른 오방언에서도 흔히 볼 수 있기에(林素娥·郑幸 2014), 사오싱 말에서 사용하는 이러한 비교구문은 그다지 특수한 것이 아니다. 장보쟝(张伯江 2013)에서는 또 속담에 나오는 흥미로운 예를 많이 제시하고 있다.

중국어의 주어는 화제이기 때문에 중국어의 화제와 영어의 화제도 다르다. 체이프(Chafe 1976)도 이 점을 인식하였는데, 그는 언어마다 화제의 성질이 다르다고 주장했다. 영어의 화제는 문두에 사용되는 대조성을 가진 성분이지만, 중국어의 화제는 "뒤의 평언을 위해 공간과 시간 또는 인칭의 틀이나 범위를 확립하는 성분"이라고 하였다. 예를 보자.

> *The pláy*, John saw yésterday. (화제는 대조초점)
> 그 연극은, 존이 어제 보았다.
>
> 那些树木树身大。
> 그 나무들은 줄기가 굵다.
>
> 那个人洋名乔治张。
> 그 사람의 서양식 이름은 조지 장이다.
>
> 星期天大家不上班。[07](영어는 '일요일' 앞에 전치사가 필요함)
> 일요일에는 모두들 출근하지 않는다.
>
> 天空乌云遮日。[08](영어는 '하늘' 앞에 전치사가 필요함)
> 하늘에 먹구름이 해를 가리고 있다.

앞의 예 '树身大(나무줄기가 크다)'와 같이 중국어의 주술구조는 자유롭게 술어가 되어 앞의 화제를 설명할 수가 있다. 중국어의 화제와 영어의 화제가 성질이 다르기 때문에, 중국어 주어와 화제의 관계 또한 영어 주어와 화제의 관계와는 다르다. '실현관계'와 '구성관계'로 보면 중국어와 영어의 차이는 다음과 같다.

---

07 역자주: 이 중국어 문장이 영어로는 'No one goes to work on Sunday.'로 바꾸어 질 수 있다.
08 역자주: 이 중국어 문장이 영어로는 'Dark clouds are blocking the sun in the sky.'로 바꾸어 질 수 있다.

영어	subject와 topic	실현관계
중국어	'主语(주어)'와 '话题(화제)'	구성관계

위의 영어 예문은 영어 주어(John)가 화제로 실현되지 않은 경우다. '문법화'의 각도에서 보면, 영어에서 화용범주 topic에서 허화된 문법범주 subject는 이미 topic과 분리되어 하나의 독립된 추상적 범주가 되었다. 그러나 중국어에서 '주어'는 지금까지도 여전히 하나의 구체적인 범주이자 사용범주이며, '화제'가 아직 통사범주로 허화되지 않았다. 주어가 화제로부터 변천된 것이라는 점은 이미 많은 언어에서 실증되었다. 예를 들어, 기본(Givón 1979:301)은 교육을 받지 못한 미국인들의 영어 사용 실태를 조사한 결과, 아래의 문형 (1)이 점차 문형(2)에 가까워지면서 he-rides라는 새로운 동사가 탄생하였는데, 이후에도 추가적인 변화가 있을 수 있음을 발견하였다.

(1) My ol'man, he rides with the Angels.
(2) My ol'man he-rides with the Angels.

My ol'man은 (1)에서는 단지 화제일 뿐이고 he가 이 화제를 복지(复指)[09] 하는 주어인데, 그것이 (2)에서는 주어로 변한다. 어떤 언어에서는 he에 해당하는 대명사가 술어 동사에 붙는 접사로 바뀐 후 마지막에는 주어와 일치하는 형태표지로 축약되면서 주어라는 문법범주의 탄생을 선언하기

---

09 역자주: 두 개 또는 두 개 이상의 단어 혹은 사조(詞組)로, 동일 사물을 가리키고 문장의 동일 성분이 되는 것을 말한다. (고려대 중한사전 인터넷판)

도 한다.

요컨대, 주어가 바로 '문법화'된 화제[10]라는 것이다. 중국어 문법을 말할 때 여전히 '주어'라는 관용적인 명칭을 사용할 수는 있지만, 그 주어의 문법화 정도는 높지 않고 문법적 의의는 여전히 화제라는 것을 항상 기억해야 한다. 라폴라와 포아(LaPolla & Poa 2006)도 이와 같은 견해를 가지며 충분한 논증을 한 바 있다.

여기서 명확히 밝혀야 할 두 가지 문제가 있다. 혹자는 '글자 생략 원칙의 최소화'를 무시하고 온갖 방법을 강구하여 하나의 '공주어(empty subject, 空主语)'를 보충하고는 이를 앞의 주어와는 성질이 다른 것으로 분석하였다. 따라서 명확히 밝혀야 할 첫 번째 문제는 이른 바 '공주어'라고 하는 것을 보충하는 것이 가능한가이다. 장허여우·덩쓰잉(张和友·邓思颖 2010, 2011)은 '논리에 맞지 않는 계사구문'의 주어를 다음과 같이 보충하였다.

그 那场大火, (原因)是电线跑了电。
그 큰 화재, (원인은) 전선이 누전된 것이다.

我(点的餐)是炸酱面。
나는 (주문한 음식이) 짜장면이다.

---

10 저자주: 영어의 구어에서도 가끔 다음 질문의 대답과 같이 주술관계가 느슨한 문장이 등장한다.
 Who's responsible for delivering which sandwiches?
 I'm the sandwiches on the table. And you're those sandwiches that John put in the refrigerator, remember?(Ward 2004, ex.18)
 하지만 이 경우에도 술어 동사와 주어 사이에 형태는 일치해야 하는데, 이를 통해 영어의 주어는 이미 '문법화' 된 화제라는 것을 알 수 있다.

그런데 사실 일정한 문맥만 있으면 '공주어'는 완전히 다른 종류가 될 수 있다.

那场大火, (结果)是电线跑了电。
그 큰 화재, (결과는) 전선이 누전된 것이다.

我(用的材料)是炸酱面。
나는 (사용한 재료가) 짜장면이다.

두 번째 문장에서 '我'를 어떤 재료를 사용해서 장치를 만들 것인가에 대해 이야기하고 있는 전위적인 예술가라고 생각할 수 있다. 이론적으로 말하면 문맥은 무궁무진하고, 그에 따라 공주어의 해석도 무궁무진하다. 공주어를 주장하는 사람들은 화제와 주어의 관계는 '광의의 종속관계'이므로 '他(的用人)是个日本女人(그(의 하인)는 일본 여자이다)'과 같이 종속을 나타내는 '的'자를 넣을 수가 있다고 생각한다. 하지만 자오위안런(赵元任 1968: 57-58)은 '的'를 넣으면 구조가 변하면서 의미도 달라진다고 지적하였는데, 예를 들면 다음과 같다.

她肚子大了。   他耳朵软。
그녀는 배가 불러왔다.   그는 귀가 얇다
她的肚子大了。   他的耳朵软。
그녀의 배가 커졌다.   그의 귀는 부드럽다.

'她肚子大了'는 주로 '她怀孕了(그녀는 임신했다)'를 나타내고, '她的肚子大

了'는 주로 '她肚子变大了(그녀는 배가 커졌다)(각종 원인으로 인해)'를 나타낸다. 또 '他耳朵软'는 그가 남의 말을 쉽게 믿는다는 것일 수도 있지만, '他的耳朵软(그의 귀는 부드럽다)'는 오직 그의 (물리적인)귀가 부드럽다는 것을 말할 뿐이다. '的'가 있는 문장은 대부분 문자적인 의미를 나타내지만, '的'를 넣지 않은 문장은 대부분 특별하거나 비유적인 의미가 있다. 뿐만 아니라 '的'를 넣지 않은 문장이 모두 '的'를 넣은 문장으로 변환할 수 있는 것은 아니다.

今儿天好。 → 今儿的天好。
오늘은 날씨가 좋다. 오늘의 날씨는 좋다
今儿王先生来。 → *今儿的王先生来。
오늘 왕선생이 온다.

그래서 '공주어'를 보충하는 것이 중국어에서는 합리적이지도 않고 가능하지도 않은 방법이다.

3.4 통사적 화제

명확히 밝혀야 할 두 번째 문제는 이른 바 '통사적 화제'란 것이 있는가이다. '这本书我不打算写了(이 책은 나는 쓰지 않을 예정이다)'와 같은 중국어 문장에 대해, 자오위안런(赵元任)과 주더시(朱德熙) 두 사람은 '这本书(이 책)'가 주어(대주어), '我不打算写了(나는 쓰지 않을 예정이다)'가 술어이며, 이때 술어는 그 자체가 '我'가 주어(소주어)인 주술구조라는 분석을 내놨다. 이후에 기능문법학자들은 이 문장을 분석할 때 '这本书'는 화제이고 '我'가 주어라고 했다. 이 분석은 문법범주와 화용범주를 같은 평면에 놓고 논한 것으로, 주더시를 비롯한 많은 사람들의 비판을 받았다. 그러자 어떤 사람들(Chen 1996, 徐烈炯·刘丹青 1998: 57)은 '통사적 화제'라는 개념을 제시하면서, '这本书'는 통사적 화제로 주어와 마찬가지로 구조 위치에 의해 결정되는데, 통사적 화제는 문장에서 S의 앞자리에 나타난다고 주장했다. 이 견해에 따르면, 주어 '我'는 화용적 성격의 화제가 아니기 때문에 중국어 주어와 화제는 '구성관계'가 아니다. 그러나 '통사적 화제'를 설정하려는 방법은 적절하지 않으며 오히려 번거로움을 낳는다. 먼저 영어에서 주어와 화제를 어떻게 구분하는지 살펴보자.

(1) *The play* lasts two hours.
(2) *The pláy*, John saw yésterday.
(3) As for *the play*, the actress is beautiful.

예문 (1)의 the play는 주어로, 술어 동사의 한 논항이자 술어 동사와 일치 관계를 가진다. 예문 (3)의 the play는 화제로, 술어 동사의 논항도 아니고 술어 동사와 일치 관계도 없으며, as for라는 화제표지가 있다. 예문 (2)의 the play는 술어 동사의 한 논항이지만 술어 동사와 일치 관계가 없으므로 주어와 화제 사이에 있다고 할 수 있다. '일치 관계'와 '논항'이라는 두 가지 기준 중에서는 결국 일치 관계가 결정적인데, 그 이유는 논항의 확정에 때로는 논란이 있기 때문이다. 일치 관계가 주어를 판정하는 주요 기준이기 때문에 서양의 문법학자들은 예문 (2)의 그 the play를 화제라 한다. 또한 그들은 논항구조가 통사구조의 근본이라고 생각하기 때문에 이

'화제' 앞에 한정어를 넣어 '통사적 화제(syntactic topic)', 즉 '논항의 화제'라고 하였다. 구조 수형도에서 '통사적 화제'는 다음과 같이 문장 S' 앞에 있는 NP에 위치한다.

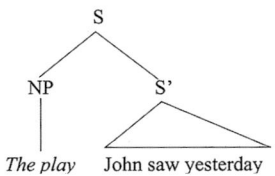

영어에서 이 문장은 정상적인 문장 John saw the play yesterday에서 변형된 비교적 특수한 문장이다. the play의 대조성(본 것이 영화가 아니라 공연이다)을 부각시키기 위해 이를 목적어의 위치에서 문두로 옮기고 강세를 주었는데, 이러한 과정을 '화제화(topicalization)'라고 한다. 요컨대 영어에서 주어와 화제는 서로 성질이 다른 분리된 범주로, 주어는 통사범주이고 화제는 화용범주이다. '통사적 화제'는 통사와 화용의 '접면(interface)'에 속하며, 통사성분으로 다룰 수가 있다. 이를 그림으로 나타내면 다음과 같다.

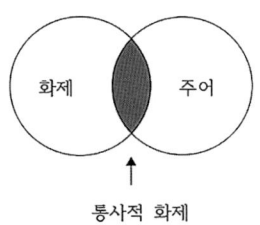

그러나 화제-주어의 이러한 '이분 대립, 부분 교차'의 모델은 중국어에는 통하지 않기 때문에 적용할 수가 없다. 먼저 중국어의 주어와 술어 사

이에는 일치 관계가 없기 때문에 인도유럽어가 주어와 화제를 구분할 때 사용하는 중요한 형식적 기준이 없다. 따라서 '논항 여부'를 가지고 주어와 화제를 구분할 수밖에 없다. 그런데 형식적 기준이 없는 상태에서 의미만을 근거로 논항을 판정하기에는 명확하지 않은 경우들이 있다. 예를 들어 '象鼻子长(코끼리는 코가 길다)'라는 문장은 '象(코끼리)'가 아니라 '鼻子(코)'를 술어 '长(길다)'의 논항으로 판정할 수 있으며, 이를 통해 '鼻子'는 주어이고 '象'은 화제라고 판정할 수가 있다. 하지만 다음 문장들은 이렇게 분석하기가 어렵다.

    象性格温顺。 코끼리는 성격이 온순하다.
    这把刀切肉快。 이 칼은 고기가 잘 잘린다.
    这顶帽子你合适。 이 모자는 네가 어울려.

'性格(성격)'이 '温顺(온순하다)'의 논항이면 '象'은 왜 논항이 아닐까? '切肉(고기를 자르다)'가 '快((칼 등)잘 들다)'의 논항이면 '这把刀(이 칼)'은 왜 논항이 아닐까? '你(너)'가 '合适(적합하다)'의 논항이면 '这顶帽子(이 모자)'는 또 왜 논항이 아닐까? 더 큰 문제는 우리가 '象鼻子长(코끼리는 코가 길다)'이라고도 말하지만 또 다음과 같이 말하기도 한다는 것이다.

    鼻子象最长, 脖子长颈鹿最长。
    코는 코끼리가 가장 길고, 목은 기린이 가장 길다.

이 문장은 논항인 '鼻子'가 구조 수형도에서 S'의 앞자리에 나타나고, 논항이 아닌 '象'이 오히려 S'의 주어가 된다. 중국어의 실제 상황은 문장의 주어가 반드시 술어 동사의 논항일 필요가 없다는 것이다. 더 중요한 것은 중국어의 문장은 주어가 없어도 된다는 것이다. 주어가 없는 문장도 중국어에서는 정상적인 문장이다. 앞에서 살펴본 '这本书我不打算写了(이 책은 나는 쓰지 않을 작정이다)'를 예로 들면, '不打算写了'도 역시 하나의 정상적인 문장 S라고 하면 '我(S 앞에 위치)'를 화제가 아니라고 말할 이유도 없는 것이다.

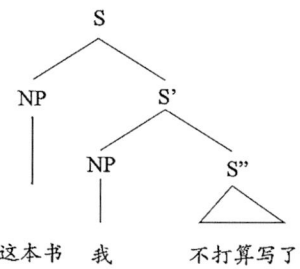

따라서 선쟈쉬안(沈家煊 1999a: 235)은 일찍이 이러한 처리 방식은 '대주어'와 '소주어'라는 명칭을 각각 '통사적 화제'와 '주어'로 바꾼 것에 불과하다고 지적하였다. 그러고 보면 위안위린(袁毓林 1996)에서 '这本书(이 책)'를 '화제주어'로 규정한 것도 이상할 것이 없다. '화제주어'가 바로 '대주어'이기 때문이다. 사실 '대주어'와 '소주어' 사이에는 공통점도 있고 차이점도 있다. 공통점을 강조하려면 이들을 모두 '주어'라고 하고서 '대, 소'를 사용해서 구분하며, 차이점을 부각시키려면 이들을 각각 '(통사적) 화제'와 '주어'라고 한다.

요컨대, 중국어에서의 '화제'는 아직 통사범주로 완전히 허화되지 않았으며, 만약 주어가 논항으로 한정된다면 이러한 '주어'는 '논항화제'라고 하는 일종의 특수한 화제에 불과하다. 논항화제도 여전히 화제라는 화용범주에 포함되기 때문에 '사실상 화제'인 '주어'의 성질도 역시 화용범주에 속한다. 중국어의 '주어를 포함한 화제'의 구도는 다음과 같다.

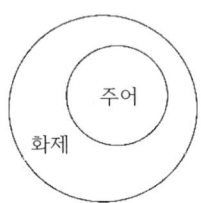

중국어는 동사의 '명사화'가 없듯이 주어의 '화제화'도 없다. '명사화'와 '화제화'를 주장하는 것은 모두 간결성 원칙에 위배된다. 어떤 사람들은 이 포함구도가 주요 성분이 논항과 비논항일 때의 차이를 소멸시키지 않을까 우려하는데, 사실 이러한 우려는 불필요하다. 포함구도는 이러한 차이를 소멸시키는 것이 아니라 단지 희석시킬 뿐이며, 이러한 희석화가 바로 중국어의 사실에 가깝기 때문에 이론적 자기모순의 문제를 해소할 수 있다. 중국어 '화제-주어' 분립을 고수하는 사람들은 오히려 '화제'에 대해 직접적인 정의를 내릴 의무가 있지만, 그들에게는 이것이 불가능하다.

리와 탐슨(Li & Thompson 1976)이 영어는 '주어부각형' 언어이고 중국어는 '화제부각형' 언어라고 제안한 이후로 많은 사람들이 이 견해를 수용하였다. 하지만 이러한 견해의 전제는 '주어는 주어, 화제는 화제'라고 하는 이분관(二分观)인데, 이 또한 유럽어의 관점이며 중국어의 현실에는 부합하지 않는다. '주어는 사실 화제'라는 자오위안런의 관점에 비해, 이러한 관점은 중국어의 특징을 밝히는 여정에서 전진이라기보다는 오히려 한 걸음 후퇴한 것이다.

이제 '실현성'과 '구성성'이라는 한 쌍의 개념을 가지고 '문장'과 '주어/술어', '명사/동사'의 세 가지 범주에서 영어와 중국어의 차이에 대해 통일된 설명을 할 수 있게 되었다.

	문장/단락	주어 / 술어— 화제 / 평언	명사 / 동사— 지칭 / 서술
영어	실현관계	실현관계	실현관계
중국어	구성관계	구성관계	구성관계

'문장'과 '주어/술어', '명사/동사'는 모두 문법을 논의할 때 사용되는 가장 기본적이면서 가장 중요한 '도구' 또는 '이론적 재료'이다. 중국어와 영어는 이 세 가지 방면에서 평행한 차이를 보이는데, 이는 우연적인 현상이라기보다는 두 언어의 문법체계에 근본적인 차이가 있음을 나타낸다. 상술한 바와 같이, 우리가 중국어 문법을 말할 때 용어 사용 습관의 인정과 다른 언어와의 비교 편의를 위해서는 여전히 '문장', '주어/술어', '명사/동사'와 같은 범주 명칭을 사용할 수 있지만, 이들 명칭이 대응하는 영어 범주와 내포와 외연에서 체계적인 차이가 있다는 점을 항상 기억해야 한다.

필자가 말하는 '실현관계/구성관계'와 주더시의 '조합관계/실현관계'(1권 제2장 2.2절)의 연관성과 차이가 명확하지 않은 사람이 있는데, 이에 대해 설명을 좀 하기로 한다. 이 책은 주더시의 사상을 계승하고 있으나, 다만 '추상과 구체'를 가지고 인도유럽어의 구와 문장의 관계를 설명할 수도 있다는 점을 제시하고자 할 뿐이다. 다시 말해, 중국어를 통해서 인도유럽어를 되돌아볼 수도 있다는 것이다. 왜 우리는 오랫동안 줄곧 인도유럽어의 관점에서 출발하여 중국어를 관찰해왔으며, 간혹 방향을 바꾸어서 관찰하면 놀라움을 금치 못할까? 중국어에서 출발하여 인도유럽어를 관찰하면 그것의 '조합관계'는 일종의 '간접적인 실현관계'이지만, 중국어는 '직접적인 실현관계'이다. 직접적인 실현과 간접적인 실현의 차이를 강조하기 위해 이 책은 '직접적인 실현관계'는 '구성관계'라 하고, '간접적인 실현관계'는 여전히 '실현관계'라고 부르기로 한다. 또 다른 고려 사항은 언어학과 다른 학문과의 소통인데, '실현/구성'이라는 한 쌍의 용어가 다른 학문에 이미 사용되고 있기 때문이다.(王菊泉 2014의 제안 참조)

3.5 '중심확장 원칙' 재고

'실현관계'와 '구성관계'는 '这本书的出版'의 '중심확장 원칙' 위반 문제(1권 제2장 3절)와 관련하여 새로운 관찰의 각도를 제공해준다. 이는 인지언어학의 '개념혼성' 이론(Fauconnier & Turner 2003)에서 출발하여, 단어에서 구, 문장의 구성에 이르기까지 중국어는 인도유럽어보다 통사적 파생의 수단이 아닌 개념혼성의 수단을 더 많이 사용하고 있다는 것이다. 이에 관해서는 선쟈쉬안(沈家煊 2006b, 2006c, 2007b, 2008)을 참조할 수 있다.

'这本书的出版'은 '这本书的N(이 책의 N)'(N은 '封面(표지)', '内容(내용)'과 같이 하나의 '사물'을 가리킴)과 '出版了这本书(이 책을 출판했다)'('出版'은 하나의 '사건'을 진술함)의 개념혼성이 만들어낸 산물로, 이 문장은 '하나의 '사건'을 지칭'한다. 혼성은 항상 두 개의 개념에서 일부분을 각각 잘라내어 이어붙임으로써 다른 일부분을 압축해버려야 한다. 혼성체인 '这本书的出版(이 책의 출판)'이 압축해버린 것은 '出版了这本书(이 책을 출판하였다)'의 시태 특징('这本书的出版了'는 불가능한 표현이다)과 '这本书的N'의 일부 명사성 특징('这本书的迟迟不出版(이 책의 지지부진한 출판 불원)'은 가능한 표현이다)이다. '중심확장 원칙'의 전제는 '한 성분이 전체의 성질을 결정할 수 있다'는 것이므로 전체의 성질과 중심성분의 성질은 반드시 일치해야 한다. 반면, 혼성이론의 전제는 '전체의 성질이 한 성분에 의해 완전히 결정되지는 않는다'는 것이므로 혼성체를 반드시 중심성분의 확장으로 분석하거나 환원할 수 있는 것은 아니다. 예를 들어, '大树(큰 나무)'는 '树(나무)'의 확장이라고 할 수 있지만, '大车(달구지)(가축이 끄는 짐수레)'는 '车(차)'의 확장이라고 말하기가 어렵다. 우리는 '一辆小大车(작은 달구지 한 대)'라고는 할 수 있지만 '一棵小大树'라고 할 수는 없는데, 그 이유는 혼성체인 '大车'는 구조와 의미에서 모두 '大+车'와는 다르기 때문이다. 중국어와 인도유럽어의 차이와 관련하여, 인도유럽어는 영어 the publication of this book과 같이 혼성 정도가 비교적 낮기 때문에 중심성분의 확장으로 분석되거나 환원될 수 있는 반면, 중국어에서는 '这本书的出版'의 혼성 정도가 높기 때문에 중심성분의 확장으로 분석되거나 환원될 수가 없다.

그렇다면 왜 중국어와 인도유럽어는 이러한 혼성 정도의 차이가 있을까? 그 이유는 혼성의 방식에 '직접'과 '간접'의 차이가 있기 때문이다. 혼성의 정도는 직접 혼성이 높고 간접 혼성이 낮다. 중국어 '这本书的出版'은 서술어 '出版'과 지칭어 '出版'이 '구성관계'이기 때문에 직접 혼성의 산물이지만, 영어 the publication of this book은 서술어 publish와 지칭어 publication이 하나의 실현 과정이 있는 '실현관계'이기 때문에 간접 혼성의 산물이다. 이러한 측면에서 이른 바 '这本书的出版'의 '확장규칙' 위배 문제도 역시 해결이 되었으며, 이는 1권 제2장 3절의 해결 방식과 맥을 같이 한다.

제4절 중국어의 문법과 화용법

4.1 문법과 화용법의 종류

모두들 문법 평면과 화용 평면을 명확하게 구분해야 한다고 하는데, 한 가지 의문점은 '명동포함 이론'이 중국어의 명사가 곧 지칭어이고 동사가 곧 술어라고 주장하는 것은 서로 다른 두 평면의 단위를 혼동한 것이 아닐까 하는 것이다. 사실 문법범주와 화용범주가 명확히 구분되지 않는다(화용이 문법을 포함한다)는 것이 중국어의 특징이기 때문에 둘을 혼동했다고 할 수는 없으며, 이는 많은 다른 각도에서도 논증이 가능하다.

주더시(朱德熙)는 문법 평면과 표현(즉, 화용) 평면을 구분해야 한다고 했지만, 화용과 문법의 관계에서 중국어와 인도유럽어가 차이가 있음을 이미 간파하고 있었다. 그는 중국어에서 구와 문장의 관계는 '추상적인 문법구조'와 '구체적인 말' 사이의 관계라고 하였는데, 이는 이미 중국어의 문장이 바로 '발화(utterance)'의 의미라는 것을 암시하고 있다. 중국어와 라틴어의 어순을 비교할 때, 그는 '폴이 메리를 보았다'가 라틴어에서는 6가지 표현이 있을 수 있음을 예로 들었다.(朱德熙 1985a:3)

> Paulus vidit Mariam.
> Mariam vidit Paulus.
> Paulus Mariam vidit.
> Mariam Paulus vidit.
> Vidit Paulus Mariam.
> Vidit Mariam Paulus.

중국어의 어순은 이처럼 자유롭지가 못하다. 이 차이 외에도 주더시는 특히 다음과 같이 지적했다. "그러나 라틴어에서 이 여섯 가지 표현은 어순만 다를 뿐, 구조는 결코 변하지 않았다. 중국어에서 어순의 차이는 흔히 구조의 차이를 나타낸다. 이 점에서는 오히려 중국어가 인도유럽어보다 어순이 중요하다고 말할 수 있다". 이 말은 상하 문맥에 따라 이렇게 이해해야 한다. 라틴어에서 어순의 변화가 야기하는 것은 문법구조의 변화가 아니므로 '주-동-목'이라는 구조는 변하지 않으며, 변하는 것은 단지 화제, 초점, 시각의 변화와 같은 화용적인 것들일 뿐이다. 반면, 중국어의 어순 변화는 이러한 화용적인 변화뿐만 아니라 문법구조의 변화도 초래한다. 예는 다음과 같다.

我不吃羊肉。나는 양고기를 먹지 않는다.
羊肉我(可)不吃。양고기는 나는 (절대)먹지 않는다.

'我不吃羊肉'는 '주-동-목' 구조이며, '羊肉我不吃'는 '象鼻子长(코끼리는 코가 길다)'과 마찬가지로 주술구조가 술어가 되는 구조인 '주-주-술' 구조이다. 다시 예를 들면, 분포를 근거로 타동사는 '때리다류(打类)'와 '맞다류(挨类)'로 나뉘고 자동사는 '떨어지다류(掉类)'와 '놀다류(玩类)'로 나뉘는 등, 품사 순서의 차이는 구조식의 차이를 나타내기 때문에(朱德熙 1980) 어순 변화도 역시 문법구조의 변화를 가져온다.

你淋着雨没有? 너는 비를 맞았니?
('布什挨着拳头没有? (부시가 주먹에 맞았니?)'와 동일한 구조)

雨淋着你没有? 비가 너를 적셨니?
('拳头打着布什没有? (주먹이 부시를 때렸니?)'와 동일한 구조)

他住在城里。그는 시내에 산다.
('孩子掉在井里。(아이는 우물에 빠졌다.)'와 동일한 구조)

他在城里住。그는 시내에서 산다.
('孩子在屋里玩。(아이는 방안에서 논다.)'와 동일한 구조)

또 다른 각도에서 이를 논증할 수도 있다. 다음 예를 보자.

a. 这本书出版了。이 책은 출판되었습니다.
b.? 这本书出版。?---

这本书出版, 那本书不出版。
이 책은 출판하고, 저 책은 출판하지 않는다.

这本书出版不出版?
이 책은 출판 안 합니까?

这本书出版。
이 책은 출판합니다.

b 예문 앞의 물음표는 일반적으로 단독으로 말할 수 없음을 나타내며, 대구를 사용하거나 질문에 대답하는 경우에만 말할 수 있다. 그렇다면 a와 b의 대립은 문법적 대립일까 아니면 화용적 대립일까? 문법 규칙은 강제성을 가지는데, 예를 들어 영어로 'this book publish'라고 말하는 것은 문법 규칙에 위배되므로 어떠한 경우에도 성립되지 않는다. 위의 예문 b

가 일정한 문맥에서 말할 수 있다는 것은 a와 b의 대립이 화용적인 대립임을 의미한다. b는 문법적으로 불합격한 것이 아니고 화용적으로 부적합한 것이다. 하지만 이러한 대답은 일종의 자기모순적 상황에 빠질 것이다. 왜냐하면 이와 유사한 경우가 수없이 많기 때문이다.

  a. 今儿怪冷的。
   오늘은 매우 춥다.
  b.? 今儿冷。?---
   今儿冷, 昨儿暖和。
   오늘은 춥고, 어제는 따뜻했다.

   今儿冷不冷?
   오늘 춥지 않습니까?

   今儿冷。
   오늘은 춥습니다.

'今儿冷'도 단독이 아닌 대를 이루어서 말하거나 질문에 답할 때 성립이 가능하다. 여기서 b도 역시 문법적으로 불합격이 아니라 화용적으로 부적합한 것이며, a와 b의 대립 또한 화용적인 대립이다. 만약 주더시가 '冷'은 성질형용사, '怪冷的'는 상태형용사로 분류한 것처럼 이러한 대립을 근거로 '冷'과 '怪冷的'를 서로 다른 부류로 분류한다면, 이 두 가지는 문법적 부류가 아닌 화용적 부류에 불과하다. 그러나 (주더시를 포함한) 모두가 a와 b의 대립을 문법의 문제로 여겨 성질형용사와 상태형용사를 두 개의 문법범주로 인식하고 있다. 중국어의 경우, 위의 예문들이 단독으로 말할 수 있는지 여부의 차이는 많은 예문에서 아주 흔히 볼 수 있다. 그런데 만약에 어떤 이가 이러한 차이를 모두 화용적 문제라고 하면서 자기는 용법이 아닌 문법만을 논의한다고 한다면, 논할 수 있는 문법 문제가 얼마나 될까? 용법은 무시한 채 문법만을 말할 것이라고 주장하는 사람들도 문법을 논증할 때는 이러한 논증을 자주 사용한다. 따라서 중국어의 실제 상황은 용법에 대한 논의를 떠나서는 문법을 말할 수가 없거나 말할 수 있는 문법이 거의 없다는 것이다. 왜냐하면 소위 문법범주, 문법단위라고 하는 것들이 사실은 모두 화용범주와 화용 단위로 구성되어 있기 때문이다.[11]

또 하나의 논증 분야가 있다. '생성문법'은 통사적으로 자동사를 두 부류로 나누었는데, 하나는 '病(병나다)'과 '笑(웃다)'로 대표되는 비능격동사(unergative verb)이고, 다른 하나는 '死(죽다)'와 '来(오다)'로 대표되는 비대격동사(unaccusative verb)이다. 중국어에서 이 두 가지 자동사를 구분하는 데도 역시 사실적 근거가 있다.

       王冕的父亲病了。   *王冕病了父亲。
       왕면의 아버지가 병이 났다.

       王冕的客人笑了。   *王冕笑了客人。
       왕면의 손님이 웃었다.

       王冕的父亲死了。   王冕死了父亲。
       왕면의 아버지가 돌아가셨다. 왕면은 아버지를 여의었다.

       王冕的客人来了。   王冕来了客人。
       왕면의 손님이 왔다.   왕면에게 손님이 왔다.

---

11 저자주: 생성문법에서 말하는 D범주(한정성분)의 속성이 중국어에서는 화용적 속성임을 논증한 장보쟝(张伯江 2009)을 참조하기 바란다.

선쟈쉬안(沈家煊 2006b, 2009d)은 중국어에서 이 두 종류의 대립은 문법적 대립이 아니라 화용적 대립이라고 지적했다. '王冕病了父亲'은 성립하지 않지만, '王冕家病了一个人(왕면 집에 한 사람이 병이 났다)'과 '王冕病了一个工人(왕면은 노동자 한 사람이 병이 났다)'('왕면'이 노동자들의 책임자로 이해됨)'은 성립한다. 류탄저우(刘探宙 2009)는 '病(병이 나다)', '笑(웃다)'와 같은 유형의 동사가 목적어를 가지는 양상에 관해 다량의 예를 제시하고 있다.

(非典的时候)小李也病了一个妹妹。
(사스 때) 샤오리도 여동생 하나가 아팠다.

郭德纲一开口, 我们仨就笑了俩。
궈더강이 입을 열자 우리 셋 가운데 둘이 웃었다.

在场的人哭了一大片。
현장에 있던 사람들은 대부분이 한바탕 울었다.

不到七点, 我们宿舍就睡了两个人。
7시도 안 되어 우리 기숙사에는 두 사람이 잠들었다.

不到六点, 那群孩子就起了天天和闹闹两个。
6시도 안 되서 그 아이들 중에 텐텐과 나오나오 둘은 벌써 일어났다.

立定跳远(全班)已经跳了三十个同学了。
제자리멀리뛰기(반 전체)에서 이미 30명의 학생이 뛰었다.

我大学同学已经离婚了好几个了。
내 대학 동창은 이미 여러 명이 이혼했다.

他们办公室接连感冒了三四个人。
그들 사무실에서 서너 명이 연이어 감기에 걸렸다.

今天上午这台跑步机一连跑过三个大胖子。
오늘 오전에 이 러닝머신은 연속해서 세 명의 뚱보가 뛰었다.

중국어는 자동사도 일정한 문맥이 있으면 목적어를 가질 수 있으며, 타동사라도 일정한 문맥이 있으면 목적어를 가지지 않는다. 루빙푸(陆丙甫)는 (개인 통신을 통해) 영어에서 The window broke는 I broke the window의 변형이나, 두 문장은 논항구조가 다르다고 지적하였다. 단지 일부 타동사만이 이러한 변형식을 가지는데, 이를 '자타동 양용 동사(ambitransitive alternation)'라고 하였다. 하지만 중국어 '我打破了窗子(내가 창문을 깼다)'와 '窗子打破了(창문을 깼다)'는 논항구조의 변화를 말할 수가 없고 화용적인 변화만 있을 뿐이다. 왜냐하면 '我吃了羊肉(나는 양고기를 먹었다)'와 '羊肉吃了(양고기를 먹었다)'처럼 거의 모든 타동사가 이렇게 변환될 수 있기 때문이다.

또한 '병렬조건'의 측면에서도 논증이 가능하다. 1권 제2장 3.2절에서 중국어 명사와 동사의 병렬은 병렬조건에 위배된다고 하였다. 하지만 생각해 보면 상식적으로 '병렬조건'은 단지 병렬되는 성분이 '같은 종류'여야 한다는 것만을 요구할 뿐, 그것이 어떤 것이어야 한다고 제한하는 것은 아니다. 같은 종류에는 문법적, 의미적, 그리고 화용적으로 같은 종류 등 여러 가지가 있다. 영어는 문법적으로 같은 종류를 요구하여 병렬되는 두 성분이 같은 문법범주에 속하지만, 영어도 의미적으로 동일한 종류와 화용적으로 동일한 종류를 완전히 배제하지는 않는다. 예를 보자.

Any change is bound to have numerous *academic* and *cost* implications.

John is a *banker* and *extremely rich*.

두 문장은 모두 명사성 성분과 형용사성 성분의 병렬이다. 앞 문장은 academic과 cost가 모두 뒤에 오는 명사의 수식어(관형어)이고, 뒷 문장은 abanker와 extremely rich가 모두 연결동사 be 뒤에 오는 보어이다. 할리데이(Halliday 1994: 274)도 선택의문문 'plain or with cream?(플레인 아니면 크림 넣어서?)'의 병렬을 예로 들면서, 두 성분의 '기능'이 같을 경우(모두 수식어가 된다)에는 병렬이 가능하다고 주장했다.[12] 다음 말이 성립하지 않는 이유는 단순히 병렬되는 두 성분이 같은 의미범주(Fillmore 1968: 22)에 속하지 않기 때문이다.

??*John* and *a hammer* broke the window.

John과 a hammer는 모두 명사성 성분이지만, John의 의미역은 행위자이고 a hammer의 의미역은 도구로, 의미역이 서로 다르다. 아래의 예에서 두 개의 병렬성분은 모두 같은 화제에 대한 평언(Matthews 1981: 214)으로, 문법적으로도 의미적으로도 모두 같은 종류가 아니지만 화용적으로는 같은 종류이다.

The other notes [you do need] and [would be better in the text].

---

[12] 저자주: 할리데이(Halliday)에게 이 관점과 예를 제공해준 뤼인디(罗仁地)에게 감사드린다.

The cakes [you'll need on Wédnesday] and [are better made frésh].

　이상의 내용을 통해 '병렬조건'이 영어와 중국어에서 요구하는 바가 다름을 알 수 있다. 영어에서는 병렬성분이 문법적으로 같은 종류(의미적, 화용적 같은 종류는 예외)일 것을 요구하지만, 중국어에서는 병렬성분이 의미나 화용적으로만 같은 종류일 것을 요구한다. '图书和出版(도서와 출판)'과 '这本书和它的出版(이 책과 그것의 출판)'에서 두 개의 병렬항은 하나는 사물을 지칭하고 하나는 동작을 지칭하지만, 화용적으로는 모두가 '지칭어'라는 범주에 속한다.

　중국어의 문법범주, 문법단위는 모두 화용범주, 화용 단위로 구성되어 있기 때문에 중국어 문법을 말할 때 문법을 논의하는 것에서 용법을 논의하는 쪽으로, 문법에 맞는지 여부를 구분하는 것에서 용법에 맞는지 여부를 구분하는 쪽으로 논의의 초점을 전환해야 할 것이다.[13]

13　저자주: 예를 들어 '他俩开房是我召开的研讨会'라는 말이 문법에 맞는가와 같은 문제를 제기하는 것은 문제가 있다. 왜냐하면 특정한 문맥에서는 이렇게 말하는 것이 오히려 가장 적합하기 때문이다. 가령, 다음 문맥에서는 이렇게 말을 해야 표현의 생동감과 익살스러움을 나타낼 수 있다.

　　한 꾀 많은 사장이 나에게 어떤 업무를 맡겼는데, 그것은 그와 그의 애인이 하는 일을 비호하는 것이다, 즉, 그들이 해외여행을 가는 것은 나와 해외 출장을 가는 것이고(他俩出去玩是跟我出国考察), 그들이 함께 밥을 먹는 것은 나와 사업을 상의하기 위한 것이고(他俩吃饭是跟我谈业务), 그들이 호텔 룸을 잡는 것은 내가 주관하는 세미나에 참석하기 위한 것이다(他俩开房是我召开的研讨会).

(洪晃《无目的美好生活》)

4.2 문답의 문법과 화용법

자오위안런(赵元任)은 중국어의 논리를 논술한 두 편(Chao 1955, 1959)의 연구에서 중국어와 인도유럽어의 대답 방식의 차이에 대해 언급하였다. 인도유럽어의 논리는 '긍정과 부정'으로 작동하는 반면, 중국어의 논리는 '참(True)과 거짓(False)'으로 작동하고 '동의 비동의'의 방식으로 표현된다. 중국어의 경우, 만약 '咱们没有香蕉(우리 바나나 없어)'라는 말에 동의한다면 '是的, 咱们没有香蕉(맞아, 우리 바나나 없어)'라고 말하고, 만약 '你一点没教养(너는 교양이 하나도 없어)'라는 말에 동의하지 않는다면 '不是, 我有教养(아니야, 나 교양 있어)'라고 말한다. '是的'는 '네 말이 참이므로 나는 동의한다'를 나타내고, '不是'는 '네 말은 거짓이므로 나는 동의하지 않는다'를 나타낸다. 하지만 영어의 경우, 바나나가 없다는 말에 동의한다면 'No, we have no bananas'라고 말하고, 교양이 없다는 말에 동의하지 않는다면 'Yes, I am a gentleman'이라고 말한다. yes와 no가 각각 긍정과 부정을 나타내는 것이다.

유형론자들은 언어를 조사할 때 평서문, 의문문, 명령문과 같은 문장의 종류를 먼저 조사한다. 그리고 의문문은 먼저 시비의문문인지를 조사하는데, 긍정·부정에 대한 대답에는 '대답 확정형'과 '문답 관계형'의 두 가지 유형이 있다.(刘丹青 편저 2008: 26—27) 양자의 차이는 시비의문에 대한 부정 형식의 대답에 있다. 영어는 대답 확정형으로, 부정의문문 'Didn't John go there?'에 대해서 만약에 그가 갔으면 'yes'로 대답하는데, 그 이유는 대답 문장이 긍정문인 'he did'이기 때문이다. 그런데 만약 실제로 그가 가지 않았다면 'no'로 대답하는데, 그 이유는 대답 문장이 부정문인 'he didn't'이기 때문이다. 그런데 이와 달리 중국어는 문답 관계형이다. '老张

没有去吗?(라오장 안 갔어?)'라는 부정의문문에 대해, 만약 그가 갔으면 '不(아니)(不是(아니야), 不对(틀렸어))'라고 대답하는데, 그 이유는 대답 문장이 '他去了(그는 갔다)'로 질문의 명제와 일치하기 않기 때문이다. 그런데 만약 실제로 그가 가지 않았다면 '是(그래)(是的(그래), 对(맞아), 对的(맞아))'라고 대답하는데, 그 이유는 대답 문장이 '他没去(그는 안 갔다)'로 질문의 명제와 일치하기 때문이다. 이 문제에 관해 일본어의 논리 역시 중국어의 유형과 같으며, 러시아어는 두 가지 유형이 모두 사용되지만 '대답 확정형'이 기본적이고 무표적인 형식이다. '대답 확정형'과 '문답 관계형'이라는 표현은 자오위안런(赵元任)의 표현과 일치한다.

중국인이 영어를 배울 때, 그리고 외국인이 중국어를 배울 때 항상 이 문제를 혼동하여 의사소통에서 오해를 불러일으킨 경험이 다들 있을 것이다. 중국어와 영어에서 이러한 중요한 차이를 초래하는 심층적인 원인은 무엇일까? 대답은, 영어는 일종의 '문법형 언어'이고 중국어는 일종의 '화용형 언어'라는 것이다. 문법형 언어는 문법범주와 문장, 주술·술어, 명사·동사 등을 구분하고, 화용형 언어는 화용범주와 발화, 화제와 평언, 지칭어·서술어 등등을 구분한다. 마찬가지로 긍정·부정는 문법범주이자 문법적 수단이고, 동의·비동의는 화용범주이자 화용적 수단이다. 중국어의 대답어 '是的'와 '不是'는 명제의 참·거짓에 대한 판단이면서 화행(언어행위) '你说'에 대해 내린 시비의 판단이기도 하다. 실제로 대답어 '是的'는 흔히 '(你)说的是((네가)한 말이 맞다)'라고 말하고, '不是'는 흔히 '(你)说的不是((네가)한 말이 틀렸어)'라고 말한다.

(你)说的是, 咱们没有香蕉。

(네가)한 말이 맞아, 우리 바나나 없어.

(你)说的不是, 我有教养。
(네가)한 말이 틀렸어, 나는 교양이 있어.

따라서 '대답 확정형'은 문법형으로 대답 문장의 긍정·부정하고만 관련이 있지만, '문답 관계형'은 화용형으로 대답 문장의 긍정·부정뿐만 아니라 질문 명제에 대한 동의·비동의와도 관련이 있다. 이를 '문법화' 이론으로 설명하면, 동의·비동의를 나타내는 수단은 영어에서 이미 문법화되어 술어의 긍정·부정 형식이 되었지만, 중국어에서는 이러한 문법화가 아직 실현되지 않아서 여전히 화용적인 수단을 사용하고 있다는 것이다.

중국어의 논리는 참과 거짓으로 작동하는데, 이 특징은 중국어 술어의 지칭성(자세한 내용은 1권 제6장 참조)과 관계가 있다. 참과 거짓을 판단하는 것은 진술한 '사건'에 대한 것(이 일이 참인가 거짓인가?)이기도 하고 지칭된 '사물'에 대한 것(이 물건이 참인가 거짓인가?)이기도 하다. 그런데 '사건'도 추상적인 '사물'[14]로 볼 수 있기 때문에, 이는 결국 지칭된 '사물'에 대한 것이 된다. 우리는 '이 물건이 참인지 거짓인지'를 판단하지만 일반적으로 '이 물건이 긍정인지 부정인지'를 판단하지는 않는다. 왜냐하면 긍정과 부정은 일반적으로 '사물'이 아닌 '사건'에 대해서 그러하기 때문이다. 영어의 경우 긍정·부정을 뜻하는 yes와 no가 문장의 서술성 술어에 대한 대답

---

14 저자주: 철학자 후설(Husserl)은 명제뿐만이 아니라 명칭도 참과 거짓을 논할 수 있으며, 명제의 참과 거짓보다 명칭의 참과 저짓이 더 기본적이라고 생각했다. 이 점이 '참'에 대한 후설과 프레게(Frege)의 관점 차이이다. 이에 대해서는 高松(2013)을 참조할 수 있다. 명칭에 참과 거짓이 있다는 견해는 중국 전통철학인 '名实相副(명실상부)'의 관점과 일치한다(王文斌 2014).

이 되지만, 중국어의 경우에는 참과 거짓을 뜻하는 '是的'와 '不是'가 지칭성 발화(동작을 지칭하는 발화 포함)에 대한 대답이 된다. 이것이 영어와 중국어의 차이이다.

4.3 문법을 포함하는 화용법

요컨대, 문법과 화용법(약칭 '용법'이라 함)의 관계는 중국어와 인도유럽어가 서로 다른데, 그 차이는 다음 그림과 같이 나타낼 수 있다.

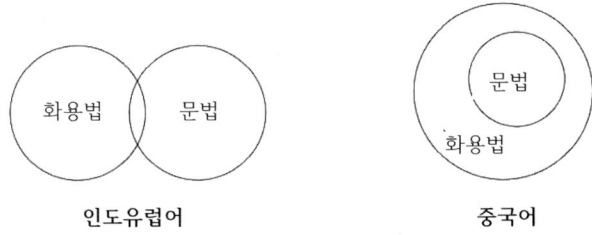

인도유럽어(특히 라틴어)에서는 화용적 변화와 문법적 변화는 기본적으로 구분되며 화용법과 문법의 접면이 있다. 하지만 중국어에서 화용적 변화는 종종 동시에 문법적 변화이기도 하고, 문법적 변화는 화용적 변화에 포함되며, 화용법과 문법의 접면이 존재하지 않는다. 인도유럽어의 문법은 이미 화용법으로부터 독립되어 나왔으나, 중국어의 문법은 아직 화용법으로부터 독립되지 않았다. 중국어의 화용법과 문법 또한 하나의 포함구도인데, 이는 '용체포함(用体包含)'이라 불린다. 즉, 언어구조의 '몸체(体)'로서의 문법이 '사용'법 안에 포함되어 있는 것이다.[15] 이러한 포함구도는,

---

15 저자주: 중국철학의 주류는 '체용불이(体用不二)', 즉 추상적인 '도(道)'가 구체적인 '그릇(器)'

한편으로는 문법 문제가 곧 화용 문제이기 때문에 문법과 화용법이 구분되지 않는다고 보면서도, 다른 한편으로는 화용법 문제가 모두 문법 문제는 아니기 때문에 또 문법과 화용법이 구분된다고 본다.[16]

중국어의 어순 규칙은 비교적 간단하다. 주어는 모두 술어 앞에 위치하고 목적어는 모두 동사 뒤에 위치하며, 수식어는 모두 중심어 앞에 위치한다고 정리할 수 있다. 그런데 이것이 화용법에는 속하지 않고 문법에만 속하는 것일까? 대답은 화용법에도 속한다는 것이다. 중국어의 주어와 술어는 사실상 화제와 평언인데, 화제가 앞에 오고 평언이 뒤에 오는 것이 일반적인 정보구조 원리이다. 청각장애인의 자연 수화로 볼 때, 구어에서 목적어는 동사 뒤에 위치하는 어순이 자연스러운 손짓의 공간 순서를 나타낸다(游順钊 2014: 78.8) 고대중국어는 일반적으로 목적어가 동사 뒤에 위치하고 대명사 목적어만이 동사 앞에 위치하는데, 이 역시 정보구조 원리에 부합한다. 즉, 정보량이 많고 가별도가 낮은 성분은 뒤에 오는 것이다. 목적어가 일반적으로 동사 앞에 위치하는 언어는 목적어가 뒤로 이동해도 대명사 목적어는 제외된다. 루빙푸(陆丙甫 2005)는 어순유형론의 각도에서 수식어가 중심어 앞에 위치하는 어순은 '가별도가 높은 성분이 앞에 위치한다'는 원리뿐만 아니라 '의미적으로 긴밀한 성분은 인접한다'는 원리도 준수하기 때문에 일종의 안정적인 선호 어순이 된다는 것을 논증하였다. 장보쟝(张伯江 2011a) 역시 중국어 통사구조의 어순이 실질적으로 화용구조의 어순을 반영한다는 것을 증명하였다. 요컨대, 중국어의 어순 규칙은 화

안에 있다고 주장한다. 이에 대해서는 제3절을 참조할 것.
16   저자주: 바로 문법과 화용법이 '구분되는' 일면이 있기 때문에 '명사/동사'와 '지칭어/서술어'라는 두 가지 종류의 용어가 필요한 것이다.

용 원칙에 위배되지 않는 일종의 '자연적 어순'인 것이다.

중국어의 문법과 화용법의 관계를 화용법이 문법을 포함하는 것으로 확정하는 것은 양자의 차이를 부정하는 것이 아니라, 양자가 중국어에서 '통합되어 분리되지 않는(合而不分)' 측면을 강조하는 것이다. 최근 몇 년 동안 중국어 문법학계에서 많은 사람들이 문법·의미·화용이라는 '3개 평면'의 연구를 전개할 것을 제창하였다. 그런데 이 3개의 평면을 구분하는 것은 1930년대 모리스(Morris 1938)가 일찍이 기호학에서 제기하였다. 모리스는 기호와 기호 사이의 관계는 '문형론'(현재의 문법학)으로, 기호와 지칭 대상 사이의 관계는 '의미론'으로, 기호와 기호 사용자 사이의 관계는 '화용론'으로 각각 분류하였기 때문에 이 3개의 평면은 결코 새로운 발명이 아니다. 생성문법은 더 나아가 세 평면을 구분하는 것을 입론의 기초(다만 '평면'이 아닌 '모듈'이라 칭함)로 삼았으며, 세 모듈의 이산성과 독립성을 주장하며 이들을 하나로 묶어 논하는 것을 극력 반대하였다. 중국어 문법학계에서 3가지 평면의 연구를 제창한 것은 사실 중국어의 실제에 대해서 문법과 의미, 화용을 '분리'할 것이 아니라 '통합'할 것을 제창한 것이다. 이 문제는 2권 제5장 6절에서 진일보한 설명을 하기로 한다.

'화용법의 문법화'라는 동적 진화의 각도에서 앞의 그림을 수정하면 다음과 같다.

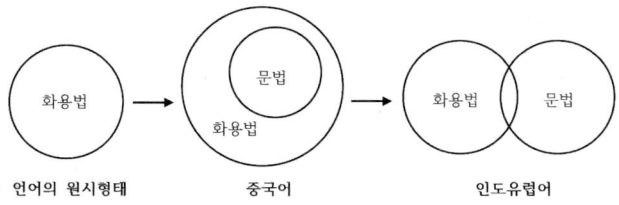

　화살표는 동적 진화의 과정을 나타내는데, 언어의 원시형태인 '화용법'에서 출발하여 인도유럽어는 이미 그 중에서 '문법'이 분열되어 나와서 '화용법'과 분립된 구도를 형성하고 있다. 반면, 중국어는 '화용법' 안에 '문법'이 포함되어 있으며 아직 분열되어 나오지는 않아서 여전히 포함구도를 형성하고 있다. 따라서 인도유럽어는 문법화 정도가 높고 중국어는 문법화 정도가 낮다고 한다. 중국어의 이러한 포함구도는 '문법이 화용법에 기초한다'는 것에 대한 논리적인 해석이다. 인도유럽어는 분립구도를 나타내지만 언어진화의 각도에서 보면 영어도 역시 '문법이 화용법에 기초'하고 있다. 이러한 진화 순서는 인류언어의 보편적 특성이기 때문에 이 견해는 여전히 정확하다. 사실을 설명할 때 논리와 역사가 반드시 일치할 필요는 없지만 일치할 수 있다면 일치하는 것이 당연히 더 좋은데, 이 책의 해석은 논리와 역사를 일치시켰다. 논리적으로 화용법이 문법을 포함하는 구도도 있고, 또 역사적으로 화용법이 문법을 포함하는 단계도 있다. 이 책은 논리와 역사라는 두 가지 의미에서 '중국어는 화용형 언어'라고 말한다.

제5장

명사와 동사의 비대칭

제1절 '명사의 동사적 활용'과 '동사의 명사적 활용'

　명사가 동사를 포함하는 '명동포함(名动包含)' 구도는 명사와 동사의 관계가 대립이나 대등한 관계가 아니라 동사가 명사의 한 하위 부류일 뿐임을 의미한다. 이 장에서는 만약 명사와 동사의 관계가 하나가 다른 하나를 포함하는 관계라면, 반드시 명사가 동사를 포함해야 하며 동사가 명사를 포함하는 것은 불가능하다는 것을 논증하고자 한다. 이를 베이커(Baker 2009)의 말로 설명하면, 명사와 동사는 "중화(中和)"가 발생하면 반드시 명사가 "중화항(中和项)"이 되며 동사가 "중화항"이 되지는 않는다는 것이다.(1권 제3장 7절) 그러나 '동사 중심론'의 영향으로 인해 당연히 동사를 중화항으로 보는 실수를 저지르는 사람들이 적지 않다. 1권 제3장 2절에서 중국어 명사와 동사의 '비대칭 분포'에 대해 서술하였는데, 이는 베이커의 관점을 지지한다. 예를 들어 주어와 목적어 자리와 수식어 뒤 중심어 자리에서 명사와 동사가 중화되면 중화항은 모두 명사가 아니라 동사가 된다는 것이다.(2권 제1장 4절 참조) 결국 이는 사물 개념과 동작 개념 사이의 인지적 '비대칭'에 의해 결정되기 때문에 중국어뿐 아니라 다른 언어들 역시 마찬가지이다. 중국 영화 <집결호(Assembly, 结集号)>[01]의 주인공 장한위(张涵予)는 중국 백화상(百花奖) 영화제 최우수 남우주연상 수상자가 된 뒤 향후 계획을 묻는 한 기자의 질문에, "배우는 동사예요. 어쨌든 영화를 찍어야지 빈둥거리고 있어서는 안 되죠."(「北京晚报」 2008.9.13.)라고 대답했다. '演员是个动词(배우는 동사다)'라는 말은 간결하면서도 생동감 있고 익살스러운 일종의 특수한 수사적 표현이다. 왜냐하면 '演员(배우)'이 확실히 명사이기 때문이다. 이런 표현은 최근에도 많이 유행하고 있는데, 예를 들어 보자.[02]

命运不是名词而是动词, 命运不是放弃而是掌握。
운명은 명사가 아니라 동사이며, 운명은 포기하는 것이 아니라 거머쥐는 것이다.

说科学是动词, 是因为"方法"赖以存在的实验或观测永远是现在进行时。
과학을 동사라고 말하는 것은 '방법'이 존재하는 실험이나 관측이 언제나 현재진행형이기 때문이다.

"干部"应该是个动词。让我们在干事中落实科学发展观······
'간부'는 동사이다. 우리는 일을 처리할 때 과학적 발전관을 실현하고······

---

01 역자주: 펑샤오강 감독의 2007년작이며, 집결호는 군대에서 집결 신호를 알리는 나팔소리를 뜻한다. 제12회 부산국제영화제 개막작이기도 하다.
02 저자주: 이들 예는 대부분 리우다웨이(刘大为)선생이 제공한 것임을 밝힌다.

完美是个动词, 但是一个没有完成时的动词。
완벽은 동사지만 완료시제가 없는 동사다.

雪, 不单单是名词。
눈은 단순히 명사가 아니다.

하지만 품사를 연구하는 문법 전문가가 아니라면 일반적으로 "拍戏是个名词(영화를 촬영하는 것은 명사다)"라고 말하는 사람은 없을 것이다. 사람들은 오히려 이렇게 말한다.

走穴[03]是个新名词儿。
'走穴(개인 연예활동을 하다)'는 새로운 명사이다.

拍拖是个港台名词。
'拍拖(파트너가 되다)'는 홍콩과 대만의 명사이다.

切脉是个中医药名词。
'切脉(맥을 짚다)'는 중의약 명사이다.

일부 문법 전문가의 눈에는 '走穴(개인 연예활동을 하다)', '拍拖(파트너가 되다)', '切脉(맥을 짚다)'가 모두 동사이겠지만, '아무도 이러한 표현에 특이점이 있다고 느끼지 않을 것이다. 수수께끼 '打个新名词(새로운 명사 만들기)'에서 수수께끼의 답이 '走穴'가 되는 것은 지극히 정상이다. 어떤 사람은 이때의 '명사'는 '명칭'을 뜻하는 것으로, 문법책의 '동사'에 대립하는 '명사'

---

03 역자주: '走穴'는 국가 문예 단체 소속 연기자가 정규 공연 이외의 시간에 따로 출연하여 돈을 버는 것을 말한다.

를 뜻하는 것은 아니라고 말하는데, 상당히 일리가 있다. 1권 제4장 3.1에서 이미 설명하였듯이 중국어의 '名词'는 영어의 noun과는 달리 주로 '名称(명칭)'의 의미로 사용되어 '名词儿'이라고도 하며, 그 다음의 의미가 비로소 문법책에서 말하는 동사에 대립하는 '명사'이다. 그렇지만 다음과 같은 문법적 사실은 강조할 필요가 있다. 그것은 '명동분립'의 구도에서도 상대적으로 명사가 동사로 쓰이는 것(명사의 동사적 활용으로 명사가 진술에 사용되는 것)은 특수한 상황이고, 동사가 명사로 쓰이는 것(동사의 명사적 활용으로 동사가 지칭에 사용되는 것)이 일반적인 상황이라는 것이다.

먼저 현대중국어에서 명사가 동사로 활용된 예[04]를 살펴보자.

临走还**袋**了一匣火柴。
떠날 때 또 성냥 한 갑을 **주머니에 넣었다**.

电梯已坏, 待修理了。天啊！要**腿**着了。
엘리베이터가 이미 고장이 나서 수리를 기다리고 있군. 세상에! **걸어 올라가야** 하는군.

我也来**淑女**一下。
나도 한 번 **숙녀처럼 해봐야지**.

我也**官僚官僚**。
나도 **관리 노릇 좀 해 봐야지**.

他可真能**阿Q**自己。

---

04 저자주: 현대중국어 명사의 동사적 활용에 대한 가장 상세한 묘사는 왕둥메이(王冬梅 2001)이며, 이 예들은 대부분 그의 연구에서 인용하였음을 밝힌다.

그 사람 정말 자신을 **아큐** 할 줄 아는군.(그 사람은 정말 스스로 정신승리 할 줄 아는 군.)

让他自个嘴上**快感**去。
그 사람이 스스로 입에서 **즐거움을 느끼게** 하자.

我也**大款**过一回。
나도 한번 **큰 돈 벌었**었지.

她就那么和母亲**距离**着。
그녀는 그렇게 어머니와 **거리를 두고 있다**.

他当过班主任, 但只**主任**了一个班。
그는 담임선생님을 맡은 적이 있지만, 한 개 반을 **맡았을** 뿐이다.

他是一个非常**家庭**的男人。
그는 매우 **가정적인** 남자이다.

丈夫耐不住寂寞, 与别人花前月下去了。
남편은 외로움을 못 견디고 다른 사람과 **연애하러** 갔다.

一腹泻, 就**必奇**。
설사엔 **틀림없이 신통하다**.(지사제 '비치(必奇)'의 TV광고 카피)

컴퓨터에서 위의 문장들을 타이핑할 때 모니터에는 '还袋了', '腿着', '官僚官僚', '距离着', '只主任'의 아래에 붉은 물결선이 나타나서 단어 활용이나 문장 구성에 오류가 있음을 일깨워준다. 이를 통해 이들이 매우 특수한 수사적 표현임을 알 수 있다. 동사로 활용된 명사 중에는 이미 진정한 동사로 바뀐 것들도 있는데, 원래의 명사와 서로 다른 두 개의 단어이다. '钉

제5장 명사와 동사의 비대칭   297

钉子(못을 **박다**)', '**袖着**手(손을 소매 속에 **넣다**)', '**絮**棉袄(솜저고리에 **솜을 넣다**)', '**堆**成堆(한 무더기로 **쌓다**)', '让虫**蛀**了(벌레가 **갉아먹다**)' 등과 같이 것은 더 이상 특수한 표현이 아니며, 이러한 현상은 이제 '명사의 동사적 활용(名词动用)'으로 간주하지 않는다.

다음으로 동사가 명사로 쓰인 예를 살펴보자.

笑比**哭**好。
웃는 것이 **우는 것**보다 좋다.

我怕**抓**。(怕猫抓)
잡힐까봐 무섭다.(고양이가 잡을까봐 무섭다)

打是**疼**, 骂是**爱**。
때리는 것은 아끼는 것이고, **꾸짖는 것**은 **사랑하는 것**이다.

聪明反被**聪明**误。
총명함이 도리어 **총명함**에 의해 잘못되다.

我想**是**, 他一定说了谎。
나는 **그렇다**고 생각해, 그가 틀림없이 거짓말을 했다고.

他主管图书**出版**。
그는 도서 **출판**을 주관한다.

老师的**称赞**反而让他不自在。
선생님의 **칭찬**이 오히려 그를 불편하게 했다.

我们要为普通话的**推广**尽力。
우리는 표준어의 **보급**을 위해 최선을 다해야 한다.

有记者问他今后有什么**打算**。

어떤 기자가 앞으로 무슨 **계획**을 가지고 있느냐고 그에게 물었다.

이 문장들은 모두 동사가 주어나 목적어가 되는 것들임에도 컴퓨터에 타이핑을 하면 붉은 물결선이 단 하나도 나타나지 않는다. 그래서 아무도 이들 문장에 어떠한 특별함이 있다고 느끼지 않을 것이다. 명사로 쓰이는 동사 중에는 동작 자체를 가리키는 것이 아니라 동작과 관련된 행위자나 결과, 도구 등을 전환지시(转指)하는 것도 있다. 예를 들면, '他是编辑(그는 편집자이다)', '蒸汽机这一发明(증기기관이라는 발명)', '別把包裝撕坏(포장을 찢지 마라)' 등의 예에서 동사는 이미 진정한 명사로 바뀌었기 때문에 여기서 말하는 '동사의 명사적 활용'에는 포함되지 않는다. 중국어에서 '동사의 명사적 활용'과 '명사의 동사적 활용'에는 모두 다 단어의 형태변화가 없지만, 우리는 어감에 근거하여 이들이 비대칭 관계라고 단정한다. 동사의 명사적 활용은 일반적인 통상적인 현상이지만, 명사의 동사적 활용은 특수한 수사적인 현상이다. 이러한 어감의 원천에 대해서는 아래 제4절에서 다시 서술하고자 한다.

왕둥메이(王冬梅 2001: 104)의 통계에 따르면, 현대중국어에서 동사의 명사적 활용 실례는 명사의 동사적 활용 실례의 57배가 된다. 고대중국어에서는 명사의 동사적 활용이 현대중국어보다 더 많지만, 상대적으로 동사의 명사적 활용은 여전히 소수이며 특수한 현상에 속한다. 왕커중(王克仲)의 『고대중국어 품사 활용(古汉语词类活用)』(1989)은 고대중국어 안에서의 품사 '활용(活用)'에 대해 전문적으로 설명하고 있다. 그런데 대부분은 명사의 동사적 활용이고 '동사가 명사로 활용된 것'에 대해 서술한 부분은 극히 적으며, 그 역시 모두 다 동사가 그와 관련된 사물로 전환지시된 경우(예를 들어 '死(죽다)'는 '死者(죽은 사람)'를 전환지시하고, '居(살다)'는 '居所((사는 곳)'를 전환지시한다)를 말한다. 천청쩌(陈承泽)는 『중국어 문법 초고(国文法草创)』(1982: 66—69)에서 '白马之白(흰 말의 흰 것)'의 '白(흰 것)'와 '惠公之卒(혜공의 죽음)'의 '卒(죽음)' 등과 같은 동사의 명사적 활용은 '단어 본래 의미의 활용(本用的活用)'으로 품사가 변하지 않지만, '晚来天欲雪(저녁이 되니 하늘에서 눈이 내리려 하네)'의 '雪(눈이 내리다)'와 '火烟入目目疾(연기가 눈에 들어가니 눈이 아프다)'의 '疾(아프다)'와 명사의 동사적 활용은 본래 의미의 활용이 아니고 품사가 이미 변했다고 주장하였다. 이는 대단히 깊이 있고 예리한 견해이다.[05]

제2절 명사 동사 비대칭의 보편성

2.1 중국어와 다른 언어의 보편성

명사와 동사의 이런 비대칭 현상은 다른 언어에도 똑같이 존재하므로 보편성을 가진다. 먼저 영어에서 동사의 명사적 활용을 보면 동사는 모두 임시로 단어의 형태를 바꾸어야 한다. 예를 들어보자.

---

05 저자주: 혹자는 '본래 의미의 활용(本用)'과 '본래 의미의 활용이 아닌 것(非本用)'을 사용해서 품사 변화 여부를 판단하는 것은 의미를 판단기준으로 삼는 것이 아니냐는 의문을 제기한다. 주더시(1985: 13-15)는 품사를 구분할 때 어느 정도 의미에 의존한다고 하는 것은 의미가 같은지 여부만 판단할 뿐, 구체적인 의미가 무엇인지는 상관이 없다고 지적했다. 여기서도 의미가 '본래 의미로 활용된 것'인지 '본래 의미의 활용이 아닌 것'인지만 구분하는 등 제한적으로만 의미를 고려할 뿐, 구체적인 의미 변화는 고려하지 않는다.

Seeing is believing. (보는 것이 믿는 것이다. 백문이 불여일견)
To see is to believe. (위와 같은 의미)

　동사 뒤에 접미사 -ing를 붙이거나 앞에 부정식 표지 to를 붙이면 동사의 비한정형식이 되는데, 그래도 여전히 동사이다. 그런데 propose가 proposal로, create가 creation으로, excite가 excitement로 바뀌게 되면 동사는 진정한 명사로 바뀌는데, 이는 동사의 명사적 활용으로 볼 수 없다.
　중국어의 명사의 동사적 활용과 유사한 사례는 영어에도 있다. 과거에 우리는 이를 고대중국어의 특징이라고 여겼으며 용례도 많고 종류도 아주 다양하다. 예를 들어 보자.[06]

丝蚕于燕, 牧马于鲁, 共贡入朝。
연나라 땅에서 누에를 길러 **고치에서 실을 뽑고**, 노나라 땅에서 말을 길러 모두 조정에 공물로 바친다.

(『晏子春秋·内篇杂上』)

尔欲**吴王**我乎?
너는 나를 **오왕처럼 되게** 하려느냐?

(『左传·定公十年』)

光喜, 乃**客**伍子胥。
공자 광은 기뻐해서 이에 오자서를 **손님의 예로써 접대했다.**

(『史记·吴太伯世家』)

06　저자주: 고대중국어 명사의 동사적 활용에 대한 가장 상세한 묘사는 왕커중(王克仲 1989)이며, 이 예들은 모두 그의 연구에서 인용하였음을 밝혔다.

于是**舍**之上舍, 令长子御, 旦暮进食。

이에 그(제모변)를 상사(上舍)에 **거처하게 하면서** 長子로 하여금 시중들게 하고 아침저녁 식사까지 갖다 바치게 하였다.

(『战国策·齐策一』)

群邪项领, **膏**唇拭舌, 竞欲咀嚼, 造作飞条。

사악한 무리들이 목을 치켜들고 입술에 **기름을 바르고** 혀를 닦아(온갖 언사를 동원하여) 경쟁적으로 헛소문을 퍼뜨리고, 말썽을 일으키려 합니다.

(『后汉书·吕强传』)

衣人以其寒也, 食人以其饥也。

사람에게 **옷을 입히는 것은** 그가 추워하기 때문이고, 사람에게 음식을 먹이는 것은 그가 배고파하기 때문이다.

(『吕氏春秋·爱士』)

乃以其女**妻**陵而贵之。

자신의 딸을 이릉에게 **시집보내고** 그를 귀하게 대우하였다.

(『史记·李将军列传』)

荆、魏不能独立, 则是一举而坏韩**蠹**魏。

초나라와 위나라가 독립하지 못하면 일거에 한나라를 무너뜨리고 위나라를 **잠식할 것이다.**

(『战国策·秦策一』)

皇后之尊, 与朕同体, 承宗庙, **母**天下, 岂易哉!

황후의 존귀함은 짐의 자리와 일체로, 종묘사직을 계승하고, 천하 사람들을 **어머니처럼 사랑하고 기르는 것이니,** 어찌 쉽겠는가!

(『后汉书·邓皇后传』)

后妃率九嫔**蚕**于郊。
후비는 아홉 빈을 거느리고 교외에서 **누에를 친다.**

(『吕氏春秋·上农』)

鸿鹄**巢**于高林之上, 暮而得所栖。
큰 기러기와 고니는 높은 나무 숲 위에 **둥지를 틀어놓고도** 저녁에는 쉴 만한 곳을 찾는다.

(『后汉书·庞公传』)

秦恐王之变也, 故以垣雍**饵**王也。
진나라는 대왕의 마음이 변할까 두려워 원옹 땅을 대왕께 **미끼로 한 것입니다.**

(『战国策·魏策四』)

从左右, 皆**肘**之, 使立于后。
수레의 왼쪽과 오른쪽에 서려 하자 (한궐이) 그들을 모두 **팔꿈치로 밀어내고** 자기의 뒤에 서게 하였다.

(『左传·成公二年』)

晋人不得志于郑, 以诸侯复伐之。十二月癸亥, **门**其三门。
진나라 사람들은 정나라에 대해 복종시키려는 목적을 이루지 못하자 제후의 군대를 이끌고 가서 다시 정나라를 정벌하였다. 12월 계해일에 그 세 개의 성문을 **공격하였다.**

(『左传·襄公九年』)

사실 영어에 나타난 명사의 동사적 활용은 수량이나 종류가 고대중국어보다 조금도 적지 않으며, 현대중국어보다도 더 많은 것으로 보인다. 클라크 & 클라크(Clark & Clark 1979)의 논문에서는 모두 1,300여 개에 달하는 대량의 현대영어 예들을 수집하고, 이를 9개의 대분류로 나눈 다음 다시 50개에 가까운 소분류로 나누었다. 다음은 그 가운데 몇 가지 예이다.

Mummy *trousers* me.
儿童语言：妈咪给我穿裤子。
아동 언어: 엄마가 나에게 **바지를 입혀준다.**

I *am crackering* my soup.
儿童语言：我把饼干泡在汤里。
아동 언어: 난 스프에 **크래커를 넣었어**.

The boy *porched* the newspaper.
报童把报纸扔在门廊前。
신문배달 아이가 신문을 **현관 앞에 던졌다.**

I *guitared* my way across the US.
我弹着吉他走遍美国。
나는 **기타를 치면서** 미국을 돌아다녔다.

She certainly had me *fooled*.
她确实把我给骗了。
그녀는 확실히 나를 **속였다.**

She *mothered* all her young lodgers.
她慈母般照顾所有年轻的房客。

그녀는 모든 젊은 하숙인을 **어머니처럼 보살폈다**.

They **Christmas-gifted** each other.
他们俩互赠圣诞礼物。
그들은 서로 **크리스마스 선물을 주고받았다**.

The farmer **barned** the cows.
农夫把奶牛圈放在谷仓里。
농부는 젖소를 곡간(축사)**에 가두었다**.

The story has been **scripted** for movie.
故事已经改编成电影剧本。
그 이야기는 이미 영화 **대본으로 각색되었다**.

Don't **saint** the reformer!
不要把这个改革者尊为圣人！
이 개혁자를 **성인으로 추켜세우지 마라**.

The car **rear-ended** the van.
小卧车撞上大货车的尾部。
작은 침대차가 큰 화물차의 **후미를 들이받았다**.

The guard quickly **armed** him out of the way.
警卫员急忙用胳臂把他挡了出去。
경호원이 급히 그를 **팔로 밀쳐** 막아냈다.

We were **stoned and bottled** as we marched down the street.
我们沿大街前进时遭到石头和瓶子的袭击。
우리가 큰길을 따라 전진할 때 **돌과 병의 습격을 받았다**.

제5장 명사와 동사의 비대칭 305

My sister ***Houdini'd*** her way out of the locked closet.

我妹妹像魔术师胡迪尼似的从上了锁的壁橱里脱身。

내 여동생은 자물쇠가 채워진 벽장에서 마술사 **후디니처럼 빠져나왔다.**

The mayor tried t***o Richard Nixon*** the tapes of the meeting.

市长试图像尼克松那样抹掉会议的磁带录音。

시장은 회의 테이프의 녹음을 **닉슨처럼 지우려고 했다.**

컴퓨터에 이들 영어 문장을 타이핑할 때도 잇달아 붉은 물결선이 나타나는 것을 보면 영어 에서 이 문장들도 마찬가지로 대단히 특수한 수사적 표현임을 알 수 있다. 그런데 주목할 점은 클라크 & 클라크가 이 이탤릭체의 단어를 '동사로 사용된 명사(用作动词的名词)'가 아닌 '혁신적인 명사어원 동사(innovative denominal verbs, 新创名源动词)'라고 불렀다는 것이다. 즉, 명사에서 파생되었지만 이미 동사로 바뀌었다는 것이다. 이는 오래전 예스퍼슨(Jespersen, 1860-1943)[07]이 제시한 견해이기도 하다. 일부 영어 문법학자가 We tead at the vicarage(우리는 목사님 집에서 다과를 먹었다)의 tead를 "명사가 동사로 쓰인 것"이라고 주장하였을 때 예스퍼슨(Jesperson 1924:62)은 다음과 같이 말하였다.

> 사실 tead가 명사 tea에서 파생되었지만(파생 형식의 부정형이 뚜렷하게 구별되는 어미를 가지지는 않는다), 그것은 dine(밥을 먹다)이나 eat(먹다)처럼 전형적인 동사이다. 하나의 다른 단어가 동사를 구

---

07 역자주: 덴마크 출신의 세계적인 언어학자이자 영어학자.

성하는 것과 하나의 명사가 동사로 활용되는 것은 완전히 별개의 일이며, 후자는 불가능한 것이다.

또한 예스퍼슨은 심지어 "명사가 동사로 활용되는 것"도 사실은 "불가능한 것"이며, 일종의 편의적인 설명일 뿐이라고 보았다.

영어에서 동사가 명사로 활용될 때는 어미 –ing를 추가하거나 앞에 to를 추가한 형태로 바뀌어도 문법학자들은 이를 동사가 명사로 변했다고 말하지 않는 반면, 명사가 동사로 활용될 때는 부정식에 '구별성의 어미'가 없는데도 이를 명사가 전형적인 동사로 변했다고 말한다. 그 이유는 무엇인가? 이것은 동사로 사용된 tea는 부정식에 어미는 없지만 일반동사 dine이나 eat와 같이 '시제'와 '수/인칭'의 변화는 있어서 과거시제에는 –ed를 붙이고, 제3인칭 단수에는 –s를 붙이기 때문이다. 바로 이러한 '구조의 평행성'(1권 제6장 2.1절)이 결정적인 역할을 한 것이다.

'명사의 동사적 활용'과 '동사의 명사적 활용'은 사실 모두 애매모호한 표현이므로 적어도 통상적 용법, 임시적 용법, 품사전환이라는 정도가 다른 세 가지 등급으로 구분해야 한다. 이렇게 하면 영어와 중국어의 공통점과 차이점을 확실히 알 수가 있다.

구분	영어	중국어
통상적 용법		笑比哭好。 웃는 것이 우는 것보다 좋다
임시적 용법	Seeing is believing.	我也来淑女一下。 나도 한 번 숙녀처럼 해봐야지.
품사 전환	We tead at the vicarage.	

영어에서 seeing이나 believing과 같은 동사의 명사적 활용은 임시적 용법으로, 원형동사가 일시적으로 비한정형식으로 변한 것이다. 하지만 tead와 같은 명사의 동사적 활용은 품사전환으로, 명사가 이미 동사로 변한 것이다. 그런데 중국어에서 '笑(웃다)'나 '哭(울다)'와 같은 동사의 명사적 활용은 통상적인 용법으로, 단어의 어떠한 형태변화도 필요 없다. '淑女(숙녀)'와 같은 명사의 동사적 활용은 일시적인 용법이며, 동사와 마찬가지로 동량보어 '一下'를 임시로 붙일 수 있다. 하지만 영어 'tea → tead'와 같은 형태변화가 없기 때문에 동사로 전환되었다고 보지는 않는다. 동사의 명사적 활용은 일반적인 현상이지만 명사의 동사적 활용은 특수한 현상이며, 비대칭의 방향은 일치한다는 영어와 중국어의 공통점을 소홀히 하지 않도록 주의하여야 한다.

이러한 비대칭은 인지적인 원인(아래 제4절에서 상세히 서술)이 있으며, 다른 언어에도 보편적으로 존재한다. 예를 들어 북미의 이로쿼이어(Iroquoian)의 명사는 주어와 목적어로는 쓰이지만 일반적으로 술어로는 쓰일 수 없고(Mithun 2000), 마니푸리어(Manipuri), 티베트 버마어((Tibet-Burman)의 일종)의 동사어근은 명사접미사를 붙여서 '명사화' 될 수 있으나 명사어근은 동사접미사를 붙여 '동사화' 될 수가 없다. 모리어(Maori, 뉴질랜드 남쪽 섬 언어의 일종)는 얼핏 보면 명사와 동사가 모두 주어와 목적어 그리고 술어가 될 수 있는 것처럼 보이나, 자세히 보면 명사가 술어가 되는 것은 제한적이어서 사건을 진술하는 술어는 될 수가 없다(Anwood 2000).

아프리카 코이산(Khoisan)[08] 어족의 쿵어(!Xun)[09]도 이와 마찬가지다. '마

---

08 역자주: 아프리카 남부의 고유한 어족.
09 역자주: !쿵족이 사용하는 언어로, 방언연속체를 이루는 몇 가지의 언어들을 일컫는 말. 과

시다'를 뜻하는 동사는 주어가 될 수 있지만, '물'을 뜻하는 명사는 술어가 될 수 없다.¹⁰

  mí má   cŋ$ g‖ú.
  나 TOP 마시다 물
  我喝水。
  나는 물을 마신다.

  cŋ$ má   kàhin.
  마시다 TOP 좋다
  喝(水)好。
  (물을)마시는 것은 좋다.

  *mí má   g‖ú dèbe.
  나 TOP   물 아이
  *我水小孩。(아이에게 물을 먹이다)

베이커(Baker 2009:64-65)는 '생성문법'의 틀 안에서 명사와 동사의 비대칭을 다음과 같이 설명한다.

> 동사는 그것의 최대투사 범위(동사구) 내에서 지정어(specifiers)를 허용하지만 명사는 그렇지 않다. 바꾸어 말하면 술어가 되는 것은 동사 본래의 특징이지만, 명사는 반드시 하나의 기능중심어

  거에는 북코이산어(Northern Khoisan)로 불렸다.
10 저자주: 이 예는 하이네(B. Heine)교수가 제공하였음을 밝힌다. 여기서 TOP은 화제를 의미함.

Pred(술어)와 결합해야 술어가 될 수 있다.

논거 중의 하나는, 비대격(unaccusative) 술어가 되는 일부 자동사는 그 유일한 논항이 주어가 아닌 타동사의 목적어와 같이 표현되지만, 명사는 비대격 술어가 된 적이 없다는 것이다. 왜냐하면 명사 술어의 주어는 줄곧 명사구 내부에서 생성된 것이 아니라 술어구(PredP) 내부에서만 생성될 수 있기 때문이다. 두 번째 논거는, 이탈리아어, 러시아어, 히브리어, 일본어 등 많은 언어에서 동사의 주어 논항은 술어 동사에 편입될 수 있지만, 명사 술어의 주어는 이렇게 병합되지 못한다. 모호크어(Mohawk어: 북아메리카 이로쿼이어의 일종)[11]을 예로 들어보자.

(a) Wa'-ka-wír-Λ'-ne'.
FACT-NsS-baby-fall-PUNC[12]
The baby fell.
그 아이가 떨어졌다.

(b) *Wa'-t-ka-wir-ahsΛ'tho-'.
FACT-DUP-NsS-baby-cry-PUNC
The baby cried.
그 아이가 울었다.

---

11 역자주: 원래 미국 뉴욕주의 모호크(Mohawk) 강변에 살았던 북미 인디언의 한 부족의 언어.
12 저자주: 약자 DUP는 과거지속, FACT는 서술, NsS는 주격단수 특칭, NSF는 비특칭. PUNC는 순간상을 나타낸다.

(c) *Ka-nerohkw-a-nuhs-a'.
Ns-box-Ø-house-NSF
That box is a house.
그 상자는 집이다.

(a)에서 술어가 되는 것은 비대격(unaccusative)동사 ʌ'(떨어지다)이므로 주어인 논항 ka-wír(아이)를 병합할 수 있다. (b)에서 술어가 되는 것은 비능격(unergative)동사 ahs'tho(울다)이므로 주어인 논항을 병합할 수 없다. 이러한 언어의 경우 명사도 술어가 될 수는 있지만 주어인 논항을 병합할 수는 없다. 예를 들어 (c)에서 ka-nerohkw(그 상자)는 명사 술어 a-nuhs(집)에 병합될 수 없다. 이 사실은 다음과 같은 규칙을 반영한다. 동사가 술어가 되면 목적어를 가질 수 있다. 타동사는 물론이고 일부 자동사(비대격 동사)도 심층에서는 목적어(표층에서는 주어가 된다)를 가지는데, 이때 비대격동사에 병합되는 주어가 사실은 심층의 목적어이다. 하지만 명사가 술어가 될 때는 심층에서 목적어를 가질 수가 없다.[13]

주더시(朱德熙 1985a: 5)는 중국어에서 품사와 문장성분의 관계가 복잡하게 얽혀 있는 것으로 보았지만 아주 정확하게 관찰한 부분도 있는데, 그것은 바로 "일정한 조건하에서는" 명사도 술어가 될 수 있다는 것이다. 그의 도식에서 동사와 주어·목적어 사이가 실선으로 표시된 것과는 달리 명사와 술어 사이는 점선으로 표시되어 있다.

---

13 저자주: 비대격과 비능격동사의 차이에 대해서는 앞 장 4.1절에 기술되어 있다. 베이커(Baker)는 이를 근거로 타갈로그어는 (a)와 같은 경우도 없을 것이라고 추측하였다. 이 언어의 동사는 사실 모두 명사이기 때문이다. (1권 제3장 7절 참조)

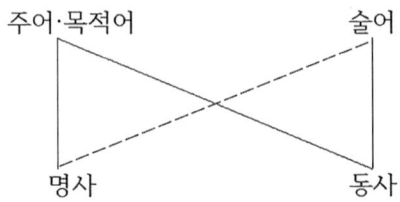

사실 이러한 비대칭 관계는 중국어 특유의 것이 아니라 언어의 보편적인 현상이다.

2.2 화용법에서 문법까지

왜 사람들은 '명사어원 동사'를 만들까? 클라크와 클라크(Clark & Clark 1979)는 그 이유가 사람들이 말을 할 때 힘을 덜 쓰고자 하는 경제성 추구 때문이라고 하였다. 그라이스(Grice 1975)가 제시한 '대화협력의 원리' 가운데 특히 '양의 격률'에 따르면, 화자는 반드시 대화의 목적에 맞게 적절한 양의 정보를 제공해야 하며 불필요하거나 중복되는 표현을 피하여야 한다. I *guitared* my way across the US(나는 기타를 치면서 미국을 돌아다녔다)라고 말할 때, 원래는 많은 어휘를 사용해서 표현할 수 있는 의미를 guitar 라는 하나의 어휘 안에 압축하였다. 어떤 기술 분야에서 특정한 동작은 자주 발생하지만 이를 표현하는 기성 동사가 부족할 경우에 명사 어원의 동사를 만들면 아주 유용하다. 예를 들면, 컴퓨터 업계에서 발명한 *key* in the data(데이터를 키보드로 쳐서 입력하다), *flowchart* the program(프로그램을 흐름도로 만들다), *program* the system(시스템을 프로그램으로 만들다), *output* the results(결과를 출력하다), *CRT* the trace(추적 기록을 CRT 비디오 모니터에 표시하다) 등의 명사어원 동사가 명사에서 파생되었다는 점을 업계 종사자가 아닌 사람들은 의식하지 못한다. Xerox(복사를 하다), telephone(전화를 하다), wire(전보를 치다), paperclip(종이클립으로 꽂다) 등 이미 굳어진 명사어원 동사들도 모두 신기술이 나온 이후의 산물이다.

　용어의 경제적 사용은 세 가지 이로운 점을 가져다준다. 첫째, 정확하다. 병원에서 소독업무를 담당하는 노동자에게는 *autoclave* the scalpels(메스를 고압소독기로 소독하다)라고 말하는 것이 sterilize the scalpels(메스를 소독하다)라고 말하는 것보다 더 자세하고 정확하다. 둘째, 생동적이다. 어느 정치가의 전기에서 The mayor tried to *Richard Nixon* the tapes of the meeting(시장은 회의 테이프를 리처드 닉슨처럼 삭제하려 하였다)이라고 적었는데, 그 이유는 명사어원 동사 Richard Nixon을 쓰는 것이 erase(삭제하다)보다 더 생동적이기 때문이다. 셋째, 익살스럽다. 한 신문 칼럼니스트는 "The *SF Progress* is not a biweekly, as *erratum'd* here yesterday, but a semi-weekly(어제 게재한 정오표에서 말한 바와 같이, <The SF Progress(샌프란시스코 진보)>는 격주간지가 아니라 반 주간지군요)"라고 농담을 한 적이 있는데, 여기서 명사어원 동사 erratum은 매우 재치있고 유머스러운 표현이다. 그런데 지나치게 경제성을 추구하다보면 글을 이해하기 어려운 경우도 물론 있다. 예를 들어 Karen *weekended* in the country(카렌은 시골에서 주말을 보냈다)는 아주 좋은 표현인 반면, Karen *Satur-dayed* in the country(카렌은 시골에서 토요일을 보냈다)는 일부러 웃기기 위해 유머스럽게 표현한 경우가 아니라면 이해하기가 어려워서 좋은 표현이 아니다.

　위의 '钉钉子(못을 박다)', '堆成一堆(한 무더기로 쌓다)', '让虫蛀了(벌레가 갉아먹다)' 등 중국어 표현에서 동사로 쓰인 명사는 이미 진정한 동사로 바뀌었기 때문에 원래 가지고 있던 수사적인 효과를 상실했다고 하였다. 이와 유사한 경우는 영어에도 있다. 클라크 & 클라크(Clark & Clark)의 주장에 따르면, '혁신적인 명사어원 동사' 가운데 *smoke* a pipe(파이프 담배를 피우다), *park* the car(자동차를 주차하다), *land* the plane(비행기를 착륙시키다)와 같이 일부는 이미 '형태가 굳어진 명사어원 동사(well established denominal verbs, 定型名源动词)'가 되어서, 보통 사람들은 그 단어의 어원이 명사라는 것조차 의식하지 못한다. 순수하게 새로 만들어진 동사에서부터 완전히 정형화된 동사에 이르기까지 과정은 하나의 품사 연속체여서 명확히 단계를 자르기는 어려운데, 클라크 & 클라크는 대략 다음 여섯 단계로 나누었다.

제1단계: 완전 창조 단계. 최초로 사용.

Let us cease to sugar-coat, let us cease to white-wash, let us cease *to bargin-counter* the Bible!
더 이상 미화하지 말고 더 이상 보기 좋게 꾸미지도 말고, 성경을 더 이상 싸구려 진열대에 놓고 팔지 맙시다!

When you're starting to *Sunday School* MPs, then I think you're going too far.
당신이 의원에게 도덕규범을 설교하기 시작한다면 나는 네가 정말 지나치다고 생각한다.

제2단계: 준창조 단계. 이미 한 번 이상 사용.

Let's *chopstick* for dinner again.
우리 저녁 식사로 다시 젓가락질 하러(중국음식 먹으러) 가자.

Ruth Buzzi *houseguested* with Bill Dodge.
루스 버지는 빌 다지의 집에서 하룻밤을 묵었다.

제3단계: 초기 정형화 단계. 전문가들은 명사에서 파생되었다는 사실을 인지하지 못함.

I'll *key* in the data at once.
나는 곧바로 이 데이터들을 입력할 것이다.

This time CBS *satellited* the broadcast.
이번에 CBS는 방송을 위성으로 한다.

제4단계: 반정형화 단계. 처음 들어도 이해하기 쉽고 명사에서 파생되었음을 알 수 있음.

We *bicycled* to his house.
우리는 자전거를 타고 그의 집으로 갔다.

The documents were *paperclipped* together.
서류를 클립으로 묶었다.

제5단계: 정형화 근접 단계. 일반 사람들은 명사에서 파생되었음을 의식하지 못함.

He used to *smoke* a pipe.
그는 과거에 자주 파이프 담배를 피웠다.

The plane finally *landed* on a lake.
비행기는 결국 호수에 착륙했다.

제6단계: 완전 정형화 단계. 명사에서 파생되었음을 전혀 의식하지 못함.

They decided to *boycott* the conference.

그들은 회의를 보이콧하기로 결정했다.[14]

He is *slated* for ambassador to Australia.
그는 호주 주재 대사로 내정되었다.[15]

유사한 단계가 중국어에도 똑같이 존재하는데, 마찬가지로 순서에 따라 여섯 단계로 나눌 수 있다. 예를 들어보자.

제1단계:
她就这么跟她的母亲距离着。
그녀는 그렇게 그녀의 어머니와 떨어져 있다.

제2단계:
别阿Q了！
아큐처럼 하지 마라!

제3단계:
键回车键, 进入对话框。
엔터키를 치면, 대화창으로 들어간다.

제4단계:
电梯坏了, 要腿着了。
엘리베이터가 고장이 나서 걸어서 올라가야한다.

---

14 저자주: 동사 boycott은 고유명사인 C.C. Boycott(1832-1897)에서 유래되었다. 그는 아일랜드의 영국인 토지 임대 관리인으로, 어려운 시기에 자신의 소작농들의 임대료 인하를 거부하여 항의를 받았다.
15 저자주: 동사 slate은 글씨를 쓰는 판을 의미하는 명사 slate에서 유래되었다.

제5단계:

　　剛窖了一批白菜。

　　방금 한 무더기의 배추를 저장하였다.

제6단계:

　　農夫在烈日下車水。

　　농부가 뜨거운 태양 아래에서 수차(水車)를 사용하여 물을 댄다.

창조에서 정형화에 이르고 용법에서 문법에 이르는 것이 언어 진화의 일반적인 규칙이다. 명사에서 혁신적인 명사어원 동사로, 마지막에는 명사어원 동사로 정형화되기까지의 과정은 명사에서 동사로의 '허화(虛化)' 과정이다.(2권 제5장 2절).

2.3 명사 술어의 특수성

'동사의 명사적 활용'이 일반적인 용법인데 비해, '명사의 동사적 활용'은 특수한 수사적 용법이다. 이 점에 있어서는 중국어와 영어가 같은데, 다른 점이라면 중국어의 명사가 술어가 되는 것들 중 대량의 비수사적 용법도 있다는 것이다. 예를 들면 '老王上海人(라오왕은 상하이 사람이다)', '樹上三只喜鵲(나무 위에 까치 세 마리가 있다)' 등이 그러하다. 그럼에도 불구하고 이러한 '명사술어문'은 '동사술어문'에 비해 여전히 특수한 문장이다.

선인들이 지적한 바와 같이, 명사술어문은 주로 판단문과 존재문이며 긍정 형식에 국한되고, 부정 형식은 술어 '是'를 붙여야 한다. 예를 들어보자.

*今天不星期三。/ 今天不是星期三。
오늘은 수요일이 아니다.

*我爸不工程师。/ 我爸不是工程师。
우리 아빠는 엔지니어가 아니다.

*树上不三只鸟。/ 树上不是(没有)三只鸟。
나무 위는 새 세 마리가 아니다(없다).

'人不人, 鬼不鬼(사람이 사람이 아니고, 귀신이 귀신이 아니다/돼먹지 못하다)', '不三不四(3도 아니고 4도 아니다/(인품 등이) 단정하지 못하고 너절하다)'처럼 '不'가 직접 명사를 수식하는 경우도 있는데, 이 예들은 수사적 색채가 매우 농후하다. 자연스러운 표현은 '他不是人, 也不是鬼(그는 사람이 아니고, 귀신도 아니다)', '这个数字不是三也不是四(이 숫자는 3도 아니고 4도 아니다)'이다.

중국어의 동사는 서술어가 될 때 거의 모두가 목적어를 가질 수 있으며, 타동사와 자동사의 경계가 분명하지 않다. 일반적으로 '杀(죽이다)'는 타동사, '死(죽다)'는 자동사라고 하지만, '死了这条心(그 생각을 접다)', '死了许多人(많은 사람이 죽었다)'에서 '死'는 행위자목적어를 가진다. '死', '飞(날다)'가 원인목적어와 도구목적어를 가지는 예를 보자.

国足踢成那样还过得挺好的, 你死啥?
축구 국가대표팀은 공을 그 지경으로 차는데도 아주 잘 지내는데, 네가 뭘 죽으려 해?

(자살하려는 사람을 만류할 때)

淘汰苏联飞机后, 俄罗斯飞啥?

소련 비행기를 도태시키고 나면 러시아가 무엇으로 날까?

(신문기사 제목)

'仇人已杀(원수를 이미 죽였다)'와 '妇孺不杀(여자와 아이는 죽이지 않는다)'에서 '杀'는 목적어를 가지지 않으며 피행위자가 주어가 된다. '这是我的报, 你看吗?(이거 내 신문인데, 너 볼래?)'에서 '看'(보다, 타동사) 뒤에 목적어를 가지지 않는데, 만약 뒤에 목적어 '它(그것)'를 추가하면 의미는 완전히 달라져서 '你要看这种东西吗?(너 이런 것을 볼래?)'라는 의미와 같아진다. 타동과 자동의 구별은 목적어 수반 여부에 있지 않고, 어떤 목적어를 가질 수 있느냐에 있다.(赵元任 1968:61, 292, 朱德熙 1982:58)

앞에서 '자동사'는 '死(죽다)/来(오다)류'와 '病(아프다)/笑(웃다)류'로 두 부류로 나뉜다고 서술하였다. 후자는 인도유럽어에서도 목적어를 가질 수가 없으며, 중국어에서도 이 두 종류의 동사를 분명히 구별하는 것이 어렵다. 앞의 부류는 '死了一个孩子(한 아이가 죽었다)'와 같이 당연히 목적어를 가질 수 있지만, 일정한 문맥만 있으면 뒤의 부류도 목적어를 가질 수 있으며 '在场的人哭了一大片(현장에 있던 사람은 한 무더기가 울었다)', '非典的时候小李也病了一个妹妹(사스 때 샤오리도 여동생 한 명이 앓았다)'와 같이 표층구조(surface structure)에서도 목적어를 가질 수 있다.(더 많은 예는 1권 제4장 1절에 있음)

주더시(朱德熙 1985a:51-53)는 '洗一次(한 번 씻다)'의 '一次(한 번)', '住一天(하루 묵다)'의 '一天(하루)' 등과 같은 동사 뒤의 동량과 시량성분도 목적어임을 구조의 평행성을 통해 증명하였다. 뤼수샹(吕叔湘 1979:74)은 동사 뒤의 명사를 "모두 하나의 성분으로 간주하는 것이 좋다"며 '보어(补语)'로 통칭할 것을 주장하였다.[16] 그러나 중요한 것은, '你短信我(너 나한테 문자해)'처럼 구어에서 아주 흔히 말하는 경우, 또는 '看来要腿一阵了(보아하니 한참을 걸어야겠군, 시량목적어 대동)', '我也大款一回(나도 부자 한 번 해야지, 동량목적어 대동)'처럼 통상적인 수사적 용법으로 목적어를 가지는 특수한 경우가 아니고서는 명사 술어는 모두 어떠한 종류의 목적어든 거의 가질 수가 없다는 점이다. 따라서 중국어의 명사는 일반적으로 술어가 될 수 없다고 말하는 것은 주로 명사가 '목적어를 가질 수 없다'는 것을 가리킨다. 이는 앞 절에서 서술한 것으로, 베이커(Baker 2009)가 모호크어(Mohawk)를 예로 들어 설명한 규칙과도 일치한다.

명사술어문은 또한 주관적 의미를 나타내는 경향이 있어서 그에 상응하는 동사술어문보다 서정성과 표현력이 더 풍부하다. 천만화(陈满华 2008)와 쉬더난(许德楠 1984)이 제시한 다음 예를 살펴보자(필자가 수정하였음).

동사술어문	명사술어문
宋玉, 你是个没骨气的无耻文人。 쑹위, 당신은 기개 없는 파렴치한 문인이다.	宋玉, 你这个没骨气的无耻文人。 쑹위, 당신 이 기개 없는 파렴치한 문인아.
巩俐着一条长裙, 出席新片欧洲首映。 궁리는 긴 치마를 입고 새 영화의 유럽 개봉행사에 참석했다.	巩俐一袭长裙, 亮相新片欧洲首映。 궁리 롱스커트는 새 영화의 유럽 개봉행사에 나타났다.

---

16 저자주: 2권 제1장 1절에서는 중국어의 목적어와 보어가 같은 종류임을 설명할 것이다.

阿庆嫂是我的保姆。	大堰河, 我的保姆。
아칭 아주머니는 나의 보모이다.	다옌허, 나의 보모여.
这是什么话?	这什么话?
이게 무슨 소리야?	이 무슨 소리?
他是个白痴。	你才白痴呢!
그는 백치이다.	너야말로 바보야!
他是留学生。	还留学生呢, 狗屁!
그는 유학생이다.	그래도 유학생이라니, 개똥같은 소리!

'毛小孩一个(애송이 하나)', '光棍一条(홀아비 하나)', '神经病一个(정신이상자 하나)'와 같이 '一+양사'가 술어가 되는 문장도 비교적 강한 감정색채를 띤다.(储泽祥 2001: 414) 자오위안런(赵元任 1968:64)은 '啼莺舞燕(노래하는 꾀꼬리 춤추는 제비/꾀꼬리 노래하고, 제비는 춤을 추고),[17] '小桥流水飞虹(작은 다리 흐르는 물 흩날리는 붉은 꽃잎/작은 다리 아래 흐르는 물 위엔 떨어진 꽃잎 흩날리네)'[18]처럼 시와 사에서 사물이 어떤 구체적인 활동을 하는지는 말하지 않고, 명사로 정경을 나타낸다고 하였다. 명사술어문의 특수성에 관해서는 장쟝즈(张姜知)(2013: 第5章)의 종합적인 논술을 참고할 수 있으며, 저우런(周韧 2012)은 "변화를 조합하는 능력이 부족하다"는 관점에서 그것의 특수성을 논증하기도 하였다.

---

17 역자주: 白朴「天净沙·春夏秋冬」
18 역자주: 위와 같음.

제3절 문맥표현

동사로 쓰인 명사는 항상 원래의 개념에 무언가가 추가되며, 그 추가된 내용은 문맥에 따라 다르다. 일반적인 의미 이론은 모두 지칭표현(denotational expressions, 称语)와 지시표현(deictic expressions, 指语)을 구분하는데, 전자는 '人(사람), 蓝(남색), 走(걷다), 日子(날짜), 单身汉(독신남)'과 같은 것이고, 후자는 '他(그), 那里(그곳), 昨天(어제), 那个单身汉(그 독신자)'와 같은 것이다. 지칭표현은 고정된 내포(의미)와 외연이 있다. 예를 들면 '单身汉'의 내포는 '未婚男子(미혼남)'이고 외연은 현실이나 상상 세계 속의 미혼남자이다. 지시표현도 일정한 내포와 외연을 가지지만, 그 지시대상은 문맥에 따라 전이된다. 예를 들면, '他'의 고정된 내포는 '남자'이고 외연은 현실이나 상상 세계 속의 남자이다. 하지만 '他'가 가리키는 대상은 말하는 시간과 장소, 상황에 따라서 변화한다. 클라크 & 클라크(Clark & Clark 1979)는 "혁신적인 명사어원 동사는 지칭표현도 아니고 지시표현도 아니며, 새로운 범주인 '문맥표현(contextual expressions, 약칭 contextu-als, 境迁语)'을 구성하는 것으로, 그것의 내연과 외포는 문맥에 따라 변화하고 전이된다고 지적하였다. 영어의 혁신적인 명사어원 동사 siren을 예로 들어보자.

(1) The fire stations *sirened* throughout the raid.
공습하는 동안 소방서에서는 시종 사이렌을 울렸다.
空袭中消防站都始终响着警报器。

(2) The factory *sirened* midday and everyone stopped for lunch.
공장에서 정오에 사이렌을 울리자 모든 사람들은 점심을 먹기 위해 일을 멈췄다.

正午工厂的报时汽笛一响, 大家都停工吃午饭。

(3) The police *sirened* the Porsche to a stop.
경찰은 사이렌을 울려서 그 포르쉐를 멈춰 세웠다.
警察鸣响警报器逼停那辆保时捷。

(4) The police car *sirened* up to the accident.
경찰차가 사이렌을 울리며 사고 현장으로 갔다.
警车一路响着警报器开到事故现场。

(5) The police car sirened the daylights out of me.
경찰차가 사이렌을 울리며 나를 혼이 빠지게 하였다.
警车警报器呜呜响吓得我昏天黑地。

   명사어원 동사 sirened의 의미가 (1)에서는 '사이렌을 울려 경보를 보내다'이고, (2)에서는 '사이렌을 울려 시간을 알리다'이며, (3)에서는 '사이렌을 울려 경고하다'이다. 또 (4)에서는 '사이렌을 울리며 빨리 달리다'이며, (5)에서는 '사이렌을 울려 겁을 주다'이다. 문맥도 다양하고 의미도 무궁무진하다. 또 다른 예를 들어보면, 명사어원 동사 bottle은 'to bottle the beer(맥주를 병에 담다)'와 'to bottle the demonstrators(병을 던져 (시위대를) 습격하다)'의 의미 외에도 많은 다른 의미를 가질 수 있다. 가령, 맥스라는 사람이 몰래 다른 사람의 뒤에서 병으로 그 사람의 장딴지를 살짝 두드리는 취미를 가지고 있다는 것을 화자와 청자가 모두 알고 있는 문맥에서는, 다음 말 속의 bottle은 '뒤에서 몰래 병으로 남의 장딴지를 두드리다'라는 의미로 이해될 것이다.

Well, this time Max has gone too far. He tried to *bottle* a policeman.

이런, 이번엔 맥스가 너무 심했군. 그가 경찰관의 장딴지를 몰래 병으로 두드리려고 하다니.

청대 원인림(袁仁林, 1662—1722)은 『허자설(虛字说)』에서 일반적으로 명사로 생각되는 단어를 술어로 사용하는 현상에 대해 "실질적인 의미를 가진 실자(实字)를 실질적인 의미가 비어있는 글자로 사용한나는 실자허용(实字虛用)과 죽은 글자인 사자(死字)를 살아있는 글자로 사용한다는 사자활용(死字活用)"이라고 하였다. "허용(虛用)인지 활용(活用)인지는 반드시 위아래 문맥을 통해서 파악해야 하며(虛用活用, 必由上下文知之)", "대체로 사자는 모두 활용할 수 있으며 단지 쓸 때와 쓰지 않을 때가 있을 뿐이다(凡死皆可活, 但有用不用之时耳)"라고 하였다. 또 그는 "이러한 용법은 자전도 전부 다 설명할 수는 없다(此等用法, 虽字书亦不能遍释)"고 하였다. 이를 통해 클라크 & 클라크(Clark & Clark)가 하려고 한 말을 원인림은 훨씬 이전에 언급하였다는 것을 알 수 있다. 고대중국어에서 동사로 활용되는 명사들도 대부분 '문맥 표현'이다. 명사 '世(세상)'를 예로 들어보면, 천청쩌(陈承泽 1982: 9)는 '世'가 '吴国犹世(오나라는 오히려 대를 이어갈 수 있었을 것입니다)'에서는 '继世(대를 잇다)'의 의미이고, '景公早世(경공이 일찍 대를 전하다(세상을 떠나다))'에서는 '传世(대를 전하다)'의 의미('죽다' 의미 포함)이며, '欲求长生久世(길게 살아서 오래도록 세상에 있기를 갈망하다)'에서는 '在世(세상에 존재하다)'의 의미인데, '昔我先王世后稷(옛날 우리 선왕께서는 후직에게서 왕위를 이어받았다)'에서는 오히려 '嗣位(왕위를 이어받다)'의 의미이다.

방위명사 '东(동)'을 예로 들어보자.

(1) 欒黶曰: "晋国之命, 未是有也。余马首欲**东**。"
　　난염이 "진나라의 명령에 이런 것은 없었소. 나는 말의 머리를 <u>동쪽으로 향하겠소.</u>"라고 하였다.

『左传·襄公十四年』

(2) 齐侯执阳虎, 将**东**之。
　　제나라 임금은 양호를 잡아 그를 <u>동쪽 변두리에 구금하려</u> <u>하였다.</u>

『左传·定公九年』

(3) 成子将杀大陆子方, 陈逆请而免之。以公命取车于道, 及耏, 众知而**东**之。
　　성자가 대륙자방(東郭賈)을 죽이려 하자 진역이 요청하여 그를 사면시켰다. 자방이 (齊 簡公의) 명을 가탁해 도중에서 행인의 수레를 탈취하여 타고 내로에 이르니, (진역의) 무리가 (임금의 명을 가탁한 것을) 알고서 그를 <u>동쪽으로 돌아가게</u> <u>하였다.</u>

『左传·哀公十四年』

(4) 仲子曰: "……今无故而废之, 是专黜诸侯, 而以难犯不祥也。君必悔之。"公曰 : "在我而已。"遂**东**太子光。
　　중자가 "… 지금 까닭 없이 그를 폐한다면 이는 제후들을 마음대로 처분하는 것이며, 이루기 어려운 일로 상서롭지 못함을 범하는 것이니, 주군께서는 반드시 후회하실 것입니다"라고 하였다. 제영공은 "나에게 달렸을 따름이요"라고 하였다. 마침내 태자 광을 <u>동쪽 변두리 읍으로 옮겨가게 하</u> <u>였다.</u>

『左传·襄 公十九年』

'东'이 (1)에서는 '동쪽으로 향하다(向东)'의 의미를 나타내고, (2)에서는 '囚禁于东鄙(동쪽 변두리에 구금하다)'의 의미를, (3)에서는 '使……东返(동쪽으로 돌아가게 하다)'의 의미를, (4)에서는 '徙……于东鄙(동쪽 변두리 읍으로 옮겨 가게 하다)'의 의미를 나타낸다.

다시 '门(문)'을 예로 들어보자. 동사로 쓰인 '门'이 '攻门(문을 공격하다)'을 의미하는지 '守门(문을 지키다)'을 의미하는지는 전적으로 문맥을 통해 확정해야 한다. 아래 예문을 통해 살펴보자.

晋人不得志于郑, 以诸侯复伐之。十二月癸亥, 门其三门。
진나라 사람들은 정나라에 대해 복종시키려는 목적을 이루지 못하자 제후의 군대를 이끌고 가서 다시 정나라를 정벌하였다. 12월 계해일에 그 세 개의 성문을 공격하였다.[门=성문을 공격하다]

(『左传·襄公九年』)

四年春, 蔡昭侯将如吴。诸大夫恐其又迁也, 承, 公孙翩逐而射之。入于家人而卒。以两矢门之, 众莫敢进。
4년 봄에 채나라 소후가 오나라로 가려 하였다. 대부들은 그가 또 나라를 옮겨갈까 두려워하여 공손편을 따라 뒤쫓아 가서 소후에게 활을 쏘았다. 소후는 민가로 들어가서 죽었다. 공손편이 두 대의 화살을 가지고서 민가의 문을 지키니 아무도 감히 들어가려 하지 못하였다.[门 = 문을 지키다]

(『左传·哀公四年』)

왕커중(王克仲 1989:90)은 이러한 예를 든 후, "고서를 읽을 때 이와 같은 경우에 각별히 유의할 필요가 있다"라고 특별히 강조한 바 있다.

'생성문법' 이론에 따라 이러한 현상을 연구하는 일부 학자들은 명사어원 동사는 창조된 것이 아니라 파생된 것이라고 생각한다. 예를 들어 맥콜리(McCawley 1971)는 다음 (a) 속의 술어 nailed는 심층구조 (b)에서 파생된 것이라고 말한다.

(a) John *nailed* the note to the door.
约翰把字条钉在门上。
존은 메모를 문에 못으로 고정시켰다.

(b) CAUSED a NAIL to HOLD x ON y
使钉子固定x在y上。
못으로 x를 y에 고정시켰다.

그러나 (b)와 같은 심층구조로는 sirened와 '东'이 각각 문맥에 따라 의미가 달라진다는 점은 설명할 수가 없다.

그린(Green 1974:221)은 또 hammer(hammer in a nail-못을 박다)와 같이 도구명사에서 유래한 동사는 "그 도구의 설계 목적과 NP의 통상적인 사용 방식에 따라서" 파생된다고 말한다. 그런데 위의 bottle의 예에서 유리병을 설계·제작한 목적은 결코 사람을 때리기 위함은 아니며, 다른 사람의 장딴지를 두드리기 위함은 더더욱 아니다. 고유명사가 동사로 사용되는 중국어의 예를 다시 하나 더 들어보자.

제5장 명사와 동사의 비대칭 327

(1) 你别阿Q自己了, 被人抢了还说自己不小心。
    넌 자신을 경시하고 짓밟지 마, 남에게 빼앗겨놓고도 자신이 조심하지 않았다고 말하다니.

(2) 明明吃了亏还阿Q, 说什么"吃亏是福"。
    분명히 손해를 봤는데도 스스로를 위로하며, 무슨 "손해 보는 게 복이다"라고 말하다니.

(3) 他有点儿阿Q, 就怕人家说他个矮。
    그는 자신의 결점을 언급하는 것을 좀 싫어하는 데가 있어, 남들이 자신이 키 작다고 할까 봐 두려워해.

(4) 他去阿Q人家女服务员, 结果挨了一耳光。
    그는 남의 여종업원을 모욕하고 희롱했다가 결국 뺨을 한 대 맞았다.

(5) 第一次批阅文件, 他在自己的名字上阿Q了一个圆。
    처음 문서를 결재하고 읽었을 때, 그는 자신의 이름에다 동그라미 하나를 아주 진지하게 그렸다.

화자와 청자가 모두 『아Q정전(阿Q正传)』을 읽었다면 다음의 줄거리를 알 것이다.

(1) 아Q를 때리는 사람이 "사람이 짐승을 때리는 거야(人打畜生)"라고 말하자, 아Q는 곧 "벌레를 때리는 거지, 나는 벌레야(打虫豸, 我是虫豸)"라고 말한다.

(2) 아Q는 정신승리법을 가지고 있어서 남에게 맞은 뒤에도

"그냥 아들에게 맞은 셈 치자(就算被儿子打了)"라고 한다.

(3) 아Q는 부스럼 흉터(癩疮疤)가 있기 때문에 다른 사람이 '癩(얼룩덜룩하다)', '光(빛나다)', '亮(반짝반짝하다)' 등의 글자를 말하는 것을 싫어한다.

(4) 아Q는 몸짓과 말로 어린 비구니를 모욕하고 희롱한다.

(5) 아Q는 사형 집행 전에 서명 대신 동그라미를 그리는데, 동그랗게 못 그려서 남의 비웃음을 살까 봐 두려웠다.

그러면 위 다섯 문장 안의 '阿Q'는 차례로 각각 '자기 자신을 경시하고 짓밟다(自轻自贱)', '자기 자신을 위로하다(自我安慰)', '자기 결점을 들추어내는 것을 꺼리다(忌讳提自己的缺点)', '모욕하고 희롱하다(欺侮调戏)', '너무 진지하게 그림을 그리다(过分认真地画)' 등 여러 가지 의미로 이해해야 할 것이다. 대화를 나누는 쌍방이 아큐의 행동에 대해 많이 알수록 이러한 문장은 더욱 많이 만들어 낼 수 있다.

요컨대, 혁신적인 명사어원 동사의 생성 조건은 화용적이어서 파생으로 만들어질 수가 없다. 명사어원 동사가 묘사한 상황 속에서 '대화협력의 원리'를 따르는 화자는 자신과 청자의 공유지식(일반지식과 특수지식을 모두 포함)을 근거로, 어원이 되는 명사가 하나의 역할을 담당하며 동사와 관련된 다른 명사는 또 다른 역할을 담당한다는 것을 청자가 쉽게 이해할 수 있다고 믿는다. 클라크 & 클라크(Clark & Clark 1979)는 글의 마지막에 현재의 주류 문법학계가 관심을 갖고 있는 '인류의 언어창조 능력'에 '문맥표현'을 창조하는 능력이 포함되지 않은 것은 유감이라고 말했다.

다시 앞에서 언급한 '演员是个动词(배우는 동사이다)'로 돌아가 보면, 이

말 역시 문맥표현으로 문맥에 따라 서로 다른 의미로 이해된다. 예를 들어 보자.[19]

(1) 演员是个动词, 就是要不停地拍戏。
배우는 동사다. 끊임없이 영화를 촬영해야 한다.

(2) 演员是个动词, 就是一年到头不断走穴。
배우는 동사다. 일 년 내내 쉬지 않고 부수입을 위해 개인 연예활동을 뛴다.

(3) 演员是个动词, 就是假戏真做, 假夫妻做成真夫妻。
배우는 동사다. 가짜를 진짜로 연기하고 가짜 부부를 진짜 부부처럼 연기한다.

제4절 '명사 동사 비대칭'의 인지적 원인

앞에서 명사와 동사의 비대칭, 즉 '명동비대칭(名动不对称)'이 보편성을 가진다고 하였는데, 그 원인은 무엇일까? 그것은 결국 사물과 동작에 대한 인간의 인식차이 때문이다. 구체적으로 말하면, 사물의 개념은 독립적일 수 있어서 동작을 연상하지 않고 하나의 사물을 상상하는 것이 가능하지만, 동작의 개념은 항상 관련된 사물에 의존할 수밖에 없어서 관련된 사물을 연상하지 않고 하나의 동작을 상상하기란 불가능하다. 예를 들어,

---

19 저자주: 필자는 한 텔레비전 프로그램의 광고 카피 '家是个动词(집은 동사다)'라는 문장을 듣고, 그 의미에 대해 무수히 많은 추측을 할 수 있었다. 나중에 그것이 이케아(宜家)의 광고라는 것을 알게 되었는데, 알고 보니 가구를 바꾸라고 부추기는 내용이었다.

'殴打(구타하다)'라는 동작의 개념은 '人(사람)'이라는 사물의 개념을 떠나서 독립적으로 존재할 수 없지만, '人'이라는 개념은 '殴打'라는 동작 개념을 떠나서 독립적으로 존재할 수 있다.(Langacker 1987: 299 참조)

'吃(먹다)'가 '吃的(먹는/먹을)'로 바뀌는 것처럼 동사가 사물을 전환지시 할 경우에는 개념적으로 증가하는 성분이 없다. 왜냐하면 '吃'라는 개념은 이미 '吃的人(먹는 사람)'과 '吃的东西(먹을 것)'를 포함하고 있기 때문이다. 그런데 '奶孩子(아이에게 젖을 먹이다)'에서 '奶(젖을 먹이다)'와 같이 명사가 동작을 전환지시 할 경우에는 분명히 개념적으로 어떤 성분을 추가해야 한다. 오죽하면 판신(潘慎) 등의 학자들(1996)이 고대중국어 '军(군대)'(명사)이 동사 '驻军(군대를 주둔하다)'의 의미를 나타내는 현상에 대해서는 '품사활용(词类活用)'이라고 부르기를 반대했겠는가. 왜냐하면 '驻军'은 사실 '동사+명사'로 구성되어서 '军'보다 동작 개념 하나가 더 많기 때문이다. 바로 이러한 인지적 비대칭이 중국어에서 '동사+的'를 사용하여 관련 명사를 가리킬 수는 있지만 반대로 '명사+的'를 사용하여 동사를 전환지시 할 수는 없음을 결정하였다.

造反的(农民)　　　　　*农民的(造反)
반란을 일으킨 사람(농민)

建造的(桥梁)　　　　　*桥梁的(建造)
건축한 것(교량)

画图的(工具)　　　　　*工具的(画图)
그림을 그리는 것(공구)

聪敏的(孩子)   *孩子的(聪敏)
똑똑한 사람(아이)

'演员和走穴'라는 구는 명사 '演员(배우)'과 동사 '走穴(부수입을 위해 개인 연예활동을 하다)'가 병렬한다. 만약 병렬하는 '走穴'와 마찬가지로 '演员'을 두고 지칭하는 것으로 사용된 명사(하나의 동작을 지칭)라고 말한다면 반대할 사람이 없을 것이다. 하지만 '走穴'와 병렬하는 '演员'을 두고 진술하는 데 사용된 동사라고 말한다면 동의하는 사람이 거의 없을 것이다. 하퍼 & 탐슨(Hopper & Thompson 1984)이 지적한 바와 같이, 명사로 사용된 동사는 '실체로 간주된 하나의 동작(一个被视为实体的动作)'이라고 말하지만, 동사로 사용된 명사는 '동작으로 간주된 하나의 실체(一个被视为动作的实体)'라고 하지 않고 어떤 실체와 관련된 하나의 동작이라고만 할 뿐이다. 명사로 사용된 동사는 여전히 동작(담화 속에서 이 동작이 진술의 대상이 아닌 지칭의 대상이지만)을 말하기에 동사성을 그대로 가지고 있으며, 일반적인 명사가 아니다. 예를 들면, We are talking about John *not/soon* having a sabbatical(존이 안식휴가를 갖지 않는 것/곧 갖는 것에 대해 이야기하고 있다)과 같이 영어 V-ing 형식의 동사는 여전히 not과 기타 부사의 수식을 받을 수가 있는데, 이는 '我们在谈论老张的迟迟不休假(우리는 라오장의 꾸물꾸물 휴가를 가지 않는 것에 대해 이야기하고 있다)'에서 보듯이 중국어에서 동사가 주어·목적어가 될 때도 마찬가지다. 왜냐하면 동사로 쓰이는 명사는 더 이상 실체를 말하지 않고 단지 그것과 관련된 동작만을 말하기 때문이다. 영어에서는 그것이 이미 동사로 바뀌었기 때문에 더 이상 명사의 성질을 가지지 않아 시제표지 -ed나 복수표지 -s를 붙여야 하며, 중국어에서도 이를 동사로 사용된 것으로 간주하므로 '了', '着', '过'와 동량성분을 붙일 수가 있다. 예를 들어보자.

We squirrel*ed* away $500 last year.
우리는 작년에 500달러를 저축해 두었다.

She breakfast*s* with the mayor on Tuesdays.
그녀는 매주 화요일에 시장님과 함께 조찬을 먹는다.

我又大款了一回。
나는 또 한 번 부자인 척했다.

我还没有博客过。
나는 아직 블러그를 해 본적이 없다.

많은 실어증 연구는 실어증 환자가 두뇌에서 동사를 추출하는 것이 명사를 추출하는 것보다 훨씬 더 어렵다고 보고하고 있다. 예를 들어, 영어 실어증 환자에게 어느 집 주방의 한 장면을 묘사하게 하였는데, 여기에는 다음과 같은 여러 가지 동작이 있었다.

水槽在溢水, 女人手忙脚乱, 男孩去够饼干盒差点儿弄翻了凳子, 女孩在一旁观看
싱크대에서는 물이 넘치고 있고, 여자는 이리저리 바삐 움직이고, 남자아이는 과자 상자를 집으러 가려다가 하마터면 걸상을 넘어뜨릴 뻔 하며, 여자아이는 한쪽 옆에서 지켜보고 있다.

그런데 이러한 장면에 대해 실어증 환자가 한 말은 거의 한 단락 모두

제5장 명사와 동사의 비대칭 333

가 다음과 같이 명사로 이루어져 있었다.

> Water…man, no woman…child…no, man…and girl…oh dear…
> cupboard…man, falling…jar…cakes…head…face…window…tap…

그 이유에 대해 애치슨(Aitchison 1994:102)은 명사의 수가 동사보다 많기 때문이 아니라 사물을 나타내는 명사는 개념적으로 독립적이어서 통사 관계의 제약을 받지 않기 때문이라고 지적한다. 어린이가 명사와 동사를 습득할 때도 명사를 더 빨리 습득하는 등 '명사 편향성'이 있다(부록1 참조).

동사의 명사적 활용은 '존재론적 은유(ontological metaphor, 本体隐喻)' 원칙에도 부합한다(1권 제4장 2.1절 참조). 레이코프 & 존슨(Lakoff & Johnson 1980:31)은 "사람들은 존재론적 은유를 사용해서 사건과 동작, 활동 그리고 상태를 이해한다. 존재론적 은유를 통해 사건과 동작이 실체로 이해된다"고 말했다. 활동을 하나의 실체로 간주해야 이를 지칭하고 계량하는 것이 가능하다. 은유는 일방향성을 가진다. 일반적으로 구체적인 개념을 사용해서 추상적인 개념을 설명하며, 이와 반대로 추상적인 개념을 가지고 구체적인 개념을 설명할 리는 없다. 왜냐하면 추상적인 개념보다는 구체적인 개념을 다루기가 더 쉽다는 것이 인간의 인지적 특성이기 때문이다. 동사의 명사적 활용은 바로 하나의 추상적인 활동을 하나의 구체적인 실체로 보는 것인데, 이는 특별한 사유가 없는 한 사람들은 구체적인 실체를 추상적인 동작으로 볼 리가 없기 때문이다.[20]

---

20 저자주: 다이하오이(戴浩一 1997) 역시 '명동 비대칭' 현상을 인지적 관점에서 설명하였지만, 그는 한 가지 의문을 제기하였다. 그것은 은유가 구체적인 개념을 가지고 추상적인 개

요컨대, 명동 비대칭의 인지적 원인은 '사물(物)'과 '사건(事)'이라는 한 쌍의 개념이 비대칭이기 때문이다. 이것은 곧 '事, 亦物也 ; 物, 猶事也', 즉 <사건 '역시(也)' 사물이다>와 <그런데 사물은 단지 사건과 '猶如(같을)'뿐이다>라는 두 마디 말로 개괄된다. 사물이 사건과 같은 까닭은 사건도 사물이기 때문이다. 중국어에서는 동사 '역시(也)' 명사'이다(是)'. 하지만 명사는 단지 동사'처럼 쓰일(用如)'뿐이다. 명사가 동사처럼 쓰여 술어가 되는 이유는 동사(서술어)도 명사(지칭어)이기 때문이다.

제5절 일반과 특수의 구별

5.1 중국어는 '사전범주화형' 언어가 아니다

상대적으로 말해 동사의 명사적 활용은 일반적인 현상이지만, 명사의 동사적 활용은 특수한 현상이다. 일반적 현상과 특수한 현상을 구분하는 것은 하나의 기본 원칙으로서 중국어의 문법체계를 세우는 데 매우 중요하다.

그런데 특히 선진(先秦)시기 중국어의 경우 동사도 명사로 활용될 수 있고, 명사 역시 동사로 활용될 수 있었기에 이 두 가지 상황을 동등하게 봄으로써 동사의 명사적 활용과 명사의 동사적 활용의 비대칭을 무시한다

념을 표현하는 것이 일반적인데, 왜 구체적인 사물인 bottle를 가지고 추상적인 동작 to bottle(명사의 동사적 활용)을 표현하는 명동 비대칭은 특이한가이다. 이 의문은 은유와 환유(metonymy)의 성격이 다르기 때문에 구분해야 할 필요가 없다. 그런데 은유와 환유는 성질이 달라서 구분해야 하기 때문에 이러한 의문은 불필요하다. 즉, bottle을 가지고 to bottle을 표현하는 것은 은유가 아닌 환유이다.

는 주장이 많다. 예를 들면, 비상(Bisang 2008, 2013)은 선진중국어가 '사전범주화형'에 속하는 언어라고 주장했는데, '사전범주화(precategoriality)'란 단어가 통사차원으로 진입하기 전까지 어휘차원에서는 품사 구분이 없음을 말한다. 이 주장은 에반스 & 오사다(Evans & Osada 2005:366)에서 제시한 기준을 근거로 한 것으로, 한 언어에 품사 구분이 없다(monocategorial), 특히 명사와 동사의 구분이 없다고 판정하기 위해서는 다음 세 가지 조건을 만족시켜야 한다는 것이다.

1) 합성성(compositionality, 结合性)
통사 위치(주어·목적어와 술어)에 따른 단어의 의미 차이는 통사 위치의 기능으로부터 완전히 예측 가능하다. 즉, 품사 구분의 유무는 단어의 의미와 통사 위치의 '합성'으로 예측한다.

2) 양방향성(bidirectionality, 双向性)
동작을 나타내는 단어도 주어·목적어가 될 수 있고, 사물을 나타내는 단어도 술어가 될 수 있다.

3) 완전성(exhaustiveness, 穷尽性)
대부분의 단어가 위의 두 조건을 모두 만족시킨다.

비상(Bisang)은 선진중국어 어휘 단계에 있는 단어들이 이 세 가지 조건에 모두 부합한다고 보았으며, 특히 첫 번째 조건에 부합하는 것에 대해 상세히 설명하였다. 그는 사람을 가리키는 단어가 술어가 될 때 자동사문과 타동사문에서 나타내는 의미가 다름을 예를 들어 설명하였다.

(1) 君君臣臣父父子子。
임금은 임금다워야 하고 신하는 신하다워야 하며, 아버지는 아버지다워야 하고 자식은 자식다워야 한다.

(『论语·颜渊』)

(2) 吾於颜般也则友之矣。
안반에 대해서는 그를 친구같이 대한다.

(『孟子·萬章下』)

(1)에서 '君(임금)' 등은 자동사문의 술어로, '君'의 의미는 '임금답게 행동하다' 또는 '어진 임금이 되다'이다. (2)에서 '友(친구)'는 타동사문의 술어로, 의미는 '…을 친구로 만들다', '…을 친구같이 대하다' 또는 '…을 친구로 여기다', '…을 친구처럼 대하다'이다. 도구를 가리키는 단어가 자동사문과 타동사문에 출현했을 때의 의미 역시 다르다.

(3) 君子不器。
군자는 그릇이 되어서는 안 된다.

(4) 及其使人也器之。
사람을 쓰는 데 있어서도 그를 그릇이 되게 한다.

(5) 公子怒欲鞭之。
공자가 노하여 그를 회초리로 때리려 하였다.

(3)에서 '器(그릇)'는 자동사문의 술어로, '그릇이 되다 또는 그릇으로 쓰다'를 뜻하고, (4)에서 '器'는 타동사의 술어로, '…을 그릇이 되게 하다 또

는 그릇으로 쓰이게 하다'이다. (5)에서 '鞭'도 타동사의 술어로 쓰였는데, 의미는 "…에(게) 회초리를 사용하다"이다.

이러한 예증들에 근거하여 비상은 명사가 술어가 될 때 발생하는 의미 변화는 '단어의 의미+문장 형식'의 결합을 근거로 유추와 예측이 가능하기 때문에 합성조건에 부합한다고 보았다.

하지만 사실 이러한 유추와 예측의 가능성은 극히 제한적이다. 제3절에서 서술한 바와 같이 명사가 술어가 되는 것은 '문맥표현'으로, 그 의미가 문맥에 따라 바뀌기 때문에 예측이 불가능하다. '世', '东', '门'은 이미 예를 든 바 있으니 여기서는 설득력이 있는 다른 예를 들어보고자 한다.(모두 王克仲(1989)에서 발췌 인용함)

(6) 己亥, 与楚师夹颖而军。
기해일에 초나라 군대와 영수를 사이에 두고 주둔하였다.

『左传·襄公十年』

祝聃射王中肩, 王亦能军。
축담이 주왕에게 활을 쏘아 어깨를 맞췄으나, 주왕은 그래도 군대를 잘 지휘하였다.

『左传·桓公五年』

(7) 桑土既蚕, 是降丘宅土。
뽕나무가 잘 자라는 곳이라 이미 누에를 칠 수 있으니, 이에 언덕에서 내려와 평지에서 산다.

『尚书·禹贡』

甲戌晦, 日有食之。京师蝗。
갑술일 그믐날에 일식이 있었다. 수도에 메뚜기 재해가 일어났다.

『后汉书·孝桓帝纪』

(8) 从左右, 皆肘之, 使立于后。
수레의 왼쪽과 오른쪽에 서려 하자 (한궐이) 그들을 모두 팔꿈치로 밀어내고 자기의 뒤에 서게 하였다.

『左传·成公二年』

上尝得佳鹞, 自臂之, 望见徵来, 匿怀中。
황제가 일찍이 아름다운 새매를 얻어 친히 팔뚝에 올려놓고 놀다가 위징이 오는 것을 바라보고는 품속에 숨겼다.

『资治通鉴·唐纪·太宗贞观二年』

(9) 项王怒, 悉令男子年十五已上诣城东, 欲坑之。
항왕은 화가 나서 나이 15세 이상의 남자들을 성 동쪽으로 데려오게 하고는 그들을 구덩이에 묻으려 했다.

『史记·项羽本纪)』

乃沟公宫, 曰"秦将袭我。"
공궁 밖에 해자를 파도록 하면서 "秦나라가 우리나라를 습격하려 한다"고 말하였다.

『左传·僖公十九年』

(10) 夫子将有异志, 不君君矣。
이 사람은 불순한 뜻을 품고 있기 때문에 임금을 임금으

제5장 명사와 동사의 비대칭 339

로 여기지 않는 것이다.

(『左传·昭公十七年』)

是臣代君君民也, 忠臣不为也。
이것은 신하가 임금을 대신하여 임금의 신분으로 백성을 통치하는 것이니 충신은 하지 않는 행위이다.

(『晏子春秋·内篇杂下』)

(11) 承宗庙, 母天下, 岂易哉!
종묘사직을 계승하고 천하 사람들을 어머니처럼 사랑하고 기르니 어찌 쉽겠는가!

(『后汉书·邓皇后纪』)

今丞相数病, 望之不问病; 会庭中, 与丞相钧礼。时议事不合意, 望之曰: "侯年宁能父我邪!"
지금 승상이 여러 번 병이 났지만, 소망지는 병문안을 가지 않았다. 대전에서 조회를 할 때는 승상과 평등하게 예를 갖추었다. 때때로 일을 의논하면서 의견이 맞지 않으면, 소망지는 "군후께서 연세가 어찌 제 아버지뻘이 될 수 있겠는지요!"라고 하였다.

(『汉书·萧望之传』)

(12) 衣儒衣, 冠儒冠, 而不能行其道, 非其儒也。
유생들이 입는 옷을 입고, 유생들이 쓰는 관을 썼지만, 그 도를 행할 수 없으면, 진정한 유생이 아니다.

(『盐铁论·刺议』)

解衣衣我, 推食食我。

옷을 벗어서 나에게 입혀 주고, 먹을 것을 건네주어 나에게 먹게 하였다.

『汉书·韩信传』

好养豕, 食其肉, 衣其皮。

돼지 기르기를 즐겨 그 고기를 먹고 그 가죽을 옷으로 만든다.

『后汉书·东夷挹娄传』

(6)은 모두 타동사문으로, 앞 문장의 '军(군대)'은 '군대를 주둔하다'를, 뒤 문장의 '军'은 '군대를 지휘하다'를 뜻한다. (7)은 모두 자동사문으로, '蚕(누에)'은 '누에를 치다'를, '蝗(메뚜기)'은 '메뚜기 재해가 일어나다'를 뜻한다. (8)은 모두 타동사문으로, '肘(팔꿈치)'는 '팔꿈치로 밀다'를 뜻하고 '臂(팔)'는 '팔뚝에 올려놓다' 또는 '팔로 받치다'를 뜻한다. (9)는 모두 타동사문이며, '坑(구덩이)'은 '…을 구덩이에 묻다'라는 의미인데, '坑'은 사물을 놓아두는 장소이다. 뒤 문장의 '沟(도랑)'는 '…주위에 도랑을 파다'라는 의미이며, '沟'는 땅을 판 결과이다. (10)은 모두 타동사문으로, 앞 문장의 '君'은 '…을 임금으로 여기다'라는 의미이고, 뒤 문장의 '君'은 '임금의 신분으로 통치하다'라는 의미이다. (11)은 모두 타동사문으로, '母(어머니)'는 '어머니처럼 사랑하고 기르다'라는 의미이고, '父(아버지)'는 '나의 아버지와 같은 연배이다'라는 의미이다. (12) 역시 모두 타동사문으로, 첫 번째 문장의 '衣(옷)'는 '(옷을) 입다'를, 두 번째 문장의 '衣'는 '…에게 옷을 주어 입게 하다'를, 세 번째 문장의 '衣'는 '…을 옷으로 만들다'를 각각 의미한

다. 이렇게 복잡하고 다양한 의미 변화는 단지 단어의 의미 및 타동사문과 자동사문 안에서의 그 위치만을 통해서는 전혀 예측을 할 수가 없다. 이러한 예측불가능성은 마찬가지로 동일한 사물의 개념이 각 언어에서 어떠한 동작 의미를 표현할지 예측할 수 없기에 언어마다 고유하다는 점에서도 나타난다. 주더시(朱德熙 1988)는 '假舟楫者, 非能水也, 而绝江河(배와 노의 힘을 빌리면 헤엄을 칠 수 있는 것은 아니더라도 강(황하나 장강)은 건널 수 있다)' (『荀子·劝学』)를 예로 들면서 고대중국어의 '水(물)'에는 '헤엄치다'의 의미가 있지만, 영어의 water에는 '물을 주다'와 '관개하다'의 의미만 있을 뿐 '헤엄치다'의 의미는 없다고 지적한 바 있다.

두 번째 조건 '양방향성' 역시 성립이 불가능하다. 사물을 나타내는 단어가 술어가 되는 것과 동작을 나타내는 단어가 주어·목적어가 되는 것은 비대칭이다. 전자는 특수한 현상으로 의미를 예측할 수 없지만, 후자는 일반적인 현상으로 의미를 예측할 수가 있다. 선진시대 중국어에서 동작이나 성질·상태를 나타내는 단어가 주어·목적어가 되는 것은 현대중국어와 마찬가지로 두 가지 경우가 있는데, 하나는 '전환지시(转指)'이고 다른 하나는 '자기지시(自指)'이다. 예를 들면 다음과 같다.

(13) 仁者乐山。('인'은 '어진 사람'을 전환지시한다.)
어진 사람은 산을 좋아한다.

仁者如射。('인'은 '인의 품성'을 자기지시한다.)
仁이라는 것은 활쏘기와 같다.

(14) 其御屡顾, 不在马。('御'는 '(수레나 말을) 모는 사람'을 전환지시한다.)

그(鄭伯)의 말을 모는 사람이 자주 돌아보는 것을 보니 마음이 말을 모는 데 있지 않다.

吾何执? 执御乎? 执射乎? 吾执御矣。('御'는 '(수레나 말을) 모는 활동'을 자기지시한다.)
내가 무엇을 할까? 수레 모는 일을 해볼까? 활 쏘는 일을 해볼까? 나는 수레 모는 일을 해야겠다.

(13)의 두 예에는 모두 표지 '者(자)'를 붙였지만, (14)의 두 예에는 모두 표지를 붙이지 않았다. 전환지시는 의미에 중대한 변화가 있는 경우로, 동작을 나타내는 것에서 동작과 관련 있는 사람이나 사물을 나타내는 것으로 바뀐다. 이러한 의미 변화는 충분히 예측할 수 있는 것이어서 언어에 따라 달라지지고 않고 문맥의 변화에 따라 무궁무진하지도 않다. 만약 '仁'과 같은 자동사라면 전환지시하는 것은 틀림없이 '仁者乐山'의 '仁者'처럼 동사의 유일한 논항이 될 것이다. 하지만 만약 '御(부리다)'와 같은 타동사라면 전환지시하는 것은 틀림없이 '其御屡顾(그의 말을 모는 사람이 자주 돌아보다)'의 '御'가 '御手(말 모는 사람)'를 가리키는 것처럼 동사의 두 논항 중 하나가 될 것이다.(朱德熙 1983 참조)

요컨대, 자기지시든 전환지시든 동작을 나타내는 단어가 주어·목적어가 될 때는 그 의미가 예측 가능하지만, 사물을 나타내는 단어가 술어가 되는 것과는 선명한 대립을 이룬다.

품사 구분이 없다고 판정하기 위해서 필요한 세 가지 조건 가운데 첫 번째와 두 번째 조건이 모두 성립되지 않기 때문에, 남은 세 번째 조건인 '완전성'에 대한 논의도 할 수가 없게 되었다. 정리하면, 에반스 & 오스다

(Evans & Osada 2005)가 제기한 기준을 근거하더라도 선진시대 중국어 역시 '사전범주화형' 언어에는 속하지 않는다.

5.2 명사는 '분류성 동사'가 아니다

크리스토프 합스마이어(Christoph Harbsmeier, 何莫邪 1983)[21]는 선진중국어의 명사가 동사성을 가진다는 중요한 관점을 제시하였는데, 이는 명사가 본질적으로 '총칭을 나타내는' 분류성 동사(classificatory verb, 分类性动词)라는 것이다. 이것은 합스마이어도 명사가 동사를 포함하는 일종의 '명동포함(名动包含)' 구도를 제시하였다는 것을 말한다. 다시 말해, 선진시대 중국어의 명사는 동사와 서로 대립하는 부류가 아니라는 것이다. 단지 그는 동사가 명사를 포함하며 명사는 '분류성 동사'라고 하는 동사의 한 하위 부류라고 여겼을 뿐인데, 그의 논거는 다음과 같다.

통상적으로 '也'는 명사성 술어의 표지(a)라고 생각하지만, 동사성 술어도 '也'를 가질 수 있고 주어와 종속절 뒤에도 모두 '也'(c, d)가 올 수 있다.

(1) a. 旷, 太师也。

---

21 역자주: 크리스토프 합스마이어(1946-): 노르웨이 왕립학술원 원사, 저명한 한학자. 중국 관련 20세기 최고의 연구서라 평가받는 『중국의 과학과 문명(Science and Civilisation in China)』(조지프 니덤 주편) 제7권의 저자. 1954년부터 출판되기 시작한 니덤의 『중국의 과학과 문명』은 유럽을 중심으로 하는 서양 세계가 근대 과학을 탄생시키고 이를 기반으로 성공적인 근대화를 이루었다는 편견을 없애는 데 결정적인 기여를 한 책으로 평가된다. 이 책은 중국 전통 과학의 성과를 통해 서양 이외의 다른 문화권에도 상당한 수준의 과학이 존재했었다는 사실을 말해주고 있으며, 이를 통해 과학의 본질이나 근대 과학의 성격을 다시 되돌아 보게 하는 계기를 마련했다. [출처] 네이버 블로그 조셉 니덤의 중국의 과학과 문명| 작성자 하현

광은 태사이다.

(先秦 佚名「杜蕡扬觯」)

b. 我必不仁也。
나는 틀림없이 어질지가 않다.

c. 丘也尝使于楚矣。
공자는 초나라에 사신으로 간 적이 있었다.

d. 吾少也贱。
나는 젊었을 때 미천하였다.

'者'는 동사 뒤에 붙을 수도(a) 명사 뒤에 붙을 수도(b) 있다.

(2) a. 贤者则贵而敬之。
현능한 사람이면 그 사람을 귀하게 여겨 공경한다.

b. 民者好利禄而恶刑罚。
백성은 이익과 녹봉은 좋아하지만 형벌은 싫어한다.

'者'는 명사화표지이기도 하고(a) 종속절 문미표지(b)이기도 하다.

(3) a. 仁者乐山。
어진 사람은 산을 좋아한다.

b. 仁者如射。
인이라는 것은 활쏘기와 같다.

그는 명사를 명사성 술어와 같은 분류성 동사로 본다면, 명사 뒤와 동사 뒤, 그리고 종속절 뒤라는 세 가지 위치에 있는 '也'와 '者'를 각각 하나로 통일할 수 있다고 하였다. 그 밖에 '之'는 동사 앞에 올 수도 있고(a) 명사 앞에 올 수도 있다(b).

(4) a. 北宮黝之养勇也。
   북궁유가 용기를 기르는 방법이다.

   b. 此匹夫之勇也。
   이것은 필부의 용맹이다.

'而', '而后', '则'는 문장을 연결하지만, 주어와 술어 사이에도 올 수 있다.

(5) a. 人而无信, 不知其可也。
   사람이 신의가 없으면 그 사람이 사람 구실을 할지 알 수가 없다.

   b. 贤者而后乐此。
   현능한 사람이 된 뒤에야 이런 것을 즐길 수 있다.

   c. 贤者则贵而敬之。
   현능한 사람이면 그 사람을 귀하게 여겨 공경한다.

그리고 '虽', '凡', '每' 등은 항상 동사 앞에 오지만(a), 명사 앞에도 올 수 있다(b).

(6) a. 虽博必谬。

　　비록 널리 듣더라도 반드시 오류가 있다.

　　凡虑事欲孰(熟)。

　　무릇 일을 꾀함에 정밀히 하고자 한다.

　　伯宗每朝, 其妻必戒之。

　　백종이 조회하러 갈 때마다 그의 아내가 꼭 그에게 권계한다.

b. 虽大国必畏之矣。

　　비록 큰 나라일지라도 반드시 그 나라를 두려워할 것이다.

　　凡道不欲壅。

　　무릇 道는 막히는 것을 바라지 않는다.

　　子入²²太庙, 每事问。

　　공자께서 태묘에 들어가셔서는 모든 일을 일일이 물어봤다.

　명사를 명사적 서술어와 같은 분류성 동사로 보게 되면 서로 다른 연결의 기능을 하는 '之', '而', '虽'를 각각 하나로 통일할 수 있으며, 이들 허사의 용법에 대해 매우 간결한 설명이 가능해진다.

　합스마이어의 이상의 논증은 단어의 '분포' 상황을 근거로 삼고 '간결성 원칙'에서 출발한 것이다. 그런데 이 두 가지는 모두 주더시가 일관되게 견지해 온 중요한 원칙이기 때문에 주더시 역시 합스마이어의 관점을

22　역자주: 원서에는 '如'로 되어 있으나 각종 원문을 참조한 결과 '入'가 적절한 것으로 판단되어 수정하였음을 밝힌다.

중시하였는데, 주더시의 두 논문(1988, 1990)은 바로 합스마이어의 논문에 대한 응답이다.

명사를 분류성 동사라고 하는 것은 사실 명사가 서술성을 가지고 있다고 말하는 것이다. 이 관점을 비판하면서 주더시가 지적한 매우 중요한 사실은, 명사성 성분은 주어 자리에 있을 때만 서술성을 나타내며 목적어와 수식어 자리에서는 서술성이 없다는 것이다. 또 자오위안런은 일찌감치 하나의 완전문으로서 중국어 주술문은 두 개의 불완전문이 조합하여 이루어졌다고 지적하였다(1권 제3장 4절 참조). 예를 들면 '饭吃了(밥은 먹었다)'라는 문장은 '饭呢(밥은)'와 '吃了(먹었다)'라는 두 개의 불완전문으로 구성된다는 것이다. 주어 '饭(밥)'이 하나의 불완전문이기 때문에 불완전문은 자연히 서술성을 가지게 된다. 주더시는 이를 통해 명사의 서술성은 주어라는 통사적 위치가 부여한 것이지, 명사 고유의 특성은 아니라고 보았다. 중국어의 주어가 서술성을 가진다고 해서 이를 근거로 중국어의 명사가 서술성을 가진다고 추론할 수는 없다.

고대중국어의 명사가 서술성을 갖는다는 것을 설명하기 위해 자주 사용되는 구조는 '명사而동사'이다. 예를 들면 '人而无信(사람으로서 신의가 없다)'에서 '人'이 서술성을 가지는 것과 같다. 그런데 양룽샹(杨荣祥 2008)의 연구에 따르면 앞 성분 '명사'가 술어가 되는 경우는 모두 '판단성'에 국한되며, 쑹훙민(宋洪民 2009)은 한 걸음 더 나아가 '명사'가 한정성분이 될 경우에는 모두 "감탄 의미를 가진 평가"를 나타내며, "이 명사성 성분에 대한 부가적인 의미는 문맥 및 청자와 화자 쌍방의 실제 생활 경험에 따라 다르다"라고 지적했다. 예를 들면 다음과 같다.

(7) 子产(子产这么贤明的人/以子产之贤)而死, 谁其嗣之?
자산(자산 이렇게 현명한 사람/자산처럼 현명한 사람)이 죽으면 누가 그의 뒤를 이을까?

『左传·襄公三十年』

且先君(伟大圣明的先君/以先君之明智)而有知也, 毋宁夫人, 而焉用老臣?
또 선왕(위대하고 현명한 선군/선군처럼 사리에 밝은 사람)께서 아신다면 부인을 괴이하게 여길지언정 어찌 노신을 책망하겠습니까?

『左传·襄公二十九年』

使宋王(如此威猛的宋王/以宋王之威猛)而寤, 子为𩜋粉夫!
만약 송나라 왕이 깨어 있었다면 그대는 양념 가루가 되었을 것이오.

『庄子·列御寇』

斯人(伯牛斯人如此贤良)也而有斯疾也。
이런 사람(이와 같이 현명하고 선량한 백우 이런 사람)에게 이런 병이 있다니.

『论语·雍也』

괄호 안에 첨가된 명사 이외의 의미는 아래위 문장과 문맥에 따라 유추한 것이다. 위 제3절의 설명에 따르면 이렇게 사용되는 명사는 모두 '문맥 표현'이기 때문에 여전히 명사의 특수한 용법에 해당된다.

합스마이어는 '명사는 분류성 동사'라는 자신의 견해를 관철시키기 위해 '仁者乐山'의 '仁者'를 서술성을 가진 assuming someone is humane(만약 어떤 사람이 어질다면)으로 해석하고, '仁者如射'의 '仁者'를 presupposing that something is identical with being humane(어떤 것이 인과 같다고 미리 가정하면)으로 해석하였다. 그런데 주더시는 이러한 해석이 "상당히 억지스럽다"고 비판하면서 허사 '者'를 전환지시(those who are humane)와 자기지시(humaneness)로 나누는 것이 오히려 더 설득력이 있다고 주장하였다. 필자 역시 주더시의 이러한 비판에 동의하는 바이다. 학실히 전환지시와 자기지시라는 해석이 더 간결하고 자연스러우며, 합스마이어의 해석은 복잡하고 억지스럽다.

주더시는 또 인도유럽어 문법관념의 영향으로 주어 자리에 있는 동사를 명사로 해석하려는 사람들이 있는데, 이는 주어 자리에 있는 명사를 동사로 보는 합스마이어의 해석과 방향이 정반대이므로 만약 이 두 가지 견해가 모두 성립한다면 동사와 명사의 구분이 무의미해진다고 비판하였다. 이 견해에 대해서는 절반만 동의한다. 서론 제1절에서 이미 설명한 바와 같이, 갑의 부류가 을의 부류를 포함하는 것은 두 종류 사이에 차이가 없다고 하는 것과는 다르다. 명사가 일종의 분류성 동사로 동사의 한 하위 부류라는 주장은 명사와 동사의 구분이 없다는 말이 아니며, 명사와 동사를 구분하는 것이 '무의미한 일이 된다'고 말하는 것도 아니다.[23] 두 범주는 '다르면서도 같은(异而同)' 종속관계이기 때문에 합스마이어 역시 선진시대 중국어에 명사와 동사의 차이가 있음을 부인하지 않았다. 합스마이어의 주장의 가진 문제는 명사와 동사의 구분을 무의미한 것으로 만들었

---

23 저자주: 바로 이러한 오해로 인해 주더시 등(朱德熙 1961)은 '결국 '동사는 선천적으로 명사이다'라는 결론을 초래할 것이다'를 동사의 '명물화'나 '지칭화'를 반박하는 근거로 들고 있다.

다는 것이 아니라 명사를 서술성이 있는 '분류성 동사'로 보았다는 데 있다. 이는 특수한 현상을 일반적인 현상으로 간주한 것이다. 이는 중국어의 동사가 목적어가 되는 일반적인 현상에 대해 '명사화'가 발생하였다는 특수한 현상으로 간주하는 것과 같다. 이들은 모두 일반적인 것과 특수한 것을 혼동한 것으로 상당히 억지스럽다.

또 주더시는 "주어는 불완전문이고, 불완전문은 서술성을 가진다"라는 말로써 주어가 되는 명사는 서술성을 지닌다고 해석하였는데, 이 역시 문제가 있다. 왜냐하면 불완전문이 반드시 서술성을 가진다고 할 수는 없기 때문이다. 1권 제3장 4절에서 이미 설명하였고 1권 제6장 3절에서 또 논증할 것이지만, 불완전문은 본질적으로 지칭성이 있다. '旷, 太师也(광은 태사이다)'와 같이 중국어의 명사성 성분은 술어 자리에서 서술성을 나타내는데, 이는 명사 자체가 서술성을 가지고 있기 때문이 아니라 술어(불완전문)가 지칭성을 가지고 있기 때문이다.

이제 합스마이어의 견해를 뒤집어 선진시대 중국어의 동사는 본질적으로 '동태성 명사'라고 말할 수 있으며, 또 그렇게 말해야 한다. 다시 말해, 동사가 명사를 포함하는 것이 아니라 명사가 동사를 포함한다고 보아야 한다는 것이다. 예컨대, 앞의 (1)과 (2)에서 주어나 종속절이 되는 '贤(현명하다)', '吾少(나는 젊다)'는 '民(백성)', '丘(공자)'와 마찬가지로 명사성을 가지며, 판단문 '我必不仁也(나는 틀림없이 어질지 않다)'의 '不仁(어질지 않다)'도 '旷, 太师也'의 '太师'와 마찬가지로 명사성을 가진다고 함으로써 각 위치에 출현하는 '也', '者', '之' 등에 대해 간결하면서 통일된 설명을 할 수 있다. 이는 특수한 것을 일반적인 것으로 보는 것이다.[24] 또 (5) '人而无信'

---

24 저자주: 흔히 '也'를 명사성 술어표지로 보는데, 이 견해는 우리의 어감에도 부합한다. '我

에서의 '无信'이 '人'과 마찬가지로 명사성을 가지며, (6) '虽大国必畏之'의 '必畏之'는 '大国'과 마찬가지로 명사성을 가진다고 말해야 한다. 역으로 말해 '人'과 '大国'가 동사성을 가지는 것이 아니다.(1권 제6장 3.4절) 명사가 동사를 포함한다는 견해는 선진시대 중국어의 '명사之동사' 구조에 대해서도 더 합리적인 해석을 내릴 수 있다.(2권 제2장 1절)

명사의 수가 동사보다 훨씬 많다고 해도, 『현대한어사전(现代汉语词典)』에 수록된 약 40,000여 단어에 대한 인빈융(尹斌庸 1986)의 통계에 따르면 명사가 56%를 차지하고, 동사와 형용사는 합쳐야 겨우 36%에 불과하다. 그런데 사전에 명사를 수록할 때 사실은 매우 선택적이어서 '星期一(월요일)'에서 '星期六(토요일)'까지의 단어와 '棉衣(솜옷)', '棉袄(솜저고리)', '棉裤(솜바지)', '棉鞋(솜신발)' 등과 같은 많은 명사들이 사전에 누락되어 있다. 인빈융은 "전형적인 개방적 품사는 엄밀히 말하면 명사뿐"이라고 하면서, 동사와 형용사는 "약한 개방적 품사"에 속한다고 말했다. 따라서 어떠한 관점에서 보더라도 동사를 명사의 하위 부류라고 말하는 것이 그 반대라고 말하는 것보다 훨씬 합리적이다.

제6절 명사의 근원성

인지적으로 '사물'과 '사건'의 비대칭이 명사와 동사의 비대칭을 결정하며, 비대칭의 방향은 명사의 근원성을 결정한다. 즉, 명사와 동사가 중

必不仁也'에서 '不仁'이 지칭성을 가진다고 말하는 것이 '我'가 술어성을 가진다고 말하기보다 훨씬 합리적이다. '我打了他(나는 그를 때렸다)'와 같은 평서문에 '是'를 추가하면 항상 판단문 '我是打了他(나는 그를 때린 것이 맞다)'가 될 수 있으므로 '打了他(그를 때렸다)'를 판단문의 지칭성 술어로 볼 수 있다. 이에 관해서는 1권 제6장을 참조.

화(中和)될 때 중화항(中和项)은 명사라는 것이다.

혹자는 동사만 있고 명사가 없는 언어(예: 북미의 일부 토착 언어) 언어에서는 일반 언어의 명사성 성분을 나타낼 때 동사어근에 접사를 붙여 표현할 것이라는 의구심을 나타낸다. 예를 들면, 옐리네크(Jelinek 1995)는 북미의 스트레이트 살리시어(Strait Salish)에서는 모든 실사가 서술사(谓词)이며, 그것이 유일한 품사라고 하였다. 서술사는 동작, 사물, 성상 등 여러 가지 품사성을 모두 나타내며 주어·목적어, 술어, 수식어 등 다양한 문장성분이 된다. 따라서 그것이 출현하는 통사 위치에 따라 품사를 판별하는데, 서술사가 술어가 되면 주어와 목적어는 접사가 되어 서술사 뒤에 붙고, 서술사가 주어·목적어가 되면 한정어를 추가한다고 하였다. 자주 언급되는 언어로는 산스크리트어가 있는데, 어원의 각도에서 보면 명사는 대부분 동사성 어근이나 동사에서 연역한다고 한다. 그 예를 들어보면, pādaḥ(foot)는 동사성 어근 pad(to go)으로부터, sthānuh(post)는 동사 sthā(to stand)로부터, rūpa(beauty)는 동사 ruc(to shine)으로부터 각각 파생된다.

그런데 산스크리트어에 대한 이러한 견해는 모두 서양 학자들의 말을 인용한 것이다. 뚜안칭(段晴 2001:V-XI)은 "당시 동양학 연구에 종사하던 서양 학자들은 모든 것을 서양의 안목을 기준으로 삼고 서양을 크게 여기는 의식의 영향을 피할 수가 없었으며", 이로 인해 나타난 구체적인 현상은 "서양의 개념을 습관적으로 동양의 사물에 대입하여 동양적인 표현을 서구화한 것"이라고 지적했다. 예를 들어 범어학자 스텐즐러(A. F. Stenzler)가 쓴 『산스크리트어 기초 독본(梵语基础读本)』[25]에서 산스크리트어에 '제조자

---

25 역자주: 원서는 『Elementarbuch Der Sanskrit-Sprache』이며, 중국어 번역서는 季羨林·段晴·范慕尤 역 『梵语基础读本』 北京大学出版社, 2009이다.

(kāraka)'의 의미를 나타내는 접사를 '격'(독일어 Kasus, 영어 case)이라 하였는데, 사실 '격'은 서양 언어의 문법 개념이다. 스텐즐러가 격의 개념을 산스크리트어에 '대입한 결과', 접사들의 변화를 명료화하였으며 그 접사들이 원래 가지고 있던 의미를 추상화시킴으로써 순수한 부호로 바꾸어 놓았다. 이렇게 함으로써 "인도의 전통적인 문법 저술의 특징이 사라져 버리고, 모든 언어가 천편일률적인 베일에 가려지게 되었다".

뚜안칭(段晴 2001)에 따르면, 산스크리트어에서 어떤 접사도 붙이지 않은 어근은 '원소'를 뜻하는 'dhāhu(界)'이고, 덧붙이는 접사는 'pratyaya(緣)'이라 하는데, 이는 어근에 음성변화(音變)를 발생시키는 원인을 뜻한다. 'dhāhu'가 반영하는 것은 대부분 동작 행위이지만, 동작 행위를 반영하는 것이 반드시 동사는 아니어서 명사일 수도 있다. 중국어 '炸(튀기다)'와 '死(죽다)'가 동작 행위를 반영하는데, 이는 영어의 동사 explode와 die에도 대응하고 명사 explosion과 death에도 대응한다.

요컨대, '동사성 어근'을 이용하여 산스크리트어의 'dhāhu'를 부르는 것은 '술어동사 중심론'의 영향을 받은 것으로 서양 학자들의 일종의 견강부회이다. 소위 '동사성' 어근이라고 하는 것도 명사성을 가질 가능성이 매우 높다. 일반적으로 산스크리트어 단어 구성의 기본 공식은 '어근(dhāhu)+접사(pratyaya)=단어'로, 어근에 접사를 붙여 명사와 동사 등의 성질을 나타낸다. 그런데 만약 어근이 이미 동사성이라면 왜 또 접사를 붙여야 동사의 성질을 나타내는가? 동작 행위를 반영하는 '어근'이 반드시 동사어근이라고 할 수 없으며, 동사성 유무에 대해서는 아직 규정하지 않았다.(1권 제3장 3절 참조) 스트레이트 살리시어(Strait Salish)의 '술어사' 문제도 이와 같이 보아야 한다.

1권 제3장 7절에서 타갈로그어에 대해 서술하면서, b-um-ili(고객)가 어근 bili(사다)에 접요사 -um-을 붙여 파생되었듯이 원래는 이러한 언어의 많은 명사가 동사어근에서 파생되었다고 보았다. 그러나 카우프만(Kaufman 2009)의 분석에 따르면, 이러한 어근들이 사실은 모두 명사성을 가지고 있는 것으로 나타났다. 중국어는 '一鸭二吃(한 마리 오리로 두 가지 요리를 만들어 먹다)'라고 하고 타갈로그어는 '一鸟二照(한 마리 새를 두 가지로 비추다)'라고 하는데, 여기서 '吃'와 '照'는 동사이자 명사이다. 만약 동사 '동사중심이론'을 철저히 수용한다면 중국어의 명사는 모두 동사(이른바 '분류성 동사')이므로 '一山二虎(한 개의 산에 두 마리 호랑이가 산다)'에서의 '虎'도 '一鸭二吃'에서의 '吃'와 마찬가지로 동사라고 할 수 있다. 하지만 이는 분명히 일반적인 인지 법칙에 위배되므로 매우 억지스럽고 불합리하다. '동사 중심'과 관련된 또 다른 고정관념은 바로 주어를 행위자, 목적어를 피행위자로 인정하는 것이다. 다시 중국어의 예를 살펴보자.

　　逃僄头, 冲好汉。
　　도망가는 자는 겁쟁이요, 돌진하는 자는 대장부다.

　　欺软怕硬。
　　연약한 사람을 업신여기고 강경한 사람을 두려워하다.

이러한 고정 관념에서 출발하면, 중국어는 동사 '逃(도망가다)'를 사용해서 '逃跑者(도망가는 자)'를 나타내고 '冲(돌진하다)'을 사용해서 '冲峰者(돌진하는 자)'를 나타내며, 동사 '软(부드럽다)'과 '硬(딱딱하다)'를 사용해서 각각 '软弱的人(연약한 사람)', '强硬的人(강경한 사람)'을 나타낸다고 말할 것이다.

사실 1권 제4장 3.3절에서 이미 설명한 바와 같이, 중국어에서 주어와 술어의 관계는 곧 화제와 평언의 관계로, 주어와 술어의 연결이 매우 느슨할 수도 있다. 그리고 주어가 행위자가 아닌 경우가 매우 보편적이며, 목적어 역시 매우 다양하여 반드시 동작의 대상이 되는 것은 아니다. 위의 두 예에서 '逃'와 '冲', '软'과 '硬'이 반드시 행위자와 피행위자를 전환지시한다고 볼 수는 없으며 여기서는 동작이나 성질 그 자체를 가리키고 있다. '欺软怕硬'의 '软', '硬'은 '吃软不吃硬(부드러운 것은 먹고 딱딱한 것은 안 먹는다)'의 '软', 硬'과 같다. 마찬가지로 '逃俘头, 冲好汉'의 '逃', '冲'은 '逃容易, 冲很难(도망치기는 쉬워도 돌진하기는 어렵다)'의 '逃', '冲'과 같다. 만약 정말로 주어·목적어가 모두 이러한 표현방식을 가지는 언어가 있다고 해도 그러한 언어는 동작을 나타내는 단어가 주어·목적어가 된다는 것을 설명할 수 있을 뿐, 동작을 나타내는 그 단어가 (동작을 지칭하는) 명사가 아니라 '동사'라는 것을 증명할 수는 없다.

요컨대 다른 언어에서 명사로 표현하는 의미를 모두 동사로 표현한다고 하는 언어가 있다면, 이런 언어는 모두 다시 살펴보아야 한다. 인지적으로 보면 명사와 동사의 비대칭에서 반드시 명사가 근본이 되며, 이것이 언어 보편성을 가지기 때문에 어떤 언어가 '동사만 있고 명사는 없다'고 하는 것은 전설에 불과할 뿐, 현재까지는 이러한 언어가 존재한다는 것을 증명할 수 있는 확실한 증거가 없다.(Luuk 2010 참조) 이른바 '명사성 성분은 동사어근에 접사를 붙여서 나타낸다'라고 하는 것은 명사가 동사를 포함하는 구도가 어떤 품사유형(다형식 종합형(多式综合型)) 안에서 나타나는 한 가지 표현 형식일 뿐일 가능성이 크다. 즉 어근은 모두 동작을 지칭하는 명사어근이라는 것이다.

제6장

술어의 지칭성

제1절 직접 술어가 되는 명사

중국어에서 명사(정태명사를 지칭)가 문장의 술어가 되는 현상에 대해서는 이분법을 견지하여야 한다. 즉, 중국어와 다른 언어의 공통성을 보면서 중국어의 특징도 보아야 한다는 것이다. 그렇지 않으면 인식에 편견이 생긴다. 공통성은, 명사가 술어가 되는 것은 동사가 술어가 되는 것과 동사가 주어·목적어가 되는 것에 비해 모두 상대적으로 특수하다는 것에 나타난다(1권 제5장). '他北京人(그는 베이징 사람이다)', '今天星期四(오늘은 목요일이다)'와 같이 명사나 명사성 성분은 동사를 빌리지 않고 직접 술어가 될 수 있다. 또 '我也北京人(나도 베이징 사람이다)', '今天才星期四(오늘은 겨우 목요일이다)'와 같이 부사의 수식을 받을 수도 있는데, 이들 문장은 수사적 표현이 아니다. 이 두 가지는 상호보완적이며 결코 모순되지 않는다.

명사나 명사성 성분이 직접 술어가 될 수 있다는 이 특징은 '동사가 직접 주어·목적어가 될 수 있다'는 사실 못지않게 중요하다. 영어에서 동사가 '직접' 주어·목적어가 될 수는 없지만, 그래도 단어의 형태변화를 통해서는 가능하다. 그렇지만 비수사적 표현의 경우에는 명사가 단어의 형태변화를 통해 술어가 될 수 있는 방법이 없기 때문에 반드시 연결동사를 빌려야 하므로, '*He a Pekingese'와 '*Today Thursday'는 문법에 맞지 않는다.

이러한 관점에서 볼 때, 중국어와 영어의 주요 차이점은 주어성(subject-hood, 동사가 직접 주어·목적어가 될 수 있는지 여부)이 아니라 술어성(predicate-hood, 명사가 직접 서술어가 될 수 있는지 여부)에 있다.

중국어 명사술어문의 수와 종류는 우리가 원래 생각했던 것보다 훨씬 많은데, 자오위안런(赵元任 1968), 천만화(陈满华)(2008), 장쟝즈(张姜知 2013) 등도 이에 대해 상세히 논술하고 있다. 술어가 되는 명사는 종류가 다양하여, 보통명사(今天晴天(오늘은 맑은 날이다))와 수량사(血压140(혈압이 140이다)), 수식구(小王黄头发(샤오왕은 노랑머리다)) 등을 제외하고도 다음과 같은 것들이 있다.

고유명사	丁先生吗? 我月亭。
	딩선생님이세요? 저는 웨팅입니다.
대명사	喂, 你哪儿?
	여보세요? 너 어디 있니?
	这个什么呀?
	이건 뭐야?
	你谁啊?!
	당신은 누구세요?
的자 구조	这本书他的。
	이 책은 그의 것이다.
	他一个卖菜的。
	그는 채소를 파는 사람이다.

명사술어문 형식의 종류 역시 적지 않다.

  대구식 你一言, 我一语。
       너 한 마디 나 한 마디. (저마다 한마디씩 말하다)
       初一饺子, 十五汤圆。
       초하루엔 교자, 보름엔 탕위안.

  N+了 他都大学生了。
       그는 이미 대학생이 되었다.
       我们老朋友了。
       우리는 오랜 친구이다.

  N_1的N_2 会议老王的主席。
       회의는 라오왕이 의장이다.
       今晚马连良的诸葛亮。
       오늘 저녁은 마렌량의(마렌량이 연기하는) 제갈량이다.

  N就N 坏的就坏的吧。
       나쁜 것은 나쁜 것으로 하자.
       七天就七天呗!
       7일이면 7일로 하지 뭐!

  수량 분배 三个人一间房。
       세 사람이 방 한 칸이다.
       每天三趟班车。
       매일 세 차례 통근차다.

또 일부 문장 형식, 특히 '的'자 구조를 포함한 문장은 원래의 분석 습관만 버리면 명사술어문이나 명사성의 단문이 된다. 예를 들면, '我买的票(내가 산 표이다)', '他去年生的孩子(그가 작년에 낳은 아이다)', '谁为你做的嫁衣(누가 너를 위해 혼례복을 만들었니?)'와 같은 것이 그러하다(아래 2.3 참조). '今天这本书的出版, 明天那本书的出版(오늘은 이 책의 출판이고, 내일은 저 책의 출판이다)'와 같이 '这本书的出版(이 책의 출판)'이 대구를 이룰 때도 술어가 될 수 있다.

명사술어문의 표현 기능은 주로 판단을 하는 것이지만 그렇지 않은 것도 있다. 천만화(陈满华 2008:88)는 이를 네 종류로 나누었다.

판단류	你笨蛋。
	너는 멍청이다.
	老王上海人。
	라오왕은 상하이 사람이다.
묘사류	她, 长长的头发, 大大的眼睛。
	그녀는, 기다란 머리카락, 커다란 눈이다.
설명류	老鼠眼睛一寸光。
	쥐 눈에 한 치의 빛이다. (식견이 좁다)
	姐姐北大, 妹妹清华。
	언니는 베이징대학교이고, 여동생은 칭화대학교이다.
서사류	他一年一本书, 真是多产作家。
	그는 일 년에 책 한권이니 정말로 다산하는 작가이다.

您这样花法, 一辈子也还不清的。
당신의 이러한 씀씀이는 한 평생 동안에도 다 갚
지 못하는 거야.

명사 술어를 수식할 수 있는 부사도 많은데, 주로 다음 세 가지 종류가 있다.(陈满华 2008: 66)

범위부사	全(전체), 只(~만), 都(모두), 整整(꼭. 꼬빡), 整个儿(전부), 统统(전부)
시간부사	才(비로소), 都(벌써), 就(곧), 已经(이미), 刚(방금), 刚刚(바로 지금)
어기부사	简直(전혀), 究竟(대관절), 到底(도대체)[01]

고대중국어에서 명사술어문은 보통 '也'자로 끝을 맺지만 이를 사용하지 않은 것도 많은데, '也'를 사용한 것은 판단을 강조하는 것이다. 시(詩)와 사(词), 대련(楹联)은 명사가 이어져서 구를 이루는 경우가 많다. 예를 들면, '古藤老树昏鸦, 小桥流水人家, 古道西风瘦马(오래된 등나무, 고목, 황혼의 까마귀, 작은 다리, 흐르는 물, 인가, 옛길, 서풍, 야윈 말(오래된 넝쿨 칭칭 감긴 고목 위에는 황혼녘 집으로 돌아온 까마귀들, 작은 다리 아래 냇물은 인가를 돌아 흐르고, 옛길 위 차가운 서풍 속 야윈 말 한 마리))'(马致远「天静沙·秋思」), '鸡声茅店月, 人迹板

---

[01] 저자주: 쑤샤오칭·완롄증(苏晓青·万连增 2011: 355)에 따르면, 장쑤(江苏) 간위(赣榆)방언은 '河里很鱼了(강에 물고기가 많다)', '他家很钱了(그의 집은 돈이 매우 많다)', '今天很人了(오늘 사람이 매우 많다)'라고 말할 수 있는데, 정도부사 '很'의 이러한 용법은 표준어인 보통화 '她很淑女(그녀는 매우 숙녀다)'와 같은 수사법이 아니다.

桥霜(닭 울음소리, 초가 객점, 달, 사람 발자취, 널다리, 서리(달빛 내린 초가 객점엔 닭 울음소리, 서리 내린 널다리엔 사람 발자국))'(温庭筠「商山早行」), '千朵红莲三尺水, 一弯明月半亭风(천 송이 붉은 연꽃, 세 척 깊이 연못, 한 굽이 밝은 달, 반 칸 정자에 이는 바람(천 송이 연꽃 핀 세 척 깊이 연못, 한 굽이 밝은 달 반 칸 정자 한음정(闲吟亭)에 이는 바람))'(苏州闲吟亭联句) 등이 그러하다. 특히 속어에는 명사 술어와 동사 술어가 나란히 나열된 사례가 매우 많다.(陈满华 2008: 193—201)

官家想一想, 银子一千两。
관가에서 좀 생각해보겠다는 것은 은자 일 천 냥이다. (관가에서 좀 생각해 보겠다는 것은 은 일 천 냥을 달라는 의미, 즉 돈을 달라는 의미이다)

剥削钱, 在眼前 ; 血汗钱, 万万年。
착취한 돈은 눈앞에서 사라지지만, 피땀 흘려 번 돈은 만만 년 오래 간다.

大吵三六九, 小吵天天有。
큰 싸움은 사흘에 한 번, 작은 싸움은 매일 있다. 하루가 멀다 하고 싸우다.

冬雪丰年, 春雪讨嫌。
겨울눈은 풍년이고, 봄눈은 미움을 산다.

肚里一两油, 满脸放出光。
뱃속에 기름기 한 냥이면, 온 얼굴에 윤기가 나온다.

富人千条道, 穷人无路行。
부유한 사람은 천 갈래의 길이 있지만, 가난한 사람은 갈 수 있는 길이 없다.

人前一笑, 背后一刀。
사람 앞에선 한 번 웃고, 등 뒤에서는 한 칼 꽂는다.

屎臭三分香, 人臭不可当。
똥냄새는 약간의 향기지만, 사람냄새는 견딜 수 없다.

一辈鸡儿一辈鸣。
한평생 닭이면 한평생 운다.

头伏萝卜二伏菜, 三伏种荞麦。
초복에는 무요, 중복에는 채소요, 말복에는 메밀을 심는다.

嘴里尧舜禹汤, 做事男盗女娼。
입안에선 요·순·우·탕이지만, 하는 짓은 남자 도둑 여자는 창녀다. 말과 행동이 다르다.

上面一句话, 下面忙不停。
위에는 말 한 마디지만, 아래선 쉴 새 없이 바빠진다.

궈사오위(郭绍虞 1979: 667, 709)는 중국어에서 소수의 명사성 성분만 술어가 될 수 있다는 주장은 전혀 맞지 않다고 보았다. 또한 자오위안런(赵元任 1968:53-57)은 중국어 술어의 유형(동사 또는 명사)은 제한을 받지 않는다고 하였다.(陈承泽 1982:11 참조)

전통적인 '명동분립(名动分立)'의 구도 속에서 중국어의 이러한 독특한 특징을 설명하기 위해서는 여러 가지 어려움에 부딪힌다. '명사가 동사로 활용된다'는 '통가이론(通假说)'은 실용적인 측면에서는 품사의 특징을 모호하게 하였으며, 때로는 불필요하게 장황하게 보이기도 한다. 또 이론적인 측면에서는 단어는 정해진 품사가 없고, 품사에도 정해진 어휘가 없으며, 실사는 분류가 불가능하다는 결과에 직면해야 한다. 이에 대해서는 뤼수썅(呂叔湘 1954)과 본서 1권 제2장 4절을 참조할 수 있다. '逃僄头(도망치는 것은 겁쟁이다)'와 '不死(今年)一百岁(죽지 않았으면 (올해)백 살이다)'와 같이 VP+NP로 이루어진 문장은 '생성문법'의 전사규칙인 S→NP+VP를 뒤집어버리므로 사람들을 당혹스럽고 난감하게 한다. '명동포함 이론'(1권 제3장 4절)은 이러한 의문을 풀어주고 어려움을 해결한다. NP는 바로 지칭어이고, VP는 서술어이며 일종의 동태적 NP이므로 NP는 VP를 포함한다. 문장의 술어가 모두 술어-논항 표현은 아니지만, 술어-논항 표현은 항상 문장의 술어가 될 수 있기에 이를 줄여서 '谓语(술어)'라고 할 수 있다. 만약 NP(VP)로 'NP는 VP를 포함한다(즉, 지칭어는 술어를 포함한다)'를 나타내고, VP[NP]로 'VP는 NP에 속한다(즉, 술어는 모두 지칭어이다)'를 나타내면, 기본적인 문장 전사규칙은 다음과 같이 나타낼 수 있다.

$$S \rightarrow NP(VP) + VP[NP]$$

NP가 VP를 포함하므로 VP는 당연히 주어가 될 수 있고, VP가 모두 NP이므로 서술어는 모두 지칭어이기 때문에 NP가 술어가 되는 것을 배제하지 않는다. '명동포함 이론'은 중국어에서 기본적인 전사규칙을 제한적으로 옹호한다. 물론 이것은 이 전사규칙이 중국어에 적용되는 데에는 한계가 있음을 나타내는 것이기도 하기 때문에 중국어 생성 규칙의 체계를 구축하기 위한 다른 방법을 찾을 수도 있을 것이다. 이에 대해서는 컴퓨터언어학자들이 더 좋은 방법(白硕 2014 참조)과 새로운 아이디어(宋柔 2013)를 제공할 것이다.

술어도 지칭어라는 점에 대해 이해하기 어려운 사람은 동사성 성분으로 구성되는 술어도 지칭성을 가지는지 의문을 제기할 수도 있다. 또 '我上过大学(나는 대학을 다녔다)', '他吃了毒药(그는 독약을 먹었다)', '她正在做饭(그녀는 밥을 짓고 있다)'에서 '上过大学(대학을 다녔다)', '吃了毒药(독약을 먹었다)', '正在做饭(밥을 짓고 있다)'도 지칭성을 가지는 지칭어인지 의문을 제기할 수 있다. 이에 대한 대답은 그렇다이다. 이에 대해서는 1권 제3장 4절에서 '분완전문 이론(零句说)'을 통해 논증하였다. 그리고 또 아래의 몇 가지 측면을 통해서도 논증할 수 있는데, 먼저 '是'의 성질부터 시작하고자 한다.

제2절 판단동사 '是'

2.1 '구조의 평행성' 원칙

'他是买房人(그는 집을 사는 사람이다)', '买房的是老李(집을 사는 사람은 라오리이다)', '买房是投资(집을 사는 것은 투자이다)'와 같은 문장은 모두들 그 속의 '是'가 판단동사임을 인정한다. 하지만 다음의 문장들은 논쟁이 생긴다.

> 他是买房子。 그는 집을 산다.
> 这个小孩子是挺可爱。 이 아이는 매우 귀엽다.
> 张三是昨天去了外滩。 장싼은 어제 와이탄에 갔다.

'是'의 뒤는 서술성 성분이 분명한데, 어떤 사람은 술어성분이 동사의 목적어가 될 수 있다는 것은 인정하면서도 이들 문장 안의 '是'는 더 이상 판단동사가 아니라 허화된 어기부사나 강조표지라고 주장한다. 논쟁이 있는 이 문제는 '구조의 평행성' 원칙을 사용하여 '是'의 문법적 성질을 판별하여야 한다. 이 원칙은 주더시(朱德熙 1985a:31)가 제시한 것으로 사람들의 중시를 받았다. 그는 현지인의 어감이 곧 구조의 평행성에서 비롯되었거나 구조의 평행성이 곧 현지인의 어감의 표현이기 때문에 문법범주를 정할 때는 이 원칙을 따라야 한다고 생각한다. '他是买房子(그는 집을 산다)'와 '他是买房人(그는 집을 사는 사람이다)', '他想买房子(그는 집을 사고 싶어 한다)'는 구조적인 평행성을 가지고 있다. 그런데 이들은 '他也许买房子(그는 아마도 집을 살 것이다)', '他反正买房子(그는 어차피 집을 산다)'('也许'와 '反正'은 어기부사이다)와는 유사한 점이 별로 없다는 것을 쉽게 발견할 수 있다.

A (긍정)	他是买房人 그는 집을 사는 사람이다	他想买房子 그는 집을 사고 싶어한다	他是买房子 그는 집을 산 것이다
B (부정)	他不是买房人 그는 집을 사는 사람이 아니다	他不想买房子 그는 집을 사고 싶어하지 않는다	他不是买房子 그는 집을 산 것이 아니다
C (의문문)	他是不是买房人 그는 집을 사는 사람인가요?	他想不想买房子 그는 집을 사고 싶어하나요?	他是不是买房子 그는 집을 사나요?
D (의문문)	他是买房人不是 그는 집을 사는 사람인가요?	他想买房子不想 그는 집을 사고 싶어하나요?	他是买房子不是 그는 집을 사나요?

E (대답)	是—不是 예—아닙니다	想—不想 사고 싶어합니다 —사고 싶어하지 않습니다	是—不是 예—아닙니다

'他也许买房子'라는 문장의 경우, '他不也许买房子', '他也许不也许买房子', '他也许买房子不也许'라는 표현은 없다. 질문에 대답할 때 단독으로 '也许'라고 말할 수는 있어도 '不也许'라고 말할 수는 없으므로 평행성의 큰 구도는 영향을 받지 않는다. 따라서 '他是买房子'의 '是'는 판단동사로 보는 것이 합리적이다. '구조의 평행성 원칙'을 사용하여 통사 성분의 성질을 규정하는 것은 '간결성 원칙'에도 부합한다.

혹자는 강세 유무로 판단동사와 어기부사를 구분할 수 있다며, 강세를 주어서 읽는 것은 어기부사이므로 '他是买房子(그는 확실히 집을 산 것이다)'의 '是'에 강세가 올 수 있다고 주장한다. 이 역시 통하지 않는 설명이다. 왜냐하면 '他是买房人(그는 집을 사는 사람이 맞다)'에서 '是'는 강세를 주어 읽을 수도 있지만, '他是买房子(그는 집을 사는 것이다)'에서 '是'는 일반적으로 강세를 주어 읽지 않기 때문이다.(吕叔湘 1979: 80) 또 어떤 사람은 다음과 같은 방법으로 판단동사와 어기부사를 구분한다.(张斌主编 2010: 596)

这本书是小张的。　　　　　*这本书小张。
이 책은 샤오장의 것이다.

他是送信的。　　　　　　　他送信。
그는 편지배달부이다.　　　　그는 편지를 배달한다.

沙漠是可以征服的。　　　　　　沙漠可以征服。
사막은 정복할 수 있는 것이다.　　사막은 정복할 수 있다.

他的学识是渊博的。　　　　　　他的学识渊博。
그의 학식은 깊고 넓은 것이다.　　그의 학식은 깊고 넓다.

첫 두 문장은 '是'와 '的'를 제거한 후에 구조가 파괴되거나 변하여 의미가 통하지 않거나 중대한 변화가 발생하기 때문에 '是'는 판단동사라는 것이다. 그런데 뒤의 두 문장은 '是'와 '的'를 제거한 뒤에도 구조와 의미는 변함이 없고 화용적 변화만 생기기 때문에 '是'는 어기부사라고 주장한다. 하지만 이러한 방법은 설득력이 떨어진다. 여기에서 판별해야 할 것은 '是'자의 성질인데, 이를 '的'와 함께 연계시켜 설명하였기 때문이다. 만약 '是'자만 따로 보거나 휴지로 '是'를 대체하여 '这本书小张的(이 책은 샤오장의 것이다)'라고 해도 문장은 성립하며, '他, 送信的(그 사람, 우편배달부야)'라고 해도 구조와 의미는 변화가 없다. 사실 그들이 동사로 확정한 '是'(595쪽)는 모두 다 휴지로 대체할 수 있다.

小李是这个班的班长。
샤오리는 이 반의 반장이다.
小李, 这个班的班长。
샤오리는, 이 반의 반장이다.

小王昨天是坐火车去的上海。
샤오왕은 어제 기차를 타고 상하이에 온 것이다.
小王昨天, 坐火车去的上海。
샤오왕은 어제, 기차를 타고 상하이에 온 것이다.

두 번째 문장의 '是'를 여기에서는 강조를 나타내는 동사로 분류하였지만, 다른 곳(161쪽)에서는 같은 종류의 문장 속 '是'에 대해 초점을 강조하는 어기부사라고 말한다.

是张三昨天去了外滩。 장싼이 어제 와이탄에 갔다.
张三是昨天去了外滩。 장싼은 어제 와이탄에 갔다.
张三昨天是去了外滩。 장싼이 어제는 와이탄에 갔다.

동사와 어기부사를 구분하는 기준이 무엇인지 도무지 알 수가 없다. '구조의 평행성'이라는 관점에서 보면, 이 세 문장의 '是'는 모두 판단동사이다. 이는 부정 형식 '不是', 의문문 형식인 '是不是'와 '是……不是', 그리고 대답 형식인 '是/不是'를 가지고 판단할 수 있다. 그리고 주어가 없는 문장도 중국어에서는 정상적인 문장인데, '是张三昨天去了外滩'이 바로 이에 해당된다.

또 어떤 사람은 위치의 유연성 유무를 가지고 동사와 어기부사를 구분할 수 있다고 주장한다. 즉, 위 세 문장에서 '是'는 각각 '张三', '昨天', '去了外滩'의 앞에 출현하여 이 세 성분을 초점으로 부각시킬 수 있기 때문에 어기부사라는 것이다. 하지만 '是'자를 빼고 이 세 성분을 각각 강세를 주어서 읽으면 바로 초점이 된다는 것을 알아야 한다. 그렇다면 '是'자를 추가하면 반드시 '是'자 뒤의 성분이 초점이 될까? 꼭 그렇지는 않고 강세가 있는 성분이 초점이 된다. 예를 들어 보자.

是'张三昨天去了外滩 **장싼**이 어제 와이탄에 간 것이다

是张三'昨天去了外滩　**어제** 장싼이 와이탄에 간 것이다
是张三昨天'去了外滩　장 싼이 어제 와이탄에 **간** 것이다
是张三昨天去了'外滩　장싼이 어제 **와이탄에** 간 것이다

또 어떤 사람은 '是'를 넣으면 바로 뒤에 오는 성분은 강세가 없어도 초점이 된다고 주장하는데, 사실 모두 그런 것은 아니다. 예를 들어 보자.

我是去年剖腹生的孩子。
나는 작년에 제왕절개로 아이를 낳은 것이다.

他是昨天打的去的医院。
그는 어제 택시를 타고 병원에 간 것이다.

특별히 강세를 주지 않고 읽으면 초점이 되는 것은 '去年(작년)'과 '昨天(어제)'이 아니라 '剖腹(제왕절개)'와 '打的(택시를 타다)'이다. 또 자주 듣는 한 가지 견해는, '是……的'라는 틀이 초점을 확정하는데 '剖腹'와 '打的'도 결국은 역시 이 틀 안에 있다는 것이다. 그러나 이 틀은 아래의 A그룹의 문장에 대해서는 유효하지만, B그룹의 문장에 대해서는 유효하지 않다. B그룹의 문장들은 매우 흔한데 초점이 분명히 틀 밖에 있다.

A그룹　　　　　　　　　　B그룹
他是去年生的孩子。　　　　他是生的双胞胎。
그는 작년에 아이를 낳은 것이다.　그가 낳은 것은 쌍둥이다.

他是昨天出的医院。
그는 어제 퇴원한 것이다.

他是进的妇产医院。
그가 입원한 것은 산부인과이다.

他是北外学的英语。
그는 베이징외국어대학에서 영어를 배운 것이다.

他是学的美国英语。
그가 배운 것은 미국 영어이다.

他是胡乱投的票。
그는 아무렇게나 표를 던진 (투표한)것이다.

他是投的弃权票。
그는 던진 것은 기권표이다.

他是学校付的工资。
그는 학교에서 지불한 월급이다.

他是付的黄金美钞。
그가 지불한 것은 황금으로 된 미국 달라다.

他是室友偷的电脑。
그는 룸메이트가 컴퓨터를 훔친 것이다.

他是偷的公家电脑。
그가 훔친 것은 공공기관의 컴퓨터이다.

他是毒蚊叮的发烧。
그는 독모기에 물린(독모기가 문) 열병이다.

他是叮的脑瘫。(不是打摆子)
그는 모기에 물려 앓은 것은 뇌성마비다(학질에 걸린 것은 아니다).

他是保安打的骨折。
그는 경비원에게 맞은(경비원이 때린) 골절상이다.

他是打的瘸腿。(不是一般骨折)
그가 절름거리는 다리가 된 것은 맞아서이다(단순한 골절이 아니다).

초점이 반드시 '是……的' 안에 있지는 않는데, 이는 아래의 '是'자구('的'는 미포함)의 경우와 마찬가지로 초점이 '是'자 뒤의 여러 위치에 올 수 있다.

老张是日本太太, 老王是美国太太。(定语是突出的焦点)
라오장은 일본 부인이고, 라오왕은 미국 부인이다. (관형어가 초점)

老张是日本丰田, 老王是日本本田。
라오장은 일본 도요타이고, 라오왕은 일본 혼다이다. (중심어가 초점)

'是……的'라는 틀이 초점을 결정한다는 주장은 It is…that…에 대한 영문법의 주장을 모방한 것이다. 그런데 사실 It is hereby that I declare…(이로써 나는 …을 선언합니다)와 같이 영어에도 초점이 is……that 사이에 있지 않는 경우가 있다. 다만 이 같은 경우가 영어에서 매우 드물 뿐이다.

2.2 인도유럽어 관점1

'是'를 강조의 작용을 하는 어기부사로 보는 첫 번째 원인은 인도유럽어 관점의 지배를 받아서 인도유럽어처럼 중국어도 동사 뒤의 목적어는 단지 명사성 성분만 가능한 것으로 오해하였기 때문이다. 예를 들어, 푸위(傅玉 2010)는 다음과 같이 '是'를 강조표지에 불과하다고 논증한다.

  I like Syntax, and John does too.
  我喜欢句法学, 小王也是。
  나는 통사론을 좋아하고, 샤오왕도 그렇다.

  I do not like Syntax very much.
  我不是很喜欢句法学。
  나는 통사론을 매우 좋아하는 것은 아니다.

I do like Syntax.

我是很喜欢句法学。

나는 정말로 통사론을 좋아한다.

위의 영어 문장에서 do는 강조표지로 보았다. 첫 번째 문장에서 do는 대체 역할을 하며 생략할 수 있기 때문에 강조 작용만 하고, 두 번째 문장은 do를 통해 술어 동사를 부정하였는데, 부정 역시 강조표지이다. 당연히 세 번째 문장의 do도 강조표지다. 푸위는 중국어의 '是'가 영어의 do에 대응되므로 '是'와 '的'도 강조표지로 보아야 한다고 주장했다. 하지만 이는 '是'와 'do'가 대응하는 경우만 고려하였을 뿐, 대응하지 않는 경우는 배제하였기에 영어와 중국어의 중요한 차이가 묻혀버렸기 때문이다. '是'와 'do'가 대응하지 않는 경우는 다음과 같다.

(1) *I do not like Syntax, and John does too.
    我不喜欢句法学, 小王也是。
    나는 통사론을 좋아하지 않는데, 샤오왕도 그렇다.

(2) I do not like Syntax, and John doesn't, either.
    나는 통사론을 좋아하지 않는데, 존도 좋아하지 않는다.
    *我不喜欢句法学, 小王也不是。

(3) I like Syntax, and John, too.
    나는 통사론을 좋아하고, 존 역시 그렇다.
    *我喜欢句法学, 小王也。(반드시 '小王也是'라고 해야 한다.)

영어의 do가 동사가 될 때 뒤의 목적어는 do something, do my work, do a movie, do me a favor, do 80miles in an hour, do the shopping, do some reading, do a lot of running, do my washing and ironing 등과 같이 오직 명사성 성분이나 명사성을 가진 V-ing 형식만 가능하다. 만약 뒤에 동사성 성분이 오면 do는 바로 강조표지가 되며 더 이상 동사가 아니다. 그런데 이러한 구분이 영어에서는 합리적이지만 중국어에서는 불합리하다. 왜냐하면 중국어 동사 뒤의 목적어는 명사성 성분과 동사성 성분이 모두 가능하기 때문이다. 만약 중국어의 '是'를 모두 판단동사로 보고 강조할 때만 나타나고 강조하지 않을 때는 나타나지 않으며, 뒤에 명사성 성분과 동사성 성분이 모두 올 수 있다면, 영어에 대응하는 중국어 문장뿐만 아니라 영어에 대응하지 않는 중국어 문장도 모두 합리적으로 설명할 수 있을 것이다. 위의 예에서 중국어 문장 (1)은 성립하고 (2)는 성립하지 않는다. 왜냐하면 두 문장 모두 '是'가 판단동사이며 동사성 성분 '不喜欢句法学'가 목적어인데, (1)에서는 목적어가 앞 문장의 목적어와 같기 때문에 생략하였지만, (2)에서는 목적어를 생략하면 의미의 모순을 초래하기 때문이다. 중국어 문장 (3)이 성립하지 않는 이유 역시 '是'가 판단동사이기 때문이다. 이는 영어 do는 대체 역할을 하므로 생략하기 쉬운 것과는 달리, 중국어는 부사 '也'가 있으면 생략할 수 없기 때문이다.

동사 뒤의 목적어는 명사성 성분과 동사성 성분이 모두 가능하다. 이는 중국어의 일반적인 법칙이므로 '是' 뒤에 동사성 성분이 나타날 때만 '是'를 어기부사로 분류할 필요가 전혀 없는 것이다. 주더시(朱德熙 1982:105)는 '是' 뒤의 목적어가 체언성 성분이어도 되고 술어성 성분이어도 된다고 하였다. 목적어가 명사든 술어성 성분이든 '是'자는 모두 경성으로 읽는다.

다음 서로 마주하고 있는 문장을 각각 비교해 보자.

他是骗子
그는 사기꾼이다.

他是骗人
그는 사람을 속인다.

她是演员
그녀는 배우다

她是演戏
그는 극을 공연한다.

这是手术
이것은 수술이다.

这是开刀
그는 수술을 한다.

事实就是事实
사실은 사실이다.

不懂就是不懂
모르건 모르는 거지.

我喝酒是自己的钱
내가 술 마시는 것은 내 돈이다.

我喝酒是自己花钱
내가 술을 마시는 것은 내가 돈을 쓰는 것이다.

他是忙人, 不是懒人
그는 바쁜 사람이지 게으른 사람이 아니다.

他是有事, 不是偷懒
그는 일이 있는 것이지 게으름을 피우는 것이 아니다.

亲戚是亲戚, 原则还是原则
친척은 친척이고, 원칙은 그래도 원칙이다.

吵架是吵架, 帮忙还是帮忙
말다툼은 말다툼이고, 돕는 건 그래도 돕는 것이다.

你是你, 我是我, 你和我不一样
너는 너고, 나는 나니, 너와 나는 다르다.

说是说, 做是做, 说和做不一样
말하는 것은 말하는 것이고, 행하는 것은 행하는 것이니, 말하는 것과 행하는 것은 다르다.

那场火是电线跑的电
그 불은 전선에서 누전된 것이다.

那场火是电线跑了电
그 불은 전선에서 누전된 것이다.

她的笑是那样甜, 那样可爱
그녀의 미소는 그렇게 달콤하고 사랑스러운 것이다

她的笑是多么甜, 多么可爱
그녀의 미소는 얼마나 달콤하고 사랑스러운지.

国民党是飞机和大炮, 我们是小米和步枪
국민당은 비행기와 대포, 우리는 좁쌀과 소총이다.

国民党是飞机加大炮, 我们是小米加步枪
국민당은 비행기에다 대포이고, 우리는 좁쌀에다 소총이다.

이 예들은 '是' 뒤가 명사성 성분인지 동사성 성분인지가 중국어에서는 전혀 중요하지 않음을 보여준다. 판단을 나타내는 고대중국어 '也'자문에서 문미의 '也'는 명사성 성분 뒤에 올 수도 있고(예: '安平君, 小人也(안평군은 소인이다)', '亚父者, 范增也(아부[아버지 다음가는 사람]는 범증이다)'), 동사성 성분 뒤에 올 수도 있다(何莫邪 1983, 李佐丰 2004: 378-393, 玉金 2010). 후자의 예는 다음과 같다.

　　快意而丧君, 犯刑也。
　　자신의 감정을 통쾌하게 하려 임금을 포로로 붙잡혀 가게 한 것은 형법을 범한 것이다.(『国语·晋语三』)

　　勍敌之人隘而不列, 天赞我也。
　　강한 적의 군사가 지형이 험하여 전열을 이루지 못하는 것은 하늘이 우리를 돕는 것입니다.(『左传·僖公二十二年』)

三十二年, 春, 城小谷, 为管仲也。

32년 봄에 소곡에 城을 쌓은 것은 관중을 위한 것이다.(『左传·庄公三十二年』)

夏用戈, 征不备(服)也。

하나라가 무력을 사용한 것은 복종하지 않는 자를 정벌하는 것이다.(『郭店楚简·唐虞之道』)

升为天子而不乔(骄), 不流也。

천자에 올라 교만하지 않으면 방탕한 데로 흐르지 않는다.(同上)

桀纣之失天下也, 失其民也。

걸과 주가 천하를 잃은 것은 백성을 잃었기 때문이다.(『孟子·离娄上』)

天帝使我长百兽, 今子食我, 是逆天帝命也。

천제께서 내가 백수의 우두머리가 되게 하였으니, 지금 그대가 나를 잡아먹는다면, 이는 천제의 명을 거역하는 것이다.(『战国策·楚策一』)

吾不能早用子, 今急而求子, 是寡人之过也。

내 일찍이 그대를 등용하지 못했다가 이제 나라가 위급하게 되어 그대에게 요구하니 이는 과인의 잘못이다.(『左传·僖公三十年』)

마지막 두 예문에서 '是'는 지시대명사로, 훗날에 와서 비로소 판단사로 바뀌어 판단어기를 담당하게 되면서 '也'는 소실되었다. 명사구 '寡人之过(과인의 잘못)'와 동사구 '逆天帝命(천제의 명을 어기다)'은 모두 '是'의 목적어가 된다. 이는 우리가 말하는 일반적인 규칙이 고금에 모두 적용되며 현대의 '是'자문과 고대의 '也'자문은 일맥상통한다는 것을 보여준다.

고대중국어 표현	현대중국어 표현
张君, 骗子也。	老张是骗子。
장씨는, 사기꾼이다.	라오장은 사기꾼이다.
张君, 骗我也。	老张是骗我。
장씨는, 나를 속였다.	라오장은 나를 속인 것이다.

판단을 나타낼 때, 현대중국어는 술어가 되는 동사성 성분 앞에 모두 동사 '是'를 추가하여 판단을 강화할 수 있다. 예를 들면 '我(是)吃过饭了(나는 밥을 먹었다)', '我(是)不喜欢句法学(나는 통사론을 좋아하지 않는다)'과 같은데, 이때 원래의 서술어는 '是'의 지칭성 목적어가 된다. 바로 술어 앞에 흔히 '是'를 추가하여 판단을 강화하고, 또 이 '是'는 추가해도 되고 추가하지 않아도 되기 때문에 대량의 '접속사 또는 부사+是'의 어휘화 현상이 발생하게 된다. 예를 들면, '但是(그러나), 可是(그렇지만), 若是(만약…한다면), 总是(아무튼), 还是(여전히), 越是(할수록 점점 더), 不管是(~이건 간에), 或者是(혹은), 好像是(~인 것 같다), 尤其是(특히)' 등등이 바로 그것이다.(董秀芳 2004 참조)

판단을 강화하는 '是'는 흔히 문미의 '的'와 함께 사용되기 때문에 '的'와 '是'는 서로 통한다(2권 제4장 5절 참조). 거의 모든 술어 앞에는 다 '是'를 추가할 수 있고 뒤에도 모두 '的'(강세를 주어 dì로 읽어도 된다)를 추가할 수 있으므로, '的' 역시 긍정을 강조하는 역할을 한다. 예를 들면, 어떤 사건의 경과를 분석할 때 다음과 같이 말한다.

犯罪嫌疑人7点钟从出租车下来**的**, 7点05分进入大楼电梯**的**, 7

点35分出现在传达室门口**的**, 这时候被害人一定已经遇害了**的**。
　　범죄용의자는 7시에 택시에서 내렸고, 7시 5분에 빌딩 엘리베이터로 들어갔으며, 7시 35분에 경비실 입구에 나타났는데, 이때 피해자는 틀림없이 이미 해를 입었을 것이다.

2.3 인도유럽어 관점2

　　'是'를 어기부사로 보는 두 번째 원인 역시 인도유럽어 관점의 지배를 받아 인도유럽어와 마찬가지로 중국어의 주어와 서술어 사이에도 긴밀한 의미 관계가 있어야 한다고 오해했기 때문이다. 영어의 주어와 서술어 사이에는 긴밀한 의미 관계가 있는데, 판단문의 경우 연결동사(系词) be는 주로 동등과 귀속을 나타낸다. 반면 중국어에서 주어와 술어의 의미 관계는 매우 느슨할 수 있다(1권 제4장 3.3절). 그 예로 '你(的鞋)也破了(너(의 신발)도 찢어졌어)', '你(的小松树)要死了找我(너(의 작은 소나무)가 죽게 될 것 같으면 나를 찾아)', '这场火幸亏消防队来得早(이 불은 다행히 소방대가 일찍 왔다)' 등과 같은 것을 들 수 있다. '是'자판단문에서 '是'자가 동등(예: 『狂人日记』的作者是鲁迅(『광인일기』의 작자는 루쉰이다))과 귀속(예: 鲸鱼是哺乳动物(고래는 포유동물이다))을 나타내는 경우도 있지만, 그렇지 않은 경우도 상당히 많은데 이 역시 원어민의 어감으로는 모두 정상적인 문장이다.

　　人家是丰年。
　　남들은 풍년이다.

　　他是两个男孩儿。
　　그는 남자 아이 둘이다.

七月的北京是最热的天气。
7월의 베이징은 가장 더운 날씨다.

他还是一身农民的打扮。
그는 여전히 농민 차림이다.

我们家吃鱼是四川风味。
우리 집은 생선을 먹는 것이 사천 맛이다

昨天是马连良的诸葛亮。
어제 마롄량의 제갈량이었다.

这次失败都是你。
이번 실패는 모두 당신이다.

欧洲战火是希特勒, 亚洲战火是裕仁天皇。
유럽 전쟁은 히틀러이고, 아시아 전쟁은 히로히토 천황이다.

中国最近的雪灾是2007年。
중국의 최근 설해는 2007년이다.

我们两个人, 一个是炸酱面, 一个是肉丝面。
우리 두 사람, 하나는 짜장면이고, 하나는 로우쓰면이다.

狐狸是一个洞, 野兔是三个洞。
여우는 굴 하나이고, 산토끼는 굴이 세 개다.

一个洞是狐狸, 三个洞是野兔。
굴 하나는 여우이고, 굴 둘은 산토끼이다.

또 '是' 뒤에 동사성 성분도 올 수 있기 때문에 동등과 귀속을 나타내지 않는 문장은 더욱 다양해진다. 인도유럽어 관점의 지배를 받아 과거에 우리는 '老王是去年生的孩子(라오왕은 작년에 아이를 낳은 것이다)'와 '我是投的赞成票(나는 찬성표를 던진 것이다)' 등의 표현에서 '是'자 뒤에 오는 것도 사실은 수식어-중심어 구조라는 것을 미처 생각하지 못했거나 인정하려 하지 않았다.[02] 하지만 조금만 더 비교해 보면 이 문장들과 일반적인 수식어-중심어 구조 사이에 평행성이 있으며, 의미적으로도 모두 주관적인 인정이나 분류를 나타낸다는 것을 아주 쉽게 알 수 있다(沈家煊 2008).

a	b
老王是'日本太太(不是美国太太) 라오왕은 **일본** 부인이다(미국 부인이 아니다)	老王是'去年生的孩子 라오왕은 **작년에** 아이를 낳은 것이다
老王是日本'太太(不是日本母亲) 라오왕은 일본 **부인**이다(일본 모친이 아니다)	老王是生的双胞胎 라오왕은 **쌍둥이**를 나은 것이다
我是'日本汽车(不是韩国汽车) 나는 **일본** 자동차이다(한국 자동차가 아니다)	我是'胡乱投的票 나는 **아무렇게** 표를 던진 것이다
我是日本'汽车(不是日本电视) 나는 일본 **자동차**이다(일본 텔레비전이 아니다)	我是投的'赞成票 나는 **찬성표**를 던진 것이다

---

02 저자주: 주더시(朱德熙 1982: 146)는 이러한 관형어를 '준관형어'라고 하였다. 중국어에서 주어와 술어와 의미 관계가 매우 느슨한 것이 일반적인 현상이므로 이러한 관형어도 일반적인 관형어로 인정할 수 있다.

부정, 의문문, 질문의 답변 등 형식에서 모두 a그룹과 b그룹은 구조의 평행성이 있다. 혹자는 '의미적으로 말이 통하지 않는다'라는 이유로 '一次头也没洗(한 차례도 머리를 감지 않았다)'와 '一天旅馆也没住(하루도 여관에 묵지 않았다)'에서의 '一次(한 차례)'와 '一天(하루)'이 '头(머리)'와 '旅馆(여관)'의 관형어가 아니라고 주장한다. 하지만 주더시(朱德熙 1985a: 53)는 구조적으로 관련된 두 성분이 반드시 의미적으로도 관련이 있는 것은 아니며, 의미적으로 관련이 있는 성분이 구조적으로 반드시 직접적인 관련이 있는 것도 아니라고 지적하였다. 마찬가지로 b그룹에서 '去年生的(작년에 낳은 것)'가 '孩子(아이)'의 관형어가 아니고, '生的(낳은 것)'가 '双胞胎(쌍둥이)'의 관형어가 아니라고 어떻게 단정할 수 있는가? 그들이 관형어가 아니라고 말하는 유일한 이유는, '老王(라오왕)'이 사실상 '孩子(아이)'나 '双胞胎(쌍둥이)'가 아니고, '我(나)'가 사실상 '投的票(던진 표)'나 '赞成票(찬성표)'가 아니기 때문이다. 그런데 이렇게 말하는 것이 합리적이라면 '我是日本太太(나는 일본 부인이다)'와 '我是日本汽车(나는 일본 자동차이다)'에서의 '日本(일본)'도 관형어가 아닌데, 왜냐하면 '我(나)'도 '太太(부인)'가 아니고, '我(나)'도 '汽车(자동차)'가 아니기 때문이다.(1권 제3장 7절 타갈로그어 관련 문장의 분석 참조) '的'가 붙은 관형어의 수식을 받는 중심어에 강세가 없을 경우에는 앞 문장을 잇기 때문에 생략할 수 있는데, 이는 b그룹의 문장에 대해서도 똑같이 적용된다. 비교해보자.

  a. 大家都是美国的博士, 我是德国的。
   모두들 미국의 박사이고, 나는 독일 것이다.

  b. 他是去年生的孩子, 我是今年生的。

그는 작년에 아이를 낳은 것이고, 나는 올해 낳은 것이다.

他是正经投的票, 我是胡乱投的。
그는 신중하게 표를 던진 것이고, 나는 아무렇게나 던진 것이다.

天下人总是参得底禅, 某是悟得底。
세상 사람들은 아무래도 선도를 배워서 닦은 것이지만, 아무개(나)는 깨달은 것이다.(『五灯会元·黄龙悟新禅师』)

판단동사 '是'의 뒤는 명사성 성분이 와도 되고 동사성 성분이 와도 되므로, 또 아래의 a그룹('的'를 사용)과 b그룹('了'를 사용) 사이에 구조적인 평행 관계를 만들어야 한다.

a   他是去年生的孩子   他是生的双胞胎
그는 작년에 아이를 낳은 것이다   그는 쌍둥이를 낳았다

我是胡乱投的票   我是投的赞成票
나는 아무렇게 표를 던진 것이다   나는 찬성표를 던졌다

b   他是去年生了孩子   他是生了双胞胎
그는 작년에 아이를 낳은 것이다   그는 쌍둥이를 낳았다

我是胡乱投了票   我是投了赞成票
나는 아무렇게 표를 던진 것이다   나는 찬성표를 던졌다

이것은 외부에서 볼 때, 중국어 '是'자판단문이라는 더 큰 구조에서의 동사구와 명사구의 평행성이며, 동사구와 명사구는 모두 동사 '是'의 목적어이다. 이 평행성에 근거하여 동사구와 명사구를 같은 범주에 넣을 수

가 있는데, '명동포함 이론'에 따르면 이 범주는 바로 '대명사구(super-noun phrase, 大名词短语)'이다.(2권 제4장 5절 참조)

'구조의 평행성 원칙'은 문법을 설명하고 문법체계를 세우는 중요한 원칙이며, 중국어처럼 형태표지가 결핍된 언어는 물론이고, 형태가 풍부한 언어 역시 이 원칙을 근거로 삼아야 한다. 영어 do의 용례는 '동사'와 '강조표지'의 두 가지로 구분하는데, 그 원인은 바로 동사 do와 일반동사 사이에 구조적인 평행성이 있으며, 일반동사는 명사성 목적어만을 가지기 때문이다. 이 평행적인 구도가 영어에서 do를 두 가지로 구분하도록 결정한 것이다. 굴절변화가 있는 언어는 동사의 한정형식과 비한정형식의 구분을 중시하는데, 이는 굴절변화 구도(paradigm)가 구조의 평행성을 가장 뚜렷하고 엄격하게 나타내기 때문이다.[03] 좋은 문법과 문법체계는 실제로는 간단한 일을 복합하게 설명하는 것이 아니라 복잡하게 보이는 일을 간단하게 설명하는 것인데, 이는 '구조의 평행성' 원칙을 따라야만 비로소 실현이 가능하다.

뤼수샹(吕叔湘 1979: 41, 81)은 "'是'자의 용법을 하나로 통합할 수 있는 가능성이 충분히 있다"며, "단독으로 동사의 한 하위부류로 볼 수 있다"고 주장했다. 이 절의 결론은 간단하다. '구조의 평행성' 원칙으로 판단하면, '是'자의 통일된 문법 성질은 바로 강조 작용을 하는 동사라는 것이다. 판단의 강약에는 차이가 있는데, '是'는 일반적으로 약하게 읽으며 사용하지 않아도(휴지로 바꾸어도) 판단을 나타낼 수 있다. 따라서 판단을 강화할 필요가 있을 때 '是'를 추가하며, '是'에 강세를 주어서 읽을 때는 가장 강한

---

03 저자주: 영어 We tead at the victarage라는 문장에서 tead가 분명한 동사로 보는 것도 이런 이유이다. 1권 제5장 2.1절 참조.

판단으로 확인을 나타낸다. '是' 뒤의 성분이 명사성인지 동사성인지는 중국어에서 중요하지 않으며, '是'가 나타내는 판단은 '객관적 동등 또는 귀속'일 수도 있고 '주관적인 인정 또는 분류'일 수도 있다.

제3절 중국어 술어의 지칭성

3.1 존현동사 '有'

술어 앞에 '是'를 넣는 것 외에 동사 '有'를 넣어서 '有'의 지칭성 목적어를 만들 수도 있다. 주더시(朱德熙 1982:71) 역시 '구조의 평행성' 원칙을 근거로 술어성 성분 앞의 '没'와 '没有'를 부사가 아닌 동사로 판정하면서 '没(有)孩子(아이가 없다)'와 '没(有)去(가지 않았다)'를 예로 들었다.

A (긍정)	有孩子(아이가 있다)	去了(갔다)
B (부정)	没孩子(아이가 없다)	没去(가지 않았다)
C (부정)	没有孩子(아이가 없다)	没有去(가지 않았다)
D (의문문)	有孩子没有 (아이가 있니?)	有-没有(있다-없다)
E (질문의 대답)	去了没有(갔었니?)	去了-没有 (갔다-가지 않았다)

주더시는 이에 대해 다음과 같이 해석하였다.

보통 체언 성분 앞의 '没'와 '没有'는 동사이고, 술어성 성분 앞의 '没'와 '没有'는 부사라고 생각한다. 그런데 사실 이 두 가지 위치의 '没'와 '没有'의 문법적 기능은 여러 면에서 모두 평행하다.

단지 A항목만 평행하지 않은데(E항의 긍정 형식도 평행하지 않지만, 이는 A항목과 동일한 것이다), 일부 방언(예를 들면 광둥어와 민난어)에서는 '没有+동사'의 긍정 형식이 마침 '有+동사'이다. 이러한 측면에서 고려할 때 술어성 성분 앞의 '没'와 '没有'를 동사로 보는 것은 합리적이다.

남방 방언의 영향으로 보통화(표준어) '有+VP'라는 표현이 흔해졌다. 예를 들면, '有发烧吗?(열이 있나요?)', '我有追过女孩(나는 여자에게 구애를 한 적이 있다)', '哪有碰过这种场面?(이런 장면이 어디 있어?)', '我哪有在哭啊?(내가 어디 울고 있어?)', '我喜欢踢足球, 一直有在踢(나는 축구를 좋아해서 계속 하고 있다)' 등이 그러하다. 왕궈수안·마칭주(王国拴·马庆株 2008)는, '有+VP'가 광둥어와 타이완 민난어에서 표준어로 '유입되었다'고 주장하는 사람이 있는데, 사실 광둥어와 민난어는 대량의 고대중국어 형식과 용법을 그대로 보존하고 있기 때문에 결과적으로 중국어는 본래부터 이러한 표현방식을 허용하였다고 주장하였다. 그들은 '春日载阳, 有鸣仓庚(봄날 되어 햇볕 따스해지니, 꾀꼬리가 울음 우네)'(『幽风·七月』) 등을 예로 들면서 '有+VP'가 선진시대에 이미 출현하였다고 하였다. 따라서 중국어 표준어의 '有+VP'는 새로운 현상이 아니라 역사적으로 사라졌던 구조가 새로운 시대적 조건에서 '부활한 것'이다.

따라서 평행하는 것은 큰 줄기이고 평행하지 않는 것은 지엽적인 것이다. 구조의 평행성은 큰 줄기에서 착안해야 하며 지엽적인 것에 얽매여서는 안 된다. '有'와 '了'의 공통점과 차이점 또한 이 큰 구도 안에 놓아야 비로소 진정으로 명확하게 볼 수 있다.(王冬梅 2014) 주더시는 술어성 성분 앞의 '没'와 '没有'는 부사가 아닌 동사라고 확정하였는데, 이는 중국어의 동사는 명사와 마찬가지로 '명사화'의 과정 없이 주어·목적어가 될 수 있다는 그의 일관된 견해와 일치한다.

'有'는 '사물(物)'의 존재와 출현을 나타내기도 하고 '사건(事)'의 존재와 출현을 나타기도 한다. 중국인의 마음속에서 '사건'은 추상적이고 동태적일 뿐, 그 역시 사물이다. 갑골문에서『시경(诗经)』, 현대 방언에 이르기까지 중국어에서 사물과 사건의 존재와 출현을 인정할 때는 모두 '有'를 사용하였다.(余霭芹 2009)『시경』에서 '有来'은 '来也'라고도 하였고, '有行'은 '行矣', '有哀'은 '哀哉'라고도 하였다.(郭绍虞 1979: 479) 리줘펑(李佐丰 1985)은 다음과 같이 주장하였다.

> '有'는 출현을 나타낸다. 사람과 사물뿐만이 아니라 행위나 변화도 출현할 수 있다. 따라서 '有'의 목적어는 사람과 사물을 나타내는 명사 단어가 되기도 하고, 행위와 변화를 나타내는 동사 단어와 주술구가 되기도 한다.

예를 들면 다음의 (1)과 (2)가 그러하다.

(1) 小国妄守则危, 况有灾乎。
　　작은 나라가 수비하는 것을 잊으면 위태롭다고 하였는데,
　　하물며 화재가 났음에랴.

『左传·昭公十八年』

惠公之薨也, 有宋师。
혜공이 죽었을 때, 송나라와 전쟁 중이었다.

(『左传·隐公元年』)

人弃常则妖兴, 故有妖。
사람이 항시 지켜야하는 도리를 버리면 요악한 귀신의 재앙이 생기기 때문에, 요악한 귀신의 재앙이 있는 것이다.

(『左传·庄公十四年』)

齐有彗星。
제나라에 혜성이 나타났다.

(『左传·昭公二十六年』)

(2) 秋, 有蜮。04
가을에 역이 나타났다.

(『左传· 庄公十八年』)

齐有乱。
제나라에 난리가 났다.

(『左传·僖公十六年』)

十年春, 王正月, 有星出于婺女。
10년 봄, 주왕(周王) 정월에 객성(客星)이 무녀에 출현하였다.

(『左传·昭公十年』)

---

04 역자주: 원서에는 惑으로 되어 있는데, 원전에 근거하여 蜮(고대 전설에 나오는 괴물인 물여우)으로 고쳤다.

有使者出, 乃入。
나오는 사자가 있어서 마침내 들어갔다.

(『左传·哀公十五年』)

리쥐펑은 또 선진시대 중국어에서 '有'는 기이한 것을 기록하다는 의미였는데, 기이한 것에는 물건과 사건이 모두 포함된다고 지적하였다. 전자에는 '有蛋(베짱이가 있다)', '有灾(재해가 있다)', '有妖(요괴가 있다)', '有彗星(혜성이 있다)', '有年(풍년이 있다)' 등과 같은 것이 있고, 후자에는 '有乱(난리가 났다)', '有惑(의혹이 있다)', '有使者出(나오는 사자가 있다)' 등과 같은 것이 있다. 이 형식이 예로부터 있어 왔다는 정황은 대량의 고사성어에 보존되어 있다.

有教无类 가르치는 데 있어 지위의 고하, 신분의 귀천을 구분하지 않는다
有死无二 죽을지언정 두 마음을 품지 않는다
无偏无党 치우치거나 편드는 것이 없다
有始无终 시작은 있고 끝이 없다(시작만 하고 끝을 맺지 못하다)
无私有弊 사심은 없었지만 병폐가 있다
有去无回 가서는 돌아오지 않는다(함흥차사)
有借无还 빌려가서는 돌려주지 않는다
有备无患 사전에 방비하면 우환이 없다
有恃无恐 믿는 데가 있어 두려움이 없다
有惊无险 놀랐지만 아무런 위험도 없다(과정이 힘들었지만 결국 예상한 결과에 도달했음)

无拘无束 구애되거나 속박되지 않다(자유자재하다)

无怨无悔 원한도 후회도 없다

无尽无休 다함도 쉼도 없다(한도 끝도 없다)

无可无不可 될 것도 없고 안 될 것도 없다(이래도 좋고 저래도 좋다)

有过之无不及 지나치면 지나쳤지 못 미치지는 않다(더하면 더했지 못하지는 않다)

有一搭无一搭 (할 말이 없어서) 억지로 화제를 찾아서 이야기하다 (있어도 좋고 없어도 좋고) 그다지 중요하지 않다

'有x有/无y' 구조에서 x와 y도 명사, 동사, 형용사 세 부류의 단어를 모두 포함한다.

有血有肉 피도 있고 살도 있다((문예 작품 따위의) 묘사가 생동적이고 내용이 충실하다)

有去无回 가서는 돌아오지 않는다(함흥차사)

有肥有瘦 뚱뚱한 사람도 있고, 마른 사람도 있다

有山有水 산도 있고 물도 있다

有吃有穿 먹을 것도 있고 입을 것도 있다(생활 조건이 구비되다)

有大无小 큰 것은 있지만, 작은 것은 없다

有滋有味 음식이 매우 맛이 있다

有说有笑 말하다가 웃다가 하다(웃음꽃을 피우며 즐겁게 이야기하다)

有长有短 장점도 있고 단점도 있다

有板有眼 가장 강한 박자도 있고 가장 약한 박자도 있다(조리 있게 말하고 행동)

有劳有逸 일하기도 하고 쉬기도 한다

有多有少 많은 것도 있고 적은 것도 있다

有口无心 입으로는 말했지만 마음속으로는 그렇게 생각하지 않다

有恃无恐 믿는 데가 있어 두려움이 없다

有新有旧 새 것도 있고 낡은 것도 있다

有气无力 숨만 있고 힘이 없다

有得有失 얻는 것도 있고 잃는 것도 있다

有高有矮 키 큰 사람도 있고 키 작은 사람도 있다(높은 것도 있고 낮은 것도 있다)

有名有姓 성도 있고 이름도 있다

有借有还 빌려가서 갚다

有紧有松 팽팽하기도 하고 느슨하기도 하다

有名无实 이름만 있고 실속은 없다

有赏无罚 상만 있고 벌은 없다

有快有慢 빠르기도 하고 느리기도 하다

『한어대사전(汉语大词典)』과『현대한어사전(现代汉语词典)』(제5판)에 수록된 '有+단음절동사형태소' 구조로 이루어진 동사에는 다음과 같은 것이 있다.

有亡(잃는 것이 있다), 有成(이룬 것이 있다),
有同(같은 것이 있다), 有似(비슷한 것이 있다),
有行(행할 것이 있다), 有如(같은 것이 있다/유사한 것 있다),
有若(같은 것이 있다), 有待(기대하는 것이 있다),
有染(물이 든 것이 있다 / 부적절한 관계가 있다), 有容(허용하는 것이 있다),
有得(얻는 것이 있다), 有劳(폐를 끼치는 것이 있다),

有烦(번거로운 것이 있다), 有慢(게으른 것이 있다),
有关(관련이 있다), 有碍(장애가 있다),
有救(치료될 가능성이 있다), 有赖(의존하는 것이 있다),
有请(초청하는 것이 있다), 有损(손해가 있다),
有失(잃는 것이 있다), 有违(위배되는 것이 있다),
有获(얻는 것이 있다), 有变(변화가 있다),
有加(더해지는 것이 있다), 有售(파는 것이 있다),
有辱(치욕스러운 것이 있다)

이 가운데 일부는 옛날에도 있던 것(예: 有成, 有如)이고, 일부는 생겨난 지 얼마 되지 않은 것(예: 有关, 有售)이다, 또 '有'자의 의미가 거의 사라지고 하나의 접두사로 이미 허화된 것도 있지만, 대다수는 여전히 실제 의미를 보존하고 있는 동사이다(晏斌·李艳 2010).

표준어의 구어에는 '有+단음절V'와 '단음절V+了'가 병존한다.

有得就有失 얻는 것이 있으면 잃는 것이 있다
得了就失了 얻자마자 곧 잃었다

有还才有借 갚는 것이 있어야 빌리는 것도 있다
还了才借了 갚고 나서야 빌렸다

有赚也有赔 버는 것도 있고 손해 보는 것도 있다
赚了也赔了[05] 벌어도 손해 본다

---

05 저자주: 두 표현은 의미의 차이가 있다. 첫 번째 문장은 한 가지 이치를 말하고, 두 번째 문장은 하나의 일을 말한다.

'有' 앞에 부사어를 붙일 수도 있는데, 예를 들면 다음과 같다.

一直都有在上网吗?
줄곧 계속해서 인터넷에 접속하고 계신가요?

曾经有见过一只一条腿的和平鸽。
한 쪽 다리의 평화의 비둘기 한 마리를 본적이 있다.

我经常有看到类似的。
나는 종종 유사한 것을 본다.

他确实有发现过。
그는 확실히 발견한 적이 있다.

또 '有一V'라는 표현이 있는데, 이 경우에는 '有'의 동사성이 더욱 뚜렷하게 나타난다. 예를 들면 다음과 같다.

二者有一比。
양자는 겨루어 볼 만하다.

长得跟德国人有一拼。
독일인과 필적할 만큼 생겼다.

读至此, 乃有一问。
여기까지 읽고 나니 궁금한 것이 하나 생겼다.

说起这段旧时家事, 她还有一说。
이 옛날 집안일을 말하자면, 그녀는 또 할 말이 있습니다.

인도유럽어 관점의 지배를 받다는 것은 '是'를 어기부사로 보는 사람도 있고 '有'를 완료상표지로 보는 사람도 있다는 것과 같다. 그런데 중국어의 실제는, '有'는 '有无(있다 없다)'의 '有(있다)'를 의미할 뿐 다른 것을 의미하지 않는다.[06] '상(aspect, 体)'의 경우, 중국어에는 나름의 '有상'이 있으며, 이는 남방 방언에서 가장 분명하게 볼 수 있다. 예를 들면, 광둥어에서 '有'와 '无'는 곧 이 일이 '有没有(있었는지 없었는지)'를 나타내는 것으로, 동작의 '完成没完成(완료 미완료)'과는 서로 다른 개념이다.

> 佢今日有无食烟? (他今天有没有抽烟?)
> 그는 오늘 담배를 피웠습니까?
>
> 佢不溜都有无食烟? (他平时都抽不抽烟?)
> 그는 평소에 늘 담배를 피웁니까?

민난어와 남부 우(吳)어에 이러한 용법이 가장 많이 남아 있다. 천쩌핑(陈泽平 1998: 174-175)과 정민후이(郑敏惠 2009)는 푸저우(福州)어의 용례를 들었는데, 다음과 같다.

> 门只行有开。(门这时开着。)
> 문은 이 시간에 열려 있다.
>
> 后日有上堂。(后天要上课。)

---

06 저자주: 황정더(黄正德 1988)는 '他有没有去?'를 '완료문'이라 하였는데, 완료문도 의미적으로는 사실 존재문의 일종이다. 차이점이라면 존재문은 사람이나 사물의 존재를 의미하는 반면, 완료문은 사건이나 동작의 존재를 의미한다는 것이다.

모레 수업을 할 것이다.

我有想去考研究生。(我想去考研究生。)
저는 대학원에 가고 싶습니다.

伊有拍算起蜀落厝。(他打算盖一座房子。)
그는 집을 하나 지을 계획이다.

楼顶有住蜀隻侬客。(楼上住了一位客人。)
위층에 손님이 한 분 묵으셨습니다.

明旦伊有去, 我无去。(明天他去, 我不去。)
내일 그가 가고 나는 안 간다.

头先无遏雨, 只瞒有遏雨。(刚才没下雨, 现在下着雨。)
방금은 비가 오지 않았는데 지금은 비가 내리고 있다.

汝有看电影过来蜀下。(你要是看电影过来一下。)
너 영화 보고 싶으면 이리 와봐.

伲团都有读书。(孩子都在读书。)
아이들은 모두 책을 읽고 있다.

有去比赛其侬留下来。(要去比赛的人留下。)
시합하러 갈 사람은 남아라.

伊有食熏, 我无食熏。(他抽烟, 我不抽烟。)
그는 담배를 피우고 나는 담배를 피우지 않는다.

汝下礼拜有去出差, 有无?(你下周要去出差, 是吗?)
다음 주에 출장 가시는 거 맞죠?

이들 용례에서 '有'는 모두 어떤 동작의 출현이나 어떤 상태의 존재를 나타내는 것으로, 미출현이나 부존재(不存在)의 '无'와 상대되는 개념이므로 동작이나 상태의 완료를 나타내지는 않는다. 리루룽(李如龙 1986)도 민난어(푸저우(福州), 산터우(汕头), 푸시엔(浦仙) 등 포함)의 '有+VP'는 과거, 현재, 미래의 어느 때나 발생한 일을 나타낼 수 있으며, 동작의 완료 여부와는 무관하다고 주장했다. 예를 들면 다음과 같다.

    伊昨方有写好啊。(他昨天写好了。)
    그는 어제 다 썼다.

    伊昨方有咧一写。(他昨天在写。)
    그는 어제 쓰고 있었다.

    伊即久有咧写。(他现在正在写。)
    그는 지금 쓰고 있다.

    伊下哺有拍算要写。(他下午打算写。)
    그는 오후에 쓸 예정입니다.

    听候伊有咧写汝则来看。(等他在写时你才来看。)
    그가 쓰고 있을 때에야 네가 보러 왔다.

심지어 하나의 독립된 문장(의문문)이 여러 가지 의미를 나타낼 수도 있다.

    汝有看电影无? (你看没看电影? / 你看不看电影?)
    너 영화 봤니? / 너 영화 볼 거니? (福州)

汝有无买书□(你买不买书 / 你买过书吗 / 你买书了没有?)
책을 살거니? / 책을 샀니? / 책을 샀니? (宁德)

산터우 방언(광둥 동부 민난어)의 '有'가 '진행' 또는 '미연'을 나타내는 예도 있다.

阿兄有□ [lo⁵³²⁴] 做作业。(哥哥在做作业。)
형은 숙제를 하고 있다.

你阿是有遇着伊哩请伊来我内坐一下。(你要是遇见他的话, 请他到我家里聊一聊。)
만약 그를 만난다면, 우리 집으로 와서 이야기 좀 나누자고 하세요.

뤼수샹(呂叔湘 1942/1982:238)은 "'未'와 '没(有)'는 완료상을 부정하는 데 국한되지 않으며, 그것의 용도는 사실 영어의 완료형 부정문보다 넓다"고 말했다. 이 말이 가리키는 현상은 영어 He didn't go(과거형)와 He hasn't gone(완료형)이며, 중국어에서는 모두 '他未去(그는 아직 가지 않았다)' 또는 '他没(有)去(그는 가지 않았다)'로 표현된다. 후자를 표현할 때 '还'나 '尚' 등의 글자를 꼭 추가하지 않아도 되는데, 중국인들은 이들을 추가하기 전후의 '未'에 별다른 차이를 느끼지 못한다. 그런데 위에서 제시한 방언의 용례는 '有'가 영어의 과거시제 뿐만 아니라 현재시제, 진행시제, 미래시제까지도 모두 포괄하므로 동작이나 상태의 존재나 출현에는 모두 '有'를 사용할 수 있음을 보여준다. 혹자는 표준어의 '了'는 완료표지이며 '有'와 '了'

는 서로 통한다고 말하는데, 사실 '了'와 영어의 완료상을 동일하다고 볼 수는 없다. 예를 들어보자.

门口站了一个警卫。
입구에 경비원 한 사람이 서 있었다.

他们打了起来。
그들은 싸우기 시작했다.

山上的叶子红了大半。
산의 잎이 대부분 붉어졌다.

小王现在有(了)很大的改变。
샤오왕은 지금 매우 큰 변화가 생겼다.

첫 번째 예문은 '门口站着一个警卫'라고도 할 수 있으며 의미는 기본적으로 같다. 두 번째 예문은 동작 '打(때리다)'의 완료라고 보기보다는 시작이라고 보는 것이 낫다. 세 번째 예문은 성질과 형상 '红(붉다)'의 완료라기보다는 출현이라고 하는 것이 낫다. 마지막 예문은 이미 '有'가 있기 때문에 '了'는 있어도 되고 없어도 된다.(王伟 2010 참조) 따라서 '了'도 존재와 출현, 즉 존현(存现)의 의미를 나타내는데 단지 출현이나 실현 등 '현(现)'에 좀 더 치우쳤을 뿐이다.

'我吃过野菜(나는 산나물을 먹어본 적이 있다)', '我想考研究生(나는 대학원에 진학하고 싶다)', '小团辣读书(상하이어, 孩子在读书(아이들은 책을 읽고 있다)'에서 술어는 모두 앞에 동사 '有'를 추가하여 의미를 강조할 수 있으므로 '我有吃过野菜', '我有想考研究生', '小团有辣读书'라고 말해도 된다. 이는 술어도

지칭성을 가지고 있음을 분명하게 보여준다.[07]

덧붙여 '在'에 대해서도 말해보자. 통용되는 문법책에서는 '他在厨房(그는 주방에 있다)'와 같이 뒤에 명사 목적어가 붙는 '在'를 동사로 보고, '他在做饭(그는 밥을 하고 있다)'과 같이 뒤에 동사가 붙는 '在'를 부사나 조동사로 본다. 그런데 이 역시 인도유럽어 관점의 영향으로 인해 동사의 목적어는 명사성 성분만 가능하다고 생각하였기 때문이다.

소박한 안목으로 중국어를 보면서 '구조의 평행성'에 근거하면 '在'를 '~에 처하다. ~한 상황에 놓이다(处在)'라는 의미를 가진 동사로 인정하여야 한다. '他在厨房'은 '他处在厨房的空间里(그는 주방의 공간 안에 처해있다)'이고, '他在做饭'은 '他处在做饭的过程(时间段)里(그는 밥을 짓는 과정(시간대)에 처해 있다)'이다. '在'는 일반동사와 같이 여러 부사의 수식을 받을 수 있다. 예를 들면, '尚在沉吟(아직 망설이고 있다)', '又在下雨(또 비가 내리고 있다)', '也在纳闷(역시 답답해하고 있다)', '还在锄地(아직도 김을 매고 있다)', '早在焦急(벌써부터 불안해하고 있다)', '都在讲话(모두들 이야기 하고 있다)', '正在推算(추산하고 있다)', '心里只在想着快乐(마음속으로 즐거움만 생각하고 있다)'와 같은 것이 그러하다.(张劼 2011)

'是', '有', '在'를 함께 놓고 보면 중국어 술어의 지칭성이 분명해진다.

他(是)杀了一条耕牛。
그는 농사짓는 소 한 마리를 죽였다.

---

[07] 저자주: 한 가지 예는 작가 왕숴(王朔)의 다음 말이다. "你捧他, 他有不爱听也不会像你骂他那样引出深仇大恨。(그를 추켜 세워주면, 그는 듣기 싫어도 당신이 그를 욕하는 것처럼 깊은 원한을 사지는 않을 것입니다)".

他(有)杀过一条耕牛。
그는 농사짓는 소 한 마리를 죽인 적이 있다.

他(在)杀着一条耕牛呢。
그는 농사짓는 소 한 마리를 죽이고 있다.

이 세 문장에서 '是', '有', '在'는 나타나지 않아도 되지만 강조가 필요할 경우에는 나타날 수 있다. 나타나지 않을 경우는 뒷부분이 문장의 술어가 되지만 지칭성이 뚜렷하지 않고, 나타날 경우는 술어의 지칭성이 부각된다. '强调(강조)'란 바로 강조 대상의 지칭성을 뚜렷하게 부각시키는 것이기 때문에(제4절 참조) 술어 앞에도 지시사 '这个(이(것))', '那个(저(것))'를 추가하여 강조의 어기를 나타낼 수 있는데, 이에 대해서는 천샤오(陈晓 2009)를 참조할 수 있다.

二姑娘心里这个别扭哇!
둘째 아가씨의 마음이 이토록 불편하구나!(刘宝瑞『傻子学乖』)

善大爷这个气, 就不用提啦!
산씨 나리의 그 성질은 말할 필요가 없어!(清末 松友梅『小额』)

最后撞这个人, 我这个乐啊!
마침내 이 사람과 만나게 되다니, 나는 정말 기쁘다!(侯宝林『夜行记』)

那个小生念出来, 那个好听!
그 소생이 읊조리면 정말 듣기 좋아!(侯宝林『汾河湾』)

那个大姐长得那个漂亮啊!
그 큰언니는 정말 예쁘게 생겼어!(郭德纲『怯洗澡』)

'这个', '那个' 대신에 강세나 억양을 사용하여도 같은 효과를 얻을 수 있다. 여기서 '这个', '那个'가 이미 허화되었다고 하는 것은 아직 허화되지 않은 '这个', '那个'가 자주 술어 앞에 사용됨을 전제로 한다. 따라서 천샤오는 이러한 구조의 동사구는 '명사구의 성질을 내포하고 있다'고 보았다.

요컨대 동사성 성분으로 구성되는 술어는 서술성과 지칭성이라는 이중성을 가지고 있다. 서두의 '我上过大学(나는 대학에 다녔다)', '他吃了毒药(그는 독약을 먹었다)', '她正在做饭(그녀는 밥을 하고 있다)'의 문제로 돌아가 보면, 술어 '上过大学' 등은 서술성과 지칭성이라는 두 가지 성질을 겸하고 있다. 술어성을 부정할 때에는 '他没有上过大学(그는 대학을 다닌 적이 없다)'라고 말하고, 지칭성을 부정할 때에는 '他不是上过大学(그는 대학을 다닌 것이 아니다)'라고 말한다. 영어의 경우, 술어성의 부정은 동사구를 부정하는 것이어서 He has not done it이라고 말하고, 지칭성의 부정은 절을 부정하는 것이어서 It's not(the case) that he has done it라고 말한다. 영어에서 동사구와 절을 구분하는 것에는 그 나름의 규칙이 있는데, 하나는 주어가 있고 하나는 주어가 없다는 것이다. 중국어의 절은 주어가 없어도 되고 구와 절은 동일한 구조원리(1권 제2장 2절)를 가지고 있어서 동사구에 완전한 휴지만 더해지면 곧 절이 된다. 마찬가지로 긍정일 경우, 술어의 서술성을 강조하려면 '他有吃过了'라고 말하고, 술어의 지칭성을 강조하려면 '他是吃过了(그는 먹은 것이다)'라고 말해야 한다. 술어도 지칭어이기 때문에 강조가 결국은 모두 지칭성을 부각시키는 것이다.

3.2 '평언'은 다음 부분의 '화제'

대화와 텍스트 구조를 통해서도 술어의 지칭성을 확인할 수 있다. 대화에서 하나의 화행(speech act)은 종종 '응답(应答)'과 '유발(引发)'이라는 두 가지 역할을 겸한다.『용수구(龙须沟)』의 한 부분을 예로 들어 보자.

갑$_1$ 주임: 总得抓剂药吃!……
　　　　　아무래도 약을 지어 먹어야겠군!……
을 얼춘: 不要紧, 有我侍候他呢!
　　　　괜찮아요, 제가 그를 보살필 거예요!
갑$_2$ 주임: 那也耽误作活呀!
　　　　　그래도 일하는 게 지체되잖아요!

만약 '갑$_1$—을'을 한 라운드의 문답으로 보면 을은 갑$_1$에 대한 응답이고, '을—갑$_2$'를 한 라운드의 문답으로 보면 을은 갑$_2$의 응답을 유발한 것이다. 을은 갑$_1$의 응답어(应答语)이자 갑$_2$의 유발어(引发语)인 것이다. 조사 '呢'는 평서문 끝에 붙어서 '사실을 분명하게 가리키고 믿게 하는' 역할을 할 수도 있고 의문문 끝에 쓰여서 의문조사가 될 수도 있다. 얼춘의 말을 의문의 어조로 바꾸어 '有我侍候他呢?(내가 보살피는 건 어때요?)'라고 말하여 '제가 그를 보살필 건데 그래도 약을 지어 먹여야 하나요(有我侍候他, 还要抓药吃吗)'라는 뜻을 나타내게 되면 유발의 작용이 더욱 분명해진다. '呢'로 끝을 맺는 문장은 항상 앞 문장을 받아서 뒤의 문장으로 연결하는 역할을 겸하는데, 앞 문장을 받는다는 것은 곧 응답이고 뒤 문장으로 연결하는 것은 곧 유발이다. '呢'와 유사한 것에는 또 조사 '吧'가 있다.

갑₁: 你去找小李。
　　　샤오리(小李)를 찾아 가.
을₁: 他走了吧?
　　　그 사람 갔어?
갑₂: 还没走吧!
　　　아직 안 갔어!
을₂: 好像走了。
　　　간 것 같아.

을₁과 갑₂의 이 일문일답은 모두 반신반의 하는 사이에 있는데, 질문은 믿음보다 의심이 많고 대답은 의심보다 믿음이 많다. '吧'를 절반의 의문사라고 부르는 것은 매우 적절하다. 을₁은 갑₂의 응답어이면서 갑₁의 응답어이기도 하며, 갑₂는 을₁의 응답어이면서 을₁의 유발어이기도 하다. 실제 대화에서는 하나의 화행이 유발과 응답의 기능을 겸하기 때문에 대화분석에 종사하는 고프만(Goffman 1976)과 콜라드(Couldard 1977)와 같은 학자들은 모두 '대답(对答)'이 아닌 앞과 뒤를 잇는 일련의 응답을 대화구조의 기본단위로 삼아야 한다고 주장하였다. 즉, 각각의 응답은 유발의 결과이면서 또 그 자체가 다음 응답을 유발한다는 것이다.

유발어와 응답어 간의 연결은 상호관련성(relevance, 相关)에 있으며, 구체적으로 어떻게 관련되는지는 문맥 및 대화 쌍방의 인지 상태와 유추에 의해 확정된다. 스퍼버 & 윌슨(Sperber & Wilson 1986)에 따르면, 유발어와 응답어 사이의 연관성은 보기에는 매우 느슨한 듯해도 쌍방은 항상 '서로 관련이 있는' 것으로 생각한다. 이러한 상호관련성은 텍스트에서 화제와 평언 사이의 연결이기도 하다. 평언이 어떤 내용이든지 항상 어떤 측면에서는 화제와 서로 관련이 있는 것으로 이해된다. 예를 들면 다음과 같다.

 a. 说起鱼, 武昌鱼最好吃。
  생선으로 말하자면, 대두방어가 제일 맛있지.
 b. 说起鱼, 我女儿昨天送医院了。
  생선 얘기를 하자면, 내 딸이 어제 병원에 실려 갔어.
 a. 这场火呀, 幸亏消防队来得早。
  이번 화재는, 다행히 소방대가 일찍 왔다.
 b. 这场火呀, 幸亏气温没在零下。
  이번 화재는, 다행히 기온이 영하로 떨어지지는 않았다.

 b문장은 화제와 평언의 연결고리가 느슨해 보이지만 어쨌든 연관성이 있는 것으로 이해된다. 대화에서의 '유발—응답'과 텍스트에서의 '화제—평언'은 대응관계가 있다. 텍스트 구조는 대화를 기반으로 하는데, 중국어에서 두 개의 '불완전문'인 일문일답이 하나의 완전문을 구성한다. 일상생활에서는 불완전문이 우세를 점하며, 완전문은 '의도적으로 구성한(有意经营)' 일련의 대화 속에서만 주요 문형이 된다(1권 제3장 4절). 『용수구』에는 인민경찰의 독백 텍스트 한 단락이 있는데, 이것이 어떻게 '의도적으로 구성된' 독백인지 살펴보자.

  这回事儿还算好, 没有伤了人。大家的东西呢, 来得及的我们都给搬到炕上去了。现在, 雨住了, 天也亮了, 大家愿意回家看看去呢, 就去 ; 愿意先歇会儿再去呢, 西边咱们包了两所小店儿, 大家随便用。

　　이 일은 그런대로 다행이지 사람이 다치지 않았으니. 모든 사람들의 물건은 늦지 않게 우리가 다 온돌방으로 옮겨놓았지. 지금은 비가 그치고 날도 밝아, 모두들 집으로 돌아가 보고 싶으면 돌아가도 되고, 우선 잠시 쉬었다가 가고 싶으면 서편에 우리가 작은 여인숙 두 곳을 통째로 빌려 놓았으니 편하게 사용할 수 있어.

이 독백 단락은 다음과 같은 대화로 나눌 수 있다.

　　경찰: 这回事儿还算好, 没有伤了人。
　　　　　이 일은 그런대로 다행이지, 사람이 다치지 않았으니.
　　사람들: 大家的东西呢?
　　　　　　모두의 물건은요?
　　경찰: 来得及的我们都给搬到炕上去了。
　　　　　늦지 않게 우리가 다 온돌방으로 옮겨놓았어요.
　　사람들: 现在, 雨住了, 天也亮了, 大家愿意回家看看去呢?
　　　　　　지금은 비가 그치고 날도 밝았으니, 모두들 집으로 돌아가 보고 싶어 하는걸요?
　　경찰: 那就去吧!
　　　　　그럼 가세요!
　　사람들: 愿意先歇会儿再去呢?
　　　　　　우선 좀 쉬었다가 가길 원합니까?
　　경찰: 西边咱们包了两所小店儿, 大家随便用。
　　　　　서편에 우리가 작은 여인숙 두 곳을 통째로 빌려 놓았으니, 모두들 편하게 쓰세요.

이러한 예는 혼잣말을 하는 사람이 수사적 수법을 쓰지 않고 서술할 때 '일보선행(先行一步)' 전략을 취하여(Edmondson 1981), 청자나 독자가 어떤 문제를 제기하거나 어떤 반응을 보일지를 예상하고서 자신이 먼저 화제를 제시하고 이에 대해 설명을 한다는 것을 보여준다. 따라서 텍스트의 구조는 일련의 '화제-평언'으로 구성되어 있다기보다는 일련의 '평언'이 앞뒤의 말을 연결하는 것으로 보는 것이 낫다. 각 평언은 앞의 평언이 유발한 결과이자 그 자체는 또 다음 평언을 유발할 수 있다거나 또는 각 평언(또는 평언의 일부)은 모두 다음 평언의 화제(또는 화제의 일부)가 된다고 할 수 있다. 위의 독백은 다음과 같이 분석할 수 있다.

这回事儿还算好, 没有伤了人。大家的东西呢,
　　화제$_1$　　　　　평언$_1$ / 화제$_2$
来得及的我们都给搬到炕上去了。
　　평언$_2$ / 화제$_3$
现在, 雨住了, 天也亮了, 大家愿意回家看看去呢, 就去;
　　평언$_3$ / 화제$_4$　　　　　평언$_4$ / 화제5

愿意先歇会儿再去呢, 西边咱们包了两所小店去呢, 大家随便。
　　평언$_5$ / 화제$_6$　　　　　　평언$_6$

평언$_6$은 뒷부분에 한 발 더 나아간 평언은 없으나 여전히 '잠재적인 화제(potential topic)'가 되는데, 뒷부분에는 '小店儿住不下呢(작은 여인숙에선 다 묵을 수 없는걸요)'와 같은 평언이 나올 수 있다. 개괄적으로 말하면, XYZ로 구성된 텍스트에서 일부분인 XY 또는 YZ 절취하여 그 부분에 대한 정적인 분석을 하게 되면 앞쪽의 화제와 뒤쪽의 평언으로 구분할 수 있다. 그런데 연속적인 텍스트라는 동적 관점에서 보면, 화제와 평언에 명확한 경계가 없으며 평언은 모두 다 실질적인 화제 또는 잠재적인 화제가 된다.[08](상세한 내용은 沈家煊 1989 참조)

중국어의 특징은 주어와 서술어가 모두 단독으로 쓸 수 있는 불완전문으로, 주어는 화제가 되고 술어는 평언이 된다는 것이다. 평언이 다음에 이어지는 화제가 되는 경우에 어떠한 형식적 변화도 없으며, 평언 뒤에 붙는 어기조사 '啊', '吧', '呢', '吗'도 바로 화제에 붙는 표지이다(1권 제3장 4절). 다시 『용수구』의 예를 보면, 얼춘과 경찰의 다음 대화는 얼춘의 독백으로 바꿀 수 있다.

抓药吃吧, 有我伺候他呢, 那也耽误作活呀。
약을 지어 먹자니, 내가 그 사람을 보살피면 되지, 그래도 일하는 게 지체되잖아.

'有我伺候他呢'라는 형식은 앞 화제의 평언이자 뒤 평언의 화제가 된다. 따라서 중국어에는 '화제화(topicalization)'라는 과정이 없으며 평언이 곧 화제이다. 둥슈팡(董秀芳 2012)은 중국어에는 '사슬식 화제구조(链式话题结构)'가 특히 많으며 연속적으로 나타나는 화제구조에서 뒤 화제구조의 화제가 앞 화제구조의 평언과 같다는 사실을 발견하였다. 예를 들면 다음과 같다.

---

08 저자주: 이러한 분석은 '대조화제'(contrastive topic)를 인식하는 데 도움이 된다. 혹자는 대조화제가 새로운 정보를 전달하는 것을 이유로 대조화제도 화제라고 의심한다. 그런데 사실 대조화제는 '你不去 ; 她呢, 更不会去(네가 안가면, 그녀는, 더더욱 안 가)'의 '她呢(그녀는)'와 같이 비교적 강한 평언성을 겸유하고 있을 뿐이다.

逸则淫, 淫则忘善, 忘善则恶心生。
안일하면 방탕해지고, 방탕해지면 선한 행동을 잊고, 선한 행동을 잊으면 나쁜 마음이 생겨난다.(『国语·鲁语下』)

国君不可以轻, 轻则失亲 ; 失亲, 患必至。
군주는 경솔해서는 안 되는데, 경솔하면 가까운 사람을 잃고, 가까운 사람을 잃으면 틀림없이 우환이 닥치기 때문입니다.(『左传·僖公五年』)

鬼不祟人则魂魄不去, 魂魄不去则精神不乱, 精神不乱之谓有德。
귀신이 사람에게 해를 끼치지 않으면 혼백이 빠져나가지 않을 것이고, 혼백이 빠져나가지 않으면 정신이 어지러워지지 않을 것이니, 정신이 어지럽지 않은 것을 일컬어 덕이 있다고 한다.(『韩非子·解老』)

유사한 예는 현대중국어에서도 매우 흔히 볼 수 있다. 예를 들면, '我去, 去不能空手去, 空手去不礼貌(내가 가는데, 가면 빈손으로 갈 수 없는 것이, 빈손으로 가는 것은 예의가 아니기 때문이다)'가 그러하다. 또 팡메이(方梅 2011)의 예(뒤에 이어지는 화제에 '这'를 붙임)도 있다.

你说他一手托天, 你可知道他这一手托天才有说不出来的苦衷。小文子儿的媳妇……数数落落的就哭起来了。他这一哭不要紧, 招的额大奶奶也哭起来。
네가 그 사람은 한손으로 하늘을 받친다(혼자서 버틴다)고 했는데, 그 사람이 혼자서 버티는 것에야 말로 말할 수 없는 고충이

있다는 것을 넌 정말 알아야해. 샤오윈즈의 며느리는…잘못을 책
망하며 그만 울기 시작했다. 그 사람의 이 울음은 대수롭지 않지
만, 어(額) 큰 마님도 울게 해 버렸으니.

평언이 곧 실질적인 화제나 잠재적인 화제이므로 술어도 지칭성을 가
진다.

3.3 '무종지문'의 병치성과 지칭성

술어가 지칭성을 가지고 있다는 것을 이해하면 중국어에 '특히 많은 무
종지문' 현상은 아주 쉽게 이해된다. 뤼수샹(呂叔湘 1979:27)은 '流水句(무종
지문)'라는 명칭을 사용하면서 다음과 같이 말하였다.

> 문장이 아닌 무주어문을 기본단위로 사용하는 것이 중국어의
> 상황에 대체로 잘 적응할 수 있다. 왜냐하면 중국어 구어에는 무
> 종지문이 특히 많은데, 하나의 절에서 다른 절로 이어지면서 끊
> 을 수도 있고 이을 수도 있는 곳이 매우 많기 때문이다. 옛 소설
> 의 몇 가지 다른 구두점 판본을 비교해 보면, 한 판본에는 마침표
> 를 썼는데 다른 판본에는 쉼표를 썼거나 그 반대인 경우가 흔히
> 있다.[09]

후밍양·진숭(胡明扬·劲松 1989)은 무종지문의 휴지에 대한 음성 테스트를

---

09 저자주: 여기서 '절'는 주어와 술어가 갖추어진 영어의 절이 아니다. 중국어의 절은 대다수
가 불완전문이다.

통해 같은 단락의 글이라도 읽는 사람에 따라 휴지의 위치와 길이가 다름을 증명하였다. 중국어에 '무종지문이 특히 많은' 원인은 불완전문이 우세를 점하고 있기 때문이다. 문장과 문장 사이에는 흔히 접속사를 쓰지 않고 전후 문장에 의지하여 의미적 연관성을 유추한다.

뤼수샹이 1960년대 초에 전통적인 서양문법의 틀에서 벗어나기 위해 '구절구조(segment structure, 句段结构)'라는 새로운 틀을 가지고 중국어 문법을 분석하는 구상을 제시하였다. '구절구조'란 바로 휴지와 어조로 경계 지어진 불완전문과 완전문이다.[10] 판지옌(范继淹 1985)은 이어서 초보적인 분석틀을 제시하여 '구절(句段)'을 분류하고, 한 구절로 이루어진 문장(단독구절문(单段句))과 여러 구절이 연결된 문장(다중구절문(多段句))이 중국어의 두 가지 기본적인 문장 구성단위라고 주장하였다. 이와 관련하여 산발적으로 발표된 몇 편의 논문(胡明扬·劲松 1989, Shen & Gu 1997, 王洪君 2011, 王洪君·李榕 2014)을 제외하고는 현재까지 지속적인 연구나 고민은 거의 없는 실정이다. 이 분야의 연구에 진전이 없는 중요한 원인은 후밍양이 주장한 바와 같이, '일련의 통사적 기본 문제와 관련이 있는데', '중국의 문법이론과 분석틀이 기본적으로 모두 서양에서 온 것이어서 중국어화하기까지 아주 긴 과정이 필요하며… 아마도 몇 세대에 걸친 각고의 노력을 거쳐야만 비로소 가능할 것'이기 때문이다. 선쟈쉬안(沈家煊 2012d)은 무종지문이 일련의 불완전문의 '병치(juxtaposition)'이며 병치된 불완전문 중에는 동사성인 것도 있도 명사성인 것도 있다는 것을 두드러지는 통사적 기본 문제로 지적하였다.

---

10 저자주: 왕훙쥔(王洪君 2011)은 '句段'을 '逗(读)(끊어읽기)'로 바꾸어 부를 것을 주장하였다.

老王呢? 又生病了吧! 也该请个假呀! 走不动了嘿! 儿子女儿呢?上班忙吧? 请个保姆嘿! 工资低呀! 先借点呢? 犟脾气一个呀!……

라오왕은요? 또 병이 났죠! 역시 휴가를 내야지! 걸을 수 없게 되었어! 아들딸은? 출근하느라 바쁘겠지? 보모를 한 사람 고용 해야지! 월급이 적지! 일단 (돈을) 좀 빌려야 되잖아? 고집불통이니!…

중간에 있는 휴지와 종결 어조를 모두 없애면 앞뒤로 이어지는 모든 두 개의 불완전문을 조합하여 하나의 완전문으로 만들 수가 있다. 예를 들면 '老王呢又生病了(라오왕은 또 병이 났는데)', '请个保姆嘿工资低(보모를 고용하자니 월급이 적어)', '先借点呢犟脾气一个(우선 (돈을) 좀 빌려야겠지만 고집불통이니)'와 같다. 전통적인 '명동분립(명사와 동사는 분립한다)' 구도에서는 이 문제의 해결이 당연히 어렵다. 그런데 '명동포함'의 구도에 따르면 동사도 명사에 속하므로 술어 역시 근본적으로 지칭어인데, 그렇게 되면 얻을 수 있는 '놀랍도록 명백한' 하나의 결론은 바로 중국어 무종지문의 구성이 다음과 같다는 것이다.

$$S_{무종지문} \rightarrow S'_{NP} + S'_{NP} + S'_{NP} \cdots\cdots$$

무종지문을 구성하는 각 구절 S'는 지칭성을 가지므로 S'NP로 표기할 수 있는데, 그 중에 단지 일부 NP는 서술성(NP(VP)로 표기할 수 있음)도 같이 가지고 있을 뿐이다. 무종지문의 근본적인 특징은 병치성과 지칭성이다.

병렬구조는 주술구조보다 더 근본적이며, 병렬관계로부터 주술관계(화제-평언)를 도출할 수 있다. 중국어에는 표현력과 생명력을 갖추어서 사람들이 자주 사용하는 숙어들이 아주 많다. 예를 들면 다음과 같은 것들이 있다.

    一寸光阴一寸金
    한 치의 시간은 한 치의 금이다(시간은 금이다)

    一日夫妻百日恩
    하루 부부는 백일의 은혜이다(하루 동안 부부가 되더라도 백일이나 서로의 깊은 정을 잊지 못한다)

    三个女人一台戏
    여자 셋이면 한 편의 극을 공연한다(여자 셋이 모이면 접시도 뒤집어진다)

    一个好汉三个帮帮
    대장부 하나에 세 사람의 도움이 필요하다

    一分耕耘, 一分收获
    하나를 뿌리면 하나를 거둔다(뿌린 만큼 거둔다)

    乘船走马三分险
    배를 타거나 말을 타면 늘 위험이 따른다

    一岁一枯荣
    한 해에 한 번씩 무성했다가 시들어진다

이들은 모두 두 지칭성 단어의 병치로 이루어져 있는데, 주술관계를 유추해 낼 수 있다. 자오위안런(赵元任 1970)은 중국어의 문법은 방언과 방언

사이, 심지어 문어와 구어 사이도 사실은 대체로 일치한다고 하였다.

광둥어 '俾啲水我添'(再给我点儿水-물 좀 더 줘)과 '你去先'(你先去-너 먼저 가)에서는 부사가 동사 뒤에 놓이는 것 '같이 보인다'. 하지만 중국어 문법에서 부사가 직접 동사 뒤에 올 수는 없기 이러한 '添'과 '先'의 용법은 '통사적으로 말한다면 병렬구조의 두 번째 항목으로 보는 것이 가장 좋으므로'. '你去先'은 '你去的是先(一件事)(네가 가는 것이 먼저 한 가지 일)'로 분석된다. 자오위안런은 '你去先'은 통사적으로 말하면 '병렬구조'로, 불완전문 '你去'와 '先'의 병치라고 보았지만, 사실은 이를 주술관계로 이해할 수 있다.

자오위안런(Chao 1955)은 또 중국어에는 영어 and에 대응하는 진정한 연언사가 없으며 병렬관계는 단어의 병치를 통해서만 표현할 수 있다고 주장했다. and에 상당하는 것으로 보이는 '跟(과/와)', '同(과/와)', 그리고 고대중국어의 '及(과/와)', '与(과/와)', '又……又……(…이면서…이다)', '并且(또한)', '而且(또한)', '也(도/역시)' 및 '而(그리고)' 등은 주로 접속조사(resumptive word)이며 모두 생략이 가능하다. 예를 들어 '先生太太不在家(남편과 부인은 집에 계시지 않아요)', '他老打人骂人(그는 늘 남을 때리고 욕을 한다)'이 그러한데, 논리에서의 연언, 즉 논리곱[11]의 간략한 표시가 바로 병치이다.

중국어 의문문의 분류 역시 '병치'에 의존하는 중국어의 특징을 보여준다. 영어의 선택의문(multiple choice question, 选择问)은 판정의문(是非问)과 같은 통사적 수단(주어-술어 위치 변환 등)을 사용하는데, 차이점은 선택의문의 경우 선택을 위해 열거하는 선택항이 하나 이상이라는 것뿐이다. 따라서

---

11 역자주: 논리곱(conjunction, AND)이란 수리논리학에서, 주어진 복수 명제 모두가 참인지를 나타내는 논리 연산이다. 두 명제 P, Q에 대한 논리곱을 (P∧Q)라고 기록하고, 「P 그리고 Q」라고 읽는다.

선택의문은 판정의문의 한 작은 부류이다. 그런데 중국어는 상황이 다르다. 중국어의 판정의문은 문미에 '吗'를 사용하는데, 선택의문의 경우 '吗'를 사용할 수는 없지만 의문사의문인 특지의문(特指问)과 마찬가지로 '呢'는 사용할 수가 있다. '你吃米饭还是面条呢?(너 밥 먹을래 아니면 면 먹을래?)', '你吃什么呢?(너 뭐 먹을 거야?)' 등이 그 예이다. 따라서 선택의문은 독립적인 부류이다. 중국어에는 또 반복의문(정반의문)이 있는데, 이는 '정반선택의문(正反选择问)(刘丹青편저 2008: 2-3)'으로 선택의문의 한 작은 부류이다. 선택의문(반복의문 포함)은 중국어에서 매우 중요한 위치를 차지하며 단독으로 하나의 의문 부류가 되는데, 이 역시 선택의문이 본질적으로는 '병치의문(并置问)'이기 때문이다. 예를 들면 '你吃饭吃面?(너 밥 먹을래 면 먹을래?)'은 '吃饭(밥을 먹다)'과 '吃面(면을 먹다)'이 병치된 것이고, '你吃不吃?(너 먹을래 안 먹을래?)'는 '吃(먹다)'와 '不吃(안 먹다)'가 병치된 것이다.

'병치'는 중국어에서 상당히 중요한 지위를 지닌다. 역사적으로 보면 중국어의 판정의문도 병치성의 반복된 질문에서 변화 발전해왔다. '你去不去(너 갈거야 안 갈거야) > 你去不(너 갈 거야 안 갈 거야) > 你去吗(너 갈 거야?)'와 같은 것을 그 예로 들 수 있겠다.

언어가 가진 일차원의 선형적인 특징으로 인해 앞뒤로 병치된 두 개의 성분은 자연히 계승관계(承接关系)를 가진다. 계승은 세 가지 '영역(域)', 즉 행위영역, 사리영역, 언어영역에서 진행되는데, '而'을 사용해서 앞뒤 내용을 계승한 예를 들면 다음과 같다.

행위계승('행한 것'을 계승)	竭泽而渔
	못을 말려서 고기를 잡다
	亡羊而补牢
	양을 잃고서 우리를 고치다
사리계승('생각한 것'을 계승)	虎求百兽而食之(目的)
	호랑이는 온갖 짐승을 잡아서 그것들을 먹는다. (목적)
	匹夫而为百世师(让步)
	필부로서 백세의 스승이 되다. (양보)
	出污泥而不染(转折)
	진흙을 뚫고 나왔으나 오염되지 않다. (전환)
언어계승('말한 것'을 계승)	人而无信
	사람으로서 신의가 없다
	子产而死
	자산 같은 사람이 죽으면

　행위계승은 '행한 것(所做)'의 계승이다. 우리는 흔히 앞 동작을 뒤 동작이 진행되는 방식으로 간주하는데, 예를 들어 '鼓噪而进(북을 치고 소리를 지르면서 들어가다)'에서 '鼓噪(북을 치고 소리를 지르다)'는 '进(들어가다)'의 방식을 나타내는 부사어이다. 이것은 행위의 계승으로부터 수식관계를 도출한 것이다. 사리승계는 '所想(생각한 것)'을 계승하는 것으로 주술관계를 도출해 낼 수 있는데, 원인과 양보, 가설 등 '생각하는 것'의 성분은 사실 모

두 주어(화제)이다.[12] 언어계승은 '말하는 것(所说)'을 계승하는 것인데, '人而无信(사람으로서 의가 없다)'은 사실 '说是人啊, 却不守信用(사람이라고는 하지만, 신용을 지키지 않는다)'는 의미이고, '子产而死(자산이 죽으면)'는 사실 '说起子产(这么贤明的人)啊, 如果一死(자산(이렇게 현명한 사람)으로 말하건대, 만약 죽는다면)'라는 의미이다. 이들은 모두 앞의 '말한 것(所说)'에 대한 뒷부분의 계승으로 전환의 의미를 가지고 있으며, 앞뒤 부분은 역시 주술관계이다. 문맥에 대한 의존성이 가장 큰 것은 바로 '말한 것(所说)'의 계승이다(아래 3.4절 참조).

'병렬조건'은 두 병렬성분이 동일한 성질을 가져야 하는데(1권 제2장 3.2절), 체언성 성분과 술어성 성분이 병렬될 때에는 반드시 술어성 성분이 지칭성을 가지고 있다. 병렬형식은 주술관계를 도출하기 때문에 술어는 원래 지칭성을 가진다. 리잔빙·진리신(李占炳·金立鑫 2012)은 유형론적 관점에서 인류 언어는 체언병렬의 표지가 먼저 나타난 다음 술어를 연결하는 기능으로 확대되었을 가능성이 매우 크다고 추론하였다. 이 글은 『수호전(水浒传)』에서 '并'은 '受了棉袄子并肥羊酒礼(솜저고리와 살찐 양 요리로 차려진 술대접을 받았다)', '当下收拾了火刀、火石并引火煤筒(곧바로 부시(부싯돌을 쳐서 불이 일어나게 하는 쇳조각), 부싯돌과 인화탄 통을 치웠다)'과 같이 주로 체언성 병렬구를 연결하고, 1% 미만만이 술어성을 연결한다고 주장한 정원핑·차오웨이(征文平·曹炜 2007)의 통계 수치를 인용하여 증명하였다.

'5·4 운동' 이후에야 '并'은 동사성 병렬구를 연결하는 데 사용되었으

---

12 저자주: 리쥐펑(李佐丰 2004: 455-482)도 자오위안런의 관점에 동의하였다. 그는 고대중국어에서 양보, 원인, 조건 등을 나타내는 절은 '형식적으로 보면 모두 병치문'이라고 보았으며, 복문을 화제-평언 관계가 없는 연합복문과 화제-평언 관계가 있는 수식복문으로 나누었다.

며, 그 후에는 더 이상 체언성 병렬성분을 연결시키지 않는다. 아래에서는 이러한 관점에서 고대중국어의 'N而V'구조를 다시 살펴보고자 한다.

3.4 고대중국어 '명사而동사' 구조의 재조명

고대중국어의 'N而V' 구조는 『마씨문통(马氏文通)』에서부터 학계의 주목을 한껏 받아 많은 토론을 불러일으켰다. 이는 주로 병렬접속사인 '而'자가 연결하는 두 성분이 하나는 명사성이고 하나는 동사성이어서 '주어+而+술어'와 유사한 구조를 형성하므로, 병렬성분은 문법적 성질이 서로 같아야 한다는 병렬조건을 명백히 위배하였기 때문이다.

이 경우 과거에는 대부분 단어를 보충하는 방법을 사용하여 N을 서술성 성분으로 확충하는 것으로 처리하였다. 예를 들어 양룽샹(杨荣祥 2008)은 '亡人而国荐之(망명한 사람에게도 국왕의 예로써 음식상을 차려 내어오고)'[13]를 '公子亡人而国荐之(공자는 망명한 사람이지만 국왕의 예로써 음식상을 차려내어 오고)'로 확충하여, '亡人(망명한 사람)' 앞에 화제주어로 '公子(공자)'를 보충함으로써 '亡人'이 '公子'에 대한 진술이 되었는데, 이렇게 함으로써 이 구조는 '두 차례의 진술(两度陈述)'이 된다. 우춘성·마베이쟈(吴春生·马贝加 2014)는 '管氏知礼(관씨가 예를 안다면)'를 '管氏坏人也而知礼(관씨가 나쁜 사람인데도 예를 안다면)'로 확충하여 '管氏(관씨)' 뒤에 '坏人也(나쁜 사람이다)'라는 술어 하나를 보충하였고, '谁而及之者(누가 거기에 닿는 사람인가?)'[14]를 '(这里)有谁而及之者((여기) 누가 거기(문)에 (키가) 닿는 사람이 있겠는가?))'로 확충하였는

---

13 역자주: 『国语·晋语 四』, 「楚成王以周礼享重耳」.
14 역자주: 『论衡·福虚』.

데, 이때는 '谁' 앞에 존현동사(存现动词) '有'를 보충하였다. 쉐펑성(薛凤生 1991)은 '人而无仪'의 '人'을 '作为一个人(사람으로서)'으로, '管氏而知礼'의 '管氏'를 '说到管氏那样的人(관씨 같은 그런 사람을 말하자면)'으로, '子产而死'의 '子产'을 '有子产这样的官(자산 같은 그런 관리가 있는데)'으로 확충하였다.

함축하거나 생략된 성분을 보충하는 것은 고문의 해석에 도움을 주므로 유용할 수는 있지만 문법이론상으로는 큰 문제가 된다. 생략이론을 견지하는 학자들이 첨가하거나 보충한 단어는 확정적인 것이 아니어서 사람들마다 모두 다르다. N 앞에 화제를 보충하는 사람도 있고 N 뒤에 술어를 보충하는 사람도 있으며, 또 N 앞에 동사 '有'를 보충하거나 '作为', '说起'를 보충하기도 한다. 예를 들면, '人而无仪'의 경우, 각자 보충한 결과 '他们作为人却没有礼仪(그들은 인간으로서 예의가 없다)'로 만들 수도 있고, '这里有人却没有礼仪(여기에 사람은 있지만 예의가 없다)'로 만들 수도 있으며, 또 '人有脸面却没有礼仪(사람이 체면은 있지만 예의가 없다)'로 만들 수도 있다. 그런가 하면 어떤 내용을 보충해야 할지도 모르는 경우도 있는데, 그 이유는 보충한 후에 오히려 내용이 중복되고 부자연스러워지기 때문이다. 이에 대해 '이 명사성 성분에 대한 의미 보완은 문맥과 화자, 청자 쌍방의 실생활 경험에 의존해야 한다'는 쑹홍민(宋洪民 2009)의 말 한마디는 아주 정확하다고 하겠다. 이미 1권 제5장 5.2절에서 설명한 바와 같이 명사가 술어가 되는 경우는 그것이 '문맥표현'이기 때문에 어떻게 해석을 하느냐는 문맥에 따라 달라진다. 문맥이 무궁무진하면 해석도 무궁무진해진다. '子产而死'에서의 '子产'을 '像子产那样贤明的人(자산같이 그렇게 현명한 사람)'으로 해석하고, '管氏而知礼'에서의 '管氏'를 '像管仲那样的坏人(관중처럼 그렇게 나쁜 사람)'으로 해석할 경우에 좋은 사람이나 나쁜 사람이라는 해석은

'子产'과 '管仲' 그 자체가 가지고 있는 의미가 아니라 문맥에서 청자와 화자 쌍방의 상호작용적 이해이다.

다음 세 가지 예에서 보충할 단어는 하나밖에 없는 것 같다.(陈祝琴 2009)

秦战而胜三国, 秦必过周, 韩而有梁。三国(战)而胜秦, 三国之力, 虽不足以攻秦, 足以拔郑。
'진나라가 전쟁을 하여 세 나라(위·연·조)를 이기게 되면, 틀림없이 주나라와 한나라를 넘어 양나라를 차지하게 될 것입니다. 그리고 세 나라가 (전쟁을 해서) 진나라를 이기게 되면, 세 나라 힘이 비록 진나라를 공격하기에는 부족하지만 한나라의 신정을 함락시키기에는 충분합니다.

(『战国策·赵一』)

贵聘而贱逆之, 君(之)而卑之, 立而废之, 弃信而坏其主, 在国必乱, 在家必亡。
존귀한 사람이 예를 갖추어서 방문하는데도 지위가 낮은 자가 그 사람을 영접하였고, 군주의 부인(之)인데도 그 사람을 비천한 예로써 대우하였으며, 부인으로 세우고도 폐한 것 같은 예로써 대하여 신의를 버리고 그 안주인의 권위를 무너뜨렸으니, 이런 일이 나라에 있으면 나라가 반드시 어지러워지고, 집에 있으면 집이 반드시 망한다.

(『左传·文公四年』)

在國必亂, 在家必亡大夫为政犹以众克, 况明君(为政)而善用其众乎?
대부가 집정을 하는데도 오히려 군대가 많음으로 인해 승리하였는데, 하물며 영명한 임금이 (집정을 하여서) 대중을 잘 활용함에 랴?

(『左传·成公二年』)

그러나 유일하게 보충한 그 단어는 앞 문장에서 나타났던 단어를 근거로 확정지은 것임은 분명하다. 사실 청자가 앞뒤 문장의 문맥을 이해한 경우에는 각종 '동사+而+동사' 구조를 '명사+而+동사'로 바꿀 수가 있는데, 예를 들면 다음과 같다.[15]

旷安宅而弗居, 舍正路而不由, 哀哉!
편안한 집을 비워 두고 살지 않으며, 올바른 길을 버리고 따르지 않으니 슬프도다!

(『孟子·离娄上』)

→ 安宅而弗居, 正路而不由, 哀哉!
편안한 집인데도 살지 않고 바른 길인데도 따르지 않으니 슬프도다!

兵法不曰陷之死地而后生, 置之亡地而后存?
병법에 사지에 빠진 연후에야 살고, 궁지에 놓인 연후에야 남는다고 말하지 않았던가?

(『史记·淮阴侯列传』)

---

15 저자주: 이는 쉬리췬(许立群)이 제기하고 제공한 예임을 밝힌다.

→ 兵法不曰死地而后生, 亡地而后存?

병법에 사지에 있은 연후에야 살고, 궁지에 있은 연후에야 남는다고 말하지 않았던가?

是以欲谈者宛舌而固声, 预行者拟足而投迹。

이로써 이야기하고 싶은 사람은 혀를 구부리고서 목소리를 가두어 버리고, 길을 가려는 사람은 발을 재고서 발걸음을 내디딘다.

(『汉书·扬雄传』)

→ 是以欲谈者而固声, 预行者而投迹。

이로써 이야기를 하고 싶은 사람은 목소리를 거두어 버리고, 길을 가려는 사람은 발걸음을 내디딘다.

霸主将德是以, 而二三之, 其何以长有诸侯乎?

패주는 덕을 행해야 하거늘, 이랬다저랬다 한다면 어떻게 오래도록 제후들의 마음을 가지겠습니까?

(『左传·成公八年』)

→ 霸主而二三之, 其何以长有诸侯乎?

패주가 이랬다저랬다 하면 어떻게 제후들의 마음을 가지겠습니까?

白起为秦将, 南征鄢郢, 北坑马服, 攻城略地, 不可胜计, 而竟赐死。

백기가 진나라 장군이 되어 남으로는 초나라 도성 언정을 정벌하였고, 북으로는 조나라 마복군 조괄의 군대를 구덩이에 묻어 죽였는데, 성을 공격하여 땅을 빼앗은 것이 셀 수가 없었지만, 결국 자결 당하였다.

『史记·项羽本纪』

→ 白起而竟赐死。
백기는 결국 자결 당하였다.

요컨대, '보충하는 단어가 유일성을 갖지 않는 한, 생략은 가능한 적게 말하라'는 원칙에 근거하면 이러한 보충 방법은 재고할 가치가 있다. 우춘성·마베이쟈(吴春生·马贝加)가 지적한 중요한 사실은, 고대중국어에는 'N而V' 구조와 동시에 'N(也)而N(也)' 구조의 용례도 있는데, 여기서 '而'이 두 개의 명사구를 연결한다는 것이다.

弟子曰: "是黑牛也而白题(蹄)。"
제자가 이르길, "이것은 검은 소지만 흰 발굽입니다."

『韩非子·解老』

此君之宪令, 而小国之望也。
이것은 초나라 임금의 법령이고 소국의 바람이었다.

『左传·襄公二十八年』

此燕之长利而君之大名也。
이것은 연나라의 장구한 이익이요, 그대 개인의 큰 영광인 것이다.

『战国策·秦三』

夫齐, 甥舅之国也, 而大师之后也。
제나라는 생질과 외삼촌의 나라이고 태사의 후예이다.

(『左传·成公三年』)

经纬天地而材官万物, 制割大理, 而宇宙里(理)矣。
천지의 운행을 다스리되 만물이 기능을 합당하게 잘 발휘하게
하고 큰 도리를 관할하여 우주가 잘 다스려지게 한다.

(『荀子·解蔽』)

그 밖에 'N+而+V'에는 'N+也而+V+也'의 용례도 있는데, 예를 들면 '斯人也而有斯疾也(이런 사람에게 이런 병이 있다니)'(『论语·雍也』), '即有取者, 是商贾之事也, 而连不忍为也(만일 취하는 것이 있다면 이것은 장사치의 일이니, 저는 차마 할 수 없습니다)'(『史记·鲁仲连邹阳列传』)와 같은 것이 그것이다. 또 '吾一妇人(也), 而事二夫, 纵弗能死, 其有奚言? (나는 한 여자로 두 남편을 섬겼으니 비록 죽지는 못할망정 또 어찌 말을 하겠습니까.)'(『左传·庄公十四年』)와 같이 거의 대부분이 명사 뒤에 '也'를 붙일 수 있다.

이러한 관점에서 우리는 앞의 N을 하나의 서술성 성분으로 확장할 것이 아니라 뒤의 V를 하나의 지칭성 성분으로 분석하는 것으로 발상을 전환해야 한다. 다시 말해, '而'이 연결하는 것은 병치된 두 개의 지칭어이며, 전체 구조는 '두 차례 지칭'인 것이다. 이것은 일반적인 지칭어 병치와 마찬가지로 문맥을 근거로 각종 계승관계나 주술관계를 도출해낼 수 있다.

다음의 고대중국어, 현대중국어 각각 하나의 예는 구조상 대응되는 것으로, 모두 두 개의 지칭성 성분이 병치된 것이다.

斯人也, 而有斯疾也。
이런 사람은 이런 병이 있다.

这个人! (他)也不跟朋友打招呼!
이 사람! (그는)친구한테 인사도 안 해!

현대중국어 예문은 자오왼안런(赵元任 1968:61)에서 제시한 것으로, 구조적으로 병렬된 두 개의 불완전문이 하나의 완전문을 구성할 수 있음을 설명해준다. 그런데 이러한 불완전문은 위의 논증에 따르면 모두 병치성과 지칭성을 갖는다. 병치는 접속사가 필요 없는데, '而'는 진정한 접속사가 아니라 앞의 화제를 복지(复指)하는 지시대명사로, 접속의 기능을 겸하고 있다(Simon 1951, 1952 & 1954)의 두 논문의 논증 참조. 란잉(蓝鹰 1990)은 '而'이 장동어(壮侗语)[16]의 지시대명사 '那(그것)'와 많은 평행 현상이 있다고 지적하였다.

3.5 당시의 품사 대우

율시(律诗)의 대우(对偶)는 "첫째, 소리는 평측(平仄)이 서로 대(对)를 이루어야 하고, 둘째, 의미는 같은 부류가 서로 대를 이루어야 하는 것"(张中行 1992: 115)을 말한다. 대우는 대의 엄밀성 정도가 높은 순으로 '공대(工对)', '인대(邻对)', '관대(宽对)'로 나뉜다.

대의 엄밀성이 가장 낮은 '관대'는 '품사만 같으면 대를 이룰 수 있다.' 품사가 같다는 것은 '단지 명사는 명사와, 동사는 동사와, 형용사는 형용

---

16 역자주: 한장어계통(汉藏语系)의 언어로 중국 남부 지역에 분포되어 있다.

사와, 부사는 부사와만 서로 대를 이루면 된다'(王力 2005: 146, 180)는 것을 말한다. 예를 들어 보자.(품사의 판정은 모두 왕리(王力 2005)에 따랐다)

江山遥去国, 妻子独还家。
강산은 아득히 경성에서 멀어지고, 처자는 홀로 집으로 돌아가네.

(高适「送张瑶贬五谿尉」)

峡云笼树小, 湖日落船明。
골짜기에 구름 덮이니 나무는 작아지고, 강호에 해가 지니 배가 밝아지네.

(杜甫「送段功曹归广州」)

外地见花终寂寞, 异乡闻乐更凄凉。
변방에서 꽃을 보니 내내 쓸쓸하고, 타향에서 음악을 들으니 더욱 처량하네.

(韦庄「思归」)

晓来江气连城白, 雨后山光满郭青。
새벽이 오니 강 기운이 성을 하얗게 잇고, 비온 뒤 산 빛은 성곽을 푸르게 가득 채우네.

(张籍「寄和州刘使君」)[17]

---

17 저자주: 이는 당시(唐诗) 시대의 중국어가 여전히 '사전범주화형(类前型)' 언어였다는 주장(5장 5.1절)이 성립하지 않음을 보여준다.

제6장 술어의 지칭성 427

하지만 품사가 다른 어휘가 대를 이루는 것도 당시에서 결코 특별한 현상은 아니어서 왕리(王力 2005)와 차오펑푸(曹逢甫 2004a) 모두 이에 대해 예를 들어 논술하였다.

첫 번째는 형용사가 항상 동사와 서로 대를 이루는 경우이다.

时有落花**至**, 远随流水**香**。
때때로 떨어지는 꽃잎이 떠오르는데, 멀리 흐르는 물 따라서 향기롭다.

(刘眘虚「阙题」)

近泪无**干**土, 低空有**断**云。
근처에는 눈물에 마른 흙 하나 없고, 나직한 하늘가엔 조각난 구름 떠있네.

(杜甫「別房太尉墓」)

星垂平野**阔**, 月涌大江**流**。
별빛 드리우니 평야가 드넓고, 달빛 솟아오르니 양자강이 흐르는구나.

(杜甫「旅夜书怀」)

但将**酩酊**酬佳节, 不用**登临**叹落晖。
단지 좋은 술로써 좋은 시절 즐길 뿐, 높은 곳에 올라와 지는 해를 한할 필요 없지.

(杜牧「九日齐山登高」)

이는 형용사를 자동사로 볼 수 있음을 나타낸다.

두 번째는 자동사와 타동사가 서로 대를 이루는 경우가 아주 흔히 나타난다는 것이다.

红颜**弃**轩冕, 白首**卧**松云。
젊은 날에 높은 벼슬 버리고, 노년에 소나무와 구름 속에 누웠구려.

(李白「赠孟浩然」)

几时杯重**把**, 昨夜月同**行**。
어느 때나 술잔을 다시 잡겠는가, 어젯밤엔 달 아래서 함께 걸었건만.

(杜甫「奉济驿重送严公四韵」)

乡泪客中**尽**, 孤帆天际**看**。
고향 그리는 눈물 나그네 길에 다 말랐는데, 하늘가엔 돛단배만 보이네.

(孟浩然「早寒有怀」)

他乡**生**白发, 旧国**见**青山。
타향살이에 백발이 생겨났는데, 고향에 돌아가면 청산을 보리라.

(司空曙「贼平后送人北归」)

이는 중국어에서 동사의 타동과 자동의 구분이 그렇게 중요하지 않음을 보여준다.

세 번째는 본 장의 주제와 가장 관계가 있는데, 동사 '有(있다)'가 '无(없다)'나 다른 동사와 서로 대를 이룰 뿐만 아니라 '不(동사·형용사를 부정)'나 '未(아직 …하지 않다, 동사·형용사를 부정)'와도 서로 대를 이루는데, '不'와 '未'는 부사라는 점이다.

不雨山长润, **无**云水自阴。
비가 내리지 않아도 산에 오래도록 촉촉하니, 구름이 없어도 호수 물에 저절로 그늘지네.

(张祜「题杭州孤山寺」)

无风云出塞, **不**夜月临关。
바람이 없어도 구름이 변방에 일고, 밤이 아닌데도 상현달은 관문에 이르네.

(杜甫「秦州杂诗」之七)

细雨湿衣看**不**见, 闲花落地听**无**声。
가는 비 내려 옷 적시니 보아도 보이지 않고, 이따금 꽃잎 땅에 떨어지니 들어도 소리가 없네.

(刘长卿「送严士元」)

深山旗**未**展, 阴碛鼓**无**声。
깊은 산속에 깃발 아직 펄럭이지 않고, 음산한 사막에는 진격의 북 소리 없네.

(张籍「征西将」)

이 현상으로 야기된 문제는 전통적인 '명동분립(名动分立)'의 관념으로는 설명하기가 매우 어렵다. 우선, '雨(비)'와 '夜(밤)'가 '不'의 수식을 받는 것은 통상적으로 명사의 '동사적 활용'으로 해석되는데, 아래 각 예에서의 '诏(조서)', '春(봄)', '秋(가을)', '花(꽃)' 등의 글자도 이와 같이 해석될 수 있을 것으로 보인다.

不待金门**诏**, 空持宝剑**遊**。
금마문에서 조서 오는 것 기다리지 않고, 공연히 보검 들고 돌아다니네.

(李白「寄淮南友人」)

云霞出海**曙**, 梅柳渡江**春**。
구름과 안개가 바다에서 나오니 동이 트고, 매화와 버들이 강 건너니 봄이 오는구나.

(杜审言「和晋陵陆丞早春游望」)

远寻寒涧碧, 深入乱山**秋**。
멀리 푸르른 찬 개울 찾고, 깊숙이 가을 빛 난산으로 들어간다.

(李咸用「秋日访同人」)

朱雀桥边野草**花**, 乌衣巷口夕阳**斜**。
주작교 근처에는 야생화만 피어 있고, 오의항 어귀에는 석양이 기우네.

(刘禹锡「乌衣巷」)

명사가 술어로 쓰이면 '동사적 활용'이라고 한다. 그런데 당시 속에는 명사나 명사구가 술어가 되고 앞뒤 구가 서로 대를 이루는 경우가 아주 흔하고 일반적이다. 예를 들면 다음과 같다.

白花檐外**朵**, 青柳槛前**梢**。
하얀 꽃들은 처마 밖에 늘어져 있고, 푸른 버드나무는 난간 앞에 가지가 파릇파릇하네.

(杜甫「題新津北橋樓得郊字」)

细草微风**岸**, 危樯独夜**舟**。
여린 풀 위로 산들바람 부는 강 언덕엔, 곧게 솟은 돛 달고 홀로 밤새는 돛단배.

(杜甫「旅夜书怀」)

鸡声茅店**月**, 人迹板桥**霜**。
달빛 비추는 띠 지붕 객잔에선 닭 울음소리 들리고, 서리 내린 판교 위엔 사람의 발자국이 찍혀 있네.

(温庭筠「商山早行」)

秋声万户**竹**, 寒色五陵**松**。
가을소리 집집마다 대나무 숲에서 들려오고, 차가운 기운은 오릉 일대 소나무 숲에서 밀려오네.

(李颀「望秦川」)

枫林社日**鼓**, 茅屋午时**鸡**。
단풍나무 숲속에선 사일에 북소리 울리고, 초가집에선 한낮에

닭 울음소리 들리네.

(刘禹锡「秋日送客」)

敏捷诗**千首**, 飘零酒**一杯**。
민첩하게 지은 시 일천 수나 되지만, 떠도는 신세 되어 술 한 잔이나 기울이겠지.

(杜甫「不见」)

深秋帘幕千家**雨**, 落日楼台一笛**风**。
깊은 가을 주렴 밖 천 가호엔 비 내리고, 지는 해 비추는 누대에선 한 줄기 피리 소리 바람에 실려 오네.

(杜牧「题宣州开元诗」)

香稻啄余**鹦鹉粒**, 碧梧栖老**凤凰枝**。
향미는 쪼아 먹다 남은 앵무새 알곡, 푸른 오동나무는 늙도록 깃들어 온 봉황새 가지.

(杜甫「秋兴」八首之八)[18]

이 명사들도 모두 동사로 '활용'된 것이라고 해야 하는가? 사람들의 어감은 이러한 명사가 원래부터 술어가 될 수 있다는 것이다.

또 한 가지 문제는 '(听)无声((들어도)소리가 없다)'이 '(看)不见((보아도)보이지 않다)'과 대를 이루고 또 '无声'이 '未展(펼쳐지지 않다)'과 대를 이루고 있

---

18 저자주: 이 대련의 구조에 대한 논의가 매우 많은데, 만약 이를 논항구조 '주-동-목'으로 분석하면 매우 어색하다. 자연적인 분석은 '화제-평언' 구조로, '鹦鹉粒'과 '凤凰枝'을 앞의 화제에 대한 평언으로 보는 것이다. 이에 대해서는 차오평푸(曹逢甫 2004b)를 참조할 것.

기 때문에 결국 '无'와 '不'·'未'가 서로 대를 이룰 뿐만 아니라, 명사 '声(소리)'과 동사 '见(보다)'·'展(펼치다)'이 서로 대를 이루고 있다는 것이다. 명사와 동사(형용사 포함)가 서로 대를 이루는 것은 사실 결코 드물지 않아서 '无'와 '不'·'未'가 서로 대를 이루는 경우에만 국한되지는 않는다. 예를 들어보자.

无**边**落木萧萧下, 不**尽**长江滚滚来。
한없이 지는 나뭇잎 우수수 떨어지고, 다함없는 긴 강은 넘실대며 흐른다.

(杜甫「登高」)

匈奴犹未**灭**, 魏绛复从**戎**。
흉노가 아직 섬멸되지 아니하였거니, 위강은 다시 전쟁터로 나간다.

(陈子昂「送魏大从军」)

千山鸟**飞**绝, 万径人**踪**灭。
산이란 산엔 새 날개 짓 끊기고, 길이란 길엔 사람 자취 감췄네.

(柳宗元「江雪」)

无**才**逐仙隐, 不**敢**恨庖厨。
재능이 없어 선인의 은둔 생활을 좇아보니, 세간의 주방 요리사를 감히 원망스러워하지 못하겠네.

(杜甫「麂」)

五湖三**亩**宅, 万里一**归**人。

오호 가의 세 이랑 땅 집으로, 만 리 길 걸어 돌아가는 한 사람.

(王维「送丘为落第归江东」)

不堪玄鬓**影**, 来对白头**吟**。

검은 머리 좋은 자태 주체하지 못하여, 흰머리 이 몸 마주하고 노랫가락 읊조리네.

(骆宾王「在狱咏蝉」)

客路青山外, **行**舟绿水前。

나그네 갈 길은 푸른 북고산 밖으로 나있어, 배를 몰아 초록빛 장강 헤치며 앞으로 나아간다.

(王湾「次北固山下」)

梦为远别**啼**难唤, 书被催成**墨**未浓。

꿈에선 먼 이별에 목메어 우느라 소리치며 부르기도 어렵고, 조급해지니 편지는 먹물이 진하지 않았는데도 쓴다네.

(李商隐「无题」)

关门令尹**谁**能识, 河上仙翁**去**不回。

관문령 윤희(尹喜)를 누가 알아보겠는가, 물가의 선옹 떠나가고 돌아오지 않는데.

(崔曙「九日登望仙台呈刘明府容」)

光华扬**盛**矣, 霄汉在**兹**乎。

환한 빛이 성대하게 흩날리는구나, 하늘이 여기에 있는 건가?

(高适「真定即事奉赠韦使君」)

제6장 술어의 지칭성 435

世人皆欲杀, 吾意独怜才。

세상 사람들 모두 그를 죽이려 해도, 내 마음 유독 그의 재주 사랑하네.

(杜甫「不见一近无李白消息」)

世事茫茫难自料, 春愁黯黯独成眠。

세상일 깊고 넓어 스스로 헤아리기 어렵고, 봄날 시름에 우울하여 홀로 잠 이루네.

(韦应物「寄李儋元锡」)

沉舟侧畔千帆过, 病树前头万木春。

침몰한 배 옆으론 수많은 배 지나가고, 병든 고목 앞엔 온갖 나무 봄을 맞네.

(刘禹锡「酬乐天扬州初逢席上见赠」)

尘埃一别杨朱路, 风月三年宋玉墙。

이 세상 한 번 이별은 양주가 간 먼 갈림길이요, 풍월 삼 년 읊으니 송옥과 사이에 둔 담장이에.

(唐彦谦「离鸾」)

君遊丹陛已三迁, 我泛沧浪欲二年。

그대는 붉은 칠한 대궐의 섬돌을 거닐며 관직이 세 번 바뀌었는데, 나는 강호를 떠돌아다닌 지 2년이 다 되어가네.

(白居易「夜宿江浦闻元八改官」)

箸拨冷灰书闷字, 枕陪寒席带愁眠。

젓가락으로 차가워진 재를 헤집어 闷(울적하다)자를 쓰고, 베개는 찬 이불 끌어안고서 시름에 찬 잠을 이루네.

(来鹄「鄂渚除夜书怀」)

青枫江上**秋**帆远, 白帝城边**古**木疏。
청풍강 물위 가을 돛단배는 멀어져 가고, 백제성 주변 고목은 앙상한 가지만 남아 있겠지.

(高适「松李少府贬峡中王少府贬长沙」)

아래의 예는 한 글자를 보든 쌍음절복합어를 보든 모두 다 명사와 동사가 대를 이루는 것이다.

身多**疾病**思田里, 邑有**流亡**愧俸钱。
몸에 병이 많게 되니 고향생각 나지만, 마을에 유랑민 있으니 봉록 받는 게 부끄럽네.

(韦应物「寄李儋元锡」)

老耻**妻孥**笑, 贫嗟**出入**劳。[19]
늙어서 처자식에게 웃음거리가 되는 것이 부끄럽고, 가난하여 객지로 전락하여 고생하는 것을 탄식하네.

(杜甫「赴青城县出成都寄陶王二少尹」)

白帝空**祠庙**, 孤云自**往来**。
백제성 텅 빈 사당 위엔, 외로이 떠있는 구름 저절로 오가네.

(杜甫「上白帝城」)

---

19 역자주: 원서에는 '牢'로 되어 있으나 원전에 근거하여 '劳'로 수정함.

제6장 술어의 지칭성   437

知君用心如**日月**, 事夫誓拟同**生死**。

그대의 마음 씀이 해와 달처럼 밝다는 것 알지만, 생사를 함께 하기로 한 지아비의 맹서를 받들겠습니다.

(张籍「节妇吟」)

兴亡留白日, **今古**共红尘。

흥망의 일은 백일하에 남아있고, 고금의 일은 함께 세상사 되었네.

(司马扎「登河中鹳雀楼」)

去矣**英雄**事, 荒哉**割据**心。

가버렸도다 영웅들의 일들, 물거품이 되었구나 할거하려던 마음.

(杜甫「峡口」)

谁爱**风流**高格调, 共怜**时世**俭梳妆。

누가 풍치 있고 멋스러움의 높은 격조를 아껴주겠는가, 모두들 시속의 야단스런 화장을 어여삐 여기는데.

(秦韬玉「贫女」)

一自分襟多**岁月**, 相逢满眼是**凄凉**。

한번 이별한 뒤 많은 세월 흘러, 서로 만나면 처량함으로 눈 한 가득.

(刘禹锡「赠同年陈长史员外」)

卧龙跃马终**黄土**, 人事音书漫**寂寥**。

제갈량과 공손술도 끝내 황토가 되었는데, 인간 세상사 소식 편지 끊겼다고 공연히 적적하고 쓸쓸해 할 소냐.

(杜甫「阁夜」)

邪佞每思**当面唾**, 清贫长欠**一杯钱**。

간사하고 아첨하는 소인배에겐 늘 면전에서 침을 뱉으려고 하였고, 깨끗하고 재물에 욕심이 없는 터라 곤궁하여 술 한 잔 값이 모자랄 때가 많았지.

(杜牧「商山富水驿」)

맨 마지막 '一杯钱(한 잔 값)'과 '当面唾(면전에서 침을 뱉다)'가 대를 이루는 것은 모두 수식구조여서 구조의 평행으로 볼 수 있지만, 하나는 명사성의 관형어-중심어 구조이고, 다른 하나는 동사성의 부사어-중심어 구조로 차이가 있다.

이러한 경우는 이른바 '차용대(借对)' 안에서도 존재한다. '차용대'는 '의미차용(借义)'과 '음성차용(借音)'으로 나뉘는데, 차오펑푸(曹逢甫)가 제시한 예는 다음과 같다.

酒债**寻常**行处有, 人生**七十**古来稀。
외상 술값이야 세상 어디나 흔히 있는 일이지만, 일흔까지 사는 사람은 예로부터 드물기만 하다네.

(杜甫「曲江」)

事直**皇**天在, 归迟**白**发生。
일일 직접 천제의 명을 받아야 하여, 돌아 온 게 늦은 지라 백발이 성성하네.

(刘长卿「新安奉送穆谕德」)

제6장 술어의 지칭성 439

'큑常'과 '七十(칠십)'이 대를 이룬 것이 표면적으로는 수량어휘와 수량어휘([8척(尺)이 1심(큑)이고, 1심(큑)이 1상(常)임])의 대처럼 보이지만, 시에서 쓰인 '큑常'은 이와 다른 의미인 '平常(평범하다)'인데, 이는 의미차용에 해당된다. 또 시인은 '皇(황제)'을 차용하여 '黄(노랗다)'을 대신함으로써 대구(对句)의 '白(희다)'와 깔끔한 색상대(颜色对)를 구성하였는데, 이것은 음성차용에 해당된다. 장사오위(蒋绍愚 1990:75)는 차용대는 글자와 단어의 복잡한 관계를 교묘하게 이용하는 것으로, '글자는 대를 이루지만 단어는 대를 이루지 않는 것(字对而词不对)'이라고 말했다. 이를 보충 설명하자면, '단어가 대를 이루지 않는다'는 것은 단어의 의미가 같은 부류가 아님을 가리킬 수도 있고, 품사가 서로 다름을 가리킬 수도 있다는 것이다. 이러한 차용은 명사와 수량어휘가 형용사와 서로 서로 대를 이룰 수 있다는 것이 전제되어야 한다.

지금 당면한 문제는, 명사가 동사(형용사 포함)와 대를 이루는 이러한 관대법을 후대의 비평가들이 '맞지 않다(不对)'거나 '엄밀하지 않다(不工)'라고 전혀 느끼지 않을뿐더러 심지어 엄밀성이 높은 '공대'의 예로 삼기까지 하는데, 이는 '관대'에 대한 왕리의 설명과는 모순된다는 것이다. 만약 이런 경우도 '관대'에 속한다고 인정한다면, 관대는 도대체 경계가 있는가? '명동분립'의 관념 하에서 '명사가 동사와 대를 이루는 것'을 인접하는 대우법인 '인대(邻对)'라고 말하기도 어렵다.

차오펑푸(曹逢甫 2004a)도 '품사 대우는 줄곧 연구자를 곤혹스럽게 하는 커다란 문제'라고 지적하였다. 그는 '관대'를 '단어로 굳어진 표현끼리 대를 이루는 것'으로 해석하는 경향이 있는데, 예를 들어 두보(杜甫) 시 '古人俱不利, 谪官语悠然'에서 '不利(불리하다)'는 본래 '悠然(유연하다)'와 대를 이룰 수 없지만 이 둘은 이미 단어로 굳어진 표현이어서(이미 '쌍음절어화' 되었음), 그 단어의 내부구조가 서로 대를 이루는 것은 중시하지 않았다. 단어로 굳어진 표현끼리 대를 이루는 것이 설득력을 가지는 이유는, 당나라 때에 와서 중국어의 쌍음절화 추세가 이미 비교적 뚜렷하게 나타났음에도 품사 대우를 토론할 때는 이 점을 지나치게 강조해서는 안 된다고 생각하였기 때문이다.

우선, 이것은 개별 글자의 품사가 대를 이루지 못하는 경우를 설명할 수가 없는데, 이러한 경우는 상당히 많다. 다음으로 '青枫江上秋帆远, 白帝城边古木疏(청풍강 물위 가을 돛단배는 멀어져 가고, 백제성 주변 고목은 앙상한 가지만 남아 있겠지)' 라는 시의 한 연을 보면, '秋帆(가을 돛단배)'과 '古木(고목)'는 이미 어휘화되어(사실 어휘화의 정도는 다르다) 내부적으로 '秋(가을)'와 '古(오래되다)'가 서로 대를 이루는지 여부는 따지지 않았다고 할 수 있다. 그러나 '青枫江(청풍강)'과 '白帝城(백제성)'은 지명이고, 더욱이 단어로 굳어진 표현인 듯해도 그 내부는 오히려 엄밀한 공대(工对)이다. 차오펑푸 자신도 사람 이름인 '孙行者'가 마음대로 '赵守成'과 대를 이룰 수는 없고 그나마 '胡适之'와 대를 이루어야 한다고 말하였다. 연면사(连绵词)가 서로 대를 이루는 경우도 품사의 동일성을 고려하여야 하므로 '荒唐(황당하다)'은 '参差(들쑥날쑥하다)'와 대를 이룰 수는 있지만 '鹦鹉(앵무새)'와는 대를 이룰 수가 없다. 또 '行舟(운항중인 배)'가 '客路(나그네 길)'와 대를 이루는데, '行舟'는 단어로 굳어진 표현이라고 할 수 있지만 '客路'는 그렇다고 보기 어려운데, 하나의 조합이 이미 어휘화되었다고 명확하게 경계를 짓는 것은 사실상 매우 어렵다. 자오위안런(赵元任, Chao1975)은 중국어 각 글자의 길이나 음량은 모두 대체로 같기 때문에 리듬이 정연하고 균일한 단음조(单音调)이며, 글자마다 의미를 가지고 있어서 시를 짓고 산문을 쓸 때 모두 글자 수를 근거로 구상해야 하며, 오언, 칠언을 막론하고 시인은 항상 각 글자가 서로 대를 이루는 것을 최대한 고려하여야 한다고 하였다. '悠然'과 '不利'가 대를 이루는데, '然'자는 이미 하나의 후접 접사로 허화되었으나, '样状(모양)'의 의미가 아직 보존되어 있어 '悠然'과 '不利'는 그래도 구조상 평행을 유지한다(모두 수식구조임)고 할 수 있다. 따라서 '단어로 굳어진 표현끼리 대를 이룬다'라는 말로써 '관대'를 설명하는 것은 설득력이 떨어진다.

쟝사오위(蔣紹愚 1990: 168)는, 대우(対偶)에서 품사가 서로 같아야 한다고 할 때 "이른바 '품사가 같다'라는 것이 전적으로 현대의 문법관념에만 근거할 수는 없다'고 주장하였다. '현대의 문법관념'은 인도유럽어 문법관념의 영향과 지배를 받고 있으며, 바로 '명동분립'의 견해가 그 중의 하나이다. '명동포함'의 구도에서는 명사가 동사를 포함하므로 동사는 명사에 속하고 술어도 지칭성을 가진다. 이로써 위의 문제는 합리적인 해답을 얻게 된다. 명사성 성분이 술어가 될 수 있는 것은 명사성 성분 자체가 서술성을 가지고 있기 때문이 아니라 술어가 본래 지칭성을 가지고 있기 때문이다. '관대'라고 하는 것을 명사와 동사로 말하면, 바로 동태명사(동사)와 정태명사가 서로 대를 이루는 것이다. 동적인 것과 정적인 것의 차이는 있지만 양자는 모두 명사이다. 그런데 엄밀한 대우인 '공대'는 동태명사는 동태명사와, 정태명사는 정태명사와만 서로 대를 이루는 것이다. 당시(唐诗)의 품사 대우는 중국어가 '명동포함' 구도라는 것을 반증하며, 또 역으로 '명동포함' 구도는 당시에 나타난 품사 대우에 대해 합리적으로 해석한다.

제4절 형식동사를 통해 본 술어의 지칭성

형식동사는 또한 허화동사(虛化动词)라고도 한다. 주더시(朱德熙 1985c)에 따르면 그것은 현대중국어 문어체에만 나타나는 소수의 몇몇 타동사 '进行((진행)하다)', '加以(하다)', '给以(주다)', '予以(주다)', '作(하다)' 등을 말하는데, 원래의 어휘 의미는 이미 현저히 약화되었다. 주더시는 형식동사를 사용하여 '调查(조사(하다))', '研究(연구(하다))', '批评(비평(하다))', '惩办(처벌(하다))' 등과 같은 '명동사(名动词)'[20]의 범주를 확정지었는데, 이들은 명사와 동사의 성질을 겸비하고 있어서 형식동사의 목적어가 될 수 있다. '명동사'의 문제는 1권 제2장 2절에서 이미 분석하였기에 여기에서는 형식동사의 문법 기능 문제를 논하고자 한다.

주더시는 형식동사에는 다음과 같은 세 가지 기능이 있다고 하였다. 하나는 명사성 성분을 술어성 성분으로 바꾸는 것이다. 예를 들면, '*对心脏病患者手术 → 对心脏病患者进行手术(심장병 환자에 대해 수술을 하다)'와 같은 것이다. 다른 하나는 구조상 필요에 따라 명동사를 복잡하게 만드는 것이다. 예를 들면, '*今后还要不断总结经验, 改进 → 今后还要不断总结经验, 加以改进(앞으로도 끊임없이 경험을 총결산하여 개선하여야 한다)'과 같은 것이다. 세 번째는 전치되는 피행위자를 의미나 수사적인 목적으로 표기하는 역할을 하는 것이다. 예를 들면, '他们对这批性质和来源都不相同的资料不得不加以整理(그들은 성질과 출처가 모두 다른 이 자료들에 대해 정리를 하지 않을 수 없다)'와 같은 것이다. 이 세 가지 기능 사이에는 내재적인 연관성이 부족하기 때문에 디아오옌빈(刁晏斌 2004)과 쟝쯔샤·딩충밍(姜自霞·丁崇明 2011)은 하

---

20 역자주: '동명사'라고도 하며, 명사의 기능도 함께 가지는 동사이다.

나의 통일된 기능으로 개괄하고자 하였다. 그들은 모두 형식동사의 역할
이 그 뒤에 오는 명동사의 명사성을 활성화시키면서 동사적 문법 특징은
없애는 것이라고 여겼다. 그런데 이는 다음과 같은 이론적 모순을 낳는다.
명동사는 본래 형식동사를 사용해서 정의하는 것으로 명사성과 동사성을
모두 가지고 있는데, 어떻게 형식동사를 추가한 후에 명동사의 동사성을
없앨 수 있는가? 또한 '手术(수술)'은 그 자체가 명사이므로 이의 동사성을
없앤다는 말 자체가 성립하지 않는다.

 선행 연구에서는 또 다음과 같은 세 가지 사실을 설명하기가 어려웠다.

(1) *对这种现象批评   对这种现象加以批评
          이런 현상에 대해 비판을 가하다

  *对这种现象批   *对这种现象加以批

(2) *进行刚刚评估   进行重新评估
          새로이 평가하다

  *加以一再攻击   加以肆意攻击
          제멋대로 공격을 가하다

(3) *进行吵架   进行争吵
          언쟁을 벌이다

  *进行搬家   进行搬迁
          이전하다

 (1)의 첫 번째 줄의 좌우 대립을, 과거에는 명사 '批评'의 동사성이 강하
지 않았기 때문에 형식동사를 빌려야 서술어로 적합하다고 설명하였다.
이러한 설명의 문제는, '批'는 동사성이 매우 강한데도 아랫줄은 형식동사

사용 여부에 관계없이 서술어로 적합하지 않음을 나타낸다는 것이다. 것이다. (2)에서 형식동사의 목적어는 모두 명사인데, 왜 부사의 차이(刚刚/重新, 一再/肆意)가 좌우 문장 성립의 대립을 초래하는가? (3)에서 왜 문어체의 '争吵(말다툼하다, 언쟁하다)'와 '搬迁(이전하다)'은 형식동사의 목적어가 될 수 있고, 구어체의 '吵架(다투다)'와 '搬家(이사하다)'는 안 되는지에 대해서도 설명이 필요하다. 이에 대해 전자는 명동사이고 후자는 아니기 때문에 그렇다고 설명해서는 안 되는 이유는 순환논증[21]이 되기 때문이다. 왜냐하면 후자가 명동사가 아니라고 말하는 유일한 이유는 바로 그것이 형식동사의 목적어가 될 수 없기 때문이다. 그 밖에 또 '进行第三次吵架(세 번째 말다툼을 하다)'와 '*进行第三次吵'의 대립에 대해서도 설명이 필요하다.

형식동사의 기능에 대하여 모순이 없는 간단한 설명을 하면서 위의 세 가지 사실에 대해서도 설득력 있는 해석을 내놓기 위해서는 하나의 통일된 이론적 기초가 필요하다. 술어 표현과 술어는 모두 지칭성을 가지고 있는 지칭어이지만, 지칭성의 강약 정도는 차이가 있다. 형식동사의 기능은 단어의 지칭성을 강화시킴으로써 그들의 식별가능도를 높이는 것이다. (1)의 좌우상하 대립에 대해서는 이렇게 해석한다. 주요 정보의 자연스러운 위치는 문미로, '批/批评'을 문미에 두는 것은 '비평'이라는 동작을 부각시키거나 강조하기 위한 것인데, 그 앞에 형식동사를 추가하여 동사의 지칭성을 강화시킴으로써 강조의 역할을 하게 한다. '批评'은 지칭성이 비교적 강하지만 아직 충분하지는 못하므로 '加以'에 의지하여 지칭성을 강화한다. 반면 '批'의 지칭성은 '批评'만큼 강하지 못해서 '加以'를 추가하는 것

---

21 역자주: 논증되어야 할 명제를 논증의 근거로 하는 잘못된 논증 방법.

으로는 비평한다는 동작을 강조하기에는 부족하다.

지칭성의 강화는 곧 일종의 강조다. 지칭성을 강화한다는 것은 지칭 대상의 식별가능도(가별도(可別度)로 약칭)를 높이는 것으로, 그 본질은 화자가 청자로 하여금 지칭 대상을 쉽게 인식하여 이를 다른 대상과 구별하도록 만들고자 하는 것이다.[22] 지칭성을 높이는 방법에는 여러 가지가 있는데, 예를 들면 다음과 같다.

把杯子递给我!
컵을 나에게 건네줘!

把'杯子 [重读] 递给我!
컵[강세를 줌]을 나에게 건네줘!

把这只杯子递给我!
이 컵을 나에게 건네줘!

把这只杯子[同时用手指]递给我!
이 **컵**[동시에 손으로 가리킴]을 나에게 건네줘!

'杯子(컵)'라는 단어의 식별가능도를 높이기 위해서는 강세를 주어서 읽고 지시대명사 '这(이)', '那(그/저)'를 붙이는 것이 일반적인 수단이다. 만약 이 수단으로 부족하다고 생각되면 손가락으로 가리키는 것을 추가한다. 어순을 바꾸는 것도 하나의 수단인데, 문미의 위치는 정보를 현저하게 하

---

22 저자주: 2권 제2장 1.2절에서 '之'의 문법적 기능을 논술한 것도 '식별가능도 제고(提高指別度)'와 관련이 있다.

는 위치이다. '批评这种现象(이러한 현상을 비판하다)'과 '对这种现象进行批评 (이러한 현상에 대해 비판을 하다)'라는 두 가지 표현의 차이는, 후자의 '批评' 은 형식동사 '进行'의 목적어가 됨으로써 비평이라는 동작이 하나의 지칭 대상으로 간주되어 강조된다는 데 있다. 강조와 지칭성 강화가 관련이 있 다는 것은 보편성을 가진다. 예를 들어 영어에서도 하나의 동작을 강조하 고자 하면 그 동사 앞에 형식동사 do를 붙일 수 있다.

    He wrote a letter.
    그는 편지를 한 통 썼다.

    He *did* write a letter.
    그는 확실히 편지 한 통을 썼다.

형식동사 do는 의미가 비어있지만 동사성이 매우 강하여 do가 더해진 뒤엔 동사 wrote의 시제표지가 곧바로 do로 전이되고, 원형동사 write는 did 뒤의 목적어로 볼 수 있게 되어서 편지를 쓰는 동작은 독립된 지칭 대 상으로 간주되어 강조된다. 이와 유사한 상황은 한국어에서 더욱 두드러 지게 나타난다. 조(Jo 2000)에 따르면, 한국어의 ha는 대체로 영어의 형식동 사 do에 해당되는데, 한국어는 SOV 언어이기 때문에 V 뒤에 ha를 붙이면 앞의 OV 또는 SOV는 지칭화되어 명사화표지 -ki와 화제표지 -nun을 가 지게 된다. 예를 보자.

    a. Chelsu - ka   maykewu - lul   mai - ess - ta
       철수 - 주격   맥주 - 목적격   마 - 셨 - 다

哲洙喝了啤酒。
철수가 맥주를 마셨다.

b. [Chelsu-ka maykewu- lul masi] - **ki** - **nun** ha - ess - ta
　　[철수 - 주격　맥주 - 목적격 마시] 명사화-화제 do-과거시제-진술
　　철수가 맥주를 마시기는 했다.

是的, 哲洙喝了啤酒。
그래, 철수가 맥주를 마셨다.

c. Chelsu-ka [maykewu-lul　masi] - **ki** - **nun** ha - ess - 　ta
　　철수 - 주격　[맥주 - 목적격 마시] 명사화-화제 do-과거시제-진술
　　철수가 맥주를 마시기는 했다.

哲洙是喝了啤酒。
철수는 맥주를 마신 것이다.

　　b문장은 사건이 초점이 되는(event-focus) 문장이고, c문장은 동작이 초점이 되는 (VP-focus) 문장이다. 한국어에서는 명사화표지 –ki와 화제표지 –nun의 관할 범위가 겹치고, 화제는 곧 명사성 또는 지칭성이 강한 성분이라는 점에 유의하여야 한다. 다시 다음 중국어의 예를 살펴보자.

北风那个吹, 雪花那个飘。
북풍 그 불어옴에 눈꽃 그 흩날림이라.

我当时那个害怕！
당시 나의 그 두려움!

我那叫一个紧张哦！
나의 그 긴장됨이란!

    과거에는 '那个(그)'는 '吹(불다)', '害怕(무서워하다)', '紧张(긴장해 있다)'의 정도가 높음을 강조하는 것이라고 하였지만, 지금은 바로 '吹', '害怕', '紧张'의 정도가 높기 때문에 이들의 가별도를 높임으로써('那个'를 추가) 상대방의 주의를 강화시키기 위한 것이라고 설명한다.

    강조와 지칭성의 연관성을 이해하고 나면 위(3)의 대립이 설명되어진다. '争吵'는 문어체에 사용되고 '吵架'는 구어체에 사용된다. 두 단어는 원래 모두 지칭어로 동일한 동작을 지칭하였는데, 술어로 자주 사용되었기 때문에 지칭어에서 서술어로 허화, 즉 명사가 동사로 허화하였다(자세한 내용은 2권 제5장 2절 참조). 다른 언어의 진화와 마찬가지로, 이러한 허화 역시 구어체가 문어체보다 빠르기 때문에 구어체의 동태명사 '吵'와 '吵架'는 동사로의 허화 정도가 높아서 동사성이나 서술성이 강하고, 문어체의 동태명사 '争吵'는 동사로의 허화 정도가 낮아 명사성이나 지칭성이 강하다. 동태명사는 구어체에서는 단음절을, 문어체에서는 쌍음절을 많이 사용하기 때문에 '吵'가 '吵架'보다 동사로의 허화 정도가 높고 지칭성이 더 약하다. 실제 언어 자료를 조사해 보면, '进行吵架(말다툼을 하다)', '进行搬家(이사를 하다)', '进行读书(독서(공부)를 하다)' 등은 절대 불가능한 표현이 아니며, 특히 '吵架' 등의 단어 앞에 수량사가 붙을 경우는 더욱 쉽게 성립한다.

进行争吵　　　　　?进行吵架(进行第三次吵架)　　　*进行吵
언쟁을 진행하다　?_____(세 번째 말다툼을 진행하다)　*_____

进行搬迁	?进行搬家(进行第三次搬家)	*进行般
이전을 진행하다	?_____(세 번째 이사를 진행하다)	* _____
进行阅读	?进行读书(进行第三次读书)	*进行读
열독을 진행하다	?_____(세 번째 독서를 진행하다)	* _____

각 그룹에서 위에서 아래로 갈수록 갈수록 명사에서 동사로의 허화 정도가 높아지는데, 형식동사의 목적어는 일반적으로 비교적 전형적인 문어체이며 지나치게 구어화된 것은 목적어가 될 수 없는 것은 바로 이 때문이다. 선쟈쉬안(沈家煊 2011b)은 또한 '간결성 원칙'을 통해 이러한 해석의 장점을 설명한다.

마지막으로 설명해야 할 것은 (2) 부사의 차이로 인한 대립이다. 이 사실을 해석하기 위해서는 하나의 이치만 더 이해하면 되는데, 그것은 바로 한 단어의 내부 결합이 긴밀할수록 명사성이나 지칭성이 더욱 강해진다는 것이다. 이는 다음 예로 설명할 수 있다.

> 她喜欢买红包$_1$。
> 그녀는 붉은 봉투 사는 것을 좋아한다.
>
> 老板没发红包$_2$。
> 사장님은 홍빠오를 안 주셨다.

'红包$_2$'는 X로만 칭할 수 있어 '老板没发X'가 되고, '红包$_1$'은 'X包'로 칭할 수 있어 '她喜欢买X包(그는 X봉투 사는 것을 좋아한다)'(X는 '红(붉다)', '白(희다)', '黑(검다)', '蓝(푸르다)' 등을 대신함)이다. 이러한 의미에서 보면, 지칭 대상의 개체성은 '红包$_2$'가 '红包$_1$'보다 강하다. '红包$_2$'의 두 형태소의 결합은 실질적이면서 매우 긴밀하여 하나의 '이름(名)'처럼 한 '단어(词)'로 융합된 반면, '红包$_1$'의 두 형태소의 결합은 공허하고 느슨하여 한 '단어(词)'를 구성하지 못해서 하나의 '이름(名)' 같지가 않다. 달리 말하면, 하나의 '개체(个体)'가 될 수 있는 것일수록 우리는 그것에 '이름'을 붙여주어야 한다고 느낀다. 장훙녠(张洪年 1972)과 장르성(张日昇 1959)에 따르면, 광둥어로 '红包$_1$'은 '红包^{35}'이고 '红包$_2$'는 '红包^{55}'인데, 55조(调)는 광둥어 음평조(阴平调) '명사'의 특징이다. 즉, 중국인의 마음속에서 '단어'는 곧 '이름'이어서 '단어' 같지 않으면 '이름' 같지 않으니, '단어'가 되면 자연히 '이름'이 되므로 중국어의 '단어'나 '실사'는 자연히 명사성을 갖는다.(1권 제4장 3.1절) 선쟈쉬안(沈家煊 2012f)은 단어의 내부 결합이 긴밀할수록 명사와 유사하다는 '허실도상성(虚实象似)'의 원리를 논증하였고, 루빙푸(陆丙甫 2012)는 의미(内涵)가 풍부할수록 명사와 비슷함을 논증하였다.

'红包$_2$'는 '红包$_1$'보다 긴밀하게 결합되어 있어 더 많은 '의미'를 가지고 있기 때문에 사전에서 '红包$_2$'는 단독으로 표제어를 나열하여 그 의미에 대해 설명하여야 한다. 동작을 지칭하는 명칭도 마찬가지인데, '速滑(스피드스케이팅)'와 '跳马(뜀틀)'의 지칭 대상은 '개체(个体)'이지만 '快滑(빠르게 미끄러지다)'와 '骑马(말을 타다)'는 개체가 아니므로 '速滑'와 '跳马'는 '이름'이지만 '快滑'와 '骑马'는 이름 같지가 않다. 마찬가지로 '重新评估(재평가(하다))'는 '刚刚评估(방금 평가하다)'보다 내부 결합이 긴밀한데, 이는 지칭하는 한 개체로서 방식(重新)과 동작의 결합이 시간(刚刚)과 동작의 결합보다 더 긴밀하기 때문이다. 예증은 다음과 같다.

刚刚, 我们评估了那份计划。
방금 우리는 그 계획을 평가하였다.
?重新, 我们评估了那份计划。

我们刚刚重新评估了那份计划。
우리는 방금 그 계획을 재평가하였다.
*我们重新刚刚评估了那份计划。

인지적인 원인은 우리가 동작의 방식에 따라 동작을 분류하는 경우는 매우 흔하지만, 일반적으로 동작을 행하는 시간에 따라 동작을 분류하지는 않기 때문이다. 따라서 '刚刚评估'의 지칭 대상은 '重新评估'만큼 '개체성'이 강하지 않아서 명사성이나 지칭성이 충분히 강하지 않기 때문에 형식동사의 도움을 빌리더라도 그것이 지칭하는 동작을 강조하기에는 부족하다. 이 절에서 서술한 바는 선쟈쉬안·장쟝즈(沈家煊·张姜知 2013)에서 상세하게 확인할 수 있다.

제5절 영어 술어 재고

5.1 V-ing 형식은 '준지칭어'

1권 제3장 6절에서 중국어를 통해서만 중국어를 보면 실제 모습을 잘 볼 수 없음을 말한 바 있다. 마찬가지로 영어를 통해서만 영어를 보아도 영어의 본모습을 잘 볼 수 없다. 중국어의 술어가 지칭성을 가지고 있다는 점을 인식한 후에, 우리는 중국어를 통해 영어를 돌이켜 살펴보고 영어의 술어에 대해 더욱 깊이 이해할 수 있게 되었다.[23] 과거에 인도유럽어 안목의 지배를 받은 것은 모두 영어 등의 언어에서 출발하여 중국어를 관찰한 것이며, 이 관찰의 출발점을 반전시킬 수 있을 것이라고는 생각하지도 못하였다.

먼저 다음 세 문장 안의 'killing'을 살펴보자.

    a. His job is killing people mercilessly.
       他的工作是乱杀无辜。
       그의 일은 무고한 사람을 마구 죽이는 것이다.

    b. Killing people mercilessly is unimaginable.
       乱杀无辜不可想象。
       무고한 사람을 마구 죽이는 것은 상상할 수 없다.

    c. He is killing people mercilessly.
       他(是/在/是在)乱杀无辜呢。
       그는 무고한 사람을 마구 죽이고 있다.

a와 b 두 문장에서 killing people mercilessly는 각각 목적어(보충어(表语))[24]와 주어로 지칭성을 나타내는 지칭어이지만, c문장에서는 같은 형식이 술어의 일부분이어서 일반적으로 서술성만 있을 뿐 지칭성은 없는 것으로 보인다. 그러나 중국어를 통해 영어를 되짚어 보면 c문장 안의 killing—…

---

23 저자주: 본 절의 내용은 왕웨이(王伟)와의 토론 결과이며, 왕웨이·선쟈쉬안(王伟·沈家煊 2011)을 참고할 수 있다.
24 역자주: 계사 '是' 뒤의 성분을 가리키며, 주어의 신분과 성질, 특징과 상태를 설명한다.

을 '준지칭어'로 분석할 수 있는데, 이는 be V-ing가 '진행시제(progressive tense, 进行时态)가 아닌 확장시제(expanded tense, 扩展时态)25를 나타낸다는 예스퍼슨(Jespersen 1924:277-281)의 관점과 일치한다. 만약 '진행시제'로 본다면 중점은 V-ing인 동작의 진행이나 연속에 있고, '확장시제'로 본다면 중점은 시제표지 be에 있으므로 V-ing은 단지 be를 둘러싸고 확장되는 시간틀일뿐이다. 두 가지 관점의 차이는 다음과 같다.

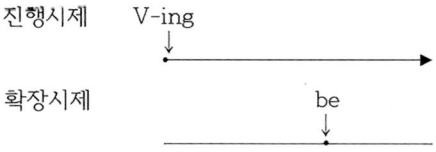

예를 들면, 'he is hunting'의 의미는 he is in(the middle of) the action of hunting(그는 사냥의 동작 가운데 있다)인데, 이는 hunting이라는 단어가 나타내는 동작이 is가 나타내는 시각의 앞과 뒤로 확장된 것이다. '확장시제'의 착안점은 한 동작의 진행이나 연속에 있지 않고 동작의 시간이 상대적으로 비교적 짧다는 데 있다. 예를 들어, Methuselah26 lived to be more than nine hundred years old(므두셀라는 900년 이상 살았다)에서 lived는 '비확장시제'로, 생존이 아주 오랜 시간동안 지속되었음을 나타낸다. 또 He was

---

25 역자주: 동사가 조동사의 보조를 받아 기본시제 범위를 넘어 그 이상의 시간관계를 나타낸다. 이는 기본 시제에 완료형, 진행형, 또는 미래형과 같은 다양한 시제 형태를 결합하여 더 구체적이고 복합적인 의미를 전달한다. 예를 들어, "I have been studying"은 현재 완료 진행형으로, 어떤 일이 지금까지 계속되고 있음을 나타낸다. 이처럼 여러 시제의 요소를 결합하는 것이 확장시제의 특징이다.

26 역자주: 구약성서에 나오는 인물로 에녹의 아들. 성서에 나오는 인물 중 가장 나이가 많은 사람으로 969년을 살았다고 한다.

raising his hand to strike her, when he stopped short(그는 자신의 손을 들어 그녀를 때리려다가 갑자기 멈추었다)에서 was raising은 '확장시제'로, 손을 들고 때리려는 동작의 시간이 매우 짧음을 나타낸다.

확장시제로 보는 것은 현대영어의 'be V-ing' 형식이 나타내는 정확한 의미를 이해하는 데 도움이 된다. 예를 들어, 이 형식은 항상 짧은 모종의 상태를 나타내며, 장기적인 상태를 나타내는 비확장시제와 서로 대립한다. 비교하여 보자.

He is staying at the Savoy Hotel.
他暂住沙乌埃饭店。
그는 사보이호텔에 머물고 있다.

He lives in London.
他常住伦敦。
그는 런던에 상주한다.

What are you doing for a living? I am writing for the papers.
你目前何以为生? 我暂时为报纸写写稿。
당신은 현재 무엇을 해서 먹고 삽니까? 저는 신문에 글을 쓰고 있습니다.

What do you do for a living? I write for the papers.
你以什么为生? 我为报纸撰稿。
당신은 무엇을 해서 먹고 삽니까? 저는 신문에 글을 씁니다.

다시 예를 들면, 습관적인 행위는 반드시 비확장시제로 표현해야 한다.

A great awe seemed to have fallen upon her, and she *was behaving* as she *behaved* in church.

　　她似乎突然陷入一种深深的敬畏之中，举止就像平时在教堂里一样。

　　그녀는 갑자기 깊은 경외감에 빠진 듯 평소 교회에 있는 것처럼 행동했다.

Thanks, I *don't* smoke.
谢谢, 我不吸烟。
고마워요, 담배 안 필게요.

이는 다음 예문과 비교할 수 있다.

I am not smoking
我现在不吸烟。
저는 지금 담배를 피우지 않습니다.

그러나 습관적인 행위가 만약 다른 행위의 시간 틀로 간주되는 경우에는 확장시제를 사용해야 한다.

I realize my own stupidity when I am *playing* chess with him.
我一跟他下棋就意识到我的愚笨。
나는 그와 바둑을 두자마자 나의 우둔함을 깨달았다.

Every morning when he *was having* his breakfast his wife asked him for money.

每天早上他一吃早饭, 他妻子就问他要钱。[27]

매일 아침 그가 아침을 먹을 때면 그의 아내는 그에게 돈을 요구했다.

확장시제로 보는 것은 다음 일련의 사실을 설명하는 데도 도움이 된다.

(1) 영어사를 보면 'be V-ing' 구조는 주로 'on 전치사구조'에서 전치사 on의 초성 모음이 탈락함으로써 만들어졌다. is on huntinge → is a-hunting → is hunting(진화 과정은 burst out on weeping →...a-weeping →...weeping, set the clock on going →...a-going →...going과 같다). 이런 구조가 빈번하게 사용될 시기가 바로 단어의 초성 모음탈락 현상(예: on bœc → a-back → back)이 매우 흔하게 보일 때이다.

(2) 수동 의미를 나타내는 the house was building(그 집은 지어지고 있었다)은 원래 the house was on building(집은 지어지는 중이다)이었는데, 지금도 상용되는 유사한 표현으로는 while the tea was brewing(차가 끓고 있을 때), my MS is now copying(나의 친필 원고는 베껴지는 중이다) 등이 있다.

(3) 심리 상태나 감정을 나타내는 동사는 일반적으로 확장시제를 사용할 수 없기 때문에 I am feeling cold(나는 지금 춥다)와 같이 짧은 시간의 상태를 언급하는 경우가 아니고서는 he is on(engaged in, occupied in) liking fish(그는 물고기를 좋아하고/좋아하는 것에 열중하고/좋아하는 것

---

[27] 저자주: 중국어 번역문의 동사성 성분 '跟他下棋'와 "吃早饭'의 앞에 숫자 '一'이 있는데, 이는 동작 행위의 일시성과 동사성 단어의 지칭성을 나타낸다.

에 심취해 있다)라고 말할 수 없다.

(4) 경매사가 낙찰봉을 들고서 외치는 말은 Going, going, gone(없습니까, 없습니까, 네 낙찰입니다!)인데, 이때 going은 순간적인 상태를 나타낸다. 이로써 왜 be coming과 be going이 임박한 때를 나타낼 수 있는지 쉽게 이해가 된다.

> I *am going* to Birmingham next week.
> 我下周就去伯明翰。
> 저는 다음 주에 버밍엄에 갑니다.
>
> Christmas *is coming*, the geese are getting fat.
> 圣诞节快到了, 鹅也在肥起来。
> 크리스마스가 다가오자 거위도 살찌고 있다.

예스퍼슨(Jespersen)은 시간의 틀을 나타내는 'on V-ing'가 본질적으로 명사구조라고 보고, 이를 '전치사 on을 수반하는 동적인 명사구조'라고 불렀다. 이를 중국어와 비교해보면 쉽게 이해가 된다. 중국어 '他在打猎(之中)(그는 사냥을 하고 있다(있는 중이다))'는 곧 'he is in(the middle of)hunting'라는 의미의 자연스런 표현이며, 계사(系词)는 생략되어 있다. 이는 '他在山上(그는 산 속에 있다)'의 구조와 같으며, '山上(산 속)'과 '打猎(사냥하다)'는 모두 명사성이다. 이것은 바로 영어 V-ing가 술어가 될 때도 동작에 대한 서술로 볼 필요 없이, 동작에 대한 지칭으로 볼 수 있음을 말한다. 위의 a, b, c 세 문장 안의 killing...에 대해 통일된 처리를 하기 위해서는 a와 b를 c에 붙일 것(서술어로 통칭)이 아니라 c를 a와 b에 붙여서 함께 지칭어라 통칭해야 한다. 이것은 지칭과 서술의 비대칭 방향이 결정한 것이다(1권 제5장 참조).

그런데 영어에서 c의 killing...을 더 이상 지칭어로 보지 않는 이유는 다음 몇 가지 이유 때문이다. 첫째, 동사에는 한정형식과 비한정형식의 구분이 있다. 둘째, 주어와 술어의 연결이 긴밀하며, 계사구문의 경우 주술관계는 일반적으로 동등과 귀속을 나타낸다. 셋째, KILLING IS AN ENTITY(살인은 하나의 실체이다)와 같은 존재론적 은유가 영어에서는 '실현적인 것(实现性的)'이 아니라 '구성적인 것(构成性的)'이기 때문이다(1권 제4장 2.1절 참조). 그럼에도 불구하고 예스퍼슨과 같이 c문장의 killing...을 '준지칭어'로 보는 것은 전혀 부당하지 않다.

5.2 V-ed 형식은 '잠재적 지칭어'

다음 네 문장 안의 'killed'를 살펴보자.

    a. He killed a man.
       他杀了一个人。
       그는 한 사람을 죽였다.

    b. He did kill a man.
       他是杀了一个人。
       그는 한 사람을 죽인 것이다.

    c. He has killed a man.
       他有杀过一个人。
       그는 한 사람을 죽인 적이 있다.

d. That he killed a man is a fact.

他杀了一个人是事实。

그가 한 사람을 죽였다는 것은 사실이다.

중국어의 관점에서 영어를 되살펴 보면 영어 술어 부분의 V-ed는 잠재적인 지칭성을 가지고 있음을 알 수 있다. a에서는 이러한 잠재적 지칭성을 전혀 알아 볼 수 없고, b문장에서는 지칭성이 절반 정도 드러나 있다. 즉, kill a man이 something과 같아서 He did kill a man은 곧 He did something이며, 중국어 '杀了一个人(사람 하나를 죽였다)은 '是'의 지칭성 목적어가 된다. c문장의 killed a man은 has의 지칭성 목적어로 볼 수 있는데, 이는 마침 '杀过一个人(한 사람을 죽인 적이 있다)'이 동사 '有'의 지칭성 목적어인 것과 같다. d문장에서는 he killed a man 앞에 that을 붙여 지칭어로 '실현(实现)'시켰는데, 중국어는 이 실현의 과정이 불필요하다.

V-ed를 잠재적 지칭어로 보는 것은 'have V-ed'가 '상(aspect, 体)'이 아닌 '시제(时, tense)'를 의미하는 것이라는 예스퍼슨(Jespersen 1924: 269-271)의 견해와 일치한다. 예스퍼슨은 '상'을 논할 때(286-289) 영어의 '완료상(perfective, 完成体)'을 '완료시제(perfect, 完成时)'로 보았지만, '완료시제'는 일종의 '영구적 현재시제(permansive present, 稳状现在时)'로, 사실 '현재시제'에 속한다. 이는 과거 사건에서 나온 결과를 현재의 영구적 상태로 표현한 것이다. 이러한 주장은 다음의 사실들이 뒷받침해준다.

(1) have V-ed는 부사 now와 함께 쓰일 수는 있지만, 과거 시간을 나타내는 단어와는 함께 쓰일 수 없다. 예를 들어 다음과 같다.

Now I have eaten enough. 이제 나는 충분히 먹었다.

*I have eaten enough yesterday.

(2) 표현된 의미 역시 과거 시제와는 큰 차이가 있다. 예를 들어 보자.

He has become mad.
그는 미쳤다. ('미쳤다'는 현재 상태임)

He became mad.
그는 미치게 되었다. (현재 상태와 무관)

Have you written the letter?
편지를 다 썼습니까?(현재 시각에 대한 질문)

Did you write the letter?
당신은 편지를 썼습니까?(현재 시각과 무관)

(3) 주절에서 have V-ed를 사용하면 종속절에서는 현재시제를 사용하여야 한다. 비교하여 보자.

He has given orders that all spies are to be shot at once.
他已下令间谍一律立即枪毙。
그는 모든 스파이들을 즉시 총살하라고 명령했다.

He gave orders that all spies were to be shot at once.
他曾下令间谍一律立即枪毙。
그는 모든 스파이들을 즉시 총살하라고 명령했었다.

(4) 고대 아리아어(Old Aryan)의 완료상은 원래 일종의 강조성을 가진 '영구적 현재시제'로, 상태를 나타낸다. 예를 들면 odi(나는 미워한다), memini(나는 기억한다), hestēka(나는 서 있다), kektēmai(나는 가지고 있다), keutha(나는 마음속에 간직하고 있다), heimai(나는 입고 있다), oida(내 눈앞에 있다) 등이 있다. 앵글로-아일랜드어(Anglo-Irish)에는 He is after drinking(그는 술을 마신 후이다), 즉 '他在喝后状态(그는 음주 후의 상태에 있다)'를 기지고 '他已经喝了(그는 이미 술을 마셨다)'라는 의미를 나타내는 일종의 완료상의 표현방식이 있다.

이러한 사실들은 He who possesses has acquired(一经获得, 即成拥有/취득 즉시 소유한다), He who wears a garment has put it on(一经穿上, 即成穿着/착의 즉시 옷차림이 된다)과 같이 '현재 상태'와 '과거 사건의 결과' 사이에 도출의 관계가 있음을 설명한다.

예스퍼슨은 또 'have V-ed를 '완료상'으로 볼 경우 완료인 V-ed(-ed는 과거분사 접미사), 즉 동작이 완료되었는지 완료되지 않았는지에 주안점이 있지만, have V-ed를 '완료시제'로 볼 경우에는 주안점이 시간인 have V-ed(-ed는 과거시제 접미사), 즉 과거에 발생한 사건과 현재의 연결에 있다고 말했다. 즉, 예스퍼슨이 보기에 have V-ed 속의 V-ed는 동사 have(현재시제)의 지칭성 목적어로 볼 수 있기에 he가 과거에 한 일 killed a man을 he가 현재 영구적으로 가지고 있는 하나의 결과 상태로 보아서 He has killed a man이 된다는 것이다. 따라서 영어에서 과거시제의 V-ed와 과거분사의 V-ed가 형태가 같은 것은 결코 우연이 아니라 논리적인 근거가 있는데, 그것은 바로 술어 killed a man이 잠재적 지칭성을 가지고 있다는 것이다.

그렇다면 과거시제 V-ed(한정형식)와 과거분사의 V-ed(비한정형식)가 동형이며, 또 그것이 우연이 아닌데도 왜 영문법에서는 일반적으로 이들을 구분하는 것일까? 이에 대한 대답은 여전히, 한정동사의 변형이 '구조의 평행성'을 가지고 있어서 일련의 변형된 '구도(paradigm, 格局)'를 형성하기 때문이라는 것이다.

마지막으로 영어의 동사원형도 잠재적 지칭성을 가진다는 것에 대해 서술하고자 한다. 허들스턴·풀럼(Huddleston & Pullum 2002: 1184)은 부정사 'to+V'의 to는 동형전치사 to에서 유래되었으며, 이는 오늘날 영문법에 여전히 반영되어 있다고 지적하였다.

우선, 분포 제약의 관점에서 볼 때 부정사구 'to+V'는 전치사구 'to+N'과 마찬가지로 전치사의 목적어가 될 수 없다.

*We are thinking of to *London*.
我们正考虑去伦敦。
우리는 런던으로 가려고 생각하고 있다.

*We are thinking of to *travel by bus*.
我们正考虑坐巴士去旅游。
우리는 버스로 여행을 가려고 생각하고 있다.

둘째, 쌍을 이루는 일부 반의동사(예: persuade(…을 하도록 설득하다)와 dissuade(…을 하지 않도록 설득하다), encourage(격려하다)와 discourage(의욕을 꺾다) 등)에서는 부정사 to가 전치사 from, against와 서로 대응한다.

I persuaded her *to* buy it.
我劝她买。
나는 그녀에게 사라고 설득했다.

I dissuaded her *from* buying it.
我劝阻她买。
나는 그녀가 사지 말라고 설득했다.

I encouraged her *to* try it.
我鼓励她试一试。
나는 그녀가 한번 해보라고 격려했다.

I discouraged her *from* trying it.
我劝阻她试。
나는 그녀가 해보려는 것을 말렸다.

I warned her *to* stay indoors.
我警告她待在家里。
나는 그녀에게 집에 있으라고 경고했다.

I warned her *against* staying indoors.
我警告她别待在家里。
나는 그녀에게 집에 있지 말라고 경고했다.

그러나 영어의 명사와 동사는 어디까지나 이미 분립되어 있기 때문에 I agreed to it과 I agreed to go가 모두 문법에 맞아도 it와 go는 병렬할 수 없다(*I agreed to it and go). 또 부정사 to와 전치사 against도 병렬할 수 없으므로(*I don't want you warning her toor against) 부정식의 to는 역시 V의 부가표지로 보고 전치사와 구별해야 한다. 그럼에도 불구하고 동사원형은 역시 잠재적인 지칭성을 가지고 있다.

제6절 중국어는 '명사중심' 언어

중국어는 동사를 중시하는 언어인가, 명사를 중시하는 언어인가? 관점에 따라 도출되는 결론은 다를 것이다. 궈사오위(郭绍虞 1979: 667, 709)는 주로 중국어가 독립적인 문법범주인 '양사(量词)'를 가지고 있다는 점에서 출발하여 중국어는 명사를 중시한다고 여겼다. 그러나 인도유럽어의 명사는 보편적으로 중국어에 없는 '성(性)'과 '수(數)'의 형태를 가지고 있으며, 강제성이 있어서 동사는 명사의 성, 수와 일치를 유지해야 한다. 언어유형론의 연구에 따르면, '양사'와 '수'는 동일한 문법기능의 상호보완적인 두 표현 형식으로, 모두 개념적으로 유계(有界) 사물과 무계(无界) 사물을 구별하기 위한 것이다(Lyons 1977: 227; 沈家煊 1995a). 또한 상고(上古)시대 중국어에는 양사가 없다. 현대중국어는 명사에 '명량사(名量词)'가 있을 뿐만 아니라 동사에도 '동량사(动量词)'가 있다. 예를 들면 '次', '遍', '回', '下', '趟', '阵', '遭' 등이 있으며, 명사에는 일반적으로 이들 동량사를 사용할 수 없다. 주더시(朱德熙 1985a: 16)는 수량사의 수식을 받을 수 있는 것이 동사와 구별되는 명사의 문법적 특성은 아니라고 분명하게 말하였다. 따라서 양사가 있다는 것으로는 중국어가 명사를 중시하는 언어임을 증명하기에 충분하지가 않다. 궈사오위의 관점과는 반대로, 리우단칭(刘丹青 2010)은 대량의 사실을 제시하며 영어가 명사를 사용하는 경우 중국어는 동사를 많이 사용한다는 것을 보여주었는데, 이로써 그는 중국어가 동사를 중시하는 언어라고 보았다. 그러나 그 역시 설명할 방법이 없다고 인정한 한 가지 중요한 사실이 있는데, 그것은 바로 중국어의 명사는 술어가 될 수 있다는 것이다. 위의 제1절에서 명사가 술어가 될 수 있다는 특징이 동사가 주어·목적어가 될 수 있다는 특징보다 더 중요하다고 설명한 바 있다.

'명동포함' 구도에 따르면, 중국어의 동사는 모두 명사이고 동사는 대명사(大名词)의 한 하위 부류에 불과하다. 이 각도에서 보면 중국어는 명사를 중시한다. 하지만 또 다른 각도에서 보면, 동사는 대명사(大名詞) 안의 특수한 하위 부류로, 지칭성 외에 일반명사가 가지고 있지 않는 서술성도 함께 가지고 있으므로 중국어는 동사를 중시한다. 그러나 '명동포함 이론'은 동사가 명사에 속하며 서술어가 지칭성을 가지고 있다는 것을 설명하는 데 중점을 두고 있는데, 이와 유사한 언어로는 타갈로그어와 통가어(1권 제3장 7절, 2권 제3장 참조)가 있다. 언어유형론 문헌에서는 모두 이러한 언어가 '명사의 근본성28(nominalism, 名词的根本性)'을 가지고 있다고 말하는데, 이는 인도유럽어의 '동사중심'과 비교해 상대적으로 그렇다는 것이다. 명사 근본성의 의미에서 보면 중국어는 명사를 중시하는 '명사중심' 언어라고 할 수 있다. '명동포함 이론'은 명사가 술어가 될 수 있다는 중요한 사실뿐만 아니라 영어에서 명사를 사용하는 경우에 중국어는 동사를 많이 사용한다는 것에 대해서도 설명을 할 수 있다. 이에 대해 하나씩 설명해보자.

첫 번째는 영어의 많은 명사문을 중국어로는 동사문으로 표현해야 한다는 사실이다. 그러나 영어의 이러한 명사문은 모두 비직설문(非直陈句)으로, 강렬한 감정색채를 띠고 있다.

---

28 역자주: 철학에서 nominalism은 유명론(唯名論)으로 번역하는데, 이는 '보편자는 이름뿐이다'라는 명제로 요약된다. 중세 스콜라 철학에서 형이상학적 실재론(realism)에 대항하여 제기된 인식론적, 존재론적 입장이다. 오캄의 윌리엄은 '오캄의 면도날' 원칙에 따라, 불필요한 실체를 가정하지 말아야 한다고 주장하며 유명론을 옹호하였다. 이 책에서는 원문의 용어를 직역하여 '명사의 근본성'으로 번역하였다.

감탄/환호	Obama! Obama!
	欢迎奥巴马！
	오바마! 오바마!
저주/욕설	Death to invaders!
	让侵略者去死吧！
	침략자에게 죽음을!
청원/호소	Shorter working time!
	缩短工作时间！
	근로시간 단축!
금지/저지	No smoking.
	禁止吸烟。
	흡연금지.
환기/경고	Wet paint.
	油漆未干。
	페인트 주의.

이 예들은 영어가 동사문을 사용하는 것이 정상적인 상태이고, 명사문을 사용하는 것은 비정상 상태라는 것을 나타낸다. 금지나 만류의 경우, No smoking이라고 말하는 금지·만류의 강도는 Don't smoke보다 확실히 더 크다.

두 번째는 영어에는 명사 한정어 all이 있는데, 중국어는 부사 '都'를 써야 한다는 사실이다.

All the students are gone.

(所有) 学生都走了。　　　*所有学生走了。
(모든) 학생들이 다 갔다.

한 가지 덧붙일 것은, 영어에는 명사를 한정하는 부분 양사 some이 있는데 중국어에는 없다는 사실이다. 자오위안런(赵元任 1955)은 some people 의 중국어 표현은 '有人(사람이 있다)'이라고 하였다.

중국어 명사 그 자체는 전칭(全称)과 부분양사(部分量词)의 제약을 받지 않는데, 이는 바로 명사 자체가 부정되지 않는 것과 마찬가지로 명사의 근본성에 의해 결정된 것이다.(2권 제2장 4절, 제4장 1절 참조)

세 번째는 영어 구호 Attention!(주목!)은 명사이고, 이에 해당하는 중국어 '注意!(주목하세요!)'는 동사라는 사실이다. 그런데 중국어는 '三大纪律, 八项注意(3대 기율, 8개 주의사항)'라고 말하는데, 여기서 '注意'는 '纪律'과 병렬되어 있으므로 동사이자 명사임을 나타낸다. 환기나 경고의 영어 문구 Wet floor(미끄러운 바닥(미끄럼 주의))는 명사구이고 상응하는 중국어 '地滑(바닥이 미끄럽다)'는 주술구지만, '小心地滑(바닥 미끄럼을 조심하세요)'에서 '地滑'는 '小心(조심하다)'의 목적어로 쓰였으므로 이 역시 명사성이라는 것을 말해준다.

네 번째는 영어는 술어 동사를 생략할 수 있지만 중국어는 그럴 수 없다는 사실이다. 예를 들어보자.

I ate noodles, and he rice.
我吃了面条, 他 *(吃了)米饭。
나는 국수를 먹었고, 그는 밥(먹었다).

그런데 앞에서 이미 설명했듯이, '吃了面条(국수를 먹었다)'는 동사 '是'의 목적어가 될 수 있어 '我是吃了面条(나는 면을 먹은 것이다)'라고 할 수 있으므로, '吃了面条'는 지칭성을 가진다고 할 수 있다. 또한 중국어는 '我面条, 他米饭(나는 국수, 그는 백반)' 또는 '初一饺子, 十五汤圆(초하루엔 쟈오쯔, 보름엔 탕위안)'이라고 할 수 있는데, 영어로 I noodles and he rice라고는 말하지 않는다. 영어에서 앞 문장을 이을 때는 동사를 생략할 수 있는 이유가 바로 독립적인 영어 문장은 반드시 술어 동사가 있어야 하기 때문이다.

다섯 번째는 영어에서 관형어를 쓰는 곳에 중국어는 보어와 부사어를 써야 한다는 사실인데, 예를 들면 다음과 같다

    to marry a wrong man
    嫁错了人
    시집을 잘못 가서

    to make a pot of thick soup
    浓浓的煮了一锅汤
    국 한 솥을 진하게 끓여서

2권 제1장은 바로 중국어는 동사가 명사에 속하기 때문에 보어 역시 '동태결과목적어(动态结果宾语)'라는 일종의 목적어이고, 부사어도 '동태관형어(动态定语)'라는 일종의 관형어가 된다는 것을 설명하고자 한다.

여섯 번째는 영어의 명사가 동사로 활용되는 종류와 수량은 모두 중국어보다 많아서 명사가 비교적 활발하지만, 중국어는 이러한 활용이 적다. 예를 들어, 영어로는 to pie the demonstrators(시위자들에게 파이를 던져주다)

라고 말하는데, 중국어로는 '馅饼了示威者'라고 말하지 않는다. 그러나 1권 제5장 2절에서 이미 설명한 바와 같이, 고대중국어는 단음절명사가 동사로 활용되는 종류와 수량이 영어와 마찬가지로 많았으나 현대중국어에서 쌍음절명사는 동사로 활용되는 경우가 매우 적다(短信我(나에게 문자해), 试点小靳庄(지명)(샤오진좡을 실험단위로 해))[29]. 이는 '명동포함' 구도 안에서 쌍음절명사가 동사로 아직 완전하게 허화되지 않았기 때문이다(2권 제5장 2절). 목적어 유무로 보면, 중국어의 동사는 모두 목적어를 가질 수 있지만(단지 목적어를 가지는 종류가 다를 뿐임), 이를 '뺄(dropped, 落空)' 수도 있는 반면, 영어 타동사의 목적어는 뺄 수가 없다. 이는 바로 중국어에는 '순수한' 술어 동사가 없음을 나타낸다.

요컨대, 리우단칭(刘丹青 2010)에서 중국어는 '동사중심(动词型)' 언어라고 주장하는 몇 가지 특징은 모두 '명동포함 이론'으로 설명이 가능하다.

1) 동사 술어는 한정과 비한정 구분이 결여되어 있는데, 이는 중국어의 동사, 즉 '동태명사'가 아직 대명사(大名词)로부터 분리되어 나오지 않았음을 말해준다.
2) 주어와 술어 사이에 형태-통사의 관계가 비교적 느슨하다는 것은 바로 중국어에는 순수한 술어가 없으며, 술어는 화제에 대한 평언으로, 그 역시 지칭어에 속한다는 것을 설명한다.
3) 동사가 직접 주어나 목적어 또는 수식어가 될 수 있는데, 이는 동사 자체가 곧 명사이기 때문이다. 형용사가 광의의 명사가 아닌 광의의

---

29 역자주: 샤오진좡(小靳庄)은 톈진(天津)시 바오디(宝坻)현의 지명.

동사에 속하는 것이 중국어가 동사를 중시한다는 것을 설명할 수는 없다. 동사도 명사에 속하기 때문이다.

'명동포함 이론'은 또한 아동의 명사·동사 품사 습득에 나타난 '명사편향성(名词偏向)'에 대한 설명에도 도움이 되는데, 이에 대해서는 부록1을 참조할 수 있다.

명사의 근본성이라는 관점에서 보면, 중국어는 명사를 중시하는 명사 중심 언어이다. 이른바 동사의 활동성(活跃性)은 모두 명사의 근본성을 통해 설명될 수 있다. 동적 진화의 각도에서 보면, 중국어는 동작을 나타내는 명사가 동사로 품사전환되고 있지만 아직까지 명사에서 완전히 분리되어 하나의 독립된 동사범주가 되지는 않았기 때문에 '명사화'라고 말할 수는 없다. 중국어 명사의 근본성(nominalsm)에 관해서는 또 이를 공간적 각도에서 논한 왕원빈(王文斌 2013)과 왕원빈·허칭치앙(王文斌·何清强 2014)의 논증을 참고할 수 있다.

본 장의 논술은 다음과 같이 요약할 수 있다. 인도유럽어와 다른 중국어의 주요 특징은, '중국어의 동사는 주어·목적어가 될 수 있다'라고 하기 보다는 '중국어의 명사는 술어가 될 수 있다'라고 말하는 것이 더 낫다. 중국어의 명사가 술어가 될 수 있는 이유는 명사가 서술성을 가지고 있기 때문이 아니라 술어가 지칭성을 가지고 있기 때문이다. 중국어에는 순수한 술어가 없으며, 이른바 술어는 화제에 대한 평언으로 지칭성을 가지고 있다. 과거에는 영어의 관점에서 중국어를 관찰하였기에 동사에 주안점을 두었다. 이로 인해 동사가 술어가 될 때는 어떠하고 주어·목적어가 될 때는 어떠하고 하면서, 중국어의 동사도 '명사화' 되었다고 여기거나 한정·비한정형식의 구분이 있다고 보았다. 하지만 이는 모두 중국어의 실제에 부합하지 않는다. 그런데 중국어의 관점에서 새롭게 영어를 관찰하면서 주안점이 명사로 옮겨졌다. 그리하여 반대로 명사가 주어·목적어가 되면 어떠하고 술어가 되면 어떠하고 하면서, 영어의 명사는 직접 술어가 될 수 없으며 술어는 준지칭어 또는 잠재적 지칭어라는 것을 알게 되었다. 언어 진화라는 동적인 관점에서 볼 때, 문법범주는 화용범주로부터 허화되어 나온 것이고(1권 제4장 4.3절), 동사범주는 대명사범주(大名词类)로부터 분화되어 나온 것이다(2권 제3장 5절). 따라서 중국어를 출발점으로 하여 다른 언어를 보는 것은 언어유형론과 진화언어론적 의미를 더욱 더 가지므로 적어도 지금까지 빚어진 관찰의 편파성은 보완할 수가 있다.

중국어의 술어가 지칭성을 가지고 있음을 인식하게 되면, '小王也黄头发(샤오왕도 노랑머리다)', '我已经大学生了(나는 이미 대학생이 되었다.)'와 같이 중국어의 명사가 부사어의 수식을 받는 현상에 대해서 설명이 가능하다. 또 '电话联系(전화로 연락하다)', '笑脸相迎(웃는 얼굴로 맞이하다)' 등과 같이 명사가 부사어가 되는 현상도 설명할 수가 있는데, 이에 대해서는 다음 장에서 부사어 문제를 서술할 때 자세히 설명하기로 한다.

중국어는 '화용법이 문법을 포함하고, 문법은 화용법에 기초한다'. 이러한 의미에서 보면 중국어는 '화용형' 언어이다(1권 제4장 4.3절 참조). 마찬가지로 중국어는 '명사가 동사를 포함하고, 동사는 명사에 기초한다'. 이러한 의미에서 보면 중국어는 또 '명사중심' 언어이다. 이로써 두 가지 견해는 일치될 수 있다.

참고문헌

敖镜浩 1998, 论"之"的语法性质, 载『古汉语语法论集』, 149-160, 语文出版社.

白 硕 2014, 论"这本书的出版"与X-bar 理论的兼容性, 载于博客论坛 http://blog.sina.com.cn/s/blog-729574a00102uzf6.html.

蔡淑美·施春宏 2007, 阎连科作品中的重叠形式探析, 『语言教学与研究』第4期, 1-9.

蔡维天 2010, 谈汉语模态词的分布与诠释之对应关系, 『中国语文』第3期, 208-221.

曹逢甫 2004a, 唐诗对偶句的形式条件与篇章修辞功能, 『从语言学看文学: 唐宋近体诗三论』, 中研院语言学研究所, 97—173.

曹逢甫 2004b, 从主题-评论的观点看唐宋诗的句法与赏析, 『从语言学看文学: 唐宋近体诗三论』, 中研院语言学研究所, 49-96.

曹天元 2006, 『上帝掷骰子吗—量子物理史话』, 辽宁教育出版社.

柴世森·张智慧 1999, 试谈汉语语法学史研究中的几个问题, 『中国语言学报』第九期, 123-135.

陈承泽 1922, 『国文法草创』新一版(1982), 商务印书馆.

*陈 刚·沈家煊 2012, 从"标记颠倒"看韵律和语法的象似关系, 『外语教学与研究』第4期, 483-495.

陈国华 2009, 从"的"看中心语构造与中心语的词类, 『外语教学与研究』第2期, 92-98.

陈嘉映 1999, 事物, 事实, 论证, 赵汀阳主编『论证』1, 辽海出版社, 1-25.

陈嘉映 2003, 万德勒的『哲学中的语言学』, 赵汀阳主编『论证』3, 473—495.

陈满华 2008, 『体词谓语句研究』, 中国文联出版社.

陈宁萍 1987, 现代汉语名词类的扩大, 『中国语文』第5期, 379-389.

陈 平 1981, 『英汉否定结构对比研究』, 中国社会科学院研究生院语言系硕士学位论文.

陈 平 1987, 释汉语中与名词性成分相关的四组概念, 『中国语文』第2期, 81-92.

陈 霞 2011, 试论"道"的原始二重性: "无"和"有", 『哲学研究』第4期, 68-74.

陈小荷 1999, 从自动句法分析角度看汉语词类问题, 『语言教学与研究』第3期, 63-72.

陈 晓 2009, 论"这个/ 那个+VP"特殊结构,『南开语言学刊』第2期, 97-107.

陈新仁 2010, 中国学生二语产出中的光秃可数名词短语——概念认知与语言表征,『外语研究』第1期, 15-20.

陈泽平 1998,『福州方言研究』, 福建人民出版社.

陈祝琴 2009, "子产而死""富而可求"类句子的语义问题,『南京师范大学文学院学报』第2期, 159-165.

程 工 1999,『语言共性论』, 上海外语教育出版社.

程湘清 2003,『汉语史专书复音词研究』, 商务印书馆.

储泽祥 2001, "名+数量"语序与注意焦点,『中国语文』第5期, 411-417.

崔山佳 2013,『汉语欧化语法现象专题研究』, 巴蜀书社.

戴浩一 1997, Category Shifts and Word-Formation Redundancy,『中国境内语言暨语言学』第3期, 435-468.

戴浩一 2002, 概念结构与非自主性语法: 汉语语法概念系统初探,『当代语言学』第1期, 1-12.

戴庆厦 2002, 景颇语的"体"和"貌", 载『中国民族语言文学研究论集』第二辑, 民族出版社.另载『戴庆厦文集』第一卷, 286-298.

邓 盾 2015, 上古汉语"主之谓"结构的句法分析及相关问题,『语言学论丛』第51辑, 296-332.

邓思颖 2002, 汉语时间谓语句的限制条件,『中国语文』第3期, 217—221.

邓思颖 2006, 以"的"为中心语的一些问题,『当代语言学』第3期, 205-212.

刁晏斌 2004, 试论现代汉语形式动词的功能,『宁夏大学学报(人文社会科学版)』第3期, 33-38.

刁晏斌·李艳艳 2010, 试论"有+ 单音节动素"式动词,『语言教学与研究』第1期, 38-43.

丁声树 1935, 释否定词"弗""不",『历史语言研究所集刊外编·庆祝蔡元培先生六十五岁论文集』下册, 国立中央研究院历史语言研究所, 967-996.

丁声树 1940, 诗卷耳芣苢"采采"说,『(国立)北京大学四十周年纪念论文集』乙编上, 国立北京大学出版组, 1-15.

丁声树·吕叔湘·李 荣等 1979,『现代汉语语法讲话』, 商务印书馆.

董秀芳 2002, "都"的指向目标及相关问题,『中国语文』第6期, 495-507.

董秀芳 2004,"是"的进一步语法化:由虚词到词内成分,『当代语言学』第1期, 35-44.

董秀芳 2012, 上古汉语议论语篇的结构特点:兼论联系语篇结构分析虚词的功能,『中国语文』第4期, 356-366.

董秀芳 2013, 词汇双音化对论元结构的影响,『汉语史学报』第十三辑, 17-25.

端木三 2000, 汉语的节奏,『当代语言学』第4期, 203—209.

端木三 2007, 重音、信息和语言的分类,『语言科学』第5期, 3-16.

段 晴 2001,『波你尼语法入门』, 北京大学出版社.

范继淹 1985, 汉语句段结构,『中国语文』第1期, 52-61.

范 晓 1992, VP主语句——兼论"N的V"做主语,『语法研究和探索』第6辑, 176-189.

范晓林 2012, 晋北方言领属代词的重叠,『中国语文』第1期, 56-57.

方光焘 1997,『方光焘语言学论文集』, 商务印书馆.

方 梅 2011, 北京话的两种行为指称形式,『方言』第4期, 368-377.

冯胜利 1997,『汉语的韵律、词法和句法』, 北京大学出版社.

冯胜利 2000,『汉语韵律句法学』, 上海教育出版社.

冯胜利 2001, 论汉语"词"的多维性,『当代语言学』第3期, 161—174.

冯胜利 2011, 韵律句法学研究的历程与进展,『世界汉语教学』第1期, 13-31.

冯友兰 1964,『中国哲学史新编』第2册, 人民出版社.

冯友兰 2013,『中国哲学简史』, 涂又光译, 北京大学出版社.

冯志伟 2006, 术语命名中的隐喻,『科技术语研究』第3期, 19-20.

傅 玉 2010, 最简句法框架下的谓词省略研究,『外国语』第4期, 253-267页.

高名凯 1953, 关于汉语的词类分别,『中国语文』10月号, 13-16.

高 松 2013, 真理之争——胡塞尔与弗雷格论"真",『哲学研究』第5期, 73-81.

龚 波 2010, 从假设句的否定形式看甲骨文中的"勿"、"弜"与"不"、"弗"之别,『中国语文』第2期, 162-167.

古川裕 2009,"变化"事件的两种认识及句式特点,『汉语学报』第4期, 23-30.

郭 锐 2002,『现代汉语词类研究』, 商务印书馆.

郭 锐 2011, 朱德熙先生的汉语词类研究,『汉语学习』第5期, 14—26.

郭绍虞 1979,『汉语语法修辞新探』, 商务印书馆.

何乐士 1989,『左传』的[主·"之"·谓] 式, 载何乐士『〈左传〉虚词研究』, 商务印书馆, 66-77.

何莫邪(Harbsmeier, Christoph)1983—1985, 先秦汉语的名词从何处来? (*Where do Classical Chinese nouns come from?*)『古代中国』(Early China)9-10期, 77-163.

洪 波 2008, 周秦汉语"之s"的可及性及相关问题,『中国语文』第4期, 304-316.

洪 波 2010, 周秦汉语"之s"可及性问题再研究,『语言研究』第1期, 21-29.

胡建华 2009, 焦点与量化,『汉语的形式与功能研究』, 商务印书馆, 83-91.

胡建华 2013, 句法对称与名动均衡,『当代语言学』第4期, 1-19.

胡明扬 1995, 现代汉语词类问题考察,『中国语文』第5期, 381-389.

胡明扬·劲 松 1989, 流水句初探,『语言教学与研究』第4期, 42—54.

胡文泽 2011, "处所词+ 是+ 名词"功能特性及其对汉语作为外语教学的启示,『语言科学』第5期, 473-481.

胡裕树主编 1979,『现代汉语』, 上海教育出版社.

华玉明 2008,『汉语重叠功能的多视角研究』, 南开大学文学院博士学位论文.

黄彩玉 2012, "V双+N双"歧义结构的实验语音学分析,『语言教学与研究』第3期, 98-104.

黄昌宁·姜自霞·李玉梅 2009, 形容词直接修饰动词的"a+v"结构歧义,『中国语文』第1期, 54-63.

黄和斌 2014, 质疑"两个问题"与"一个难题"—对布氏向心结构观的认识,『外国语』第4期, 41-48.

黄师哲 2008, 语义类型相配论与多种语言形名结构之研究,『汉语学报』第2期, 53-61.

黄瓒辉 2013, "都"和"总"事件量化功能的异同,『中国语文』第3期, 251-264.

黄正德 1988, 说"是"和"有",『中研院历史语言研究所集刊』第59本第1 分, 43-64.

黄正德 2010, 从"他的老师当得好"谈起,『吕叔湘先生百年诞辰纪念文集』, 商务印书馆, 126-143.

江蓝生 2012, 汉语连-介词的来源及其语法化的路径和类型,『中国语文』第4期, 291-308.

蒋静忠·潘海华 2013, "都"的语义分合及解释规则,『中国语文』第1期, 38-50 页.

蒋绍愚 1990,『唐诗语言研究』, 中州古籍出版社.

蒋 严 1998, 语用推理与"都"的句法/ 语义特征,『现代外语』第1期, 11-24.

蒋 严 2013,『语义学』导读, 载 Kate Kearns 著 Semantics(2nd edition), 世界图书出版公司, 15 —54.

姜望琪 2006, 汉语的"句子"与英语的sentence, 载杨自俭主编『英汉语比较与翻译』6, 上海外语教育出版社, 198-217.

姜自霞·丁崇明 2011, 虚义动词的完句功能及特点—以"进行"为例,『汉语学习』第2期, 83-88.

金立鑫 1987, 关于"向心结构"定义的讨论,『语文导报』第7期, 30—32.

金立鑫 2009, 解决汉语补语问题的一个可行性方案,『中国语文』第5期, 387-398.

金立鑫 2011, 从普通语言学和语言类型学角度看汉语补语问题,『世界汉语教学』第4期, 449-457.

金岳霖 1926, 说变,『晨报副刊』第61期, 又载刘培育编『哲意的沉思』, 2000, 百花文艺出版社, 137-146.

金岳霖 1943, 中国哲学, 载刘培育选编『金岳霖学术论文选』, 1990, 中国社会科学出版社.

柯 航 2007,『现代汉语单双音节搭配研究』, 中国社会科学院研究生院语言系博士学位论文.『中国语言学文库』第三辑, 2012, 商务印书馆.

蓝 鹰 1990, 从少数已族语言看"而"的虚化演变,『古汉语研究』第1期, 64 —70.

黎锦熙 1924,『新著国语文法』, 商务印书馆.

李葆嘉 2014, 屈折语词类划分的背景及对沈家煊『我看汉语的词类』的质疑,『英汉对比与翻译』第二辑, 上海外语教育出版社, 84-99.

李承贵 2014, 以"行"释义: 儒家诠释文本的独特方式,『哲学研究』第11期, 46-53.

李劲荣 2007, "很雪白"类结构形成的动因与基础,『汉语学习』第3期, 39-44.

李 强·袁毓林 2013, "都"和"只"的意义和用法同异之辨析, 语言中的显著性与局部性研讨会论文(北京语言大学).

李如龙 1986, 闽南话的"有"和"无".『福建师范大学学报』(哲学社会科学版)第2期, 76 —83.

李文莉 2011, 从修辞角度看涪陵方言单音节动词重叠,『当代修辞学』第5期, 2-13.

李 湘 2011, 从实现机制和及物类型看汉语的"借用动量词",『中国语文』第4期, 313-325.

李亚非 2015, 也谈汉语名词短语的内部结构,『中国语文』第2期, 99-104.

李行健主编 2004, 『现代汉语规范词典』, 外语教学与研究出版社/ 语文出版社.

李艳惠 2008, 短语结构与语类标记: "的"是中心词?『当代语言学』第2期, 97-108.

李宇明 1996, 非谓形容词的词类地位, 『中国语文』第1期, 1-9.

李占炳·金立鑫 2012, 并列标志的类型学考察, 『民族语文』第4期, 23-31.

李佐丰 1983, 『左传』中体之谓短语与主谓短语的区别, 『内蒙古大学学报』第1期, 95-104.

李佐丰 1985, 『左传』"日有食之"中的"有", 『内蒙古大学学报』第2期, 111-119.

李佐丰 2004, 『古代汉语语法学』, 商务印书馆.

李佐丰 2009, 上古汉语的字、词系统与词类划分, 『语言学论丛』第40辑, 111-119.

李佐丰 2011, 上古汉语的"也"和句子分析, 『历史语言学研究』第四辑, 160-173.

林素娥·郑幸 2014, 宁波话"还是"差比句, 『方言』第1期, 21—27.

林华勇 2011, 廉江粤语的两种短语重叠式, 『中国语文』第4期, 364—371.

刘丹青 1983, 三种补语, 三种否定, 『语文月刊』第9期, 另载『现代汉语补语研究资料』, 475-477.

刘丹青 2005, 从所谓"补语"谈古代汉语语法学体系的参照系, 『汉语史学报』第5期, 37-49.

刘丹青主编 2008, 『语法调查研究手册』, 上海教育出版社.

刘丹青 2008, 汉语名词性短语的句法类型特征, 『中国语文』第1期, 1—20.

刘丹青 2010, 汉语是一种动词型语言, 『世界汉语教学』第1期, 3—17.

刘丹青 2012a, 汉语差比句和话题结构的同构性: 显赫范畴的扩张一例, 『语言研究』第4期, 1—12.

刘丹青 2012b, 原生重叠和次生重叠: 重叠式历时来源的多样性, 『方言』第1期, 1-11.

刘丹青 2013, 汉语特色的量化词库: 多/ 少二分与全/ 有/ 无三分, 『木村英樹教授還暦纪念 中國語文法論叢…』(日), 白帝社, 54-72.

刘静芳 2014, 如何在中国哲学中安顿"普遍性"?『哲学研究』第10期, 33-40.

刘利民 2009, 先秦"辩者二十一事"的语言哲学解读, 『哲学研究』第9期, 43—49.

刘宋川·刘子瑜 2006, "名·之·动/ 形"结构再探讨, 『语言学论丛』32辑, 244-286.

刘探宙 2009, 一元非作格动词带宾语现象, 『中国语文』第2期 110-119.

刘探宙·石定栩 2012, 烟台话中不带指示词或数词的量词结构, 『中国语文』第1期, 38-

49.

刘探宙·张伯江 2014, 现代汉语同位同指组合的性质, 『中国语文』第3期, 211-221.

刘勋宁 2006, "得"的性质及其后所带成分, 日中对照言语学会编『中国語の補語』(日), 白帝社, 193-208.

龙果夫 1958, 『现代汉语语法研究』, 科学出版社.

陆丙甫 1985, 关于语言结构的内向、外向分类和核心的定义, 『语法研究和探索』第3辑, 338-51.

陆丙甫 2005, 语序优势的认知解释(上、下)—论可别度对语序的普遍影响, 『当代语言学』第1期, 1—15; 第2期, 132—138.

陆丙甫 2009, 基于宾语指称性强弱的及物动词分类, 『外国语』第6期, 18-26.

陆丙甫 2012, 汉、英主要"事件名词"的意义特征, 『当代语言学』第1期, 1-11.

陆丙甫 2014, 沈家煊"名动包含"理论正反说, 『英汉对比与翻译』第二辑, 上海外语教育出版社, 71-83.

陆俭明 1990, 汉语句法成分特有的套叠现象, 『中国语文』第2期, 81—90.

陆俭明 2003, 对"NP+ 的+VP"结构的重新认识, 『中国语文』第5期, 387-391.

陆俭明 2013, 浅议"汉语名动形层层包含"词类观及其他, 『汉藏语学报』第7期, 137-146.

陆俭明 2014, 怎么认识汉语在词类上的特点? 『英汉对比与翻译』第二辑, 上海外语教育出版社, 29-39.

吕叔湘 1942, 论毋与勿, 原载『华西协和大学中国文化研究所集刊』1卷4期, 又载『吕叔湘全集』第2卷, 商务印书馆, 1990, 69-97.

吕叔湘 1942/1982, 『中国文法要略』(新1版), 商务印书馆.

吕叔湘 1944/1984, 个字的应用范围, 附论单位词前一字的脱落, 『汉语语法论文集』商务书馆, 145—177.

吕叔湘 1954, 关于汉语词类的一些原则性问题, 『中国语文』第9期, 6—14; 第10期, 16-22.

吕叔湘 1963, 现代汉语单双音节问题初探, 『中国语文』第1期, 10—22.

吕叔湘 1979, 『汉语语法分析问题』, 商务印书馆.

吕叔湘 1981, 关于"的、地、得"和"做、作", 『语文学习』第3期, 52-53.

吕叔湘主编 1981, 『现代汉语八百词』, 商务印书馆.

吕叔湘 1984a, 关于"的"、"地"、"得"的分别,『语文杂记』, 上海教育出版社, 50-51.

吕叔湘 1984b, 作状语用的形名短语,『语文杂记』, 上海教育出版社, 54.

吕叔湘 1987, 汽车医院和水果医院, 载吕叔湘『语文近著』, 上海教育出版社, 300-301.

吕叔湘 2002, 语法研究中的破与立,『吕叔湘全集』第十三卷, 商务印书馆, 402-404.

吕叔湘·朱德熙 1979『语法修辞讲话』第二版, 中国青年出版社.

罗仁地 2010, 菲律宾塔伽洛语(Tagalog)的词类范畴,『语言学论丛』第41辑, 1-14.

马建忠 1898/1983,『马氏文通』(新1版), 商务印书馆.

马庆株 1991, 顺序义对体词语法功能的影响,『中国语言学报』第4期, 59-83.

马 真 1983, 关于"都/全"所总括的对象的位置,『汉语学习』第1期, 27-34.

梅祖麟 2011, 从形态到语法——上古汉语的两种表达方式, 在中国社会科学院语言研究所的演讲.

苗 千 2013, 虫洞与量子纠缠,『三联生活网』2013.11-29.

木村英树 2003, "的"字句的句式语义及"的"字的功能扩展,『中国语文』第4期, 303-314.

宁春岩 2011, 在MP理论平台上的人类语言研究,『当代语言学』第3期, 226-236.

潘海华 2006, 焦点、三分结构与汉语"都"的语义解释,『语法研究与探索』第13辑, 163-184.

潘海华·陆 烁 2013, DeP分析所带来的问题及其可能的解决方案,『语言研究』第4期, 53-61.

潘 慎等 1996, 古代汉语中无词类活用, 载『语文新论』, 山西教育出版社, 69-76.

朴重奎 2003, 单个动词作主语的语义语法考察,『汉语学习』第6期, 25-31.

启 功 1997,『汉语现象论丛』, 中华书局.

钱 捷 2012, 近代自然科学发端于近代哲学,『中国社会科学报』5月21日.

裘荣棠 1994, 名动词质疑——评朱德熙先生关于名动词的说法,『汉语学习』第6期, 15-20.

全国科技名词审定委员会2006,『中医药学名词』, 连载于『科技术语研究』第1-4期.

任 鹰 2009, "领属"与"存现":从概念的关联到构式的关联——也从"王冕死了父亲"的生成方式说起,『世界汉语教学』第3期, 308-321.

杉村博文 1999, 的字结构承指与分类, 江蓝生、侯精一主编『汉语现状与历史的研究』,

中国社会科学出版社, 47-66.

杉村博文 2010, 可能补语的语义分析—从汉日语对比的角度,『世界汉语教学』第2期, 183-191.

上海外国语学院英语系英语教研组编 1964,『中国学生英语典型错误分析』, 上海教育出版社.

尚 杰 2009, 横向的逻辑与垂直的逻辑,『中国社会科学院研究生院院报』第4期, 32-36.

尚 新 2009, 时体、事件与"V 个 VP"结构,『外国语』第5期, 28—37.

尚 新 2011, 集盖、事件类型与汉语"都"字的双层级量化,『外语教学与研究』第3期, 363-374.

邵敬敏 1984, "动+ 个+ 形/ 动"结构分析,『汉语学习』第2期, 另载『现代汉语补语研究资料』504-508.

邵敬敏 2013,『汉语语法的动态研究』, 商务印书馆.

沈家煊 1985, 词序与辖域: 英汉比较,『语言教学与研究』第1期, 96 —104.

沈家煊 1989, 不带说明的话题,『中国语文』第5期, 326—333.

沈家煊 1991, "语义的不确定性"和无法分化的多义句,『中国语文』第4期, 241-250.

沈家煊 1994, 语法化研究综观,『外语教学与研究』第4期, 17-24.

沈家煊 1995a, "有界"与"无界",『中国语文』第5期, 367-380.

沈家煊 1995b, 正负颠倒和语用等级,『语法研究与探索』第7辑, 237-244.

沈家煊 1997, 形容词句法功能的标记模式,『中国语文』第4期, 242 —250.

沈家煊 1998, 语用法的语法化,『福建外语』第2期, 1—8, 14.

沈家煊 1999a,『不对称和标记论』, 江西教育出版社, 2015 商务印书馆再版.

沈家煊 1999b, 语法化和形义间的扭曲关系, 载『中国语言学的新拓展』, 香港城市大学出版社, 217-230.

沈家煊 2001, 语言的"主观性"和"主观化",『外语教学与研究』第4期, 268-275.

沈家煊 2004, 语法研究的目标—预测还是解释?『中国语文』第6期, 483-492.

沈家煊 2006a, "语法隐喻"和"隐喻语法",『语法研究和探索』第13辑, 1-14.

沈家煊 2006b, "王冕死了父亲"的生成方式—兼说汉语"糅合"造句,『中国语文』第4期, 291-300.

沈家煊 2006c, "糅合"和"截搭",『世界汉语教学』第4期, 5-12.

* 沈家煊 2007a, 汉语里的名词和动词,『汉藏语学报』第1期, 27-47.

沈家煊 2007b, 也谈"他的老师当得好"及相关句式, 国际中国语言学会第15 届年会(纽约)论文, 载『现代中国语研究』(日), 第9期, 1-12.

沈家煊 2008, "移位"还是"移情"—析"他是去年生的孩子",『中国语文』第5期, 387-395.

* 沈家煊 2009a, 我看汉语的词类,『语言科学』第1期, 1-12.

* 沈家煊 2009b, 我只是接着向前跨了半步—再谈汉语的名词和动词,『语言学论丛』第40辑, 3-22.

沈家煊 2009c, 汉语的主观性和汉语语法教学,『汉语学习』第1期, 3—12.

沈家煊 2009d, "计量得失"和"计较得失"—再论"王冕死了父亲"的句式意义和生成方式,『语言教学与研究』第5期, 15-22.

* 沈家煊 2010a, 从"演员是个动词"说起—"名词动用"和"动词名用"的不对称,『当代修辞学』第1期, 1-12.

* 沈家煊 2010b, "病毒"和"名词",『中国语言学报』第14期, 1-13.

* 沈家煊 2010c, 英汉否定词的分合和名动分合,『中国语文』第5期, 387-399.

* 沈家煊 2010d, 如何解决补语问题,『世界汉语教学』第4期, 435—445.

* 沈家煊 2011a, 朱德熙先生最重要的学术遗产,『语言教学与研究』第4期, 7—19.

* 沈家煊 2011b, 从"优雅准则"看两种"动单名双"说, 第三届两岸三地句法语义小型研讨会(北京)论文(修改稿).

* 沈家煊 2011c, 从韵律结构看形容词,『汉语学习』第3期, 3-10.

* 沈家煊 2012a, 关于先秦汉语的名词和动词,『中国语言学报』第15期, 100-113.

* 沈家煊 2012b, 名动词的反思: 问题和对策,『世界汉语教学』第1期, 3-17.

* 沈家煊 2012c, 怎样对比才有说服力—以英汉名动对比为例,『现代外语』第1期, 1-13.

* 沈家煊 2012d, "零句"和"流水句"—为赵元任先生诞辰120 周年而作,『中国语文』第5期, 403-415.

* 沈家煊 2012e, 名词和动词: 汉语、汤加语、拉丁语,『现代中国语研究』(日), 第14期, 1-14.

* 沈家煊 2012f, 论"虚实象似"原理—韵律和语法之间的扭曲对应, CASLAR(*Chineseas a Second Language and Research*)1(1): 89-103, de Gruyter, Mouton.

* 沈家煊 2012g, 语言共性何处求,『中国社会科学报』, 7 月 2 日 B-03.
* 沈家煊 2013a, 谓语的指称性,『外文研究』第 1 期(创刊号), 1—13.
* 沈家煊 2013b, "单双区分"在汉语中的地位和作用, 日本中国语研究学会第 63 次年会(东京)主题报告.
* 沈家煊 2013c, 科斯学说对语言学的启示,『南开语言学刊』(第 2 期), 1-5.
* 沈家煊 2014a, 如何解决状语问题,『语法研究和探索』第 17 辑, 1—22.
* 沈家煊 2014b, 汉语的逻辑这样, 汉语是这样的—为赵元任先生诞辰 120 周年而作之二, 第六届汉语方言语法国际学术研讨会(绵阳)论文.『语言教学与研究』第 2 期, 1-10.
* 沈家煊 2014c, 汉语"名动包含说",『英汉对比与翻译』第二辑, 1—28.
* 沈家煊 2015a, 形式类的分与合,『现代外语』第 1 期, 1—14.
* 沈家煊 2015b, 走出"都"的量化迷途: 向右不向左,『中国语文』第 1 期, 3-17.
* 沈家煊 2015c, 词类的类型学和汉语的词类,『当代语言学』第 2 期, 127-145.
* 沈家煊 2015d, 汉语词类的主观性.『外语教学与研究』第 5 期, 643—658.
沈家煊·王冬梅, 2000, "N 的 V"和"参照体—目标"构式,『世界汉语与教学』第 4 期, 25-32.
* 沈家煊·完 权 2009, 也谈"之字结构"和"之"字的功能,『语言研究』第 2 期, 1-12.
* 沈家煊·乐 耀 2013, 词类的实验研究呼唤语法理论的更新,『当代语言学』第 3 期, 253-267.
* 沈家煊·张姜知 2013, 也谈形式动词的功能,『华文教学与研究』第 2 期, 8-17.
* 沈家煊·柯 航 2014, 汉语的节奏是松紧控制轻重,『语言学论丛』第 50 辑, 47-72.
石定栩 2008, "的"和"的"字结构,『当代语言学』第 4 期, 298—307.
石定栩 2011,『名词和名词性成分』, 北京大学出版社.
石 毓 2010,『汉语形容词重叠形式的历史发展』, 商务印书馆.
史有为 2014, 第一设置与汉语的实词,『英汉对比与翻译』第二辑, 上海外语教育出版社, 40-70.
施关淦 1981, "这本书的出版"中"出版"的词性—从"向心结构"理论说起,『中国语文通讯』第 4 期, 8-12.
施关淦 1988, 现代汉语的向心结构和离心结构,『中国语文』第 4 期, 265-273.
施其生 1996 论"有"字句,『语言研究』第 1 期, 26-31.

施其生 1997, 论汕头方言中的"重叠",『语言研究』第1期, 72-85.

施其生 2011, 汉语方言中词组的"形态",『语言研究』第1期, 43—52.

顺 真 2015, 许慎『说文解字』的逻辑-认知构造.『哲学研究』第12期, 48—55.

司富珍 2002, 汉语的标句词"的"及相关的句法问题,『语言教学与研究』第2期, 36-42.

司富珍 2004, 中心语理论和汉语的DeP,『当代语言学』第1期, 26—34.

司富珍 2006, 中心语理论和"布龙菲尔德难题",『当代语言学』第1期, 60-70.

司富珍 2013, "简约"之问,『语言科学』第5期, 497-504.

司富珍 2014, 也说"汉语和印欧语差异的ABC",『英汉对比与翻译』第二辑, 上海外语教育出版社, 156-164.

宋洪民 2009, 也谈"名而动"结构,『中国语文』第2期, 184-187.

宋 柔 2009, 从语言工程看汉语词类,『语言学论丛』第四十辑, 23—38.

宋 柔 2013, 汉语篇章广义话题结构的流水模型,『中国语文』第6期, 483-494.

宋绍年 1998, 古汉语谓词性成分的指称化与名词化, 载『古汉语语法论集』, 语文出版社, 331-340.

宋文辉 2006, 上古汉语"N 之V"结构再考察, 中国语言学会第十三届年会论文, 秦皇岛.

宋玉柱 1980, 评"介词结构作补语",『语文战线』10 月号.另载『现代汉语补语研究资料』309-311.

宋作胤 1964, 论古代汉语主语和谓语之间的"之"字,『中国语文』第4期, 295-300.

苏晓青·万连增 2011,『赣榆方言研究』, 中华书局.

汤 双 2011, 反物质之谜,『读书』第2期, 64-69.

汤一介 2013, "天人合一"思想的现代价值,『北京日报』6 月8 日.

童燕齐 2008, 中国政府与百姓—政治学研究札记,『观察与交流』第22期, 北京大学中国与世界研究中心.

完 权 2010a,『"的"的性质与功能』, 中国社会科学院研究生院博士学位论文.

完 权 2010b, 语篇中的"参照体-目标"构式,『语言教学与研究』第6期, 38-45.

完 权 2011, 事态句中的"的",『中国语文』第1期, 51—61.

完 权 2015, 作为后置介词的"的",『当代语言学』第1期, 85—97.

* 完 权·沈家煊 2010, 跨语言词类比较的"阿姆斯特丹模型",『民族语文』第3期, 4-17.

王灿龙 2011, 试论"不"与"没(有)"语法表现的相对同一性,『中国语文』第4期, 301-312.

王冬梅 2001,『现代汉语动名互转的认知研究』, 中国社会科学院研究生院语言系博士学位论文. 修改本2010, 中国社会科学出版社.

王冬梅 2014, 从"是"和"的"、"有"和"了"看肯定和叙述,『中国语文』第1期, 22-34.

王国拴·马庆株 2008, 普通话中走向对称的"有+VP+(了)"结构,『南开语言学刊』第2期, 87-91.

王洪君 1987, 汉语自指的名词化标记"之"的消失, 载『语言学论丛』第14辑, 商务印书馆, 158-196.

王洪君 1994, 从字和字组看词和短语,『中国语文』第2期, 102-112.

王洪君 2001, 音节单双、音域展敛(重音)与语法结构类型和成分次序,『当代语言学』第4期, 241-252.

王洪君 2011, 汉语语法的基本单位与研究策略(作者补记), 载『基本单位的现代汉语词法研究』, 商务印书馆, 441-420.

王洪君·李榕 2014, 论汉语语篇的基本单位和流水句的成因,『语言学论丛』第49辑, 11—40.

王 还 1983, All 与"都",『语言教学与研究』第4期, 24—28.

王 还 1988, 再谈谈"都",『世界汉语教学』第2期, 93—94.

王菊泉 2014, 沈家煊先生汉语词类问题新观点述评,『英汉对比与翻译』第二辑, 上海外语教育出版社, 117-133.

王克仲 1989,『古汉语词类活用』, 湖南人民出版社.

王 力 1954,『中国语法理论』, 中华书局股份有限公司.

王 力 2005,『汉语诗律学』第二版, 上海教育出版社.

王 力 1980,『汉语史稿』(中册), 中华书局.

王 力 1989,『汉语语法学史』, 商务印书馆.

王 路 2013, Being 与句式,『哲学动态』第2期, 51-58.

王 伟 2010, "了1"表"有"论: 汉英对比初探, 国际中国语言学学会第18 次学术年会(IACL-18)暨北美汉语语言学第22 次学术会议(NACCL-22, 哈佛大学)论文.

* 王 伟·沈家煊 2011, 汉语为什么没有真正的谓语—名动的"指称/述谓"不对称, 第三届两岸三地现代汉语句法语义小型研讨会(北京)论文.

王文斌 2013, 论英语的时间性特质与汉语的空间性特质,『外语教学与研究』第3期, 163-173.

王文斌 2014, 汉语对行为动作的空间化表征—以"大/ 小+V"格式为例,『英汉对比与翻译』第二辑, 上海外语教育出版社, 134-147.

王文斌·何清强 2014, 论英语"be"与汉语"是/ 有/ 在",『外国语』第5期, 2-10.

王 显 1959, 诗经中跟重言作用相当的有字式、其字式、斯字式和思字式,『语言研究』(北京: 科学出版社)第4期, 9-43.

王阳明 2012,『王阳明全集』, 上海古籍出版社.

王远杰 2008,『定语标记"的"的隐现研究』, 首都师范大学文学院博士学位论文.

汪国胜 1991, 大冶金湖话的"的""个"和"的个",『中国语文』第3期, 211-215.

文 炼·陆丙甫 1979, 关于新诗节律,『语文教学研究』第2辑, 云南人民出版社, 170—181.

吴长安 2006, "这本书的出版"与向心结构理论难题,『当代语言学』第3期, 193-204.

吴长安 2012, 汉语名词、动词交融模式的历史形成,『中国语文』第1期, 17-28.

吴长安 2013,『语言论稿』, 东北师范大学出版社.

吴春生·马贝加 2014, "名而动"结构补说,『中国语文』第2期, 116-126.

吴为善 1989, 论汉语后置单音节的粘附性,『汉语学习』第1期, 16—19.

吴延枚 1984, 在现代汉语中, 处所名词可以直接作补语,『语言学习』第1期, 另载『现代汉语补语研究资料』478-481.

伍蠡甫 1986,『伍蠡甫艺术美学文集』, 复旦大学出版社.

向 熹 2010,『简明汉语史』, 商务印书馆.

小野秀树 2001, "的"の「モノ化」機能,『现代中国语研究』第3期, 146-158.

肖治野·沈家煊 2009, "了2"的行、知、言三域,『中国语文』第6期, 518-527.

项梦冰 1991, 论"这本书的出版"中"出版"的词性: 对汉语动词、形容词"名物化"问题的再认识,『天津师范大学学报』第4期, 75-80.

谢序华 2014, 古汉语没有"为动双宾语结构",『古代汉语』第2期, 35-40.

熊十力 2009,『体用论』, 中国人民大学出版社.

熊仲儒 2005, 以"的"为核心的DP结构,『当代语言学』第2期, 148-165.

熊仲儒 2008, "都"的右向语义关联,『现代外语』第1期, 13-25.

徐烈炯 2014, "都"是全称量词吗?『中国语文』第6期, 498-507.

徐烈炯·刘丹青 1998,『话题的结构与功能』, 上海教育出版社.

徐通锵 2008,『汉语字本位语法导论』, 山东教育出版社.

徐时仪 2005, 汉语词汇双音化的内在原因考探,『语言教学与研究』第2期, 68-76.

徐 枢·谭景春 2006, 关于『现代汉语词典(第5版)』词类标注的说明,『中国语文』第1期, 74-86.

许德楠 1984, 口语句子中"吞"掉语法成分的现象,『语文研究』第4期, 18-22.

许国璋 1991,『许国璋论语言』, 外语教学与研究出版社.

许绍早 1956, 略论补足语,『东北人民大学人文学科报』第2期, 另载『现代汉语补语研究资料』17-35.

许余龙 2014, 跨语言词类模型与汉语词类系统,『英汉对比与翻译』第二辑, 100-116.

薛凤生 1991, 试论连词"而"的语意与语法功能,『语言研究』第1期, 55-62.

严 复 1902, 与『外交报』主人书, 载王拭编『严复集』(第三册), 1986, 中华书局, 558-559.

杨成凯 2003, 关于"指称"的反思,『语法研究和探索』第12辑, 1—16.

杨国荣 2010, 意义世界的生成,『哲学研究』第1期, 56—65.

杨国荣 2014, 体用之辩与古今中西之争,『哲学研究』第2期, 36-42.

杨 静·董燕萍 2014, 汉语名词与动词的神经语言学研究,『英汉对比与翻译』第二辑, 上海外语教育出版社, 148-155.

杨荣祥 2008, 论"名而动"结构的来源及其语法性质,『中国语文』第3期, 239-246.

姚振武 1995, 现代汉语的N 的V 和古代汉语的N 之V,『语文研究』第2期、第3期, 2-9, 26-29.

叶祖贵 2014, 汉语方言中描摹性动词重叠的修辞学考察,『当代修辞学』第5期, 76-83.

尹斌庸 1986, 汉语词类的定量研究,『中国语文』第6期, 428-436.

游顺钊 2014,『视觉语言学概要』, 商务印书馆.

余霭芹 2009, 如何结合方言和古代文献研究汉语的历史—以"有"的用法为例, 在中国社会科学院语言研究所的演讲稿.

袁仁林[清] 1989,『虚字说』(解惠全注), 中华书局.

袁毓林 1996, 话题化及其相关的语法过程,『中国语文』第4期, 241—254.

袁毓林 1995, 词类范畴的家族相似性,『中国社会科学』第1期, 154—170.

袁毓林 2003, 从焦点理论看句尾"的"的句法语义功能,『中国语文』第1期, 3-16.

袁毓林 2005a, 基于隶属度的汉语词类的模糊划分,『中国社会科学』第1期, 164-177.

袁毓林 2005b, "都"的语义功能和关联方向新解,『中国语文』第2期, 99-109.

袁毓林 2010a, 汉语和英语在语法范畴的实现关系上的平行性——也谈汉语里名词/ 动词与指称/ 陈述、主语与话题、句子与话段, 载『汉藏语学报』第4期, 139-168.

袁毓林 2010b, 汉语不能承受的翻译之轻 ——从去范畴化角度看汉语动词和名词的关系.『语言学论丛』第41辑, 15-61.

袁毓林·李 湘·曹 宏·王 健 2009, "有"字句的情景语义分析,『世界汉语教学』第3期, 291-307.

詹卫东 1998, 关于"NP 的VP"偏正结构,『汉语学习』第4期, 24—28.

詹卫东 2012, 从语言工程看"中心扩展规约"和"并列条件",『语言科学』第5期, 449-462.

詹卫东 2013, 计算机句法结构分析需要什么样的词类知识——兼评近年来汉语词类研究的新进展,『中国语文』第2期, 178—190.

张 斌主编 2010,『现代汉语描写语法』, 商务印书馆.

张 斌 2014, 指称和陈述,『对外汉语研究』第11期, 1-4.

张伯江 2009, 汉语限定成分的语用属性,『中国语文』第3期, 195—207.

张伯江 2011a, 汉语的句法结构和语用结构,『汉语学习』第2期, 3—12.

张伯江 2011b, 现代汉语形容词做谓语问题,『世界汉语教学』第1期, 3-12.

张伯江 2013, 汉语话题结构的根本性,『木村英樹教授還暦紀念中國語文法論叢…』(日), 白帝社, 130-141.

张东荪 1938, 思想言语与文化,『社会学界』第10 卷(6 月), 节选载『当代修辞学』2013年第5期, 38-47.

张和友·邓思颖 2010, 与空语类相关的特异型"是"字句的句法、语义,『当代语言学』第1期, 14-23.

张和友·邓思颖 2011, 空语类的允准及普通话、粤语话题类系词句的句法差异,『语言科学』第1期, 58-69.

张洪年 1972,『香港粤语语法的研究』, 香港中文大学出版社.

张姜知 2013,『体词谓语句和汉语词类』, 中国社会科学院研究生院博士学位论文.

张 劼 2011, 普通话副词"在"源流考辨,『语言教学与研究』第1期, 76-81.

张 敏 2003, 从类型学看上古汉语定语标记"之"语法化的来源,『语法化与语法研究』(一), 商务印书馆, 239-294.

张日昇 1959, 香港粤语阴平调及变调问题,『香港中文大学中国文化研究所学报』第2卷第1期, 81-107.

张世禄 1959, 古汉语里的偏正化主谓结构,『语文教学』(华东)第11期.另见『张世禄语言学论文集』, 学林出版社, 1984, 412-423.

张 雁 2001, 从『吕氏春秋』看上古汉语的"主·之·谓"结构,『语言学论丛』第23辑, 83-98.

张一鸣·张增一 2012, 论爱因斯坦逻辑简单性思想及其渊源,『自然辩证法研究』28/9:112-116.

张谊生 2005, 副词"都"的语法化与主观化—兼论"都"的表达功能和内部分类,『徐州师范大学学报』(哲学社会科学版)第1期, 56-62.

张玉金 2010, 出土战国文献中的语气词"也", 载张显成主编『简帛语言文字研究』第五辑, 巴蜀书社, 197-252.

张志公主编 1956,『汉语』(三), 人民教育出版社.

张中行 1992,『诗词读写丛话』, 人民教育出版社.

赵金铭 2010, 汉语句法结构与对外汉语教学,『中国语文』第3期, 277-286.

赵 嘉·陈岸瑛 2002, 谁之传统, 谁之使命—汤一介先生访谈录, 赵汀阳主编『论证』2, 广西师范大学出版社, 112-125.

赵汀阳 2007, "天下体系": 帝国与世界制度, 发布于2007-12-04 社会学视野网.

赵汀阳 2011,『天下体系: 世界制度哲学导论』, 中国人民大学出版社.

赵元任 1968,『汉语口语语法』, 1979 吕叔湘译本, 商务印书馆.

赵元任 1970, 国语统一中方言对比的各方面,『中研院民族学研究所集刊』第29期, 37-42.

赵元任 1980,『语言问题』, 商务印书馆.

郑敏惠 2009, 福州方言"有+VP"句式的语义和语用功能,『福建师范大学学报』(哲学社会科学版)第6期, 92-98.

征文平·曹 炜 2007,『水浒传』中并列连词用法分布计量考察,『常熟理工学院学报』(哲学社会科学版)第5期, 94-98.

中国社会科学院语言研究所词典编辑室编 2012,『现代汉语词典』第6版, 商务印书馆.

周国光 2005, 对『中心语理论和汉语的DeP』一文的质疑,『当代语言学』第期, 139-47.

周国光 2006, 括号悖论和"的X"的语感——"以'的'为核心的DP结构"疑难求解,『当代语言学』第1期, 71-75.

周 韧 2012, "N 的V"结构就是"N 的N"结构,『中国语文』第5期, 447-457.

周 韧 2014, 汉语词类划分应重视"排他法",『汉语学习』第1期, 9—19.

周 韧 2015, 兼类说反思,『语言科学』第5期, 504-516.

周汝昌 2005, "诗化"的要义, 载『红楼十二层』, 书海出版社, 99—105.

朱德熙 1956, 现代汉语形容词研究,『语言研究』, 83-111.

朱德熙 1961, 说"的",『中国语文』第12期, 1-15.

朱德熙 1962, 论句法结构,『中国语文』8—9月号, 351—360.

朱德熙 1978, "的"字结构和判断句,『中国语文』第1,2期, 23—27, 104-109.

朱德熙 1980, 汉语句法中的歧义现象,『中国语文』第2期, 81-92.

朱德熙 1982,『语法讲义』, 商务印书馆.

朱德熙 1983, 自指和转指—汉语名词化标记"的、者、之"的语法功能和语义功能,『方言』第1期, 16-31.

朱德熙 1984, 定语和状语的区分与体词和谓词的对立,『语言学论丛』第13辑, 5-14.

朱德熙 1985a,『语法答问』, 商务印书馆.

朱德熙 1985b, 关于向心结构的定义,『语法研究和探索』第3辑, 19—23.

朱德熙 1985c, 现代书面汉语里的虚化动词和名动词,『北京大学学报』(哲学社会科学版)第5期, 1—6.

朱德熙 1987, 句子和主语—印欧语影响现代书面汉语和汉语句法分析的一个实例,『世界汉语教学』(创刊号), 31-34.

朱德熙 1988, 关于先秦汉语里名词的动词性问题,『中国语文』第2期, 81-86.

朱德熙 1990, 关于先秦汉语名词和动词的区分的一则札记,『王力先生纪念论文集』, 商务印书馆, 161-171.

朱德熙 2010,『语法分析讲稿』, 商务印书馆.

朱德熙·卢甲文·马真 1961, 关于动词形容词"名物化"的问题,『北京大学学报·人文科学』第4期, 51-64.又载朱德熙著『现代汉语语法研究』, 商务印书馆, 1980, 193-224.

朱晓农 1991,『秦人逻辑论纲』,『文化的语言视界』,上海三联书店.

朱晓农 1997,『秦人逻辑的任意性和旁推法的两种推理模式』,『走向新世纪的语言学』,万卷楼图书有限公司.

朱晓农 2015, 语言决定推理方式.『中国社会科学报』7月7日第3版.

朱晓鹏 2015, 从朱熹到王阳明: 宋明儒学本体论的转向及其基本路径,『哲学研究』第2期, 35-43.

Abney, S. 1987. *The English Noun Phrase in Its Sentential Aspect*. Doctoral dissertation, MIT, Cambridge, Mass.

Aitchison, J. 1994. *Words in the Mind: An Introduction to the Mental Lexicon*. 2nd ed. Oxford: Blackwell.

Anwood, J. 2000. A dynamic model of part-of-speech differentiation. In Vogel & Comrie eds. 3-46.

Arbib, M. A. 2012. *How the Brain Got Language*: The Mirror System Hypothesis. Oxford: Oxford University Press.

Baker, M. C. 2003. *Lexical Categories: Verbs, Nouns and Adjectives*. Cambridge: Cambridge University Press.

Baker, M. C. 2009. On some ways to test Tagalog nominalism from a cross linguistic perspective. *Theoretical Linguistics* 35/1: 63-71.

Beck, D. 2002. *The Typology of Parts of Speech Systems: The Markedness of Adjectives*. NewYork: Routledge.

Bejarano, T. 2011. *Becoming Human: From Pointing Gestures to Syntax*. Amsterdam:

John Benjamins.

Bhat, D. N. S. 2000. Word classes and sentential functions. In Vogel & Comrie eds. 47-64.

Bisang, W. 2008. Precategoriality and syntax-based parts of speech: The case of Late Archaic Chinese. *Studies in Language* 32(3): 568-589.

Bisang, W. 2013. Late Archaic Chinese: an LFLEXIBLE language whose G parameter cannot be addressed. In Rijkhoff & Lier eds., 278-287.

Boyd, R. 1993. Metaphor and theory change: What is " metaphor" a metaphor for? In Ortony, Andrew, ed. Metaphor and Thought, 2nd edition. Cambridge:

Cambridge University Press. 481-532.

Broschart, J. 1997. Why Tongan does it differently: Categorial distinctions in a language without nouns and verbs. *Linguistic Typology* 1: 123-165.

Broschart, J. & C. Dawuda 2004. Beyond nouns and verbs: Typological studies in lexical categorisation. Unpublished manuscript.

Brown, K.(ed.) 2006. *Encyclopedia of Language & Linguistics*. 2nd edition. Amsterdam: Elsevier Ltd.

Bybee, J. 2005. The impact of use on representation: grammar is usage and usage is grammar. Keynote speech at the annual meeting of Linguistic Society of America. Published in 2006, From usage to grammar: The mind's response to repetition. *Language* 82(4):711-733.

Chafe, W. L. 1976. Givenness, contrastiveness, definiteness, subjects, topics and point of view. In Li, C. N. ed., *Subject and Topic*. New York: Academic Press. 25-55.

Chan, A. H. D., K. K. Luk, P. Li, V. Yip, G. Li, B. Weekes, L. H. Tan 2008. Neural correlates of nouns and verbs in early bilinguals. *Annals of the New York Academy of Sciences* 1145: 30-40.

Chan, C. C.Y., T. Tardif, J. Chen, R. B. Pulverman, L. Zhu, & X. Meng 2011. English- and Chinese-learning infants map novel labels to objects and actions differently. *Developmental Psychology* 47/5: 1459-1471.

Chao, Yuen Ren 1948. *Mandarin Primer*. Cambridge, Mass.: Harvard University Press.

Chao, Yuen Ren 1955. Notes on Chinese grammar and logic. *Philosophy East and West* V/1: 31-41. Also in A. S. Dil ed. 1976, 237-249. 中译文『汉语语法与逻辑杂谈』, 白硕译, 载『赵元任语言学论文集』, 2002, 商务印书馆, 796-808.

Chao, Yuen Ren 1959a, Ambiguity in Chinese. In S. Egerod and E. Glahn eds. *Studia Serica Bernhard Karlgren Dedicata*, Copenhagen: Ejnar Munksgaard, 1-13. Also in A. S. Dil ed. 1976, 293-308. 中译文『汉语中的歧义现象』, 袁毓林译, 载『赵元任语言学论文集』, 2002, 商务印书馆, 820-835.

Chao, Yuen Ren 1959b. How Chinese logic operates. *Anthropological Linguistics* 1:1, 1-8. Also in A. S. Dil ed. 1976, 250-259.

Chao, Yuen Ren 1968. A Grammar of Spoken Chinese. Berkeley & Los Angeles: University of California Press. 丁邦新译本『中国话的文法』(增订版), 香港中文大学出版社, 2002.

Chao, Yuen Ren 1975. Rhythm and structure in Chinese word conceptions. *Journal of Archeology and Anthropology* Vols. XXXVII and XXXVIII. Also in A. S. Dil ed. 1976, 275-292. 中译文『汉语词的概念及其结构和节奏』, 王洪君译, 载『赵元任语言学论文集』2002, 商务印书馆, 890-908.

Chen, Ping 1996. Pragmatic interpretations of structural topics and relativization in Chinese. *Journal of Pragmatics* 3:1-17.

Cheng, Lisa & R. Sybesma 1999. Bare and not-so-bare nouns and the structure of NP. *Linguistic Inquiry* 30/4: 509-542.

Chierchia, G. 1985. Formal semantics and the grammar of predication. *Linguistic Inquiry* 16/3: 417-443.

Chierchia, G. 1998. Plurality of mass nouns and the notion of "semantic parameter". In S. Rothstein ed., *Events and Grammar*, Kluwer Academic Publishers. 53-103.

Chomsky N. 1965. *Aspects of the Theory of Syntax*. Cambridge, MA: MIT Press.

Clark, E. V., & H. H. Clark 1979. When nouns surface as verbs. *Language* 55/4: 767-811.

Comrie, B. 1981. *The Language of Soviet Union*. Cambridge: Cambridge University Press.

Coulthard, M. 1977. *An Introduction to Discourse Analysis*. London: Longman.

Croft, W. 1991. *Syntactic Categories and Grammatical Relations*. Chicago: University of Chicago Press.

Croft, W. 2000. Parts of speech as language universals and as language-particular categories. In Vogel & Comrie eds., 65-102.

Croft, W. 2002. *Typology and Universals*. 2nd edition. Cambridge: Cambridge University Press.

Crystal, David 1997. *A Dictionary of Linguistics and Phonetics*. 4th edition. Blackwell Publishers Ltd. 中译本『现代语言学词典』, 沈家煊译, 2000, 商务印书馆.

Diessel, H. 1999. *Demonstratives: Form, Function, and Grammaticalization*. Amsterdam: John Benjamins.

Diessel, H. 2013. Where does language come from: some reflections on the role of deictic gesture and demonstratives in the evolution of language. *Language and Cognition* 5/2-3: 239-249.

Dil, A. S. ed., 1976. *Aspects of Chinese Sociolinguistics: Essays by Yuen Ren Chao*. Stanford:

Stanford University Press.

Dixon, R. M. W. 1977. Where have all the adjectives gone? *Studies in Language* 1: 19-80.

Dixon, R. M. W. 2004. Adjective classes in typological perspective. In Dixon, R. & A. Aikhenvald eds., *Adjective Class: A Cross-linguistic Typology*. Oxford: Oxford University Press.

Dryer, M. S. 2014. Why do languages have nouns and verbs? Notes of a lecture delivered at Insititute of Linguistics, Chinese Academy of Social Sciences.

Duanmu, San 1997, Phonologically motivated word order movement: Evidence from Chinese compounds. *Studies in the Linguistic Sciences* 27/1: 49-77.

Edmondson, W. 1981. *Spoken Discourse: A Model for Analysis*. London: Longman.

Evans, N. & S. C. Levinson 2009. The myth of language universals: Language diversity and its importance for cognitive science. *Behavioral and Brain Sciences* 32: 429-492.

Evans, N. & T. Osada 2005. Mundari: The myth of a language without word classes. *Linguistic* Typology 9/3: 351-390.

Fauconnier, G. & M. Turner 2003. *The Way We Think: Conceptual Blending and the Mind's Hidden Complexities*. New York: Basic Books.

Fillmore, C. J. 1968. The Case for Case. In Bach, E. & R. T. Harms, eds., *Universals in Linguistic* Theory. Holt, Rinehart and Winston, New York. 1-88.

Finegan, Edward 1995. *Subjectivity and subjectivisation*: An introduction. In D. Stein & S. Wright eds., Subjectivity and Subjectivisation. Cambridge: Cambridge University Press. 1-15.

Garcia, E. C. 1975. *The Role of Theory in Linguistic Analysis: The Spanish Pronoun System*. Amsterdam: North-Holland Publishing Company.

Givón, T. 1979. *On Understanding Grammar*. New York, San Francisco and London: Academic Press.

Givón, T. 2001. *Syntax: An Introduction*. Vol. 1. Amsterdam: John Benjamins.

Goffman, E. 1976. Replies and responses. *Language in Society* 5: 257-313.

Green, G. M. 1974. *Semantics and Syntactic Regularity*. Bloomington: Indiana University Press.

Greenberg, J. 1963. Some universal of grammar with particular reference to the order of meaningful elements. In Greenberg, J. ed., *Universals of Grammar*. 2nd edition. Cambridge, MA: The MIT Press. 73-113.

Greenberg, J. 1966. *Language Universals : With Special Reference to Feature Hierarchies*. The Hague: Mouton.

Grice, H. P. 1975. Logic and conversation. *Syntax and Semantics* 3: *Speech Acts*, ed. by P. Cole & J. L. Morgan, New York: Academic Press. 41-58.

Haiman, J. 1978. Conditionals are topics. *Language* 54: 564—569.

Haiman, J. 1985. *Natural Syntax: Iconicity and Erosion*. Cambridge: Cambridge University Press.

Halliday, M. A. K., 1994. *An Introduction to Functional Grammar*. 2nd edition. Edward Arnold Publishers Ltd.

Haryu, E., M. Imai, H. Okada, L. Li, M. Meyer, K. Hirsh-Pasek, & R. M. Golinkoff 2005. Noun bias in Chinese children: Novel noun and verb learning in Chinese, Japanese, and English preschoolers. In A. Brugos, M. R. Clark-Cotton, & S. Ha eds., *Proceedings of the 29th Annual Boston University Conference on Language Development*. Somer-ville, MA: Cascadilla Press. 272—283.

Heine, B. 1997. *Cognitive Foundations of Grammar*. Oxford: Oxford University Press.

Heine, B. & T. Kuteva 2002. On the evolution of grammatical forms. In Alison Wray ed., *The Transition to Language*. Oxford: Oxford University Press. 376-397.

Hengeveld, K. 1992. Parts of Speech. In M. Fortescue, P. Harder & L. Kristoffersen eds., *Layered Structure and Reference in a Functional Perspective*. Amsterdam: John Benjamins. 29-55.

Hengeveld, K. 2013. Parts-of-speech systems as a basic typological determinant. In Rijkhoff & Lier eds., 31-55.

Himmelmann, N. 2007. Lexical categories and voice in Tagalog. In P. K. Austin and S. Musgrave, eds. *Voice and Grammatical Functions in Austronesian Languages*. Stanford: CSLI.

Hopper, P. J., & S. A. Thompson 1984. A discourse basis for lexical categories in universal grammar. *Language* 60: 703-52.

Huang, Shi-Zhe 2006. Property Theory, adjectives, and modification in Chinese. *Journal of East Asian Linguistics* 15: 343-369.

Huddleston, R. & G. K. Pullum 2002. *The Cambridge Grammar of the English Language*. Cambridge: Cambridge University Press.

Hudson, R. 2003. Gerunds without phrase structure. *Language & Linguistic Theory* 21: 579-615.

Imai, M., L. Li, E. Haryu, H. Okada, K. Hirsh-Pasek, R. M. Golinkoff, & J. Shigematsu 2008. Novel noun and verb learning in Chinese-, English-, and Japanese-speaking children. *Child Development* 79: 979-1000.

Jakobson, R. 1932. Structure of the Russian verb. In Waugh, L. R. & M. Halle eds., 1984, *Russian and Slavic Grammar: Studies, 1931-1981*. The Hague: Mouton. 1-14.

Jakobson. R. 1939. Zero sign. In Waugh, L. R. & M. Halle eds., 1984, *Russian and Slavic Grammar: Studies, 1931-1981*. The Hague: Mouton. 151-160.

Jelinek, E. 1995. Quantification in Strait Salish. In Boch, E., E. Jenlinek, A. Kratzer & B. Partee eds., *Quantifiction in Natural Languages*. Kluwer. 487-540.

Jespersen, Otto 1924. *Philosophy of Grammar*. London: George Allen & Unwin Ltd.

Jo, Jung-Min 2000. Morphosyntax of a dummy verb" ha-"in Korean. *Studies in the Linguistic Sciences* 30/ 2: 77-100.

Kasher, A. & R. Sadka 2001. Constitutive rule systems and cultural epidemiology. *Monist* 84: 438-449 .

Kaufman, Daniel 2009. Austronesian Nominalism and its consequences: A Tagalog case study. *Theoretical Linguistics* 35/1: 1-49.

Kemmerer, D. & A. Eggleston 2010. Nouns and verbs in the brain: Implications of linguistic typology for cognitive neuroscience. *Lingua* 120: 2686-2690.

Kempson, R. M. 1980. Ambiguity and word meaning. In S. Greenbaum, G. Leech and J. Svartvik eds. , *Studies in English Linguistics for Randolph Quirk*, London: Longman, 7-16.

Kita, Sotaro ed. 2003. *Pionting: Where Language, Culture, and Cognition Meet*. Lawrence Erlbaum Association Publication.

Kuhn, T. S. 1993. Metaphor in science. In A. Ortony ed., *Metaphor and Thought*. 2nd edition. Cambridge: Cambridge University Press. 533-42.

Lakoff, G. 1992. Metaphor and war: The metaphor system used to justify war in the gulf. In Pütz, Martin ed., *Thirty Years of Linguistic Evolution*. Amsterdam, Philadelphia:

John Benjamins. 463-81.

Lakoff, G., & M. Johnson 1980. *Metaphors We Live By*. Chicago, London: University of Chicago Press.

Langacker, R. 1987/1991. *Foundations of Cognitive Grammar*, Vol.1 & 2. Stanford: Stanford University Press.

LaPolla, R., & D. Poa 2006. On describing word order. In Ameka, F., A. Dench, & N. Evans, eds., *Catching Language: The Standing Challenge of Grammar Writing*. Berlin: Mouton de Gruyter. 269—295.

Larson, R. K. 2009. Chinese as a reverse ezafe language. 『语言学论丛』第39辑, 30-85.

Li, C. N. & S. A. Thompson 1976. *Subject and topic*: a new typology of language. In Li, Charles N. ed. Subject and Topic. New York: Academic Press. 457-490.

Li, C. N., & S. A. Thompson 1981. Mandarin Chinese: *A Functional Reference* Grammar. University of California Press.

Li, Ping, Zhen Jin, and L. H. Tan, 2004. Neural representations of Nouns and verbs in Chinese: an fMRI studty. *NeuroImage* 21: 1533—1541.

Li,Yen-hui Audrey 1985. *Abstract Case in Chinese*. Unpubished PhD thesis. University of Southern California.

Lin, Jo-wang 1998. Distributivity in Chinese and its implications. *Natural Language Semantics* 6: 201-243.

Lu, Bingfu & Danmu San 2002. Rhythm and syntax in Chinese: A case study. *Journal of Chinese Language Teachers Association* 37/2: 123-136.

Luuk, E. 2010. Nouns, verbs and flexibles: implications for typologies of word classes. *Language Sciences* 32: 349-365.

Lyons, J. 1968. *An Introduction to Theoretical Linguistics*. Cambridge: Cambridge University Press.

Lyons, J. 1977. *Semantics*. Vol. 2. Cambridge: Cambridge University Press.

Matthews, P. H. 1981. *Syntax*. Cambridge: Cambridge University Press.

McCawley, J. D. 1971. Prelexical syntax. In O'Brien, R. J. ed. *Linguistic Developments of the Sixties: Viewpoints for the Seventies*, Monograph Series on Languages and Linguistics, Georgetown University 24:19-33.

McCawley, J. D. 1988. *The Syntactic Phenomena of English*. Vol. 1. Chicago and London:

The University of Chicago Press.

Mithun, M. 2000. Noun and verb in Iroquoian languages: Multicategorisation from multiple criteria. In Vogel & Comrie eds. 397-420.

Morris, C. W. 1938. Foundations of the theory of signs. In Neurath, O., R. Carnap, & C. Morrriseds. 1939 *International Encyclopaedia of Unified Science*. Chicago: University of Chicago Press.

Newmeyer, F. J. 2003. Grammar is grammar and usage is usage. *Language* 79/4: 682-707.

Pinker, S. 1994. *The Language Instinct*. William Morrow.

Posner, M. I. 1973. *Cognition: An Introduction*. Glenview IL: Scott, Foreman & Co. Quirk, R., S. Greenbaum, G. Leech, J. Svartvik 1985. A *Comprehensive Grammar of the English Language*. London and New York: Longman.

Radford, A. 1988. *Transformational Grammar*: A First Course. Cambridge: Cambridge University Press.

Radman, Z. 1997. *Metaphors: Figures of the Mind*. Boston: Kluwer Academic Publisher.

Rawls, J. 1955. Two concepts of rules. *Philosophical Review* 64: 3—32.

Rijkhoff, J. & E. van Lier eds. 2013. *Flexible Word Classes*. Oxford: Oxford University Press.

Sapir, E. 1921. *Language*. New York: Harcourt, Brace & World.

* Shen, Jiaxuan 2011. Nouns and Verbs in Chinese-Cognitive, Philosophical, and Typological Perspectives. Keynote speech at the 11th International Cognitive Linguistics Conference(Xi'an).

* Shen, Jiaxuan 2013. Nouns and verbs: Evolution of grammatical forms. Keynote speech at the 5th Internatioanl Conference in Evolutionary Linguistics (CIEL-5), The Chinese University of Hong Kong.

Shen, J. & Y. Gu 1997. Conversation and sentence-hood. *Text* 17/4: 477-490.

Simon, Walter 1951′ *Der erl jiann*(得而见) and *der jiann*(得见) in *Luenyeu*(论语) VII, 25. *Asia Major* 2/1: 46-67.

Simon, Walter 1952 &1954, Functions and meanings of erl(而). I-IV. *Asia Major* 2/2: 179—202; 3/1:7—18; 3/2: 117—131; 4/1: 20—35.

Sperber, D., & D. Wilson 1986. Relevance: *Communication and Cognition*. Oxford: Basil

Blackwell.

Steinitz, R. 1994. Lexikaische Kategorisierung: Ein Vorschlag zur Rivision. Unpublished manuscript, Forschungsschwerpunkt Allgemeine Sprachwissenschaft, Berlin. Rivised version to appear in Elisabeth Löbel & Gisa Rauh eds., *Lexikalische Kategorien und Merekmale*. Tübingen: Niemeyer.

Taylor, J. R. 1994. "Subjective" and "objective" readings of possessor nominals. *Cognitive Linguistics* 5/3: 201-242.

Tchekhoff, C. 1981. *Simple Sentence in Tongan*(Pacific Linguistics: Series B81). Canberra: Australian National University.

Teng, S. H. 1975. Negation in Chinese. *Journal of Chinese Linguistics* 2/2: 125-140.

Thomas, E. 1995. Negation in Mandarin. *Natural Language and Linguistic Theory* 13: 665-707.

Tiersma, P. 1982. Local and general markedness. *Language* 58: 832-849.

Trubetzkoy, N. S. 1939. *Principles of Phonology*. 1st edition. C. A. M. Baltaxe (trans.), California University Press, Berkeley, California, 1969.

Ungerer, F., & H.-J. Schmid 1996. *An Introduction to Cognitive Linguistics*. London and NewYork: Longman.

von Humboldt, W. 1836. *On Language: the Diversity of Human Language-structure and its Influence on the Mental Development of Mankind*. P. Heath(trans.) , Cambridge: Cambridge University Press.

Vogel, P. M. 2000. Grammaticalisation and part-of-speech systems. In Vogel & Comrie eds. 259-284.

Vogel, P. M. , & B. Comrie eds. 2000. *Approaches to the Typology of Word Classes*. Berlin & New York: Mouton de Gruyter.

Vonen, A. M. 1997. *Parts of Speech and Linguistic Typology: Open Classes and Conversion in Russian and Tokelau*(Acta Humaniora 22). Oslo: University of Oslo, Faculty of Arts/ Scandinavian University Press.

Ward, Gregory 2004. Equatives and deferred reference. *Language* 80: 262-289.

Wierzbicka, A. 1980. *The Case for Surface Case*. Ann Arbor: Karoma. Witkowski, S. & C. Browns 1983. Marking reversal and cultural importance. *Language* 59: 569-582.

Xu, Dan 1999. Syntactical distribution of negative markers in Mandarin Chinese. *Cahiers de Linguistique de l'NALCO* 1/2: 71-79.

Yang, J., L. H. Tan, P. Li 2011. Lexical representation of nouns and verbs in the late bilingual brain. *Journal of Neurolinguistics* 24/6: 674-682.

Yeh, Ling-hsia, 1995. Focus, metalinguistic negation and contrastive negation. *Journal of Chinese Linguistics* 23/2: 42-75.

Yue, Anne O. 1998, *Zhi* 之 in Pre-Qin Chinese, *T'oung Pao* 84/4-5: 239-292.

Abstract

Mingci he Dongci 名词和功同 (*Noun and Verb*) by SHEN Jiaxuan is more than a book on grammatical categories. Rather, it is a continuation of a century's relentless endeavors of Chinese linguists in their painstaking exploration and experimentation. The first real grammar written by a Chinese scholar was *Mashi Wentong* 马氏文通 (Basic *Principles for Writing Clearly and Coherently* 1898) by MA Jianzhong 马建忠 (1845-1900), which was done with a strong adaption of the Indo-European framework and had a dominant impact on the studies of Chinese gram mar for more than a century. The author of this book argues, like many scholars before him, the study of Chinese can only be advanced by following the true nature of the language itself and blindly following and copying Western theories and neglecting the language under examination only divert researchers from studying their target language.

Before the publication of *Mashi Wentong*, most Chinese had no idea of a noun-verb division. The categories such as *shizi*实字 (full words), *xuzi* 虚字 (empty words), *huozi*活字 (living words) and *sizi*死字 (dead words) were more familiar than nouns and verbs. In fact, nouns and verbs are linguistic categories transposed from the West when Western linguistic theories were introduced to China in order to describe the Chinese language to Western readers. But these Western categories, together with many other concepts and theories, pose great difficulties in accounting for a language that is so different in phonology, morphology and syntax.

The book contains 12 chapters. The first two review the history of grammar study and list disputable problems that Chinese grammarians have encountered since the outset. While reflecting on past history, the author gives high praise to ZHU Dexi 朱德熙 and his contributions. With sharp sensitivity to the Chinese language and adhering to the Principle of Simplicity in research, Zhu insightfully pointed out that Chinese verbs can act as subjects and objects in sentences without undergoing nominalization as in English, as *fly*being realized as *flying*, to *fly*or other nominalized forms. This view has long been a controversial topic due to the difference between English and Chinese, i.e. English has declensions not found in Chinese. Unfortunately, the inability of many scholars to see through the true nature of Chinese has caused many unsettled problems, such as the definition of nouns, cross-boundary use of word classes, vio lation of Head Feature

Extension, breach of Coordination Test, etc. And attempts to solve these puzzles under Indo-European framework turn out to generate new and more challenging difficulties.

In Chapter 3, furthering Zhu's point, the author states that the rea son why verbs do not undergo nominalization is because they are nouns. In other words, Chinese nouns constitute a super-noun category with verb as a sub-category. To make it easier, he maintains that the noun verb relation in English and other Indo-European languages is of the male-female type, whereas in Chinese it is of the man-woman type. In terms of the Markedness Theory (Jakobson I 932, 1939), in the male female type the unmarked item male is 'specified as lacking the feature [female]', but in the man-woman type the unmarked item man is 'not specified whether it has the feature [female]'. The two types of opposition also exist in the noun-verb relation, because noun in Chinese is zero value in the feature [predicate] rather than minus value as in Western languages. Besides Zhu, another great linguist Yuen Ren CHAO 超元任 (1892-1982) has distinguished himself by recognizing the phenomenon that Chinese S-V structure can act as predicate. That pinpointed a fundamental mechanism in sentence construction in Chinese: 'The full sentence is made up of minor sentences and minor sentences are ad equate and more primary than full sentences.' Based on Chao's notion of minor sentence, sentence without a subject or a predicate, the author develops his bold claim of super-noun category. And in turn, his super noun concept proves the primacy of minor sentence in Chinese. The super-noun model for Chinese word classes solves the apparent problem of Chinese grammar violating the Head Extension Principle and maintains the universal noun-verb distinction. In this chapter the author also points out that his super-noun concept is echoed by Kaufman (2009) and Larson (2009) both working in the framework of generative grammar. According to Kaufman (2009), all verbs and verb roots in Tagalog (Philippine) should be reanalyzed as nouns and noun roots. And Larson (2009), through comparison of the particle de 的 in Chinese and the corresponding ezafe in Iranian languages, also claimed a super-noun category.

The unusual claims are then approached from three different theoretical perspectives and supported with a lot of case studies. Chapter 4 presents a cognitive perspective with a realizational vs. constitutive distinction among conceptual metaphors. While realizational metaphors help us explain or realize abstract concepts, in constitutive metaphors, a concrete concept itself constitutes the abstract one which cannot be ex pressed or understood without the former. Just like the metaphor of virus in computer science, the abstract concepts nounand verbare realized with the help of the pragmatic concepts *reference* and *predication* in the grammar of Western languages. In Chinese, however, these two concrete concepts themselves constitute the syntactic categories *noun* and *verb*. In addition, the ontological metaphor deeming activities and events as things is also constitutive in Chinese. The author concludes that while nouns and verbs are two separate syntactic categories in Western languages, in Chinese they are pragmatic categories and are not separate from each other. In other words, Chinese is a genuine usage-based language whose syntax is seen as part of pragmatics.

Chapter 5 is concerned with the asymmetry between nouns and verbs. In Chinese, a verb can be used freely as a noun or a reference phrase in a sentence without any morphological change. On the other hand, a noun can occasionally be used directly as a predicate in Chin ese. When nouns surface as verbs and are followed by objects all native speakers know it is rhetorical use and that the verbal meaning of the noun must be judged from the context. In this respect, Chinese is not different from English (Clark & Clark 1979) and other languages. This asymmetry between nouns and verbs results from the difference in hu man cognition towards events and things. Therefore one can conclude that while nouns may encompass verbs, the opposite does not exist. The claim by some Western scholars that Archaic Chinese is a pre-categorial language without noun-verb division, or its noun is a subcategory of verb (classificatory verb), is untenable .

Starting from the fact that nouns can act as predicates in Chinese, the author shows in Chapter 6 that the underlying reason is not that nouns have predicatability but that predicates are indeed reference phrases. This assertion is based on the loose relationship between subject and predicate in Chinese, the grammatical meaning of which is literally topic and comment. There is no pure predicate in Chinese. Predicates are rather the comment to the topic and they have referentiality, because a Chinese discourse is normally made up of a series of 'run-on sentences' as defined by Lü(吕叔湘 1979). The author further specifies two characteristics of run-on sentences, namely juxtaposition and referentiality, challenging the universality of structural recursion and a noun-verb dichotomy. Viewing English from the perspective of Chinese nominalism, the author, in accordance with Jespersen (1924)'s analysis of English progressive and perfective tenses, also finds that referentiality is a latent feature of English predicates.

In Chapter 7, the author once again proves that the super-noun category can well account for the 'absurd' cases of multifunctionality of word classes in Chinese. For example, verbs and adjectives can act directly as subjects and objects. Nouns can freely function as attributes, and under some circumstances become predicates and adverbials. Adjectives can function as predicates and adverbials. Chapter 8 tries to solve other disputable questions, like *zhi*之 and *dou*都. Due to the misconception of the distinction between syntax and pragmatics, noun and verb, subject and topic, the quantifying direction of the universal quantification operator *dou* has long been a topic of disputes and leads to redundancy and contradiction in theories. The author argues for a unified Rightward Government Rule which is a unique design feature of Chinese different from Indo-European languages. So *dou* is not equivalent to the English *all*. And *zhi*, the most frequently used particle in Old Chinese, has the function of raising the degree of referentiality of its following words, no matter whether they are nouns or verbs. So zhiand its modem counterpart de are not equivalent to the English *of or's*.

Chapter 9 offers a typological perspective by referring to the difference between Chinese, Tongan and Latin. Latin is a highly grammaticalized system with verbs separated from nouns whereas Chinese a non-grammaticalized system with verbs included in noun s. And Tongan, often defined as a type-token language (Broschart 1997), represents a transitional state between Chinese and Latin in terms of grammaticalization. Since English, in comparison with Latin or German, is a de grammaticalized language (Vogel 2000), and Proto-Chinese is probably a language with some N/V morphology, one can reasonably assume that the word class systems of world languages are changing cyclically in types and Chinese represents an indispensable stage in the cyclic change. In Chapter 10, the author goes deep down into the philosophical rationale in trying to disentangle the Chinese puzzles. While the most important division of negatives in English is between negation of nouns and negation of verbs, in Chinese the most important division is between indicative negation and non-indicative negation, or between the nega tion of *you*有(there be) and the negation of *shi*是 (be). In Chinese beand there beare two separate words representing two separate concepts. The concept of there be and the concept of have are covered by the same word you (originally meaning'to own') which has nothing to do with the word shi. The distinction between shiand you accounts for the fact that 'the problem of being' does not even exist in Chinese philosophy and Chinese nouns are not to be negated in grammar. To summarize the difference, the author states that 'the Western way of categorization tends to think of there being two categories only in the male-female type, but the Chinese mind tends to think of having two categories already in the man-woman type'. This difference in categorization between West and East is reflected both in philosophical thinking as well as in language, especially in the noun-verb relation.

In the last two chapters, the author broadens his study to prosody and subjectivity. In Chapter 11, he points out that in Chinese, the distinction between monosyllabic and disyllabic characters has not received enough attention. Based on the super-noun category that includes verbs, the mono- vs. di-syllable division and the related prosodic

[2+1] vs. [1+2] distinction in syllable alignment are the reliable morphosyntactic criteria for differentiating various grammatical relations in Chinese. As a matter of fact, the author notes that a projection theory works better than interface theory in explaining the interaction among sound, meaning and grammar. Chinese grammar is in essence a 'big' grammar which has phonology, semantics and pragmatics integrated as a whole. Chapter 12 can be seen as a test of the proposition of super-noun category by the examination of markedness reversal in adjectives. Adjectives, as well as verbs, are included by the super-noun category. Since they can all become depictive through reduplication, an emphasis should be put on the distinction between depictive and non-depictive. The past argument whether adjectives are closer to verbs or nouns doesn't seem so important any more.

Finally, in the epilogue, the author calls for the necessity to realize the diversity in languages. Each type of differentiation should be pertinent to the language. What is important in one language may not seem so in another. So it's not surprising that one cannot find a strict nounverb dichotomy in Chinese that is analogous to that in English. The author looks forward to rewriting Chinese grammar with a new word class system which is outlined as follows. In the first place, reduplication and the mono- vs. di-syllabic opposition are used as morphological means to differentiate depictives (adjectives or adverbs depicting STATE) from nouns, the latter being a super-noun category which includes verbs and property adjectives. Unlike English *be*and *there be,* you (there be, have) and shi (be) represent two separate words and conceptions in Chinese. Thus, subjective assertion and objective narration is a major grammatical division which cuts across nouns, verbs, and adjectives in the predicate. Secondly, within the super-noun category, the division of nouns and verbs on one side and adjectives on the other is more important than the noun-verb division. Thirdly, the subdivision of adjectives into property defining and state depicting is also based on the mono- vs. di-syllabic opposition. Lastly, the so-called 'unaccusitive' and 'unergative' division within the verb category is in essence a subjective-objective division rather than a syntactic division.

According to the author, the views in this book may seem 'a radical shift' to some people, but they are indeed based on his thorough under standing of those great scholars before him, like Yuen Ren CHAO, LÜShuxiang and ZHU Dexi. He acknowledged that Zhu's contribution was a significant step in exploring an independent model to understand the nature of Chinese. And what he has done so far is just a half step further based on Zhu's work.

The book contains five appendices all connected with a man-worn an type categorization in other fields, such as the 'noun bias' in child language acquisition, ±MRI study of neural representation of nouns and verbs, Ronald Coase's 'transaction costs' in economics, the Tianxia 天下 theory in the philosophy of international politics, and the Uncertainty Principle in quantum physics.

주제어 색인

A
AABB 203

E
Ezafe(EZ) 213, 214, 216

N
N+了 361
N₁的N₂ 361
N就V 361
N(也)而N(也) 424
N的V 57, 66, 141
N而V 424
N也而V也 424
N之V 41

V
V-ing 80, 82, 83, 84, 85, 86, 89, 90, 93, 94, 120, 123, 124, 332, 376, 452, 454, 458

ㄱ
가별도 287, 446, 449
간결성 원칙 26, 29, 31, 32, 54, 86, 89, 98, 100, 101, 123, 124, 130, 212, 217, 232, 270, 347, 369, 450
감정색채 210, 321, 466
개괄어 74, 152
개념혼성 272
개방적 품사 352
격조화 216
격(Case, 格) 213
겸류사 41, 149, 150, 152, 155
경제성 312, 313
공대 426, 440, 441, 442
공시 223
과거분사 77, 78, 462, 463
관계절화 217, 221, 222
관대 426, 440, 442
관련 표지 모델 86, 144, 145
관사 85, 89, 105, 106, 127, 166, 167, 168
관형어 수식구조 146, 149, 157
관형어-중심어 구조 213, 216, 439
관형어표지 172
구성관계 35, 71, 72, 233, 238, 242, 245, 246, 247, 248, 257, 261, 262, 266, 271, 272, 273
구성적 은유 238, 239, 241, 242, 246
구의 '용해' 32
구조의 평행성 307, 319, 367, 368, 369, 371, 384, 386, 387, 388, 401, 463

구조적 평행성 128
구 중심 32, 52, 53, 67, 68, 101
귀환성 126, 127, 128
기능범주 129, 130
기능중심 309

ㄴ
내포 8, 271, 322
논리에서의 연언 415
논항 168, 169, 219, 224, 237, 266, 267, 268, 269, 270, 280, 310, 311, 343, 366, 433

ㄷ
다의어 184
대구식 361
대답 확정형 283, 284
대립-대응 42, 181
대명사 25, 39, 113, 186, 187, 198, 211, 212, 216, 218, 219, 465, 466, 470
대조성 260, 267
대주어 195, 265, 269
대화협력의 원리 312, 329
도치 어순 191
동보구조 74, 115
동사와 형용사의 겸류 150
동사 원형 250
동사의 명사적 활용 293, 299, 307, 308, 317, 334, 335, 336
동사화 308

동태결과목적어 469
동태관형어 148, 469
동형병합 75, 77, 78, 79, 83

ㄹ
라르손의 껍질가설 212

ㅁ
명동분립 23, 32, 33, 36, 40, 105, 111, 113, 123, 125, 149, 157, 158, 163, 170, 180, 185, 187, 198, 238, 296, 365, 413, 431, 440, 442
명동불분 24, 156
명동사 41, 49, 114, 115, 117, 118, 119, 120, 121, 123, 124, 125, 135, 136, 140, 149, 158, 443, 444, 445
명동포함 21, 23, 24, 25, 32, 33, 34, 35, 36, 37, 39, 40, 41, 42, 102, 113, 124, 141, 149, 155, 156, 157, 159, 161, 170, 174, 179, 180, 184, 185, 186, 187, 188, 189, 196, 198, 235, 238, 274, 293, 344, 366, 386, 413, 442, 465, 466, 470
명물화 97, 100, 102, 162, 237, 238, 350
명사 동사 비대칭 300, 330
명사술어 157, 317, 320, 321, 360, 361, 362, 363
명사어원 동사 306, 312, 313
명사와 동사의 비대칭 309, 330
명사의 근본성 466, 468, 471
명사의 동사적 활용 293, 296, 298, 299,

300, 301, 304, 307, 308
명사중심 464, 466, 471, 472
명사 편향 334
명사화 31, 33, 34, 35, 49, 54, 56, 57, 64, 67, 74, 75, 89, 92, 93, 94, 97, 99, 100, 101, 102, 123, 130, 132, 144, 161, 162, 178, 197, 217, 237, 238, 250, 270, 308, 351, 389, 447, 471
무에서 유로 182
무종지문 41, 198, 411, 412, 413
문답 관계형 283, 284
문맥표현 322, 324, 329, 330, 338, 349, 420
문장 중심 30, 53
미래시제 399
미표 39, 179, 182

ㅂ

반복의문 416
방위사 186
배면적인 정의 90, 106, 113
범주관 42
변수 38, 231
병렬조건 41, 124, 134, 135, 140, 141, 280, 282, 418, 419
병치 411, 412, 413, 416, 425, 426
본래 의미의 활용 300
부가어 134
부정사 31, 53, 185
부정식 77, 82, 90, 191, 301, 307, 464

분류성 동사 344, 346, 347, 348, 349, 350, 351, 355
분립관계 22, 40, 112, 113, 180
분립구도 181, 182, 183, 184, 185, 289
분배 361
분사형식 50, 53
분사형 형용사 85
불완전문 189, 191, 193, 194, 195, 196, 197, 198, 253, 348, 351, 406, 409, 411, 412, 413, 415, 426
비교문 260
비능격동사 278, 311
비대격동사 278, 311
비대칭 관계 149, 170, 299, 312
비대칭 대응 182, 183
비대칭 분포 170, 171, 172, 174, 178, 179, 293
비술어형용사 150
비한정형식 50, 53, 77, 217, 301, 308, 386, 459, 463, 472

ㅅ

사리계승 417
사리영역 416
사자활용 324
사전범주화형 335, 336, 344, 427
사품설 98, 99
사화 389
상보적 원리 73
상태묘사사 211

생략이론 256, 420
서술성 237, 238
서술어의 지칭성 226
선언 112
소명사 25, 113, 187
소유격표지 223, 225, 227
소주어 195, 269
수식어-중심어 구조 213, 383
수품 98, 99
술어논리 237
술어의 지칭성 219, 285, 357, 387, 401, 402, 403, 404, 443
습득 7
시제표지 332, 447, 454
식별도 86, 197, 218
실자허용 324
실현관계 35, 71, 72, 233, 238, 241, 242, 245, 246, 247, 248, 257, 261, 262, 271, 272, 273
실현적 은유 238, 241, 242, 246
쌍음절화 157, 158, 441

ㅇ

양의 격률 312
양화 방향 41
어근 209, 226, 227, 229, 353, 354
어순 38, 165, 274, 275, 287, 288, 446
어휘화 99, 380, 441
언어계승 417, 418
언어영역 416
엇갈린 관계 170
연언 112
연언사 415
오캄의 면도날 29, 32, 123, 131
완전문 189
외연 8, 271, 322
유표성 역전 39, 188
유표성 이론 39, 180, 188
응답 404
인대 426, 440

ㅈ

자기일관성 26, 27, 32, 41, 134,
자기지시 342, 343, 350
자동사 155, 278, 280, 310, 311, 318, 341, 342, 343, 429
자타동 양용 동사 280
잠복 71, 247
전사규칙 47, 194, 366
전형적인 기능 145
전환지시 299, 300, 331, 342, 343, 350, 356
접면 22, 267, 286
접사 219, 220, 221, 222, 224, 225, 250, 262, 353, 354, 356, 442
정보구조 225, 287
정보량 287
정태명사 25, 187, 359, 442
제로파생 66
조건절 90, 191, 193, 260

조어법유형 38, 39
존재론적 은유 250, 334, 459
존현동사 387, 420
종속절 193
종속접속사 192
중국어의 논리 259, 283, 285
지칭불포화 237
지칭성 61, 186, 188, 197, 198, 225, 226, 237, 238, 286, 351, 352, 357, 367, 380, 387, 402, 403, 411, 413, 414, 418, 425, 426, 442, 445, 446, 447, 448, 449, 450, 452, 453, 457, 460, 462, 463, 464, 466, 469, 471, 472
지칭포화 237
지칭표현 322
지칭화 162, 197, 238, 350
진행시제 399
집합 126, 127

ㅊ

차품 98, 99
처소사 186
체언성 범주에 속한다 155
체용불이 286
초기 개념 235
초점 275, 371, 372, 373, 374
최대투사 309
추상 60, 62, 246, 252, 274, 286, 334
추상과 구체 35, 72, 252, 271, 274, 286, 334

추상동사 110
추상명사 62, 63
추상적인 동사 60

ㅌ

타동사 74, 275, 280, 310, 311, 318, 338, 343, 429, 443, 470
타입 72, 253
토큰 72, 253
통사적 화제 265, 266, 267, 269
통시 223

ㅍ

파동-입자 이중성 40
파생 66, 81, 224, 246, 272, 306, 312, 315, 327, 329, 353, 355
평서문 255, 283, 352, 404
포괄성 80
포함관계 22, 40
포함구도 149, 182, 183, 184, 185, 270, 286, 289
표지 유형 181, 183
표층구조의 중심 133
품사 대우 426, 440
품사무용론 142, 143, 144, 156
품사 습득 40, 334, 471
품사 연속체 72, 80, 314
품사와 문장성분의 일대다 대응 41, 142, 143
품사유형 38, 356

품사유형론 38, 39, 158
품사전환 30, 144, 308, 471
품사체계 25, 38, 39, 72, 143, 145

ㅎ

해석적 은유 239
행위계승 417
행위영역 416
허신도상성 451
허화 155, 262, 269, 317, 367, 394, 403, 442, 443, 449, 450, 470, 472
혁신적인 명사어원 동사 314, 317, 322, 329
현재시제 399
화제 90, 192, 196, 197, 221, 222, 225, 267, 270, 275, 408, 409, 411
화제주어 269, 419
화제-평언 433
화제표지 197, 266, 447, 448
확장시제 454, 456, 457

기타

3단계 95, 97, 98, 99, 100
的$_3$ 131, 212, 216

언어(방언) 색인

ㄱ

간위(贛榆)방언 363
갑골문 389
고대 아리아어(Old Aryan) 462
고대중국어 12, 31, 41, 57, 62, 194, 225, 247, 253, 287, 299, 301, 304, 324, 331, 342, 348, 363, 378, 380, 388, 415, 418, 419, 424, 425, 470
광둥어 166, 388, 396, 415, 451
근대중국어 107, 176
길라키어 214, 218
길라키어(Gilaki) 214

ㄴ

닝더(宁德)방언 399

ㄷ

다예(大冶)방언 209
독일어 193, 354

ㄹ

라틴어 77
러시아어 284, 310
롄장(廉江)방언 207

ㅁ

마니푸리어(Manipuri) 308
모리어(Maori) 308
모호크어(Mohawk) 310, 320
민난어 388, 396, 398

ㅅ

사오싱(绍兴)방언 260
산스크리트어 353, 354
산터우 방언(광둥 동부 민난어) 399
산터우(汕头) 207, 208, 398
상하이(上海)어 202, 400
선진중국어 336, 344
수화 287
스페인어 228

ㅇ

앵글로-아일랜드어 462
영어 10, 11, 12, 15, 23, 31, 34, 38, 41, 50, 51, 53, 55, 64, 65, 66, 67, 70, 76, 77, 80, 83, 85, 87, 89, 90, 94, 99, 100, 101, 105, 116, 120, 123, 124, 134, 140, 144, 162, 163, 164, 165, 166, 167, 168, 169, 170, 174, 177, 182, 185, 191, 196, 212, 218, 219, 223, 224, 226, 227, 228, 229, 231,

232, 237, 241, 247, 248, 250, 251, 252, 253, 255, 256, 257, 259, 260, 261, 262, 263, 266, 267, 270, 271, 273, 276, 280, 282, 283, 284, 285, 286, 289, 296, 300, 301, 304, 306, 307, 308, 314, 317, 322, 332, 333, 342, 354, 359, 360, 373, 374, 375, 376, 381, 386, 399, 400, 403, 411, 415, 447, 452, 453, 455, 457, 458, 459, 460, 462, 463, 464, 465, 466, 467, 468, 469, 470, 471, 472

오스트로네시아어 219, 221, 224
우(吳)방언 396
이로쿼이어(Iroquoian) 308
이탈리아어 310
일본어 33, 230, 284, 310

ㅈ

장시(江西)방언 209
장저우(漳州)방언 207
진베이(晋北)방언 209

ㅊ

초기 백화문 173

ㅋ

쿵어(!Xun) 308

ㅌ

타갈로그어 11, 219, 222, 223, 224, 225, 226, 227, 228, 229, 231, 311, 355, 384, 466
통가어 15, 38, 39, 72, 226, 466
티베트 버마어(Tibet-Burman) 308

ㅍ

페르시아어(Farsi) 213
폴리네시아 언어 38
푸링(涪陵)방언 210
푸시엔(浦仙)방언 398
푸저우(福州)방언 396, 398, 474, 489
프랑스어 168, 169, 237
피진 영어 212, 227, 229

ㅎ

한국어 447, 448
히브리어 310

지은이 소개

선쟈쉬안(沈家煊)

1946년 상하이 출생.
중국사회과학원 언어연구소 소장, 국제중국언어학회 회장 등 역임. 영중(英中)문법 비교, 문법이론, 중국어 문법의 화용과 인지 영역에 많은 논저를 내고 있다. 주요 저서로는 『不对称与标记论』(1999), 『现代汉语语法的功能、语用、认知研究』(2005), 『认知与汉语语法研究』(2006), 『语法六讲』(2011), 『名词和动词』(2016), 『从语言看中西方的范畴观』(2021) 등이 있고, 주요 논문으로는 「汉语动补结构的类型学考察」, 「再谈"有界"与"无界"」, 「也谈能性述补结构"V得C"和"V不C"的不对称」 등이 있다.

옮긴이 소개

이선희(李善熙)

현 계명대학교 중국어중국학과 교수.
이화여자대학교 중어중문학과 졸업.
북경사범대학교 대학원 중어중문학과 석사.
중국사회과학원 언어연구소 박사.
영국 University of Cambridge 방문학자.
주로 중국어 인지언어학, 중국어 통사론, 중한 한중 번역, 한중비교언어학에 관심을 가지고 연구하고 있다.

한국연구재단 학술명저번역총서
동양편 339

중국어 명사와 동사 1
名词和动词

초판 1쇄 인쇄 2025년 6월 10일
초판 1쇄 발행 2025년 6월 25일

지 은 이   선쟈쉬안(沈家煊)
옮 긴 이   이선희(李善熙)
펴 낸 이   이대현

편   집   이태곤 권분옥 임애정 강윤경
디 자 인   안혜진 최선주 김다윤
기획/마케팅   박태훈

펴 낸 곳   도서출판 역락
주   소   서울시 서초구 동광로46길 6-6 문창빌딩 2층 (우06589)
전   화   02-3409-2055(대표), 2058(영업), 2060(편집) FAX 02-3409-2059
이 메 일   youkrack@hanmail.net
홈페이지   www.youkrackbooks.com
등   록   1999년 4월 19일 제303-2002-000014호

ISBN 979-11-7396-111-3 94720
ISBN 979-11-6742-443-3 94080(세트)

*정가는 뒤표지에 있습니다.
*잘못된 책은 바꿔 드립니다.

이 저서는 2022년 대한민국 교육부와 한국연구재단의 지원을 받아 수행된 연구임
(NRF-2022S1A5A7080002)